アフリカ美術の人類学

ナイジェリアで生きるアーティストとアートのありかた

Anthropology of African Arts:
Arts, Practices, and Lives of Artists in Ile-Ife, Nigeria,
2003 to 2012

緒方しらべ

▶ p.220

▶ p.235

▶ p.241

▶ p.241

▶ p.243

▶ p.243

▶ p.246

▶ p.246

▶ p.128

▶ p.133

▶ p.126

▶ p.137

▶ p.122

▶ p.151

▶ p.140

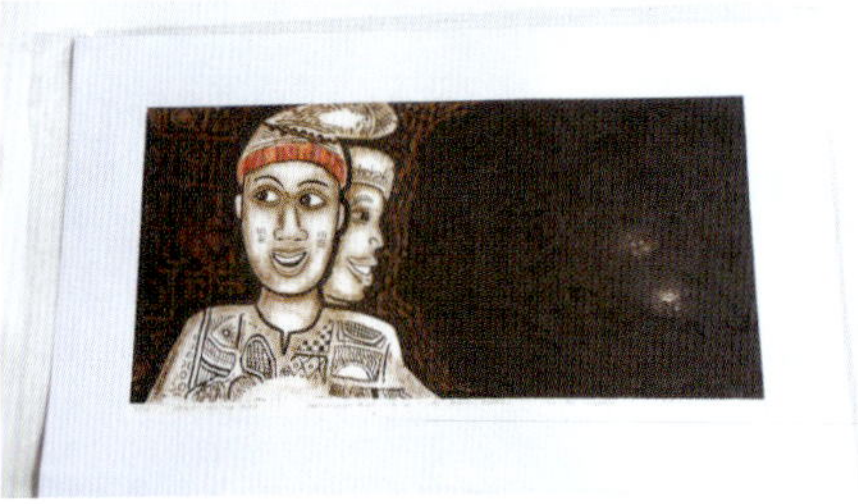

▶ p.155

▶ p.144

▶ p.147

▶ p.160

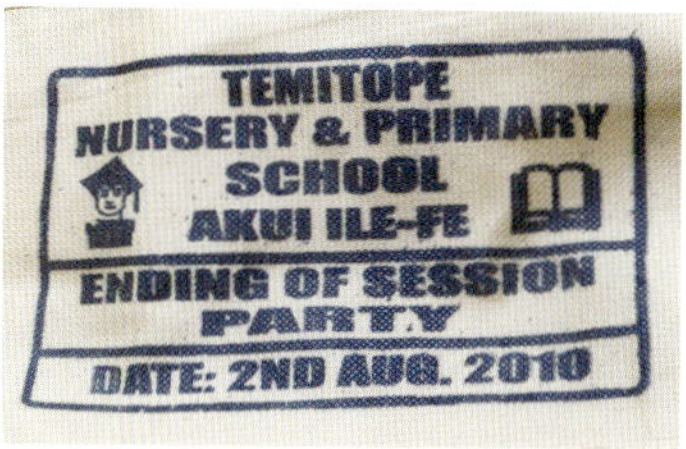

▶ p.161

▶ p.188

▶ p.164

▶ p.200

▶ p.192

▶ p.211

▶ p.205

▶ p.206

▶ p.203

▶ p.207

アフリカ美術の人類学

ナイジェリアで生きるアーティストとアートのありかた

Anthropology of African Arts:
Arts, Practices, and Lives of Artists in Ile-Ife, Nigeria,
2003 to 2012

緒方しらべ

凡例

1　英語、またはそのほかのヨーロッパ諸言語、およびヨルバ語以外のナイジェリア諸言語はカタカナで表記するが、初出の際にアルファベット表記も添える。ただし、特に必要な場合は初出でなくてもアルファベット表記を添える。

2　ヨルバ語については、イレ・イフェおよびヨルバランドにおいて特有の固有名詞や表現は、初出の際にヨルバ語（アルファベットとトーンマークなどの特殊記号の組み合わせ）で表記し、人名、地名、文献名など、ナイジェリアにおいても一般的に英語で表記されるものは初出の際にアルファベットのみで表記する。なお、ヨルバ語をアルファベットのみで表記する場合は、すべてのトーンマークを省略し、「ẹ」は「e」、「ọ」は「o」、「ṣ」は「s」と表記する。ただし、人名や地名など、慣用されている英語表記については、それに従う。

例　「ショインカ」の場合：ヨルバ語「Ṣóyínká」⇒英語（慣用）「Soyinka」

「オショボ」の場合：ヨルバ語「Òṣogbo」⇒英語（慣用）「Oshogbo」

3　英語、またはそのほかのヨーロッパ諸言語、およびナイジェリア諸言語の日本語表記は、なるべく発音に近いかたちで表記する。ただし、日本で慣用されている人名や地名などは、それに従う。

例　「Onobrakpeya」の場合：ウロボ語発音「オノブラペヤ」⇒日本語慣用発音「オノブラクペヤ」

「Ahmadu Bello」の場合：ハウサ語／英語発音「アマドゥ・ベロ」⇒日本語慣用発音「アフマド・ベロ」

4　ヨルバ語の日本語表記は、なるべく発音に近いかたちでカタカナで表記する。ただし、日本で慣用されている人名や地名などは、それに従う。また、発音の特徴や差異を明確にカタカナで表すことが難しい場合は、以下のように統一する。

口母音の「e」と「ẹ」は共に「エ」とし、「o」と「ọ」は共に「オ」とする。

鼻母音の「an」は「アン」、「ọn」は「オン」とする。

子音の破裂音の「ti」は「ティ」、「tu」は「トゥ」とする。

子音の破裂音（二重調音）の「gba」は「バ」、「gbe」は「ベ」、「gbi」は「ビ」、「gbo」は「ボ」とする。

子音の破裂音（二重調音）の「pa」は「パ」、「pe」は「ペ」、「pi」は「ピ」、「po」は「ポ」とする。

5　人名はすべてカタカナで実名を表記する。初出の際は姓名を表記し、アルファベットでも表記する。それ以降はカタカナで姓のみを表記する。ただし、特に必要な場合は初出でなくても姓名を記すことがある。

6　貨幣単位は、ナイジェリア・ナイラ（Naira）と補足的に日本円で記す。二〇〇三年から二〇一二年の調査期間中、一ナイラあたりの日本円は、その変動に幅があったが、特に集中的に調査を行った二〇〇八年から二〇一二年の平均をとって一ナイラ＝〇・五円で概算する。

7　筆者撮影・作成以外の画像については、画像転載の許可を与えた撮影者や管理者などの名前、および転載元の詳細を、画像のキャプションまたは註に記す。

はじめに

アフリカで暮らす人びと、あるいはアフリカにルーツを持つ人びとによってつくられた仮面、布、絵画などの造形のことを、一般にアフリカ美術（African《アフリカン》 art《アート》 / arts）という。これから本書で詳しく見ていくように、アフリカ美術と呼ばれるものが認識されるようになったのは一九世紀末期から二〇世紀初期のヨーロッパであった。以来、イギリス、ドイツ、フランス、アメリカ合衆国をはじめとする欧米の国々の美術市場において、アフリカ美術というジャンルは発展していった。このジャンルとしてのアフリカ美術の形成に重要な役割を果たし、また、それを評価する役割を担ってきたのが、学問分野としてのアフリカ美術である。

特に一九九〇年代以降、アフリカ美術の展示はアフリカ内外において活発に行われるようになった。それらの多くは、同時代を生きる人びとによる作品としてアフリカの造形にアプローチし、植民地時代から続いてきた「未開地の珍品」や「いつまでも原始的な他者の芸術」という固定的で一面的な見方を乗り越えようとするものであった。日本においても、こうした視点に立ったアフリカ美術に関する展示が行われてきた。近年の例を挙げると、二〇〇六年に開催された、八四名のアフリカのアーティストによる一四〇作品を展示したヨーロッパからの巡回展『アフリカ・リミックス』展（森美術館）や、二〇一〇年から二〇一一年にかけて国内を巡回した、エル・アナツイというアフリカのアーティスト一人にフォーカスを絞った大規模な個展『彫刻家エル・アナツイのアフリカ』展（国立民族学博物館、神奈川県立近代美術館、鶴岡アートフォーラム、埼玉県立近代美術館）は、同時代のアフリカ美術を日本に印象づける展示であった。

　このように、アフリカ美術という分野は、美術館・博物館・アートギャラリー・オークションハウスを中心とする美術市場、土産物市場、インテリア業界やアパレル業界、ひいては大学や研究機関を拠点とする学術界で取り上げられてきた。こうしたアフリカ美術の中には、一度の展示限りでその後はほとんど注目されることのなくなった作品も少なからずある。しかし、二〇一五年五月には第五六回ヴェネツィア・ビエンナーレ国際美術展で栄誉金獅子賞を受賞し、同年九月には金沢21世紀美術館で最新作の一つを展示したエル・アナツイのように（図0-1）、徐々にキャリアを積んで欧米でも評価されるようになっていくアーティストもいる。そのような姿からは、アフリカ美術の「発展」や欧米の美術界におけるアフリカ美術の地位の向上を見てとることもできるだろう。

　ところが、アフリカの一都市でアートと呼ばれるものがつくられ、販売され、鑑賞されたり使用されたりする過程を見ていくと、アーティスト自身やアーティストの周囲の人びとの多様な価値観、さらにはアーティストの生活における多彩な営みがあることがわかる。にも関わらず、それらはアフリカ美術の展示場やカタログに現れることはない。展覧会は作品を楽しむ場であって、アーティストの話や彼ら／彼女たちが暮らす環境の歴史的背景や地域の特徴など別にどうでもいい。そんな意見もあるかもしれない。しかし、アフリカのある地域で生みだされるアートなるものについて、アーティストの生活世界に注目すると、上手いか下手か、有名か無名か、売れるか売れないか、アフリカ的かそうではないか、といった基準だけでは評価することのできないアートのありかたが見えてくる。

　二〇〇三年からナイジェリアでフィールドワークを行う中で、「この作品を買ってくれ」と懇願されたことが何度もある。懐が許す限り買うのだが、そうして買った作品を私が素敵だと思うことはほとんどなかった。日本で生まれ育ち、イギリスで美術史の勉強をしていた私は、「芸術は簡単にはお金に換えられない。頼まれて買うのではなくて、感性にうったえかけられて初めて自分から買うもの」だと思っていた。だから、ナイジェリアのアーティストの作品販売への貪欲さには幻滅すらした。しかし何度か仕方なく作品を買ったり、買わなかったりするうちに、相手（アーティスト）とのやりとりや会話が次第に増えていった。今日食べるものにも困ってさっき畑を耕してき

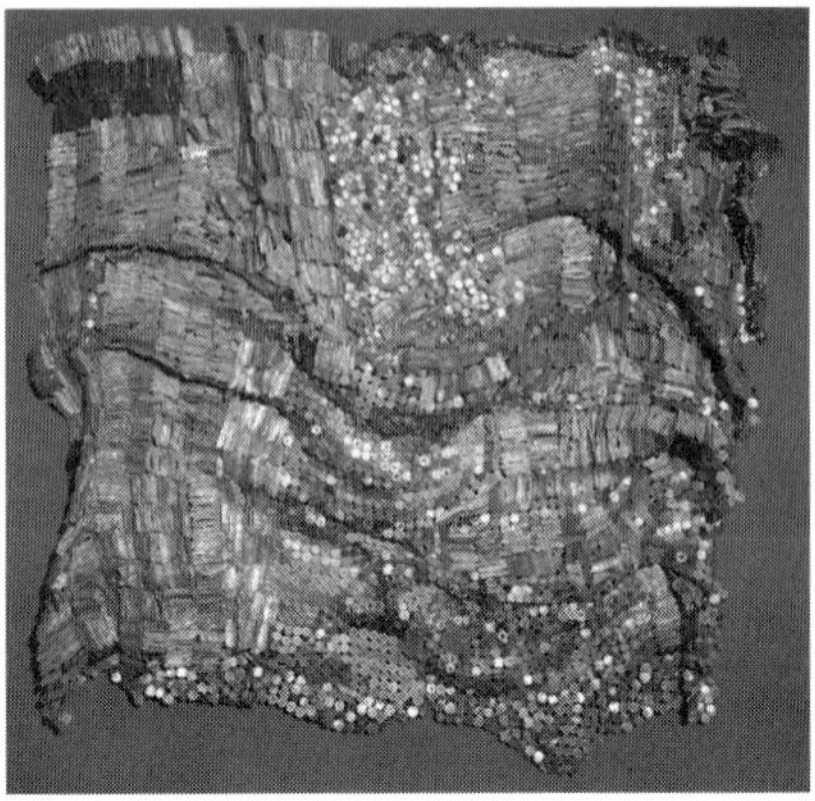

図0-1

図0-4

図0-1　エル・アナツイの作品「Woman's Cloth（女性の布）」。2002年、アルミニウム。287×292cm（大英博物館所蔵）
©The Trustees of the British Museum

図0-2　シェグン・アデクの店の看板。イレモ通り、イレ・イフェ
（2009年8月29日撮影）

図0-3　クンレ・アキンティブボの作品「Sango（シャンゴ）」。2009年、油彩・油性フェルトペン・画用紙、約60×45cm
（2009年8月29日撮影）

図0-4　アジャオ・アデトイの作品。2009年、ビーズ・麻布、14×15cm
（2009年12月9日撮影）

図0-5　ボラデ・オミディランの店の看板。メイフェア交差点、イレ・イフェ
（2009年7月9日撮影）

図0-6　ベン・オルイェミの作品（イフェ王の頭像）。2009年、真鍮（土台：木・塗料）、約25×7×10cm
（2009年12月1日撮影）

図0-7　アキン・オジョの店に掲げられた横断幕。オンド・バイパス沿い、イレ・イフェ
（2010年6月30日撮影）

図0-8　コラウォレ・エルイェラの店兼美術学校の入口に掲げられた横断幕。メイフェア、イレ・イフェ
（2009年11月8日撮影）

図0-9　コラウォレ・オラインカの作品「Portrait of Mr and Mrs Momoh（モモ夫妻の肖像）」。2010年、油彩・ベニヤ板、約40×50cm
（2010年7月22日撮影）

図0-2

図0-8

図0-5

図0-7

図0-9

図0-3

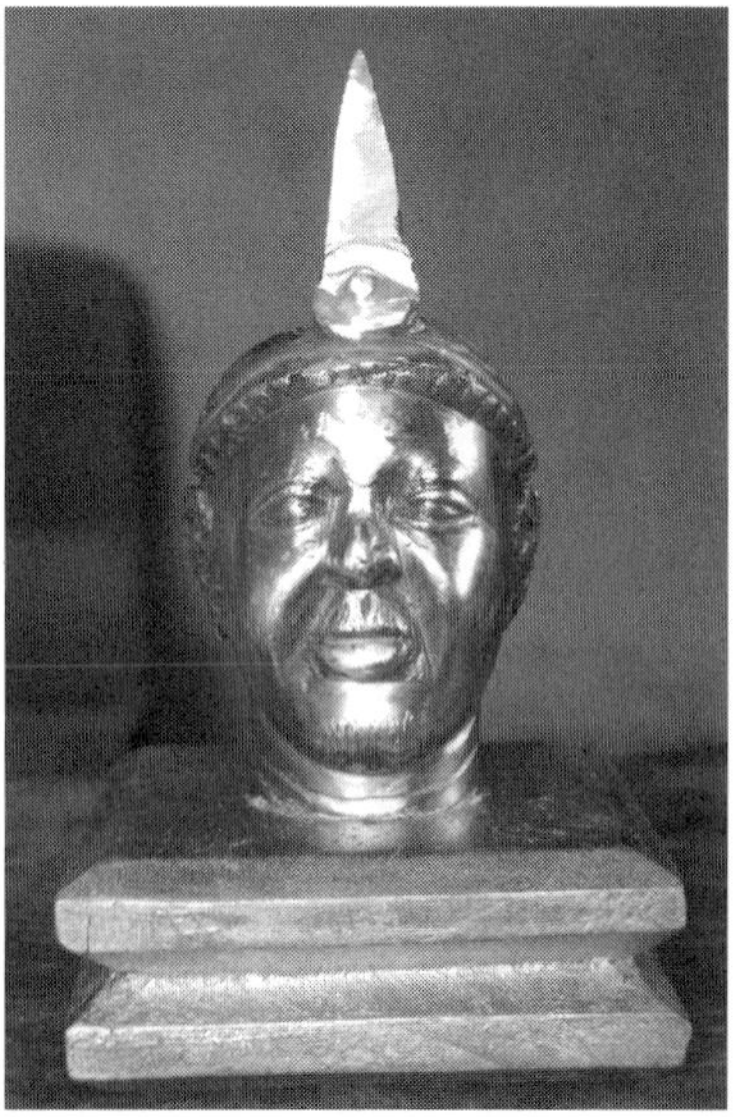

図0-6

たばかりなのに、私が作品を買う意思を見せなくても何一つ求めてこないアーティストもいる。無償で作品をくれるアーティストもいるが、そういう場合はたいてい、素敵とは思えずもらっても困ってしまうような絵や、日本でもどこでもありそうな動物の彫刻だったりする。しかし彼らはそれを誇りを持ってつくっており、それを求めて買う人もいる。こういうものがアートだとか、ああいう作品が良いという私の価値判断は、イレ・イフェの現実の中で揺らいでいく（図0-2〜0-9）。そうして様々なアーティストと接するうちに、いつの間にか私は、家族、友人、恩師への贈り物としてのグリーティングカードや誕生日カード、木彫やビーズ細工、さらには自分自身の肖像画の制作をアーティストたちに依頼するようになっていた。値段交渉は欠かさない。作品は「上出来」なこともあれば、そうではないと思うこともある。

本書は、アフリカの一都市、ナイジェリアのイレ・イフェで暮らすアーティストや彼らの家族、周囲の人びとへのインタビューや参与観察を通して、アートというもののありかたについて考察したものである。展示されることのない作品や名が広く知れ渡ることのない人たちも含め、彼らアーティストの生活世界に注目することで、アフリカ美術の展示場や展示カタログだけでは浮かび上がらないアートをめぐる様々な価値観や人びとの営みを明らかにしていく。そうすることで、アフリカ美術研究におけるアートというものの幅を少しでも広げ、アート／アーティストおよび芸術のありかたを人類学によって再考することが本書の目的である。

この目的を達成するために、本書は以下のような構成をとっている。第1章の前半ではおもに文献資料を用い、これまでイレ・イフェのアートがヨルバアート（ヨルバ美術）として語られてきたことを概観し、それが現在のイレ・イフェのアートとどのような関係にあるのかを検討する。後半はフィールドワークに基づき、現代イレ・イフェではどのような人がアーティストであるのか、その輪郭を把握するために、「アーティスト」という自称とそのヨルバ語表現について検討する。

続く第2章から第4章までは、フィールドワークによって明らかになったアートとアーティストについて、より具体的に記述していく。

第2章では、イレ・イフェで暮らすアーティストについて、彼らの作品の特徴、制作・販売の様子、暮らしと経歴の概要を記述する。多様な彼らの作品や活動をわかりやすく描き出すために、作品の需要に応じて三つのタイプにアーティストを仮に分類した上で、それぞれのタイプの典型的なアーティストである一五人について集中的に取り上げる。

第3章では、第2章で明らかとなるアーティストと作品の需要との関係を基に、アーティストと彼らの市場の関係に焦点をあてる。ここでは、アーティストの生活における経済状況の多様さをより具体的に把握するために、一八人のアーティストについて記述する。また、売れるか売れないかという販売の実態だけではなく、それについての個々の考えを表すインタビューを通して浮かび上がるアーティストにとってのアートの価値や基準についても分析する。なお、インタビューの一部は本文の後ろに掲載している。

第4章では、イレ・イフェのアーティストが様々な状況において作品制作・販売を行って生きていることについて、個人のライフヒストリーと生活に焦点をあてて検討していく。第3章で明らかにするように、イレ・イフェでは、作品の需要ないし市場とアーティストの関係が様々であるにも関わらず、彼らは皆、作品の制作と販売によって現金収入を得てアーティストとして生活している。そこで第4章では、一人のアーティストを取り巻く複数の要素との関わりに注目し、アフリカの一都市でアーティストとして生きることを可能にするものを明らかにしていく。

最後に、結論では、イレ・イフェのアーティストにとってのアート、およびアーティストの生活に注目することによって明らかとなる彼らと美術市場およびアートワールド、加えてイレ・イフェという地域との関係を、本書全体を通して考察する。このように、アフリカ美術を人類学によって考察することで、アートやアーティストのありかたを再考する。

これから本書で見ていくアフリカ美術は、美術館や博物館で取り上げられない作品がほとんどである。アーティストの多くはアフリカ美術に関する書籍や論文にも登場しない。これはアートとは言えないだろうと思ってしまう作品もあるかもしれない。しかし本書のねらいは、アフリカの一都市でアートなるものを制作し、それを販売して生活するアーティストと呼ばれる人びとの営みに焦点をあてることである。彼らのアートを知ることを通して、アフリカ美術というものについて考えていきたい。

目次

はじめに …… 4
目次 …… 11
序論 …… 25
[0-1] 本書の目的 …… 26
[0-2] 先行研究と本書の位置づけ …… 27
[0-2-1] 文化人類学、および隣接分野におけるアートの研究の展開 …… 28
植民地主義とプリミティヴィズム／アートの相対化の始まり／アートという制度・美学の批判的検討／展示・表象のポリティクスをめぐる議論／アートの相対化の極限／アートの相対化の先へ
[0-2-2] 問題の所在と本研究の方法 …… 36
問題の所在／本研究の方法／民族誌としての本書の方法
[0-3] 調査の概要 …… 42
[0-3-1] 調査地の概要 …… 42
ナイジェリア連邦共和国オシュン州イレ・イフェ
[0-3-2] フィールドワークの方法 …… 44

調査期間／使用言語／調査者としての筆者／調査者の外観／フィールドワークを始める／おもな調査対象者

第1章 アートをめぐるイレ・イフェの歴史的背景から現在へ …… 55

[1-1] ヨルバ発祥の古都としてのイレ・イフェとアート …… 56

[1-1-1] ヨルバの近代アイデンティティとイレ・イフェ …… 56

ヨルバ神話とイレ・イフェ／キリスト教の布教とヨルバの誕生／ナイジェリア独立とヨルバの象徴としてのイレ・イフェ

[1-1-2] イレ・イフェのアートとヨルバ …… 62

ヨルバアート研究とイレ・イフェ／イレ・イフェのアートの研究

[1-2] ナイジェリアの地方都市としてのイレ・イフェとアート …… 67

[1-2-1] ナイジェリア近代美術の始まり …… 67

アイナ・オナボルと西洋美術教育

[1-2-2] 大学美術学科 …… 70

ナイジェリアにおける高等美術教育／美術学科における運動・活動

[1-2-3] ワークショップ …… 78

オショボ派のアート／オリ・オロクン・ワークショップ
[1-3] イレ・イフェのアートの現在……86
[1-3-1] 「アーティスト」と呼ぶ・呼ばれる人びと――つくり手の自称……88
英語の「アーティスト」またはヨルバ語の専門名を使う／英語の「アーティスト」のみを使う
[1-3-2] ヨルバ語の「アーティスト」――オニシェ・オナとオニシェ・オウォ……98
オニシェ・オナ（onísẹ́-ọnà）とオニシェ・オウォ（onísẹ́-ọwọ́）――辞書的意味／英語表現の「アーティスト」を使うということ
[1-3-3] 考察……103

第2章 イレ・イフェのアーティストと作品の諸相……113

[2-1] 「古典的」な需要に基づいて……115
[2-1-1] ビーズ細工師……118
[2-1-2] 木彫師……123
[2-1-3] 真鍮彫刻師……130
[2-2] 「鑑賞中心」の需要に基づいて……134

[2-2-1] アカデミック・アーティスト……135
[2-2-2] オショボ派のアーティストとアブジャ志向のアーティスト……142
[2-2-3] スタジオ・アーティスト……150
[2-3] 「日常的」な需要に基づいて……156
[2-3-1] 身近なアーティスト……157
[2-3-2] 土器づくり師／陶芸家……163
[2-3-3] 多様な作品を手掛けるアーティスト……165
[2-4] 考察……169
第3章 アーティストと市場の狭間……181
[3-1] 作品制作・販売と市場の一致……182
[3-1-1] 販路を維持するアーティスト……183
スタジオ・アーティスト1／スタジオ・アーティスト2／アブジャ志向のアーティスト／木彫師1
[3-1-2] 販路を拡大するアーティスト……191

ビーズ細工師1／ビーズ細工師2

[3-2] 作品制作・販売と市場の不一致Ⅰ …… 195

[3-2-1] 販路に合わせるアーティスト …… 196

身近なアーティスト1／身近なアーティスト2／身近なアーティスト3

[3-2-2] 兼業するアーティスト …… 203

オショボ派のアーティスト1〜4

[3-3] 作品制作・販売と市場の不一致Ⅱ …… 208

[3-3-1] 販路に合わせないアーティスト …… 209

オショボ派のアーティスト5／オショボ派のアーティスト6／木彫師2／土器づくり師（陶芸家）

[3-3-2] 販路を模索するアーティスト …… 218

多様な作品を手掛けるアーティスト

[3-3-3] 考察 …… 221

第4章 アーティストとして生きていく　225

[4-1] アーティストになる　226

[4-1-1] 独学と弟子入り　226

独学する／オショボ派への弟子入り

[4-1-2] 大学美術学科での就学　232

[4-1-3] ドイツ滞在制作とその後　234

欧米のアートワールドの中へ／ドイツからの帰国後

[4-2] 作品をつくる　237

[4-2-1] つくり手による評価　237

模写／オラインカが選ぶ作品／創作への好奇心と探究心

[4-2-2] 周囲からの評価　245

地域のパトロンを得る／友人・知人、家族のまなざし

[4-3] 生活する　255

[4-3-1] 助け合う……255
オラインカの生計／妻の協力／教会における相互扶助／地域の貯金・金融システムへの参加
[4-3-2] 同業者との繋がり……265
アーティストの連携／アーティストの組合
[4-4] 考察……270

結論

……277
[5-1] 彼らにとってのアートとそれを支える複数の要素……278
[5-1-1] アーティストと呼ぶ／呼ばれる人びとにとってのアート……278
[5-1-2] 芸術のシステムと交わる……282
[5-1-3] 地域社会と繋がる……283
[5-2] アフリカの一都市のアートのありかたを通して……285
[5-3] 今後の課題と展望……288
初出一覧……290

インタビュー集……291
第3章（2章、4章）で参照したインタビューの和訳……292
ボラデ・オミディラン……292
アジャオ・アデトイ……321
アデオル・アデレケ……329
クンレ・アキンティブボ……347
コラウォレ・オラインカ……368
あとがき……396
参照文献……xvii
英語目次と英語要旨……ix
索引……i

装丁 安藤次朗／校閲 上村祐子／DTP 中里修作

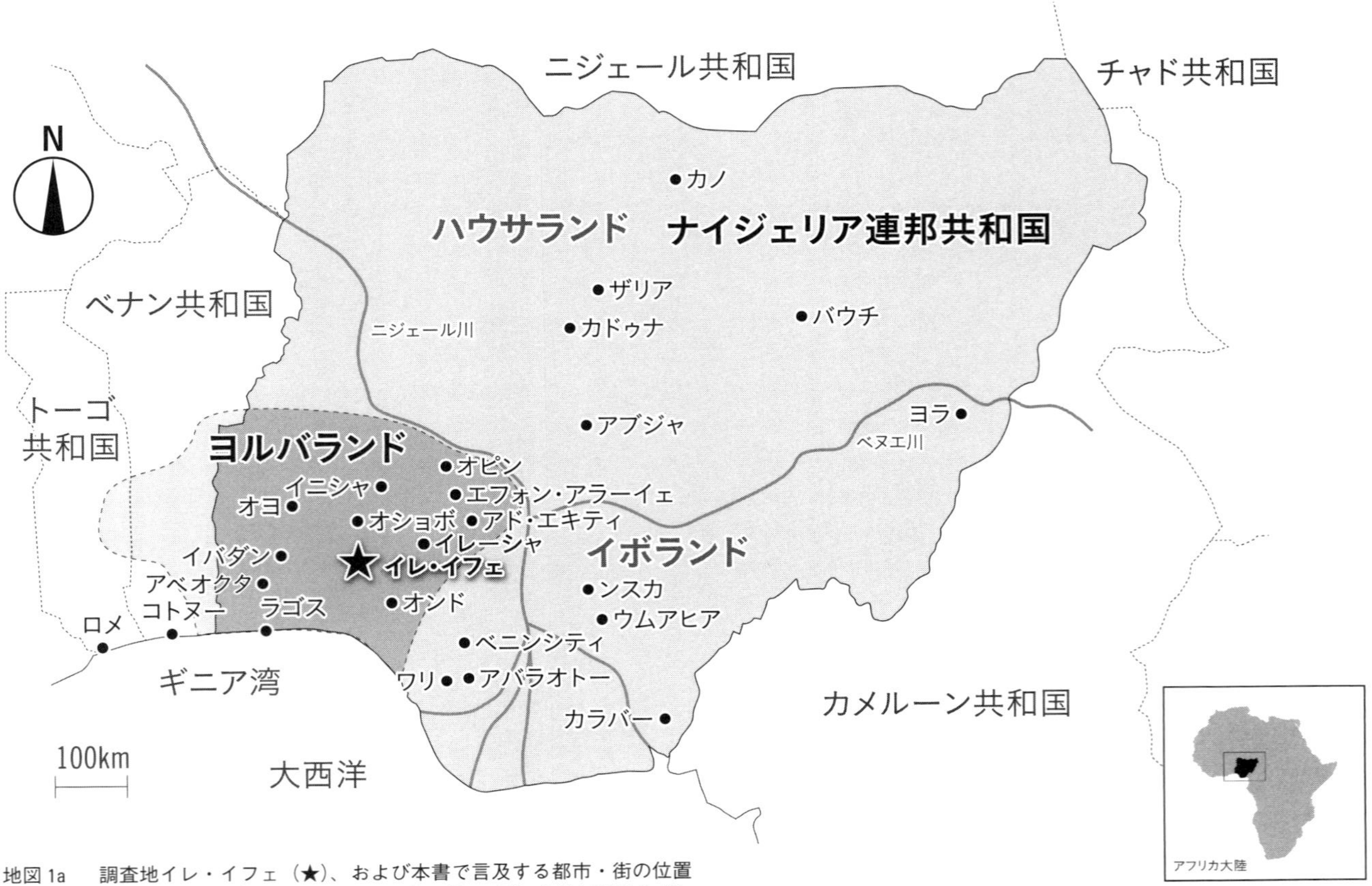

地図 1a　調査地イレ・イフェ（★）、および本書で言及する都市・街の位置
（Google Maps〔アクセス日：2013 年 3 月 13 日〕を基に筆者作成）

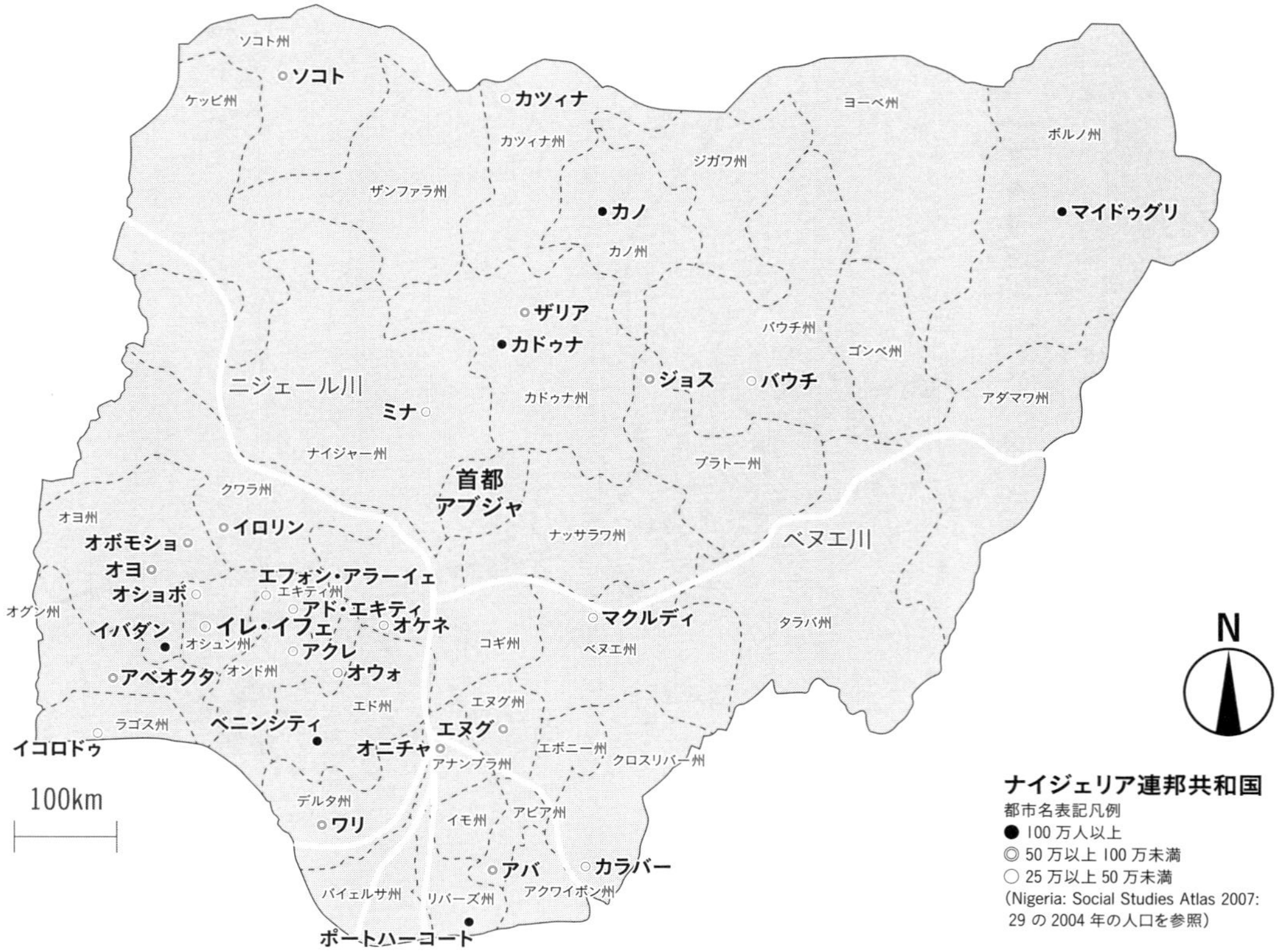

地図 1b　ナイジェリア連邦共和国の州区分と人口 25 万人以上の都市の位置
（Google Maps〔アクセス日：2013 年 3 月 13 日〕と Nigeria: Social Atlas〔2007: 29〕を基に筆者作成）

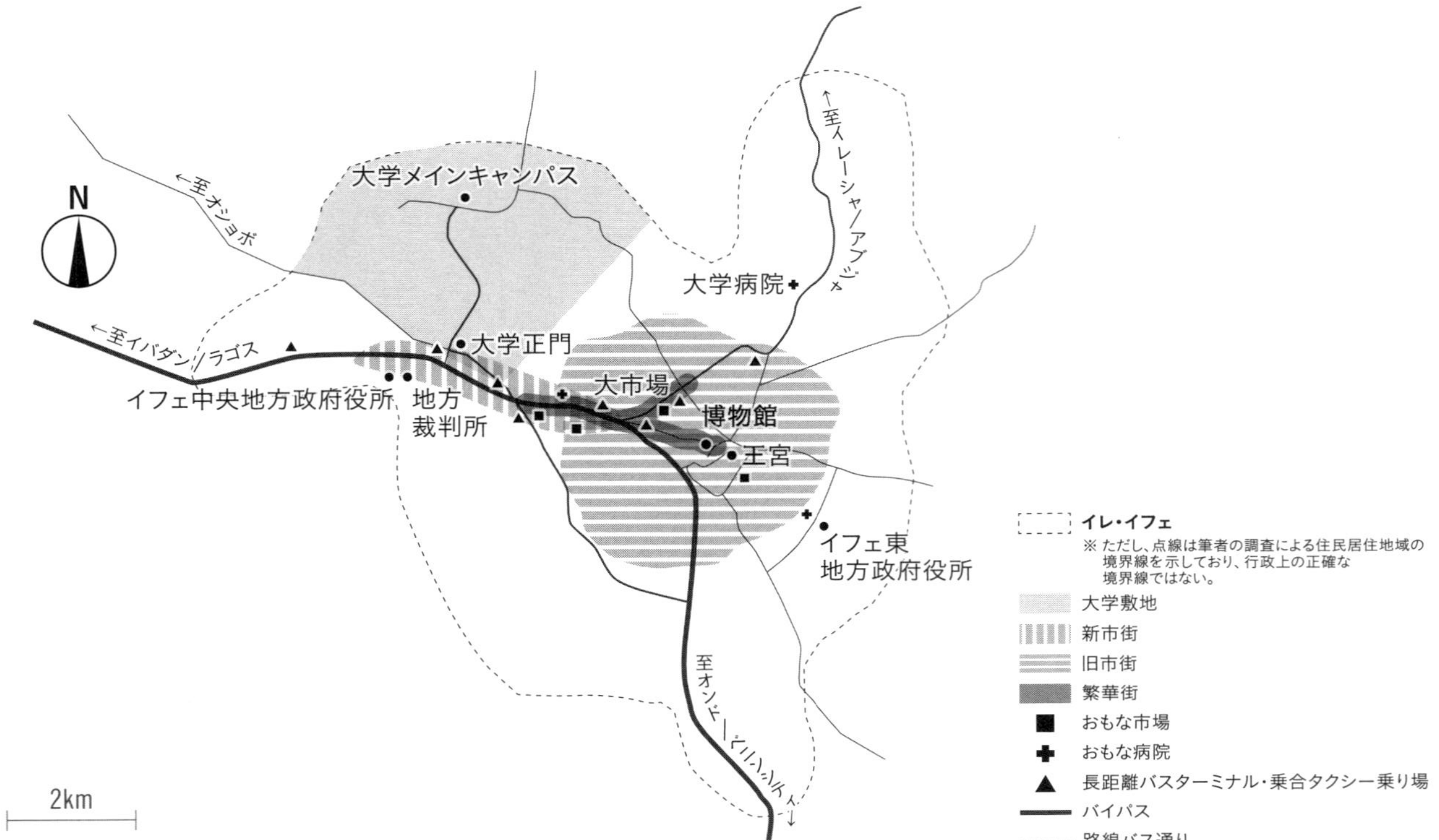

地図 2a　イレ・イフェ
（Google Maps〔アクセス日：2013 年 10 月 6 日〕を基に筆者作成）

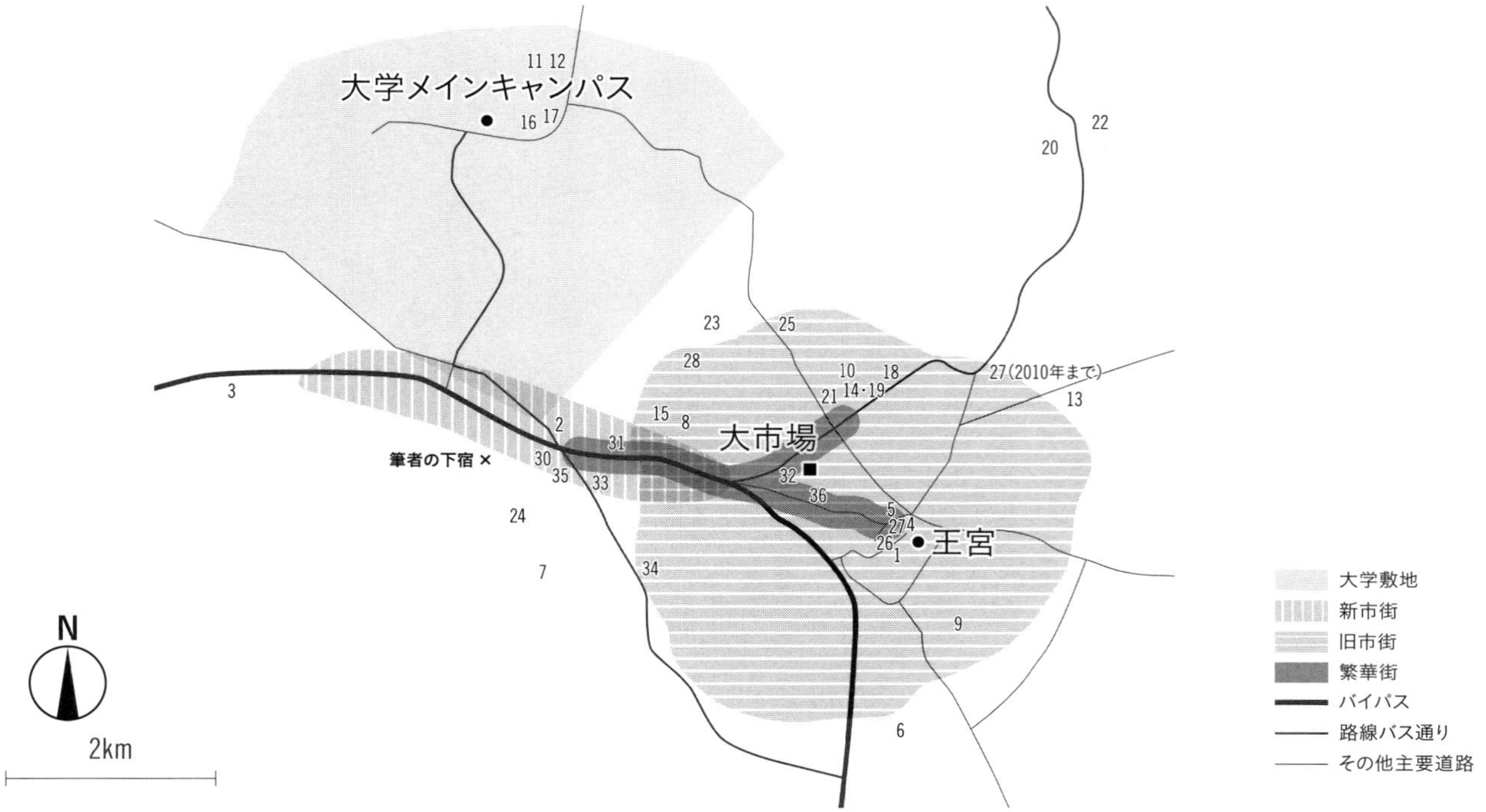

各番号は36人のアーティストの仕事場または店の位置を示し、表1a、bの番号と対応している。

地図 2b　イレ・イフェのアーティストの仕事場または店の位置
（Google Maps〔アクセス日：2013 年 10 月 6 日〕を基に筆者作成）

序論

[0-1]

本書の目的

本書は、ナイジェリア連邦共和国の都市イレ・イフェで暮らすアーティストを事例とし、彼らにとってのアート、彼らと市場との関係、彼らの生活を、西洋近代のアートの制度や地域社会との彼らの関わりに注目しながら、民族誌的記述によって明らかにしていく。このことを通して、アフリカの一都市のアートのありかたについて考察することが、本書の目的である。

人口約三五万人の都市イレ・イフェは、ナイジェリア三大民族の一つであるヨルバの発祥の地とされ、ヨルバという民族【1】やヨルバのアート（美術）【2】を語る際に欠かせない存在であり続けている。アートをめぐっては、これまでの研究において、「ヨルバアート」という視点から、考古資料や「伝統的アート」および「モダンアート」として研究されてきた（Harris 1997, 1994; Garlake 2002; Willett 1967）。また、展示においても、一一世紀から一四世紀にかけて栄えたとされるイフェ王国に焦点があてられ、おもに土器や真鍮製の頭像や偶像といった歴史的美術品【3】によってイレ・イフェは表象されてきた（Phillips 1996; Drewal and Schildkrout 2010）。こうした研究や展示は、調査者やキュレーターによって選ばれたモノの形態と意味や社会的機能、あるいはつくり手とヨルバ文化との関わりを明らかにしようとするものであった。これに対して本研究は、イレ・イフェの人びとの中でも、特にアートのつくり手である「アーティスト」の視点に注目することで、調査者や美術館・博物館のキュレーターにとってのアートではなく、アフリカの一都市で生活するアーティストにとってのアートを明らかにしていく。その際、アフリカ美術という枠組みをつくっている西洋近代のアートワールド、およびそれを構成する機関や制度、さらには地域社会といった様々な要素とアーティストの関係に注目することによって、アートのありかたを再考する必要があると考えた。

このような問題意識の背景には、二〇〇三年に私が初めてイレ・イフェを訪れた時に見たアートが、それまで文献資料や展覧会で見てきたアフリカ美術と様子が異っていたことへの違和感がある。当時、アフリカ美術史を学ぶ学部生であった私は、ヨルバの古都イレ・イフェでフィールドワークを行えば、「伝統的」な「ヨルバアート」やヨルバランドの同時代美術をしっかりと見ることができるだろうと考えていた。しかし、「自分はアーティストだ」という人を訪ね、また、「彼もアーティスト」だと言われて訪ねた先で目にしたのは、いわゆる「伝統的」なアートや「ヨルバらしい」と思えるアートだけではなかった。そのどちらともいえない街の「日常的」なアート、「期待外れに西洋美術的」なアート、「クオリティが高い」とも「ユニーク」だとも感じられないような「雑」な作品、誰かの真似かと思えるほど「似たよう」な作品など、様々であった。さらにその背後には、様々な作品だけではなく、そのつくり手であるアーティストたちの多様な生きざまがあった。そこで私は、このような多様なアーティストによる様々な作品が、これまでのアフリカ美術に関する研究書や展覧会カタログではほとんど取り上げられてこなかったことについて考えるようになった。

本書は、私が二〇〇三年から二〇一二年のあいだのおよそ一二か月間、ナイジェリアのイレ・イフェを中心に行ったフィールドワークに基づく。第1章から第4章でこれについて詳しく記述していく前に、序論では本研究を先行研究に位置づけ、視座と方法を提示し、調査の概要を示したい【4】。

[0-2] 先行研究と本書の位置づけ

本節では、西洋側の視点・価値観を基準にアートを絶対視した植民地主義とプリミティヴィズムに対し、人類学や隣接する諸分野でアートが相対化されていく過程を追いながら、人類学と隣接分野におけるアートの研究の展開を概観していく。その上で、問題の所在を明らかにし、本研究の方法を示す。

[0-2-1]

文化人類学、および隣接分野におけるアートの研究の展開

植民地主義とプリミティヴィズム

一九世紀後半、ヨーロッパの列強による植民地支配が拡大すると共に、西洋人は、未知の大陸や国々としての植民地の人やモノへ興味を持つようになっていった。ヨーロッパ各地で開かれた万国博覧会は、主催する国の国力の強大さを見せる場であり、世界中の国々から様々な製品や美術品が集められた。植民地主義の帝国の偉大さを示す具体的な例としての「他者」展示に見られる珍奇さやエキゾチックな美は、観客を魅了するものとなっていった（竹沢 2001: 92）。一九世紀末、フランスの画家ゴーギャン（Paul Gauguin）が、パリ万博で見た「未開人」による「プリミティヴ」な表現手段に刺激を受けてタヒチへと発ったことからも、プリミティヴィズムという当時のヨーロッパの風潮をうかがうことができる。

二〇世紀初頭になると、ピカソ（Pablo Picasso）やブラック（Georges Braque）、マティス（Henri Matisse）といった画家たちも、万博や画商を通してヨーロッパに入ってくる造形に強い関心を示した。彼らはアフリカやオセアニアの彫刻や仮面など、いわゆる黒人美術や現地の人びとの写真を「発見」し、「アール・ネーグル（ニグロ美術）」という呼称のもとにそれらの「プリミティヴ」な美に魅了されていった（吉田 1999: 57）。そうして彼らは、ルネサンス以来自明となっていた西洋美術の技法ではなく、キュビスムの美学を推し進めていった。さらに、アール・ネーグルの影響は、一九二〇年代から三〇年代にパリで生じた文化運動であるシュルレアリスムにもおよび、非西洋のアートや文化を広くフランス社会に受容させる力の一つになっていった（竹沢 2001: 180-181）。合衆国においては、一九三五年、ニューヨークの近代美術館で「プリミティヴアート」としてのアフリカ美術の正式な展覧会が初めて行われ、一九五七年には、ネルソン・ロックフェラー（Nelson Rockefeller）によって未開美術館（Museum of Primitive

Art）が設立された【5】。このように、プリミティヴアートへの興味は一九世紀末から二〇世紀初頭の西洋美術界において発展していった。しかしそれは「珍しくて美しいプリミティヴアート」という西洋人による美的価値観のみで評価され、「プリミティヴアート」のつくり手や、それが当該社会においてどのような意味を持つのかについて目が向けられないどころか、「未開人」には美的感覚がないとすら思われていた（Jopling 1971: xv）。

アートの相対化の始まり

西洋が非西洋のモノをアートとして見出していく中で、人類学においても、一九世紀後半からアートが取り上げられるようになっていったが、その多くは、進化主義や伝播主義に基づく研究であった。このような視点を批判し、歴史個別主義および歴史相対主義（大村 2011: 467-480）に立脚してアートの研究を行ったのがフランツ・ボアズ（Franz Boas）であった。ボアズは北西海岸インディアンのアートについての記述を一八九〇年代より始め、一九二七年（改訂 1955）に出版された『プリミティヴアート（Primitive Art）』では、西洋人による美的価値判断に基づいた記述ではなく、北西海岸インディアンのアートの様式、象徴、技術、詩学やパフォーマンスについて経験実証的に分析した。これによってボアズは、アートを創造し、享受するという人類の普遍性を見出した（Jonaitis 1995）。ボアズは人間集団の文化の境界をあらかじめ定めてから分析を始めるのではなく、幾何学的なデザインや物語など、それぞれの文化要素の差異を明らかにし、その差異を説明する要因として文化を析出するという、文化要素の分布から出発する方法をとった（大村 2011: 510-511）。人類の普遍性と多様性を同時に論証し、進化主義の仮説を決定的に反証するボアズの相対主義は、その後の人類学におけるアートの研究の中で一貫して行われていくアートの相対化を導くものであった。

ボアズに続き、次世代の人類学者によってもアートの研究は続けられた。イギリスでは、レイモンド・ファース（Raymond Firth）によってニューギニアのアートについて人類学的研究が行われた（Firth 1925）。フランスでは、アール・ネーグルの影響を受けたシュルレアリスムの運動と連携する人類学者たちが、アフリカのアートに関する知識を確立していくようになった。一九三一年、マルセル・グリオール（Marcel Griaule）やミシェル・レリス（Michel Leiris）を含む若き人類学者によって組織されたダカール・ジブチ調査隊は、フランスの人類学博物館に収める物品の収集などに努めた。レリスは、「芸術（アート）のための芸術（アート）」という西洋美術の価値観に従って黒人アフリカのアートを研究することを批判し、当該社会におけるアートの意味を考えようとした（レリス 1968: 36）。

その後、こうした議論の多くは、美術史家、美術批評家、アーティストといった異なる分野の専門家たちと共になされていった【6】。その過程で、非西洋社会の人びとの美意識や彼らのつくりだすアートと社会との関係、さらには個々のつくり手についての記述が、欧米の人類学者たちのフィールドワークによって多くなされるようになった。スミス（Malian Smith）によるシンポジウム（編著）『部族社会の芸術家たち（The Artist in Tribal Society）』（1961）やフォージ（Anthony Forge）によるシンポジウム（編著）『プリミティヴアートと社会（Primitive Art and Society）』（邦訳版 1973）（1973）などがそうである。一九八一年には、アートに焦点をあてた人類学的研究として初めての単行本となったレイトン（Robert Layton）の『アートの人類学（The Anthropology of Art）』が出版された。一九九二年には、クート（Jeremy Coote）とシェルトン（Anthony Shelton）による（編著）『人類学、アート、美学（Anthropology, Art, and Aesthetics）』にまとめられているように、一九二〇年代からの人類学とアートとの関係の変遷を振り返り、人類学がどのように非西洋アートの研究に貢献できるかを探るシンポジウムが、イギリスの人類学者を中心に開かれた。

こうした流れの中で、一九八〇年代半ば頃から人類学や関連する領域において、アートの概念やそれを支えている制度に対する批判的再検討が少しずつ行われるようになった。そこで明らかとなったのは、アートという概念が西洋近代の産物であり、人類の歴史の中で、あくまでも限られた人びとによる一つの概念でしかないという点である。

アートという制度・美学の批判的検討

初期の段階より、アートを支える制度の存在を指摘したのは哲学者・美術評論家のアーサー・ダントー（Arthur Danto）であった。ダントーは、アートの理論や文化的・社会的・政治的・経済的背景といった、あるモノがアートであると人に認識させる目に見えない制度を「アートワールド（The Artworld）」と呼び、アートを自明のものとする見方を批判的に検討した（Danto 1964）。ダントーはアンディ・ウォーホール（Andy Warhol）の一九六四年の作品「ブリロ・ボックス（Brillo Soap Pads Boxes）」を一つの事例とし、大量生産・大量消費される食器洗い用の洗剤付き金たわし、「ブリロ」の外箱を模した合板製の彫刻が現代美術として展示され、評価されるのは、こうした「アートワールド」が存在するからであると指摘する。この、アートワールドを支える重要な要素となるのが、ジョージ・ディッキー（George Dickie）も指摘するように、アーティスト、プロデューサー、美術館・博物館、美術館・博物館によく出かける人、新聞記者、批評家、美術史家、芸術の理論家、芸術の哲学者などである（Dickie 1974: 35-36）。

このアートの制度論を受けて、一九八八年にニューヨークのアフリカ美術センターで開催された「アートまたは器物（Art / artifact）」展で、アメリカ合衆国の人類学者スーザン・ヴォーゲル（Suzan Vogel）は、人類学におけるアフリカのモノ（収蔵品）はどこからがアートでどこからが器物であるのかという問いかけをし、その境界の曖昧さを示した。これによってヴォーゲルは、これまで欧米人という外部者がどのようにアフリカのモノをアートまたは器物というカテゴリーに独断であてはめてきたかという問題を指摘すると同時に、展示の仕方によって器物はアートにもなることを表した（Vogel 1988: 10-11）。

アートという言葉に組み込まれてきた権力関係を最も明晰に指摘したのは、ジェームズ・クリフォード（James Clifford）であった。クリフォードによると、植民地期に非西洋から集められたモノは、二〇世紀に入る頃から審美的な芸術作品／傑作（masterpiece）と諸民族の「伝統」を表象する文化的器物（artifact）という、大別して二つのカテゴリーへと分類されるようになった。さらに、それぞれについて真正性（authenticity）が疑われるモノは「非文化（not-culture）」と「非芸術（not-art）」に分けられていった。こうした分類を基準に、モノが人類学というアカデミックな学問や美術館・博物館の中に制度化されていく様を、クリフォードは「芸術＝文化システム（art-culture system）」【7】と呼び、このシステムは西洋近代に特有のものであるにも関わらず、人類に普遍的な価値基準として芸術市場やアカデミズムによって権威づけられてきたことを指摘した（Clifford 1988: 223〔2003: 283〕）。

こうした制度としてのアートの批判的検討において再考されたものの一つは、一八世紀半ばに登場した西洋美学、とりわけドイツ観念論美学であった（佐々木 2008: 202）【8】。アートを当該社会のコンテクストに位置づけて解釈することを提唱したクリフォード・ギアツ（Clifford Geertz）は、西洋美学に立脚した審美的な観点からデータを収集し、作品そのものについての論を重視するアートの研究は、社会活動の諸形態についてのデータという、当該社会の理解の土台となるデータの存在を隠してしまうと指摘し、ドイツ観念論美学を批判している（ギアツ 1991: 166-169）。

展示・表象のポリティクスをめぐる議論

このように、アートの制度的側面が検討されていく中で、博物館や美術館においては、展示という行為を批判的に検討しようという動きが盛んとなり、非西洋のアートをめぐる展示と表象が議論の中心となっていった。その契機となったのが、一九八四年、ウィリアム・ルービン（William Rubin）によってニューヨークの近代美術館で開かれた「二〇世紀美術におけるプリミティヴィズム――『部族的』なるものと『モダン』なるものとの親縁性」展である（ルービン 1995）。この展覧会のねらいは、「親縁性」に着目することで、西洋の造形と非西洋の造形の区別を越えた人間の芸術的営みの能力の普遍性を提示することであった。しかし、「モダン」なるものと区別される「部族的」なものが存在するという、その前提が最大の問題点であるとして、トーマス・マクェヴィリー（Thomas McEvilley）、ジェームズ・クリフォード、吉田憲司らによって批判された（McEvilley 1984, Clifford 1988, 吉田 1995）。

同展以降、博物館や美術館のキュレーターたちは、非西洋のアートの展示方法について自省的にならざるをえなくなり、新たな展示の試みに取り組むようになった。以下に、アフリカ美術の展示を例に、その展開を概観する。

一九八九年、パリのポンピドゥ・センターでジャン＝ユベール・マルタン（Jean-Hubert Martin）らによって開催された「大地の魔術師（Magiciens de la terre）」展は、初の世界規模である同時代美術の展覧会として評価された（Martin 1989）。しかし、主催者側がアーティストを恣意的に選択することを通して、「前衛を思考する西洋」と「伝統に閉じこもる非西洋」というヒエラルキー構造が浮き彫りとなり、ネオ・コロニアリズムとして批判された。一九九一年には、ニューヨークのアフリカ美術センターで「アフリカ・エクスプロアーズ（Africa Explores）」展が開かれた。企画者であったスーザン・ヴォーゲルは、「大地の魔術師」展への回答として、専門の美術教育を受けたアーティストを含めた同時代のアフリカ美術の多様性を提示した（Vogel 1991）。しかし、その多様な様相を、「伝統美術」「新実用美術」「都市美術」「国際美術」「消えた美術」という五つのカテゴリーにキュレーターの視点で無理におさめようとしたことは批判の的となった（Picton 1992）。こうした議論を繰り返しながら、西洋、非西洋という壁を越えて進行するモダニズムの様々なありかたに目を向けたアフリカの同時代美術の展示が、一九九〇年代以降も積極的に行われていった。一九九五年、ロンドンのホワイトチャペル・アート・ギャラリーでのクレメンティン・デリス（Clementine Deliss）らによる「アフリカのモダンアートについての七つの物語（Seven Stories about Modern Art in Africa）」展は、アフリカ人によるアフリカ美術の語りと、アフリカ人と欧米人のコラボレーションを主題とした。カタログには、アフリカ人のアーティスト、美術史家、批評家を中心に、アフリカ七か国の近・現代美術に関するエッセイが寄せられている（Deliss 1995）。

日本においては、一九九五年、東京の世田谷美術館で開催された川口幸也による「インサイド・ストーリー——アフリカの同時代美術」展が、二〇世紀初頭のアフリカの同時代美術の歴史的展開を跡づけ、西洋美術の枠だけにとらわれないアフリカのアートのありかたを提示した（川口 1995）。また、国立民族学博物館の吉田憲司と大英博物館のジョン・マック（John Mack）による一九九七年の「異文化へのまなざし／Images of Other Cultures」展も、日本においてアフリカの同時代美術を印象づけたのみならず、植民者と非植民者、白人と黒人という関係を第三者の視点で洞察するものとして、欧米からも注目された。さらに、二〇一〇年から二〇一一年にかけては、国立民族学博物館の川口幸也による「彫刻家エル・アナツイのアフリカ」展が行われた（川口 2010）。一九八〇年代半ば以降、アフリカ美術の展示の新たな試みがなされてきたが、その多くは、数名のつくり手たちの作品を「アフリカ」として一括りに展示することがほとんどであった【9】。これに対して、同展がブラック・アフリカのアーティスト一人にフォーカスをあて、日本国内四か所の美術館と博物館を巡回したことは、世界でも類を見ない画期的な試みであった（川口、他 2010）。

このように、一九八〇年代以降のこうした展示の多くは、いずれも新植民地主義（ネオ・コロニアリズム）、および近代におけるアートをめぐる不均衡な力関係を乗り越えようとする試みであった。

アートの相対化の極限

こうして、人類学および隣接分野におけるアートの研究は、相対主義に立脚したボアズ以来、アートを相対化し、西洋アートの地位やその価値観のみによる審美の絶対視、そこに潜む西洋中心主義的なイデオロギーを問い直す仕事を行ってきた。その中でも、美学と徹底的に距離を置き、アートを極限に至るまで相対化しようとしたのは、イギリスの人類学者アルフレッド・ジェル（Alfred Gell）であった。先に挙げたクートとシェルトンによる『人類学、アート、美学（Anthropology, Art, and Aesthetics）』（1992）の中で、ジェルは「アートの人類学を確立するための第一歩は、美学と完全に決別することである」という議論を打ち出した（Gell 1992: 42）。美学に反する立場を主張するジェルは、美学や美術批評のように、人間の超越的な美の表現や視覚的なコミュニケーションの媒体としてアートを捉えるのではなく、アートが生み出され、流通していく過程における社会関係を明らかにすることが人類学の仕事であると考える。ボアズをはじめとするそれまでの人類学者たちは、西洋美学を絶対視することなく、非西洋のアーティストの美学も正当に評価するために、それぞれの文化の持つ異なる美学の特徴を明らかにすることでアートを相対化してきた。しかしジェルは、その際アートが社会的コンテクストから独立させられて具体化されてきたことを批判し、社会の中で「働きかけるもの／作用するもの（エージェント）」とその「働きかけ／作用（エージェンシー）」に注目して、人とアートの社会関係を説明するべきであると主張する。ジェルは、いくらアートを相対化する試みであっても、各民族のアートの「美学」や「意味」を探究することは、結局は西洋美学や西洋美術の理論に依拠することになるという観点から、これまでの人類学におけるアートの研究を批判している（Gell 1998: 1-11）。アート（芸術作品）という言葉にあらかじめ組みこまれた意味を避けるというジェルによるアプローチは、芸術だけではなくモノそのもの、そしてモノと人の関わりに注目した研究に影響を与えるものであった（床呂・河合 2011; 吉田 2016）。

アートの相対化の先へ

ジェルのエージェンシー論以降も、西洋近代に端を発する、あるいは少なからず西洋の影響を受けているアートという概念に対してどのようなアプローチが可能であるかという点について、人類学において検討が続けられている。例えば、日本においては、佐々木重洋（2008）は、アートについての審美的な議論を根底から批判して提唱されたジェルの理論に対し、カントの哲学をはじめとするドイツ観念論美学が西洋美学において今日もなお強い影響を与えていることを認めた上で、ドイツ美学から学べるものを再検討し、人類学は必要以上に芸術／美学から距離を置くべきではないと主張する。古谷嘉章は、芸術という概念を発見的目的のための道具に使って、人類の文化についてより明らかにすることを目指すにせよ、芸術として生産・流通・消費されているものを研究対象とするにせよ、従来「芸術」という言葉で曖昧に名指されてきたもの「辺り」に注目した議論を、人類学において展開することを考案する（古谷 2008: 156-157）【10】。芸術「辺り」を視野に入れることで、芸術だけを特に研究の対象とする

「芸術人類学」に収斂させない、それ以上の可能性を人類学に見出していくことを古谷は促す（古谷 2008:155）。渡辺文（2014）は、芸術という制度の権力性に固執するあまりに常に西洋と非西洋の区別をせざるをえない権力論と、権力性を捨象するがために芸術の制度的側面を問うことのできないエージェンシー論の隔たりに注目し、両論を同時に用いることで、オセアニアのあるアーティスト集団の芸術のありかたを明らかにしている。

[0-2-2] 問題の所在と本研究の方法

問題の所在

以上に概観してきたように、これまで、人類学はそれぞれの地域におけるアートの表現や美学、意味や社会的機能を明らかにすることで、西洋美術／アートの絶対化の否定、つまりアートの相対化を行ってきた。また、モノを収集する側と収集される側、展示する側と展示される側という、おもに西洋と非西洋のあいだの不均衡な力関係を問題視し、それを乗り越えようとする試みを行ってきた。さらに、アートを極限まで相対化したその先でどのようなアプローチが可能であるのかということについても検討してきた。本研究は、西洋美術の価値観に依拠することなくイレ・イフェのアートの諸相を記述しようとする点において、また、アートの相対化を終着点とすることなく、その問題を乗り越えていく方法を提示しようとする点において、これまでの人類学におけるアートの研究の一端に位置づけることができる。

では、これまでの人類学が行ってきたアートの相対化における問題点とは何であるのか。その一つに、アートの制度的側面を問うことができない、というエージェンシー論の限界が挙げられる。先に見てきたように、相対化の極限としてエージェンシー論を挙げることができるが、それは「芸術＝文化システム」から完全に逸脱し、アートの社会的機能を明らかにする試みであった。ところが、例えば本研究の対象となる人びとは「アート」という言葉を使って暮らしており、彼らのアートは、西洋近代のアートという言葉、概念、制度と何らかの結びつきを持っている。このような状況においては、アートを所与のものとすることを避けるためにそれを相対化する必要があるとはいえ、その極限としてのエージェンシー論によってアートのありかたを明らかにすることは困難である。むしろここでは、エージェンシー論が回避した芸術の制度的側面を重要な要素として検討していく必要がある。芸術やモノの人類学においてエージェンシー論が一定の有効性を持つ一方で、西洋近代のアートと非西洋のアートが切っても切り離せない関係にある状況では、いかにしてアートのありかたを明らかにすることができるのか考えていかなければならない。

さらにもう一つの問題として、アートを相対化しようとしながらも、結局のところ西洋近代のアートワールドの中に非西洋のアートを回収していくことで、西洋近代のアートワールドがより強大になっていくという点が挙げられる。先述のように、クリフォードは「芸術＝文化システム」を提示し、何がアートで誰がアーティストであるのかを決めることの背後にある西洋と非西洋のあいだの力関係を指摘した（Clifford 1988: 223）。この指摘からすでに二五年以上が経っているにも関わらず、現在においても、芸術市場やアカデミズムではあるモノや一群のモノがアートとみなされ、ある人や一群の人びとがアーティストと呼ばれ、それらは記述され、展示されている。西洋側にとって芸術と呼びうる様々なモノを取り上げて研究し、その多様性や複数性を展示して紹介すると、研究者の意に反して、非西洋のモノが必然的に西洋近代の芸術のシステムの中に取り込まれていくという矛盾が生じてしまう。これまでのアフリカ美術研究のほとんどは、アフリカの造形のいずれかに注目し、それを研究者やキュレーターの視点からアフリカ美術ないしアートと捉え、美術館や博物館で展示してきた。展示する側と展示される側の不均衡な権力関係を乗り越えようとしてきたことは、それまでのネオ・コロリアリズム的アプローチからの大きな前進であった。しかしながら、その一方で、西洋であれ非西洋であれ、芸術を「芸術＝文化システム」の中で検討していることとそれ自体について無自覚であるまま芸術について語ることで、芸術なるものをすべて西洋近代のアートワールドの中に取り込み続けている。

クリフォードの視点に立つと、研究者らによるこのような行為は「芸術＝文化システム」という西洋近代の支配の言説に荷担することになりかねないと言える。他方、ジェルに代表されるエージェンシー論は、作品やモノの社会的機能を明らかにしていくことで、こうした西洋近代の制度と決別するという新たな道を切り開いたものの、当該地域を生きる人びとがそのような制度とどのように向き合っているのかという点を描き出せないままである。

「芸術＝文化システム」の存在にもう一歩踏み込んで敏感であろうとするならば、古谷（1998: 68）が指摘するように、美術館・博物館関係者に限らず、つくり手自身も「アーティスト」として自らがつくりだしたものを「アート」と呼び、アカデミズムや芸術市場と関わることで、「芸術＝文化システム」という自らコントロールできない制度に従属していると言える。加えて、芸術の人類学やアフリカ美術研究という枠組みで彼らと彼らの作品を研究対象とする筆者自身が「芸術＝文化システム」に関与していることも、いうまでもない。そうであるからこそ、このような近代のシステムから逸脱しようとするのではなく、むしろ、こうした美術館・博物館や研究者、作品のつくり手や作品の享受者など、アートをめぐる様々な人びとや要素が、芸術のシステムとどのように関わっているのかという点に着目することが不可欠となる。この点に注目すれば、西洋近代の芸術の制度のみならず、当該地域における様々なシステムや要素と彼らとの関わりもおのずと見えてくるはずである。

本研究の方法

そこで本研究は、アフリカの一都市において、人びとが「アート」と呼ぶものが存在し、その「アート」なるものを彼らが認識して生活していることに注目する。その上で、彼らと西洋近代のアートワールドないし「芸術＝文化システム」との関わりに焦点をあてながら、そこでのアートのありかたを明らかにしていく。そのために、まず、当該地域でアートと呼ばれるものは何であるのか、調査者である筆者の視点によるアートではなく、そこで暮らす人びとの視点に注目して検討する。この方法をとるのは、調査者の先入観でアートを選んだり、アートに価値を見出すことをできる限り回避するためである。

従来の芸術の人類学や美術史学の研究は、様々なアートやアーティストの中から一人ないし一群のアーティスト、あるいは絵画、彫刻、布といった一つないしいくつかのジャンルを選択して、それについて記述してきた。無論、すべてについて記述することは不可能であり、対象を限定する必要は常にある。しかしその際、上述した芸術市場やアカデミズムによって権威づけられてきた制度の中で我々が研究していることに無自覚であれば、それは単に、対象をその中に回収するだけになってしまう。この状態に自覚的であるためには、当該地域のアートの中からできる限り何かを選ぶことなく「様々」である様を明らかにする必要がある。本書の第4章で特定のアーティストに焦点をあてる前に、まず第1章・2章・3章でイレ・イフェという都市全体のアートとアーティストについて描こうとするのは、このためである。ただし、一つの都市における複数で多様なアートを対象とするにあたり、つくり手、買い手、そのほかの支援者や関係者など、すべてのアクターを対象とすることは限られた調査期間では不可能であったため、本書ではおもにつくり手の視点に焦点をあてる。

古谷は、つくり手に対する本当の認知とは、西洋の美術界にとって都合よく消化・理解して流用することではなく、絵を描くこと、絵を味わうこと、その豊饒な可能性を、西洋近代の芸術観が容易に消化できない差異の中に読みとることであるとする（古谷 1998: 78）。したがって、芸術＝文化システムや西洋近代のアートワールドというアートをめぐる支配的な言説の存在と影響を認めた上で、ある社会を生きるアーティストの営みに、そのような言説をつくりかえてゆく可能性があるのかを考察する方向へと議論を進めていくことが重要となる（古谷 1998: 69）。

アフリカ美術研究者のジョン・ピクトン（John Picton）は、アフリカのアートが、多くの場合、欧米のキュレーターや美術史家によって、彼らの価値・判断のもとに一方的に選ばれ、分類され、展示されてきたことを批判的に検討し、アフリカ各国の地域におけるアートの評価や批判、需要に目を向け、どのような状況において、誰によって、どのようにアートが選ばれ、アイデンティファイされていくのかを明らかにすることを、アートを研究する上で重要な点として指摘している（Picton 1992, 1994a, 1999, 2002）。

このような視点に立ち、本研究は、つくり手（アーティスト）とはどのような人たちであるのか、彼らによってアートとみなされるものはどのようなものであるのかを明らかにする。その上で、彼らのいうアートが、いかにして芸術＝文化システムないし西洋近代のアートワールドという制度と関わり、また、いかにして地域社会と関わっているのかという点に注目しながら、イレ・イフェという固有の場所で、彼らがどのようにアーティストとして生きているのかを明らかにしていく。そうすることで、「質が良いか悪いか」、「展示するにふさわしいかどうか」、「ヨルバらしいか、アフリカらしいか」という視点とは異なる観点から、アートというものを捉え直すことができるのではないだろうか。

このようにして、二〇〇三年にイレ・イフェで初めてフィールドワークを行った際に受けた違和感と疑問は、本研究の方法に辿り着いた。

民族誌としての本書の方法

ここで、民族誌としての本書がとる方法についても述べておきたい。本書の冒頭で述べたように、私は二〇〇三年に、アフリカ美術史を学ぶ学生としてナイジェリアのイレ・イフェでフィールドワークを開始した。その後、二〇〇八年から二〇一二年までに行った調査期間中は文化人類学を学ぶ学生であったが、調査対象であるイレ・イフェのアーティストたちは、私のことを、二〇〇三年当初より「美術史の学生」あるいは「美術館のキュレーターの卵」として見ていた。つまり私は、彼らにとって「自分たちの作品を購入し、収集し、それを海外の美術館・博物館で展示し、販売する可能性を持つ人」という存在であった。このことは、私がどれほど「客観的」に、イレ・イフェのアートについてアーティストの視点に密着した記述をしようとしても、私が行ったフィールドワークそれ自体がすでに彼らと西洋近代のアートワールドとの関係の上に成り立っていたことを示している。

この意味において、本書で記述していく「イレ・イフェのアート」は、それが私のフィールドワークによって得られた情報に基づいている限り、「西洋近代のアートワールドと関わる」という文脈に編み込まれたものである。「現地の人びとの視点に寄り添って現地社会について記述する」という民族誌的手法をとるにも関わらず、そこには常に、アートワールドの存在とその中にいる私（調査者／筆者）の存在がある。

しかし、これを指摘したからといって、この関係性を完全に取り除くことはできない。したがって、そこからできるだけ離れて無理に「客観的」に記述しようとするのではなく、この関係性の中で私が得た情報であり、記述し、考察したものであることを読者に示し、また、フィールドワークにおける調査者自身の存在についても記すことで、この民族誌を読者に対して少しでも開かれたものにする必要があると考えた。このため、本書では調査者（筆者／私）についても述べている[0-3-2]。また、第3章をはじめ本書で参照したアーティストへのインタビューの一部については、録音トランスクリプションの和訳を掲載することで、抜粋部分の前後の状況や文脈を読者に示すと同時に、調査対象者だけではなく、質問し、話を聞き出そうとした調査者の存在も示している。

本書がこうした方法をとるのは、これまで人類学が抱えてきた民族誌批判という課題に取り組むためである。一九八〇年代以降、人類学者が自分たちとは異質な文化を持つ集団を研究対象とし、植民地主義や帝国主義を内包しながらフィールドワークと民族誌の作成を行ってきたことそのものに対する批判的問いかけがなされてきた。それは、これまでの近代人類学はフィールドワークに基づいた実証的な研究を行いながらも、「民族」や「文化」など、西洋近代の概念および分類システムを暗黙の前提としてきたこと、つまり、実証的な研究の礎としてきた民族誌それ自体が植民地主義的なまなざしを内包しているという問題である。客観主義的な民族誌の前提を取り払い、人類学者の主観を取り込んだ「実験民族誌」は、こうした問題の解決法を探る試みであった。その試みには、フィールドにおける自己と他者の間柄を明示する対話、異なる立場にいる複数の人びとの声を反映させた多声的な語り、一人あるいは少数の人びとの人生に焦点をあてたライフヒストリーないしライフストーリーなどの手法がある（ルイス 1969〔1961〕；ラビノー 1980〔1977〕；クラパンザーノ 1991〔1980〕；ショスタック 1994〔1981〕、他）。

本書が調査者自身について言及し、また、調査者も登場するインタビューというかたちで彼らの語りを一部掲載するのは、調査者という自己のポジションの明確化に努めるためではない。調査者と調査対象である人びととのやりとり、彼らの複数の声、その文脈を書き留めることを通して、フィールドワークを行う人類学者が己から切り離すことのできない権威に少しでも敏感であろうとするためである。とりわけ、アート／芸術という、個人の価値観が大きく反映されるものを対象とする本研究では、調査者による価値判断という権威によって、当該地域のアートがどのようにでも語られてしまうことに、細心の注意を払わなければならない。竹沢（2007: 272-274, 298; 2008: 12-15）が指摘するように、人びとの行為や語りや、それらによってかたちづくられている人生というテクストと、それを取り囲む文化的・歴史的コンテクストの両者を共鳴させて民族誌を作成することは人類学に課せられた仕事である。本書はイレ・イフェの複数のアーティストの声に焦点をあてつつ、筆者を含む彼らの周囲の人びとの存在や異なる評価、暮らしの現状や歴史的背景をできる限り捉える民族誌的記述をめざす。

[0-3] 調査の概要

本節では調査地イレ・イフェについて、また、筆者が行ったフィールドワークの方法について、それぞれ概要を述べる。

[0-3-1] 調査地の概要

ナイジェリア連邦共和国オシュン州イレ・イフェ

イレ・イフェは、全三六州あるナイジェリア連邦共和国の南西部に位置するオシュン州の一都市（地図1a・1b・

2a・2b）である【11】。人口は約三五万五〇〇〇人【12】だが、これに、学園都市のようなキャンパスにあるオバフェミ・アウォロウォ大学（Obafemi Awolowo University）の学生約二万五〇〇〇人と教員約二〇〇〇人【13】を含めると約三八万人となる。面積約三〇〇㎢、人口密度約一〇〇〇人／㎢と、ナイジェリアでは小規模～中規模の都市である。地方行政はイフェ中央地方政府とイフェ東地方政府の二つが担っている。その上にはオシュン州政府が、さらにその上には連邦政府が置かれており、国家元首である大統領によって国は治められている。しかし、これから第1章で見ていくように、イレ・イフェは「ヨルバ発祥」の古都として知られており、ヨルバランド全域において最高位に立つイレ・イフェの王オーニ（Ọ̀ọ̀ni）を筆頭に、伝統首長らの権威と尊厳は現在でも守られている。地方政府の役所がいずれも市街地の外れに置かれているのに対し、オーニの王宮アーフィン（Àáfin）は旧市街の中央に厳かにたたずむ（地図2a）。旧市街はイレ・イフェ全体のほぼ中央から王宮までの繁華街を中心に広がっており、王宮の隣には国立博物館、その周囲にはヨルバの神々を祀る祠が点在する【14】。

他方、市の北西には、一九六二年に設立された国内屈指の国立総合大学、オバフェミ・アウォロウォ大学の広大なキャンパスが広がっている。大都市ラゴスやイバダンに近い地方都市でもあるイレ・イフェには、ヨルバランド以外の地域も含め、国内各地から学生や教員が集まる。このため、大学関係者を対象としたビジネスも盛んである。市の西側入り口付近に位置する大学正門から北に向かうと大学キャンパスへ、正門の周辺や東側には地方政府役所や裁判所、学生向けのアパートや商店などが集まる新市街が広がる。イレ・イフェはバイパスやエキスプレス・ウェイによって西は大都市イバダン・ラゴス方面へ、北は路線バス道路によって近隣の街イレーシャや首都アブジャ方面へ、南は同じく路線バス道路によってベニンシティやイボランド方面へのアクセスがあり、それぞれの方面へ向かう長距離バスや乗合タクシーの乗り場が合計八つあるように、交通の便は良い。

商店や人家の密集した新・旧市街のまわりは閑静な住宅地だが、市街地から少し離れると、住宅地の中にバナナやアブラヤシなど熱帯の木々が密集する藪や、ヤムイモ、キャッサバ、トウモロコシ、トウガラシ、オクラなど、おもに家庭用の農作物が栽培されている畑もしばしば見られる。市民のほとんどはキリスト教徒またはムスリムであり、モスクは大学敷地内と旧市街地に、キリスト教の教会は大学敷地内・市街地から住宅地までいたる所に建っている。市街地と路線バス道路で結ばれている大学敷地内には、学生寮や教職員宿舎だけではなく、集会場や競技場、五つ以上の銀行や商店街・食堂街などもあり、誰もが自由に出入りできる学園都市のような空間となっている。

[0-3-2] フィールドワークの方法

調査期間

私は、以下の合計約二三か月間、イレ・イフェでフィールドワークを行った。

- 二〇〇三年七月～二〇〇三年九月（約二か月半）
- 二〇〇五年六月～二〇〇五年八月（約一か月半）
- 二〇〇八年七月～二〇〇九年一二月（約二か月の一時帰国を除く約一四か月）
- 二〇一〇年五月～八月（約三か月）
- 二〇一一年六月～七月（約一か月）
- 二〇一二年二月～三月（約一か月）

使用言語

イレ・イフェでは二つの言語、すなわちナイジェリアの公用語である英語、そして植民地時代以前からこの土地で話されていたヨルバ語がおもに使われている。これら二つの言語の使い方は個人によって異なるが、小学校以上の教育を受けている人は基本的に二つの言語を自在に使うバイリンガルである。ただし、英語は、標準英語とは別に、表現、語彙、発音など様々な面でナイジェリアに独特の「ナイジェリア英語」がおもに使われる。さらに、ナイジェリア英語に「ナイジェリア・ピジン」（ピジン英語）が混ざることも多い【15】。また、ヨルバ語にはいくつもの方言があるほか、「ディープ・ヨルバ」に対して「ブロークン・ヨルバ」と呼ばれるように、特に若者のあいだではより口語的なヨルバ語が使われる。したがって、イレ・イフェではこれらのいずれか二つ、もしくは二つ以上が使用されている。

他方、特に年配の人びとや、小学校以上の教育を受けていない一部の貧困層にいる人びと（現在は無料で義務教育が受けられるため、その数は非常に少ないことが予想されるが）のあいだでは、ヨルバ語のみが会話で使用される。

二つの言語、または二つ以上の言語を話す人びとは、相手や状況によって使用言語を使い分ける。例えば、相手がヨルバであればヨルバ語を、そうでなければ英語やナイジェリア・ピジンを使用する。学校・大学や職場では英語が中心だが、家庭ではヨルバ語が中心であるということもあれば、家庭でも英語を中心にすることもある。近年では英語を志向する傾向が強く、ヨルバ語が廃れていくことが懸念されていることもあり、あえてヨルバ語が積極的に使われることもある。イレ・イフェのラジオ局の一つでは、広告以外は各番組でヨルバ語のみの使用を促している。

このように、言語状況が複雑であるイレ・イフェにおいて、私は英語とヨルバ語（オヨ方言）の両方を使用し、ヨルバ語が話されている状況ではヨルバ語で、英語の場合は英語で調査を行った。対話する場合は、対話者が選択する言語で私も応じた。その結果、ほとんどの場合、対話者はバイリンガルであり、（対話者にとって外国人である私に対して）英語が使用された。特にアーティストのあいだでは、第1章[1-3]で見ていくように、英語が使用されることがほとんどであった。ヨルバ語の場合、私が聴き取れない／書き取れない長いインタビューや、私が理解できるヨルバ語オヨ方言（標準ヨルバ語）以外の方言を話す人へのインタビューの際は、英語とヨルバ語のバイリンガルである友人に通訳をお願いした。

調査者としての筆者

基本的に私は、下宿先や近所の人びと、おもな調査対象の人びと、街で出会う人びとすべてに対し、「オバフェミ・アウォロウォ大学美術学科の留学生で、イレ・イフェの美術史の調査をしている」と告げた【16】。これは、冒頭でも述べたように、私がイレ・イフェで調査を始めた当初美術史を専攻していたこと、さらに、人類学という学問が、イレ・イフェでは大学関係者以外の一般の人びとにほとんど知られていなかったためである。

下宿先はモダケケ地区の住宅地で、学生を対象に貸し出されている一軒家の一部屋であった【17】。近年では減少してきたが、武装強盗による襲撃の危険があるため、高い塀に鉄の門と番犬という敷地内のセキュリティ、大学教員など比較的経済的に豊かな人が多く住むこの地区で徹底されている夜間警備などが、この下宿を選んだ第一の理由であった。

私は、下宿先に住むほかの大学生たちと基本的に同様の暮らしをするようにしていた。水汲み、掃除、洗濯、買い物、料理は自分で行い、下宿敷地内のメンテナンスや、下宿が所在する地域の会合への出席も下宿先の学生たちと分担した【18】。通信には携帯電話を使用し、週一～二回インターネット・カフェに行くこと、ノートパソコンを持ち、現金はATMから引き出していたことも、ほかの大学生と同じであった。携帯とATMの使用は、大学生に限らずイレ・イフェで一般的である。同じ下宿に住む学生や近所の人たちは皆、ムスリムであれば金曜日にモスクへ、キリスト教徒であれば日曜日に教会へ行ったが、私は調査の目的以外で教会やモスクへ通うことはなかった。

調査者の外観

イレ・イフェの人びとの多くは、私のことを、留学のため遠い異国から単独で来た二〇代前半の未婚の女性だと認識していた【19】。私が外国人であることから、金銭的利益を期待する人たちもいたが、大半の人たちは「学生なのだから」、「遠い所から来たのだから」という同情をもって私に接した。ナイジェリア国内で数多く流通している香港や中国の映画の影響で、外を歩くと、私を知らない人たちは常に私を「中国人（「チンチョン」「チャンチョン」「チンコー」＝ナイジェリアで中国人を表す言葉）」と呼んだ。「外国人（「オインボ」＝ヨルバ語で白人を意味する）」と呼ばれることも多々あった。私を知る近所の人たちや行きつけの市場の人たちは、私にいくつかのヨルバ語の名前を与え、その名で呼んだ。

服装は、イレ・イフェの市場で購入した綿のプリント布を（イレ・イフェの仕立屋で）仕立てたもの（上下）で、それは街の女性たちの一般的な服装の一つであった。ただし、通常、現地の女性はスカートを穿くのに対し、私は常にズボンを穿いていた。首と胸元は日よけの目的でスカーフで覆っていたため、ムスリムかと尋ねられることもあった。日よけ用の帽子では視野が狭くなり交通量の多い道を歩く際に危険であること、また、野球帽だとすぐに男性とみなされてしまうことから、日中は日傘を差して歩いた。日傘は、年配の人や乳幼児をおぶって歩く女性が稀に使用するが、ほとんどの場合、日よけ用の帽子や傘はイレ・イフェでは使用されない。

タイトなジーンズやTシャツといったスタイルが好まれる大学キャンパス内ではもちろん、街でも、外国人としての私の姿は明らかに目立っていた。しかし、「アフリカ人のようになりたいのだね」、「アフリカの日差しは強すぎるのだね」と、人びとは私の出で立ちに特に驚くことはなかった。しかし同世代の若者たちからは、「伝統的な服装もいいが、なぜジーパンやスカートを穿かないのか」、「なぜいつもリュックにスニーカーばかりで、ハンドバッグを持ってヒールのあるサンダルを履かないのか」、「色褪せたプリント布の服はやめて新調するべき」など、もっと「お洒落」をするよう言われていた。

フィールドワークを始める

二〇〇三年に初めてイレ・イフェに到着した時、私はイレ・イフェのアーティストのことを誰一人知らなかった。

当時私はアフリカ美術史を専攻する大学生であり、所属していた大学の指導教員が出発前に持たせてくれた一通の手紙だけを頼りにしていた。手紙は、指導教員の友人であり、オバフェミ・アウォロウォ大学美術学科の教授で彫刻家のアボ・フォラリン（Agbo Folarin）（1936-2011）氏へ宛てられたものだった。「イレ・イフェの同時代美術について卒論を書く私の学生に、何かアドバイスをしてやってほしい」という二、三行のごく簡単な手紙と、封筒の裏面の差出人名に添えられた「ぼくも一応、教授」というユーモアな一言から、指導教員とフォラリン氏の親しさをうかがうことができた。私の指導教員であったのは、ナイジェリア独立直後の一九六〇年代に、ナイジェリア連邦政府の美術品部門（Department of Antiquities）で美術史の調査を行っていたイギリス人のアフリカ美術研究者、ジョン・ピクトン（John Picton）だった。ピクトン教授は、オバフェミ・アウォロウォ大学美術学科で一九九〇年に開かれたシンポジウム【20】に参加した際、フォラリン氏と出会った。

イレ・イフェに到着した私は、フォラリン氏を訪ねて大学の美術学科へ行く前に、まず下宿へ入った。「卒論でイレ・イフェの同時代美術について書くための調査に来た」と自己紹介し、それから二か月半同じ屋根の下で暮らす若者たちに挨拶をした。彼らは皆、大学の学生や浪人生だった。そのうち二人は手に「工作」したものを持っていた。木をノコギリでカットしてつくったいくつかのアルファベットの文字で、それぞれ色が塗ってあった。彼らは楽しそうにその木製アルファベットを並べて自分の名前にし、各自部屋のドアに糊で取り付けようとしていた。近所の「アーティスト」の所で習い、つくったという。私はそのアーティストについて尋ね、後日、そこへ連れて行ってもらうことになった。ボラデ・オミディラン（Gbolade Omidiran）という画家の自宅兼仕事場であった。**[2-2-3] [3-1-1]**（pp.150-153, 183-185）。それとほぼ同時に、フォラリン氏を訪ねに大学キャンパス内の美術学科へも行った。そして、オミディラン氏も、フォラリン氏も、イレ・イフェのアーティストたちを私に紹介した。

このようにして、私とイレ・イフェのアーティストとの出会いは、街の下宿の友人たちに紹介された近所のアーティスト、ならびに、イギリス人のアフリカ美術研究者に紹介された美術学科の教授であるアーティストから始まった。これをきっかけに、それぞれのアーティストを通して、彼らの知り合いであるアーティスト、その家族や友人、作品の依頼人や収集家を知るようになった。

おもな調査対象者

以上に見てきたように、私は「今のイレ・イフェのアートやアーティストについて知りたい」という漠然としたテーマのみ携え、明確な調査対象が決まっていない状態で調査を始めた。そうして現地の人びとに案内されるがままに付いて行き、訪ねていった結果、様々な「アーティスト」と出会うことになった。アーティスト同士の繋がりをはじめ、彼らと顧客など周囲の人びととの繋がりを手がかりに、市内全域に渡ってアーティストを訪ねた（地図2b）。その結果、二〇〇三年から二〇一二年のあいだに約六一人のアーティストと出会った。転職した者を除くと、彼らは皆作品を制作し、販売することによって現金収入を得ており、そのほとんどがアーティストであることを本職に生計を立てていた。しかしながら、都市イレ・イフェで暮らすアーティスト全員に会うことはできなかった。また、出会えた人たち全員について同等にデータを収集することもできなかった。そこで本研究では、アーティストと呼ばれる人たちとの出会いを辿った結果浮かび上がったネットワーク上にいる、自らを「アーティスト」と呼ぶ、またはそのようなアーティストから「アーティスト」と呼ばれる人たち三六人に焦点を当てることにした【21】。

なお、通常、調査対象者の実名を伏せて記述する民族誌とは異なり、本書はアーティストの実名を載せている。アーティストたちは、本書に彼らの名前と作品が載り、それをより多くの人に見てもらうことを当初より期待していた。ここにも、先述の「アートワールドの中にいる調査者／筆者」の存在ないし調査者と調査対象との関係が如実に表れているが、そのようなアーティストの意志と期待を考慮し、本書ではアーティストをはじめとするすべての人たちの実名を載せることにした。

ここまで、本研究を先行研究に位置づけながら目的と方法を示し、調査の概要を述べてきた。次章からは、文献資料とフィールドワークによって得たデータに基づき、イレ・イフェのアートのありかたについて詳しく見ていきたい。

註

1　ナイジェリアの三大民族とは、一般的に、中部から北部を中心としたハウサ、南東部を中心としたイボ、南西部を中心としたヨルバを指す（地図1a）。本書では便宜的に「民族」という言葉を使用するが、名和が指摘するように、実体としての「民族」はナイジェリアに存在せず、ヨルバなどの「民族」について語られ、それに関する行為が行われているという「民族論的状況」があるのみである（名和 1992）。ヨルバという近代のアイデンティティの形成については、第1章[1-1-1]で述べている。

2　「art」は「芸術」や「美術」と訳されることもあるが、本書では、基本的にカタカナで「アート」と訳す。ただし、「芸術の人類学」という学問分野の名称（慣用表現）、およびその先行研究に関する議論では「芸術」という言葉も使う。また、著作名については和訳版の出版されているものはその通りに訳す。さらに、「アフリカ美術」「美術館」「美術界」「美術史」「美術学科」「西洋美術」など、一般的に使用されている語彙ないし慣用表現については、それに従い「美術」とする。

3　これらは、イギリス、ドイツ、アメリカ合衆国をはじめとする欧米で研究されてきており、そうした研究において、「art」「antiquities」「historical art objects」といった言葉で表現されてきた。これら西洋美術界の文脈における美術／芸術／アートと、本書で詳しく見ていく現代イレ・イフェの「アート」を区別するために、便宜上、私はこれらを「歴史的美術品」と訳した。

4　本書が刊行される二〇一七年現在までに、私は二〇一二年以降も現地で二〇一四年と二〇一五年におよそ二か月間の調査を行っている。しかし、本書は二〇一三年に提出した博士論文に基づいているため、本書で扱うデータの収集期間は基本的に二〇〇三年から二〇一二年までとする。

5 同美術館は一九七六年に閉館し、収蔵品はニューヨークのメトロポリタン美術館（Metropolitan Museum of Art）へ移された。

6 レイモンド・ファースは、アーティストと人類学者による最初の議論の一つとして、一九四九年のエドマンド・リーチ、レオン・アンダーウッド、ローランド・ペンローズによる対話を挙げている（Firth 1973: vi）。

7 「芸術＝文化システム」とは、⑴美術館や芸術市場で収集される、真正な芸術作品および審美的なオリジナル作品、⑵民族学博物館や歴史博物館などで収集される、真正で伝統的・文化的な器物および工芸品、⑶技術博物館で収集される科学的な発明品、あるいは非真正で非文化的な偽物および反芸術、⑷骨董品として収集されるモノ、あるいはツーリストアートなどの非真正で非芸術的な商品および実用品の四つにモノを分類し、価値の多寡を割りふる欧米近代に独特な制度である（Clifford 1988: 223〔2003: 283〕）。四つに分類されたモノは、「非真正な非文化」であるツーリストアートが博物館に収められることで「真正な文化」となったり、「真正な文化」である工芸品が美術館に展示されることで「真正な芸術」となるように、四つの区間を移動することがある。しかし、この分類上の変動を決めるのは、モノのつくり手ではなく、モノを集めて分類する芸術市場とアカデミズムである。

8 ただし、制度論を打ち出したダントーは、「アートまたは器物（Art / artifact）」展のカタログに寄せたエッセイ（Danto 1988）の中でドイツ観念論美学を前提とした作品解釈を行っているとして、アルフレッド・ジェルによってその前提が批判されている（Gell 1999）。

9 戦後の日本におけるアフリカ美術の展覧会として、このほか、以下が挙げられる：一九九〇年「赤道アフリカの仮面――秘められた森の精霊たち」展（国立民族学博物館）、一九九五年「インサイド・ストーリー――同時代のアフリカ美術」展（世田谷美術館）、一九九八年「アフリカ・アフリカ」展（東武美術館）、二〇〇三年「わきあがるかたち・アフリカ美術――仮面・染織からストリート・アートまで」展（広島県立美術館）、二〇〇三～二〇〇四年「アフリカのストリートアート」展（福井県立美術館、川崎市岡本太郎美術館）、二〇〇六年「アフリカ・リミックス――多様化するアフリカの現代美術」展（森美術館）、二〇〇九年国立民族学博物館常設展示「アフリカ」リニューアルオープン、二〇〇九年「アフリカの美――ピカソ、モディリアーニたちを魅了した造形」展（ＭＯＡ美術館）、など。

10 古谷（2008: 155）はこれを「『芸術』辺り」と呼ぶ。

11 イレ・イフェまで、自動車で、州都オショボから約三〇分、西アフリカ最大の都市イバダンから約四五分、ナイジェリア最大の商業都市ラゴスから約三時間、首都アブジャから約九時間かかる（所要時間はいずれも渋滞していない場合）。

12 「Osun State Population Figure 2006, Ife Development Board, City Hall」による。二〇一七年現在の人口はこれよりも増加していることが予想される。

13 オバフェミ・アウォロウォ大学ホームページより http://www.oauife.edu.ng/administration/index.html（最終アクセス日：二〇一三年一一月四日）

14 ケネス・マレー（Kenneth Murray）が一九四三年に編集し、一九四八年に改訂したイレ・イフェの考古学に関する文献資料（未出版）によると、ヨルバランド内の他地域ではまだ確認されていない神々の祠が、イレ・イフェで多数見つかっている（Murray 1948）。しかし、こうした祠は一般に公開されておらず、有名な祠をのぞき、各祠の場所は現在では知られていないことが多い。

15 ナイジェリア・ピジンは、英語の語彙と文法を基礎に、西アフリカ諸語の文法や語彙を大幅に混入したものである。シエラレオネからカメルーンまでのギニア湾岸で広く用いられている「西アフリカ英語クレオール」のナイジェリア方言と位置づけられる（塩田 2009: 75）。特に南西部の大都市ラゴスや南東部～南南部の諸都市では、これを母語とする人もいる。

16 調査に必要であったナイジェリア入国査証も、ナイジェリア居住許可証も、オバフェミ・アウォロウォ大学に留学生または研究生として受け入れられたことによって、取得が可能となった。

17 下宿先敷地内にある離れ（別棟バンガロー）は、一九八〇年代から九〇年代にかけて、イレ・イフェの街や大学で調査を行っていた外国人研究者によって利用されることが多かった。しかし九〇年代後半に悪化したイフェ＝モダケケ紛争（本書第1章［1-1-1］で言及）の影響もあり、二〇〇〇年に入るとイレ・イフェを長期で訪れる研究者は大幅に減り、短期滞在時には大学キャンパス内のゲストハウスを利用するようになった。二〇〇五年以降、離れはナイジェリア人男子学生に貸し出されている。

18 これがイレ・イフェでは一般的な暮らしだが、裕福な家庭（しばしば中間層も含む）は家政婦に家事を任せるのが通常のことである。

19 調査当時、私は二二歳〜三一歳であったが、東アジア人は若く見られがちであるため、現地の人びとの多くは、私を二〇歳前後の大学生だと勘違いしていた。

20 このシンポジウムは、同美術学科で当時盛んであった「オナイズム（onaism）」という活動の一環として行われた。オナイズムについては、第1章[1-2-2]で詳しく述べる。

21 ヨルバの伝統宗教の祠にある壁画の描き手や、仮面パフォーマンスに用いられる衣装のつくり手などもイレ・イフェに現存する。しかし、彼らは「アーティスト」と呼ぶ・呼ばれる人びとから「アーティスト」とみなされていないため、本書では焦点をあてていない。彼らが「アーティスト」とみなされない理由として、作品をつくり、公に販売することで現金収入を得て暮らしている「アーティスト」とは異なることが考えられる。彼ら「アーティスト」とみなされていないつくり手が自らをどのように呼び、「アーティスト」をどのように見ているのかということについての調査は、今後の課題としたい。

第１章

アートをめぐる イレ・イフェの歴史的背景から現在へ

イレ・イフェ（2009年1月17日撮影）

本章では、本書で検討していく二一世紀初頭現在のイレ・イフェのアートの歴史的背景として、これまで研究あるいは展示されてきたイレ・イフェのアートを概観する。その上で、現在のイレ・イフェではどのようなアーティストが、どのようなアートをつくっているのかについて、その枠組みをつくり手の自称に着目して明らかにする。

[1-1] ヨルバ発祥の古都としてのイレ・イフェとアート

ヨルバ発祥の地とされるイレ・イフェのアートは、ほとんどの場合、「ヨルバアート」や「イフェアート」と呼ばれ、ヨルバという民族やその神話、ヨルバの聖地としてのイレ・イフェとの関わりの中で語られてきた。本節では、イレ・イフェとヨルバの関係を検討した上で、「ヨルバアート」や「イフェアート」と呼ばれてきたものを概観する。

[1-1-1] ヨルバの近代アイデンティティとイレ・イフェ

ヨルバ神話とイレ・イフェ

ヨルバの神話によると、ヨルバの最高神オロドゥマレ（Olódùmarè）は、地球を創造するために息子のオドゥドゥワ（Odùduwà）を天空より使いに出した。オドゥドゥワが降り立った場所からはたちまち大地が広がり、地球が出来た。オドゥドゥワは降り立ったその地の王となり、子孫たちは各地に次々と王国を築いていった。それが現在のヨルバランドであり、オドゥドゥワが降り立ったその地がイレ・イフェ（Ilé-Ifẹ̀）である。イレ・イフェの字義通りの意味は「広がる家」であり、ものごとが始まる場所、人類の始まりの場所、ヨルバ発祥の地という意味をこめて翻訳される。この神話には複数のバージョンが存在するが、イレ・イフェをヨルバ（そして地球の）発祥の地とし、オドゥドゥワをその創始者とする言い伝えは共通している。ヨルバ研究者のウィリアム・バスコム（William Bascom）によると、記録に残っている最も古い神話は一八三〇年に書かれていることから（Bascom 1984: 9）、この神話は少なくとも一九世紀前半から受け継がれていると言えるだろう【1】。

他方、ヨルバ発祥については、このほか三つの伝説ないし歴史説もある（Bascom 1984: 9）。まず、ナイジェリア北部での言い伝えには、キスラ（Kisra）という呪術を使う（現ヨルバランドから見て）東部の王がヨルバランドにやって来たという説がある。次に、ヨルバの人びとは、ヤールーバ（Yaa-rooba）という王子によってアラビア半島から追放されたカナン（Canaan）の民の生き残りであるという説がある。これは、ソコトのスルタン、モハメッド・ベロ（Mohammed Bello）による一八二四年の記述で、ハウサの口頭伝承だと考えられている。これらの説は、ヨルバの作家によって引用されることはあるが、ヨルバの人びとによる語りではない。もう一つはヨルバ、オヨ帝国の歴史家による言い伝えで、オドゥドゥワはメッカのラムルドゥ（Lamurudu）王の息子であり、偶像崇拝をするようになったために敬虔なムスリムから追放され、メッカの東方面へ九〇日間さまよった結果イレ・イフェに辿りついたという説である。地理的にイレ・イフェはメッカの西側に位置しているものの、一つの説として、歴史家でキリスト教宣教師のサミュエル・ジョンソン（Samuel Johnson）によって記されている（Johnson 1921: 3-7）。さらにジョンソンは、キリスト教徒の立場から、ヨルバはエジプト・ヌビア方面から移住し、祖先はコプト教であったのではないかという説も立てている（Johnson 1921: 7）。

一九六〇年代から七〇年代にかけて行われた考古学調査によると、イレ・イフェで見つかった集落の形跡は六世紀頃のものである。土器の破片による舗装の跡、土器製や真鍮製の彫刻などの出土品から、一〇世紀から一五世紀にかけて王国が栄えていたと考えられている（Shaw 1978: 161-163; Garlake 2002: 135）。このことから、オドゥドゥワは王としてイレ・イフェを統治した一〇世紀頃の英雄だとも考えられているが、詳しい歴史的背景は明らかになっていない。

イレ・イフェがヨルバ発祥の地であり、オドゥドゥワがヨルバの創始者であるという説は現在においても受け継がれている。オドゥドゥワの子孫とされるイレ・イフェの王オーニは、近代の権威である連邦政府の支配下にあるとはいえ、最高位の王としてヨルバランド各地の王から敬意を払われている。それはナイジェリア国内のヨルバランドに限らず、大西洋奴隷貿易によって南米、中米、北米へと離散したヨルバの子孫、あるいは移住したヨルバの人びとによっても、イレ・イフェは神聖な地とみなされている【2】。しかしながら、このような考えは、一九世紀半ばから二〇世紀半ばにかけ、先述の神話およびイレ・イフェとオドゥドゥワにヨルバの起源を求める言説が戦略的に取り入れられることによって初めて生まれたものであった。

ジョン・ピール（John Peel）が指摘するように、現在「ヨルバ」と呼ばれる民族としてのアイデンティティは、一九世紀半ばから二〇世紀半ばにかけての約一〇〇年間で、キリスト教の布教活動、さらに植民地政府に対抗した文化運動と連動して形成された（Peel 1989）。一七世紀をピークに強大な勢力を持っていたオヨ帝国が、フルベの聖戦（Fulani Jihad）により一八世紀後半から一九世紀初めにかけて崩壊していくと、ヨルバの諸王国は覇権を争い一〇〇年余におよぶ内戦に陥った。一八二六年には、崩壊したオヨ帝国から南へと逃れてきた難民を中心にイバダンが新興し、その後イバダンは周辺諸国との争いを続けた。その当時、「ヨルバ（yoruba）」はハウサ語【3】でオヨ帝国を指す言葉であり、（現在のヨルバランドの）人びとは「イフェ」「エキティ」「イジェブ」「エバ」といった諸王国を指す名称で互いを認識し、争い合っていた【4】（図1-1）。つまり、諸王国すべてに共通する名称・アイデンティティとしての「ヨルバ」は、当時はまだ存在していなかったのだった。

キリスト教の布教とヨルバの誕生

その「ヨルバ」という名称が、諸王国の全体を指す言葉として使われるようになったきっかけは、一九世紀半ば以降のキリスト教の布教活動であった。一九世紀半ば、解放奴隷の入植地シエラレオネのフリータウンから帰還した（現ヨルバランドの）奴隷の末裔たちは、現ナイジェリアでキリスト教を布教するために聖書の翻訳を始めた。その際、現ヨルバランドで話されていた言語（現ヨルバ語）のオヨ方言を「標準ヨルバ語」として翻訳したこと、さらに、オヨ方言でキリスト教教育を開始したことにより、「標準ヨルバ語」としてのオヨ方言は次第に広く認知されるようになっていった（Peel 1989）。一八四九年には、フリータウンから帰還したイギリス国教会の主教、サミュエル・アジャイ・クラウザー（Samuel Ajayi Crowther）による『ヨルバ語入門（Yoruba Primer）』が出版された。オヨ方言を標準ヨルバ語としたこの入門書は、ヨルバ語に関する最初の書物であった（Picton 1995: 204）。また、一八七四年、異動でフリータウンからラゴスに移ったジェームズ・ジョンソン（James Johnson）主教も、宣教活動および文学、思想、言語を含むナイジェリアの発展に、ヨルバ語で書かれた聖書は欠かせないと考えた。同じく、フリータウンから帰還したイギリス国教会のサミュエル・ジョンソン（Samuel Johnson）牧師は、一八九七年に初め

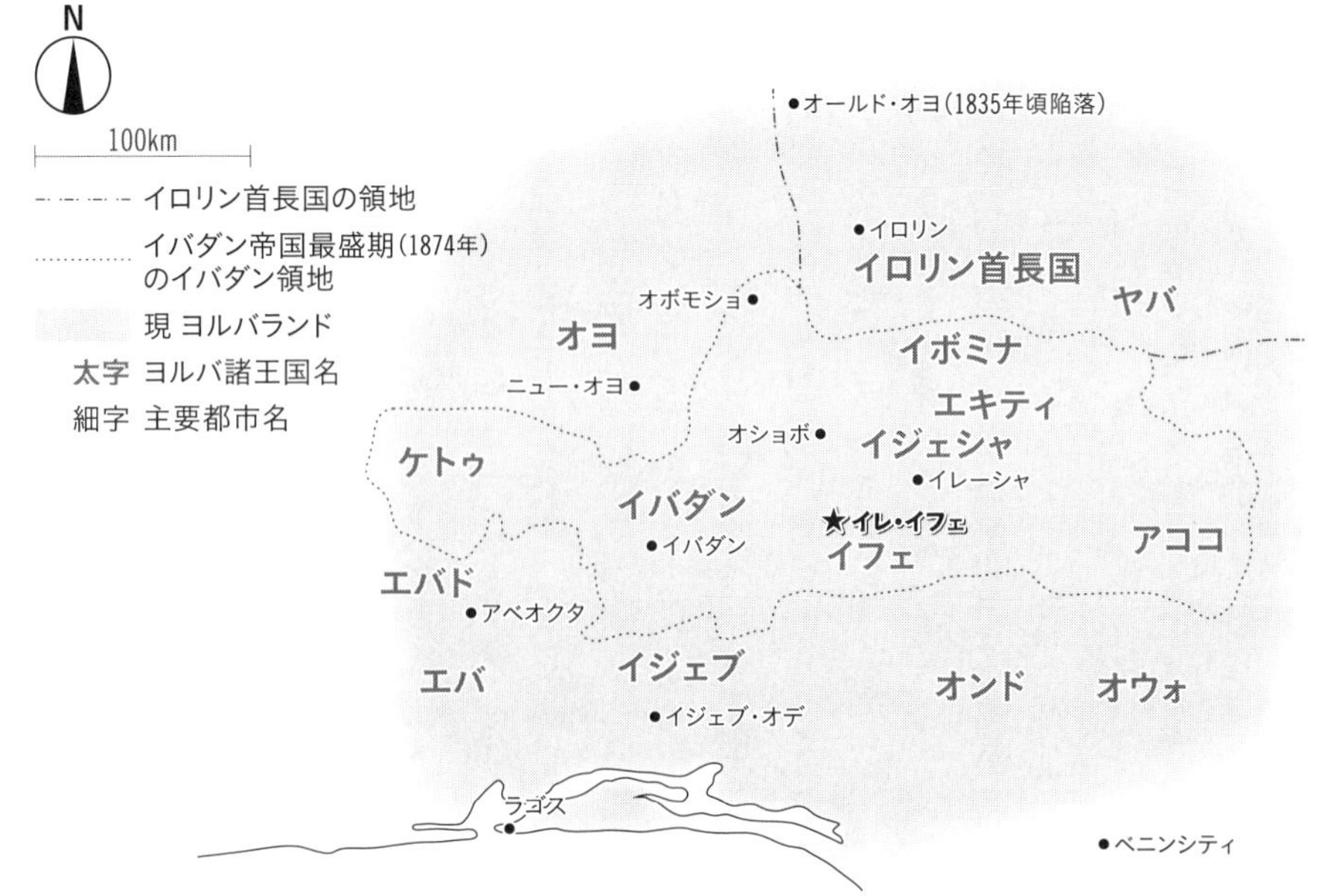

図1-1　現ヨルバランドに19世紀に興亡したおもな王国名とその位置
（クラウダー 1983: 128とEades 1980: xviiiを参照して筆者作成）

てのヨルバの歴史書を完成させた（出版は一九二一年）。したがって、ピールが指摘するように、集団の名称およびアイデンティティとしての「ヨルバ」は、キリスト教の布教活動と共に創造されたと言える（Peel 1989: 206）。

ピールの分析によると、サミュエル・ジョンソンがその歴史書の中でオヨを「元祖ヨルバ（Yoruba Proper）」としてほかの諸王国と区別し、オヨ帝国崩壊後のオヨ難民によって新興したイバダンをヨルバ史の中心に位置づけていることは、歴史学者であると同時にキリスト教の布教活動を行う牧師としてのジョンソンの戦略でもあった（Peel 1989: 205-209）。一九世紀半ば、イバダンはすでにイスラームの都市であったため、フルベ勢力は敵といえども宗教の点では敵対していなかった。そこでジョンソンは、同書の中で、北部からのフルベ勢力（＝イスラーム）を闇や荒廃に結び付け、光と回復をもたらすのは南部のイバダン（＝キリスト教）であるとしている（Johnson 1921: 296）。北部より攻め込んでくるイスラームのフルベ勢力を敵として、南部のキリスト教を救世主として描いたのである。このように、ジョンソンはイバダンをほかの諸王国と比較してより強い国・より中心的な存在として描き、イバダンの光と回復をキリスト教に重ねることでイスラームの国イバダンにキリスト教をアピールしたのだった。

ジョンソンの歴史書が一九二一年に出版されると、オヨ（イバダン）以外の諸王国は、オヨを中心としたヨルバ史という語りに対して批判的になった。そこで、オヨに対抗してオヨ以外の諸王国が連帯することで、オヨに占有されない自分たちのアイデンティティとして積極的に「ヨルバ」という名称を使うようになった。例えば、一九二三年にイバダンで発行された週刊新聞は「ヨルバ新聞（The Yoruba News）」と名付けられ、オヨだけではなくオヨ以外の「ヨルバ」の人びとによっても支持されていた。また、ジョンソンの歴史書ほどの大作には至らないまでも、脱オヨ中心主義のヨルバの歴史も書かれるようになった（Peel 1989: 208-209）。こうした流れの中で、オヨ以外の人びとによって「持ち上げられた」のが、イレ・イフェとオドゥドゥワを諸王国の起源とする神話だった。ジョンソンも、イレ・イフェをヨルバ発祥の地とする神話については歴史書の中で言及し、オヨを含めた周辺諸王国すべてがイレ・イフェに起源を持つことは認めている。しかし、オヨ帝国に特権を与えたジョンソンの語りに対し、オヨ以外の諸王国の歴史家たちは、発祥地イレ・イフェの下、すべての諸王国を平等に捉えた歴史を語るようになった。

ナイジェリア独立とヨルバの象徴としてのイレ・イフェ

こうして、キリスト教の布教によって「創られて」いった近代ヨルバのアイデンティティは、二〇世紀半ばに向けてさらに重要な役割を果たすことになる。一九二〇年代には、ヨルバランドの北部と西部（旧オヨ帝国、およびオヨ難民による新興国のある地域）の多くはイスラーム、南東部（オヨ以外の諸王国の地域）のほとんどはキリスト教徒という構図が出来ていた。南東部のキリスト教徒のあいだでは、イレ・イフェを発祥の地とする神話が掲げられ、ヨルバの民の団結を促す「オドゥドゥワ末裔の団体（Ẹgbẹ́ Ọmọ Odùduwà）」という文化団体が一九四八年に結成された。同団体は、一九五〇年にはナイジェリアの民族運動を主導した行動党（Action Group）と連結した。このようにして、「オヨ中心主義的なヨルバ」と、それに対抗した「オヨ以外の人びとによる積極的なヨルバへの参加」が、次第にヨルバを一つの名称、ひいては共通のアイデンティティにしていったのだった。一九世紀半ばに向かうと、それはもはや諸王国同士のせめぎ合いではなく、植民地政府に対抗するためのヨルバ同士の連結となった。その結果、行動党はナイジェリアの独立を果たすために立ち上がった重要な党の一つとなった。

ところが、オヨ中心主義に対抗してイレ・イフェをヨルバ発祥の地とするこうした思想と活動は、イレ・イフェの中では住民紛争へと発展した。先述のように、一九世紀初めにオヨ帝国が崩壊すると、北部からのフルベ勢力を逃れてオヨの難民が（現ヨルバランドの）南部に移動・流入した。一九世紀半ばには、イレ・イフェの南東部にオヨからの難民の定住地が設けられ、その地域はモダケケ【5】と呼ばれた。しかしながら、イレ・イフェの人びととオヨ帝国の末裔であるモダケケの人びととの関係は、上述の「オヨ対オヨ以外のヨルバ」という構図に表れているように、たえず緊張を孕んでいた。特に、ナイジェリアの独立時に高まったヨルバの思想と政治活動は、イレ・イフェとモダケケの人びとを団結させるどころか、両者の関係をさらに悪化させた。一九九七年に起こった両者間の暴動は二〇〇一年まで断続的に続き、イフェ＝モダケケ紛争と呼ばれた【6】。

このように、ヨルバとイレ・イフェが互いに欠かせない存在であるのは、単にイレ・イフェをヨルバ発祥の地とする神話が伝承されてきたからではなく、キリスト教の布教活動と共に近代のアイデンティティとしてのヨルバが形成される過程において、イレ・イフェをヨルバの起源とする神話が戦略的に取り入れられたためである。言い換えると、オヨ帝国が崩壊したのちの一八世紀半ばから、植民地支配を経て、独立を果たすまでのおよそ一〇〇年のあいだ、キリスト教の布教活動、そしてイギリスからの独立運動と共に近代ヨルバのアイデンティティが形成されるにあたって、イレ・イフェの存在は不可欠であったということである。

このような言説としての「ヨルバ」をふまえ、次項では、これまで研究され、展示されてきたイレ・イフェにおけるアートについて概観する。

[1-1-2] イレ・イフェのアートとヨルバ

ヨルバアート研究とイレ・イフェ

アフリカ美術研究において、多くの場合、イレ・イフェのアートは、特に一二世紀から一五世紀にかけて制作された土器・真鍮・青銅・銅製の彫刻を中心に研究され、展示されてきた（Fagg 1963; Willett 1967, 1971a, b, 2004; Drewal, Pemberton III and Abiodun 1989, 他）。これらは二〇世紀前半より徐々に「発見」された。一九五〇年代から一九七〇年代にかけては、おもにイギリス人研究者らによって集中的な発掘調査が行われた。ほぼ等身大の頭像は極めてリアリスティックな顔貌を持つが、個々の顔の個性や表情を浮かび上がらせるディテールはほとんど描写されず、統一された独特の目鼻顔立ちに様式化されている（図1-2）。真鍮、青銅、銅を用いた金属彫刻は、サハラ交易によってアフリカ大陸の北東よりもたらされた技術である失蝋法によって制作されたと考えられている。失蝋法（ロスト・ワックス・プロセス）とは、蜜蝋でつくった原型（頭像など）に石膏や粘土をかぶせ、固まった後に加熱して中の蜜蝋を溶かし出し、その空間（型）に融解した金属を流し込んで彫刻をつくる鋳造法である。原型は毎回失われる（溶ける）ので作品を複製することはできず、大量生産には向かない方法だが、彫刻のしやすい蜜蝋は細部の表現に富んだ作品の再現を可能とする。王宮周辺をはじめ、旧市街で発掘されたこうした「イフェの彫刻」は、その高度な技術と洗練された様式によって、欧米、そして日本においても注目された（西武美術館、朝日新聞社 1989）。二〇一〇年にも大英博物館で「イフェ王国展」が開催されたように、これらの歴史的美術品[0-1]は「イフェアート」または「ヨルバアート」の代表的存在であり続けている（Drewal and Schildkrout 2010）。さらに、それらはイレ・イフェに続いて一五世紀から一九世紀にかけて栄えたベニン王国の青銅や象牙彫刻とも並び、ナイジェリアを代表するアートとして世界に知られている。

イレ・イフェを最初に訪れたヨーロッパの研究者は、ドイツの民族学者（人類学者）・考古学者のレオ・フロベニウス（Leo Frobenius）（1873-1938）であった。かつて栄えた古代都市の存在を確かめようと、フロベニウスは一九一〇年にイレ・イフェを訪れた。そこで彼は金属製の彫刻を発掘すると、「優れたヨーロッパ文明がイレ・イ

図1-2　オリ・オロクン（オロクンの頭）と呼ばれる真鍮製の頭像。王宮近くで出土。推定12〜14世紀。高さ36㎝（大英博物館所蔵）© The Trustees of the British Museum

フェに伝播」して、ヨーロッパの彫刻技術がイレ・イフェに伝わったという文化伝播主義に依拠した解釈を行った（Frobenius 1938, 1980）。これに対し、イギリスの人類学者・考古学者のウィリアム・ファッグ（William Fagg）（1914-1992）は、アフリカの造形の様式、民族、村、教育、つくり手の個人名を明らかにすることで、アフリカ美術が、アフリカ社会の中で生み出された独自の産物であることを明らかにしていった。ファッグは、一八九七年にイギリスがベニン王国を討伐したことによって得た彫刻（大英博物館所蔵）の年代順配列を考案した。これは、アフリカ美術を、アフリカ独自の産物として歴史的・形式的に正式に分析・類別した初の試みであった（Fagg 1963）。ファッグがアフリカ美術を「トライバル・アート（部族芸術／美術）」と呼んだことは後に批判の対象となったが、ヨルバの造形を西洋美術史ではなくアフリカ美術史の中に位置づけた最初の学者として、多大な貢献を果たした【7】。

図1-3　イレ・イフェのモダケケ地区で行われたエグングン祭でのパフォーマー（2009年8月1日撮影）

一九六〇年代、ファッグによるアフリカ美術の研究が進むにつれ、欧米の人類学者やヨルバ研究者、美術史家たちによって、ヨルバの世界観や信仰、ならびにその象徴としてのヨルバアートが注目されるようになっていった。一九七〇年代を盛りに、一九九〇年代にかけて多くのヨルバアート研究がなされた（Morton-Williams 1960, 1964; Thompson 1971, 1974; Abiodun 1974; Drewal M and Drewal H 1987; Drewal, Pemberton III and Abiodun 1989）【8】。そこで研究のおもな対象となったのは、先述の歴史的美術品や、知恵と占いの神イファ（ifá）の信仰の儀礼用具としての木彫、女性や母親の神に捧げられるゲレデ（gèlèdé）のパフォーマンスに用いられる木彫、祖先崇拝エグングン（egúngún）の儀礼（パフォーマンス）に用いられる木彫や衣装（図1-3）など、いずれも伝統宗教と関わる造形であり、「ヨルバ文化」を代表するアートであった。以上の研究に共通している特徴は、ヨルバの美学や世界観に注目することと、ヨルバという民族性、およびヨルバの聖地がイレ・イフェであるということを前提としていることである。

他方、これらヨルバランドの造形のつくり手に焦点をあてた記述や（Carroll 1967; Picton 1994a, b）、作品のつくり手と使い手に焦点をあて、宗教の変化と美術の媒体や様式を関連づける研究もなされた（Houlberg 1973）。しかしながら、研究者およびアカデミズム・美術市場とつくり手の関係や、作品が誰によってどのように評価され、購入されるのかといった研究はほとんどなされてこなかった。ピクトンは、アフリカ美術について、造形の制作、販売、所有、価値、支援、教育、批判といったいくつもの側面からその社会における独自の美術史を記述していく研究が少ないことを指摘するが、ヨルバランドのアートも例外ではなかった（Picton 1994a, 2002）。

イレ・イフェのアートの研究

イレ・イフェの歴史的美術品を中心としたアートを、一九五〇年代からほぼ半世紀に渡って研究してきたのは、イギリスの人類学者・考古学者・博物館学芸員のフランク・ウィレット（Frank Willett）（1925-2006）であった。ナイジェリア連邦政府美術品部門（Department of Antiquity, Federal Ministry of Nigeria）でナイジェリア美術について調査を行っていたウィリアム・ファッグと、その弟のバーナード・ファッグ（Bernard Fagg）（1915-1987）の奨励によって、ウィレットは一九五七年よりイレ・イフェの発掘調査を行った。一九六三年まで同部門の考古学者、およびイフェ博物館の学芸員としてイレ・イフェで調査を続けたのち、一九六七年に『西アフリカ彫刻史におけるイフェ（*Ife: In The History of West African Sculpture*）』を、一九七一年に『アフリカ美術史入門（*African Art: An Introduction*）』を出版した（Willett 1967, 1971b）。一九七六年以降はグラスゴー大学ハンタリアン美術館の館長を勤める傍ら、イフェの造形をはじめとする西アフリカの金属彫刻の様式と形体に関する研究を続けた。同館を一九九〇年に退職したあとは、研究の集大成とも言える『イフェアート（*The Ife Art*）』を電子メディア（ＣＤ‐Ｒ）にて出版した（Willett 2004）。しかし、ウィレットの研究の中心は、先述の陶器製または金属製の彫刻といった歴史的美術品の解析であったため、イレ・イフェの同時代のアートや、アートと社会との関係についてはほとんど記述がなされていない。イレ・イフェのアートの研究はサースタン・ショー（Thurstan Shaw）（1914-2013）や、ピーター・ガーレイク（Peter Garlake）（1934-2011）によってもなされてきたが、研究対象はウィレットと同様に歴史的美術品ないし考古資料にとどまっている（Shaw 1978,1993; Garlake 2002）。

これに対し、イレ・イフェの同時代のアートに関する研究は、マイケル・ハリス（Michael Harris）によって一九九〇年代に行われている。ハリスは、大西洋奴隷貿易によってアメリカ合衆国へ渡った人びとにとっての故郷としてのイレ・イフェとヨルバ文化を主題とし、ヨルバランドとアメリカ合衆国の「二つの文化に根ざす（cultural bilingualism）」アーティストに焦点をあてている。彼が「トランス・アフリカン・アーティスト（Trans African Artist）」と呼ぶこのようなアーティストとは、イレ・イフェないしヨルバランド出身だがアメリカ合衆国へ移住した、または、イレ・イフェに訪問経験のあるアメリカ合衆国在住のアーティストなどである（Harris 1997）【9】。特に、ナイジェリア国内の大学で美術高等教育を受けたアーティストに注目し、ヨルバ文化と近代西洋美術の両者を取り込んだ作品制作を行うことを記述した点において、ハリスの研究はイレ・イフェのアートの研究に新たな視座を提供した。しかし、やはりイレ・イフェはヨルバ文化の起源として位置づけられており、歴史的美術品の研究やヨルバアートの研究と同様に、イレ・イフェがヨルバの聖地であることが前提とされている。このため、ハリスはアーティストの作品の背景には都市化した西アフリカの文化があると論じているにも関わらず、イレ・イフェの都市としての局面にせまるのではなく、依然としてヨルバの聖地としての局面を補強している（Harris 1994: 213）。

このように、イレ・イフェの造形・アートをめぐるこれまでの研究は、ヨルバ発祥の地としてのイレ・イフェに焦点をあててきた。また、歴史的美術品については「ヨルバアート」や「イフェアート」、さらにはナイジェリア美術を代表するものとして、「イレ・イフェ＝（イコール）ヨルバ発祥の地」という言説の中で記述されてきた。前項では、「ヨルバ」は一九世紀半ばから二〇世紀半ばにかけて、キリスト教の布教と植民地主義に対抗した政治活動と共に形成された近代のアイデンティティであることを確認した。本項で概観したイレ・イフェの造形やアートは「ヨルバ」と直結して語られているが、その背後には、「ヨルバ」という近代のアイデンティティの形成、およびその形成に伴いヨルバ発祥の地としてのイレ・イフェが重要視されたという歴史的背景がある。にも関わらず、ピクトンが指摘するように（Picton 1994a）、イレ・イフェのアートは言説の内側で語られ、常に「ヨルバアート」として捉えられてきたのだった。

[1-2]　ナイジェリアの地方都市としてのイレ・イフェとアート

ここまで、旧宗主国イギリスをはじめとするナイジェリア外部の研究者によって、どのようにイレ・イフェのアートが研究され、展示されてきたかについて概観してきた。それでは、ナイジェリア内部においては、どのようなアートが、どのような視点で研究され、展示されてきたのだろうか。これについて、本項では、イレ・イフェをナイジェリアの近代美術史に位置づけて検討していく。

[1-2-1]　ナイジェリア近代美術の始まり

アイナ・オナボルと西洋美術教育

二〇世紀前半、イギリスの植民地下にあったナイジェリアで、アイナ・オナボル（Aina Onabolu）（1882-1963）は初めての画家、および美術教師として正規の美術教育の開始に尽力した。本項では、オナボル以降、ナイジェリア人によって推し進められてきた美術教育、運動、展示・販売といった一連の活動をナイジェリア近代美術として捉える。

オナボルはイギリスに留学するまで、ナイジェリアの雑誌や新聞、広告やパンフレット、写真、商品のパッケージ・デザインを模写しながら独学で素描や絵画といった西洋美術の基礎を学んだ（Ikpakronyi 2008: 4）。若干二四歳であった一九〇六年には、初めての肖像画作品に画家としてサインを残している（Nicodemus 1995: 31; Stanley 1993: 13）。序論でも述べたように、その当時のヨーロッパでは、ピカソやマティスなどの画家によって、アフリカやオセアニアの仮面に代表されるエキゾチックな造形に、「プリミティヴアート」や「ニグロ美術（アール・ネーグル）」としての美が見出されていた。つまり、ヨーロッパの画家の興味の対象はアフリカの「未開の／原始的な」造形であった一方で、アフリカのオナボルの興味の対象は西洋美術であった。このことから、同じ時代を生きた画家にも関わらず、両者の志向は対照的であったことがわかる。オナボルは一九二〇年にイギリスへ渡り、一九二二年まで、ロンドンのセント・ジョーンズウッド・アート・スクール（St. John's Wood Art School）と、パリのアカデミー・ジュリアン（Academie Julian）で学んだ（Stanley 1993: 406）【10】。ヨーロッパで絵画の解剖学的構造や遠近法の技術を習得したオナボルは、一九二二年に帰国し、習得した技術を国内の仲間や若者に教え始めた（Ikpakronyi 2008: 5）。

彼らが当時めざしていたのは、ヨーロッパ人による「アフリカ人の能力はアートの水準に達しない」という言説を打ち壊すことであった。そしてオナボルは見事に、行政官やエリートの写実的な肖像画を手掛けることによって、ヨーロッパに対し、それが言説でしかないことを証明した（Ikpakronyi 2008: 5; Nicodemus 1995: 32）（図1-4）

図1-4　アイナ・オナボルの作品「Portrait of a Lawyer（弁護士の肖像）」。油彩・画布。サイズ、制作年不詳（Nicodemus 1995: 31）Courtesy of Abdullahi Muku.

【11】。こうしたオナボルらの思想と活動は、植民地における独立に向けたアフリカの近代化とナショナリズムの過程でもあった。

その後、留学という方法だけではなく、ナイジェリア国内においてアートの正式な教育がなされるべきであると考えたオナボルは、中等教育レベルでの美術教育を導入するために尽力した。オナボルはまずボランティアとしてラゴスの中学校でアートを教え始め、次第にほかのいくつかの学校へと教育を広めていった（Ikpakronyi 2008: 5）。のちに、ナイジェリア近代美術の先駆者の一人となる画家のユスフ・グリロ（Yusuf Grillo）（1934-）は、オナボルがボランティアでアートを教えていた当時の生徒の一人であった。グリロの回想によると、グリロが初めて絵画における立体の意味を知ったのは、彼が通う中学校に週一回教えに来ていたオナボルの授業を受けていた時であった。オナボルが生徒たちの肖像画を描き出すと、生徒たちは「魔法ではないか」と思うくらいに写実的な描写に魅了された。しかしオナボルは、それは魔法ではなく、自分の目と手と頭脳を使い、対象のプロポーションや方向などをよく観察すればできることなのだと説明したという（Ikpakronyi 2008: 5）。

さらにオナボルは、ナイジェリア国内の中学校や教員養成学校にイギリスからアートの教員を招くことなど、植民地政府に対して正規の美術教育の要請を積極的に行った。その結果、一九二七年に植民地政府初の美術教育者としてイギリスよりケネス・マレー（Kenneth Murray）（1903-1972）がラゴスに到着した（Nkom 2005: 176）。マレーはラゴスの三つの公立中学校でアートの授業を始め、その後、南西部のイバダンと東部のウムアヒアの公立の高等教育機関（Government College）でアートの教員育成コースを設置した（Court 1995: 292-293）。一九三七年には、マレーは教え子五人の展覧会をロンドンで行ったが、これはナイジェリア人アーティストの作品を展示したヨーロッパ初の展覧会であった（Stanley 1993: 13）。同展覧会の出展アーティストの中には、当時一六歳で、のちにナイジェリア近代美術の先駆者の一人となった画家・彫刻家のベン・エンウォンウ（Ben Enwonwu）（1921-1994）もいた（Fadare 2005: 159; Ikpakronyi 2008: 6）（図１-５）。

マレーの方針は、西洋美術教育をほぼそのまま取り入れたオナボルとは対照的に、ナイジェリアの伝統文化や手工芸を教育に取り入れることや、作品の主題や対象をナイジェリアの地域から選ぶことだった（Stanley 1993: 13; Nkom 2005: 176）。それは当時の植民地政府の関心ではなかったが、マレーはこれを学校教育に取り入れるべきと主張し（Nkom 2005: 176）、ヨーロッパの美術教育が基本とされていたカリキュラムにナイジェリアの伝統工芸を加えた（Court 1995: 292）。こうしたプロセスを経て、独立後の一九六〇年以降、初等、中等、高等教育における美術教育が本格的にナイジェリアで確立されていった（Nkom 2005: 176）。

図1-5　ベン・エンウォンウの作品。1950年代後半頃、木（コクタン）、高さ30㎝（2016年9月20日、ジョン・ピクトン撮影）Photograph by John Picton 2016. John & Sue Picton collection.

[1-2-2]　大学美術学科

イレ・イフェは「ヨルバ発祥の地」とされる古都であると同時に、ナイジェリア屈指の国立総合大学が所在する都市でもある。ヨルバランド内の都市・地域をはじめ、国内各地からこの総合大学に学生や教員が集まっている。オバフェミ・アウォロウォ大学（元イフェ大学〔University of Ife〕）【12】は一九六二年に設立された。約五六㎢【13】

という広大な敷地には学部・学科の建物、学生寮と教員宿舎、スポーツグラウンド、劇場、教会、モスク、商店街、バスターミナルといった学校生活と日常生活に必要なほぼすべての設備が備わっている。大学は一三の学部と八二の学科を持ち、学生数は二万五〇〇〇、教員数は二〇〇〇を超える【14】。学生や教員以外にも様々な訪問者が大学のキャンパス内を行き来し、キャンパスは大変にぎわう一つのコミュニティになっている。イレ・イフェの街の社会的、文化的、そして経済的な活動に大学の存在は欠かせないと言われている（Akinjogbin 1967: 40）。

美術学科は、一九六九年に大学所属のアフリカ学研究所（Institute of African Studies）（現、アフリカ文化研究所〔Institute of Cultural Studies〕）によって、文学、演劇、音楽と共に始められたいくつかのアートのコースを母体とし、正式な学位取得コースを提供する学科として一九七三年に設置された【15】。現在、同学科には絵画、彫刻、陶芸、テキスタイル・デザイン、グラフィック・デザイン、美術史の六つのコースがある（図1-6）【16】。「イフェ・スクール」とも呼ばれ、特に一九八九年の「オナイズム（onaism）」の運動以降、ヨルバ文化に根差した美術教育と研究を推し進めてきた。オナイズムを含む同美術学科の設立と歩みは、一九五〇年前後よりナイジェリアで始まった大学における正規の美術教育、および運動・活動の流れを汲んでいる。そこでまず、以下に、ナイジェリアにおけるアートの高等教育、ならびに美術学科における運動・活動を概観していく。

ナイジェリアにおける高等美術教育

ナイジェリアにおけるアートの高等教育は、一九四九年から一九六〇年までに、国内の四つの高等教育機関でアートのコースが設けられたことによって確立され

図1-6　オバフェミ・アウォロウォ大学美術学科の入口に掲げられた看板（2008年11月23日撮影）

ていった（Court 1995: 292-293）【17】。その始まりとなったのは、一九四九年、ラゴスのヤバ技術学校（Yaba Technical Institute, のちのヤバ技術大学〔Yaba College of Technology〕）でのアートのコースの設置であった。一九五二年には、同学校の美術教員としてイギリスの画家・彫刻家のポール・マウント（Paul Mount）が招かれている【18】。しかしこの授業は非正規であり、受講試験などはなく、受講の条件は学生の素質と持参するポートフォリオに入れた各々の作品だけであった（Ikpakronyi 2008: 6）。当時、マウントの授業を受講したのは、広告代理店や印刷会社のスタッフらを含むラゴスの若者たちであった。ナイジェリア近代美術の先駆者、フェリックス・イドゥボー（Felix Idubor）（1928-1991）、エラボー・エモパエ（Erhabor Emokpae）（1934-）、ユスフ・グリロ、アバヨミ・バーバー（Abayomi Barber）（1934-）らも同プログラムを受講している（Ikpakronyi 2008: 6）。ヤバ技術学校は一九五五年に美術学科を設置し、のちにオバフェミ・アウォロウォ大学美術学科を率いたアボ・フォラリン[0-3-2]も、ヤバ技術学校美術学科で学んだ(Ikpakronyi 2008: 6; Odibo 2008: 8)。

ヤバ技術学校と並び、ナイジェリアの高等教育における美術学科の母体となったのは、一九五〇年代前半にナイジェリア芸術科学技術大学（Nigeria College of Art, Science and Technology）の三つのキャンパス（イバダン校、ザリア校、エヌグ校）に設置された美術学科であった。これらは、のちにザリアのアフマド・ベロ大学（Ahmadu Bello University）の美術学科とンスカのナイジェリア大学（University of Nigeria）の美術学科となった（Akinbogun and Kayode 2005: 189）。最初に美術学科が設置されたのは一九五四年、ナイジェリア芸術科学技術大学イバダン校であったが、当時は美術教員養成を目的としたコースしかなかった（Ikpakronyi 2008: 6）。同美術学科は一九五五年にザリア校に移され、そこで、ヤバ技術学校と並び、ナイジェリア初の美術学科における教育が始まった（Stanley 1993: 13）。

当時はヨーロッパの美術教育に倣い、おもにヨーロッパからの教員によって教育が行われた。ザリア校の美術学科はロンドンのゴールドスミス・カレッジ（Goldsmiths College）と提携を結んでおり、まるでヨーロッパのアート・スクールのようであったという（Ikpakronyi 2008: 6）（図1-7）。同学科は一九五七年に最初の卒業生を送り出したが、当時はまだ美術学科に正式な学位はなく、彼らに授与されたのは資格（certificate）ないしディプロマ（diploma）であった（Ikpakronyi 2008: 6）。同学科でアートが正式な学位コースとして提供されるようになったのは一九六二年であり、ほかの大学もこれに続き、アートは正式な学位コースとなっていった（Ikpakronyi 2008: 6）。

ナイジェリア芸術科学技術大学エヌグ校はンスカにキャンパスを移してナイジェリア大学となり、一九六一年には美術学校（School of Fine Arts）（後の美術学科〔Department of Fine and Applied Arts〕）が設立された。そうして次第に、大学だけではなく技術大学（polytechnic や institute of technology）や教育大学（college of education）でも、一九六〇年代以降、アートの資格やディプロマのコースを提供するようになっていった（Ikpakronyi 2008: 6）。学位の取得できる大学は二〇〇四年までに六五大学となり、そのうち一九の大学が「産業デザイン学科（Industrial Design）」「美術学科（Fine Art / Fine Arts）」「純粋美術／応用美術（芸術）学科（Fine and Applied Arts）」「クリエイティヴアート学科（Creative Arts）」において、四年制または五年制のアートの学位コースを提供している（Akinbogun and Kayode 2005: 187-188）。イレ・イフェのオバフェミ・アウォロウォ大学美術学科の設立も、一九四九年以降のナイジェリアにおける美術高等教育の発展のプロセスとして位置づけられる。

図1-7　アフマド・ベロ大学美術学科（元ナイジェリア芸術科学技術大学ザリア校）。手前は卒業生たちの彫刻作品（2009年7月3日撮影）

美術学科における運動・活動

このようにして設立されていった大学の美術学科に所属した教員や学生たちは、正規の美術教育を受けたアーティストとして独自の立場をとり、時にグループを結成して運動・活動を行った。その発端となったのは、ザリアのナイジェリア芸術科学技術大学（後のアフマド・ベロ大学）の美術学科で一九五八年に結成された「ザリアの反逆児たち（Zaria Rebels）」による「ザリア美術協会（Zaria Art Society）」である。メンバーたちは「さりげない総合（Natural Synthesis）」をモットーに、西洋美術の技法と地域の伝統を融合させた作品をつくった【19】。このモットーは、それまで踏襲してきた宗主国イギリスの美術教育への依存を疑問視し、ナイジェリアの独立を目前に、新しい国の若きアーティストとして何をめざすべきかという議論の中で生まれたものであった【20】。それは、川口が指摘するように、独立を果たしていった一九六〇年代のアフリカにおいて、単に美術や文学といった文化における課題ではなく、政治、経済ほかあらゆる分野を巻きこんだ国家的な課題、つまり、アフリカらしさを問うということでもあった（川口 2011: 193-194）。

「ザリアの反逆児たち」の中心的役割を担ったウチェ・オケケ（Uche Okeke）（1933-2016）は、作品の独自性の拠りどころとして、故郷イボランドの泥絵の一種、ウリ（uli）に着目した。ウリとは、ナイジェリア南東部に住むイボの女性たちによって、家々や伝統宗教の祠の壁、あるいは女性の身体に装飾として描かれる模様や線のことである（図1-8）。植物や動物、農具や月といったモチーフが、白・黒・茶をはじめとするいくつかの色で着色された大小様々な点・円・三角形・四角形によって、幾何学的に描かれる【21】。オケケは博物館を訪ねてウリについて調べ、ウリの描き手であった母親にその技術を学ぶなどしてウリの研究に着手した。これによって、ウリを描く手法やデザインと西洋美術のそれぞれの伝統を融合させることで、新生ナイジェリアの若きアーティストとして新しいアートの地平を切り拓こうとした（Okeke 1995: 47）（図1-9）。このようにしてオケケが提唱した「さりげない総合」という指針は、「ザリアの反逆児たち」に共通するモットーとなり、その後、彼らの運動・活動は現在に至るまでナイジェリアの近代美術を支えている。例えば、メンバーの一人、版画家・彫刻家のブルース・オノブラクペヤ（Bruce Onobrakpeya）（1932-）は、現在においても、ナイジェリア国内外からのアーティストやアート関係者の集うワークショップを年に一度開催している【22】。イボの伝統としてのウリに注目したオケケに対し、オノブラクペヤは自身の故郷ウロボランドの祭壇や近隣のベニン王国の王宮美術の主題と様式に着目し、独自に開発した手法でレリーフ彫刻や版画などを手掛けている（図１-10）【23】。

こうした「ザリアの反逆児たち」の活動に反響し、その後、国内では美術教育を受けたアーティストによるいくつかの顕著な活動が起こった。ナイジェリアの内戦、ビアフラ戦争（1967-1970）が終結すると、一九七〇年代前半、オケケが教鞭をとったンスカのナイジェリア大学では「ンスカ・グループ（Nsukka Group）」のアーティストたちが、オケケを中心とした「ザリアの反逆児たち」の指針を受け継いでウリを積極的に作品制作に取り入れたウリズム（Ulism）とも呼ばれる活動を行った（Stanley 1993: 6）。オケケの学生、オビオラ・ウデチュクウ（Obiora Udechukwu）（1946-）は、ウリに加え、ナイジェリア南南部（現クロスリヴァー州）からカメルーン西部にまたがるイビビオ（Ibibio）やエフィック（Efik）の人びとの豹の結社に伝わる絵文字のンシビディ（nsibidi）、さらには中国の漢字の筆づかいを作品に取り入れた（Okeke 1995: 53-58; King and Durbridge 1999: 213-217）。こうしたウリズムの影

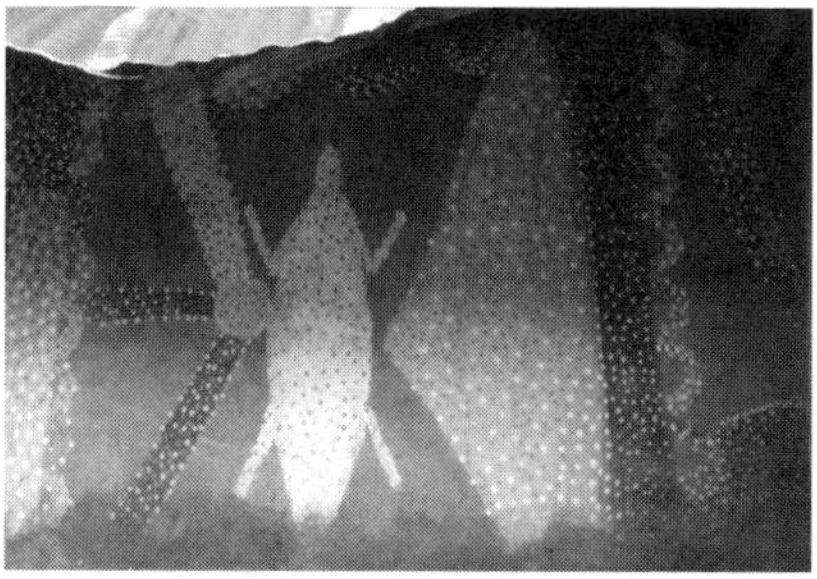

図1-8　ウリ（泥絵）の施された家
（2006年8月川口幸也撮影）
Photograph by Yukiya Kawaguchi

図1-9　オケケの作品「From the Forest Head of a Girl」。1962年、ペン・インク、27×19cm
（Okeke 1995: 49）
Uche Okeke. Courtesy of Chukuma i. Okadigwe and Asele Institute

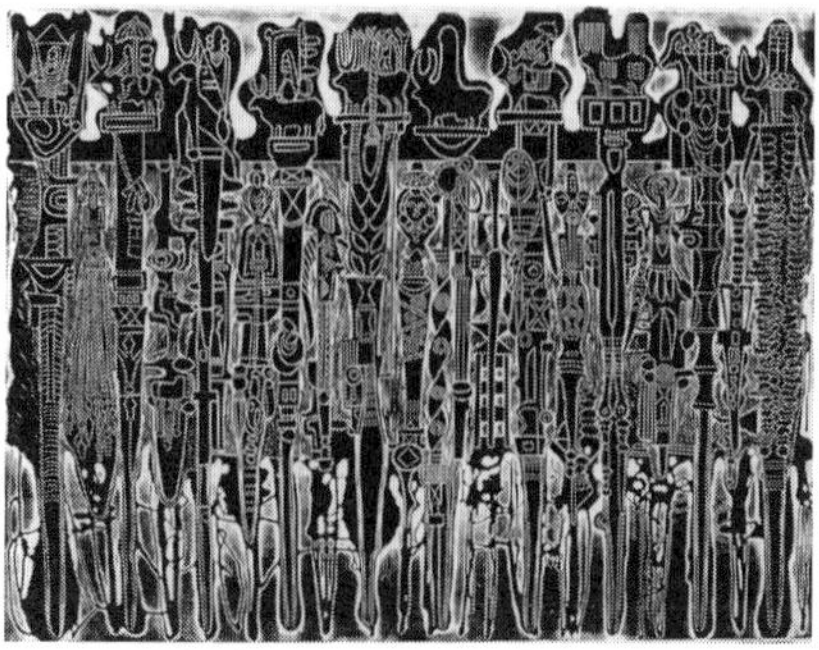

図1-10　オノブラクペヤの作品「Sahelian Masquerades Nov. 1985-August 1988 Odjevwe Ogba Erhue (Cattle Ranch Gate)（サヘルの仮面パフォーマンス／放牧場のフェンス）」。プラストグラフ、68×91cm（Picton 1997: 19）
Bruce Onobrakpeya and Robert Loder

響は、一九七五年より同美術学科で教鞭をとっていたエル・アナツイ（El Anatsui）（1944-）も受けている（Okeke 1995: 58-59; King and Durbridge 1999: 215-216）。アナツイは、ウリやンシビディに加え、母国ガーナのアサンテの人びとの喪葬儀礼用の布の装飾に使用される絵文字、アディンクラ（Adinkra）【24】も作品に取り入れる（図1-11）。なお、アナツイは、本書の冒頭でも述べたように、現在では世界のトップアーティストの一人として国際的に評価されている。

他方、一九七〇年代半ば以降のザリアの美術学科では、「ザリアの反逆児たち」の指針とは異なり、個々のアーティストの独自性の重視と、地域や国の文化を越えたインターナショナルなアートが主張されるようになっていった。一九八九年には「アイ（The Eye）」というグループが結成され、ナショナリズムや地域の伝統にしばられることなく、人間としての文化の変容をダイナミックに捉えた自由な表現が推し進められていった（Jari 1995: 214）（図1-12）。ジェイコブ・ジャリ（Jacob Jari）をはじめとする同グループのメンバーらは、現在においても、同美

図1-11　アナツイの作品「Patches of History III（歴史の断片）」。1993年、木彫（レリーフ）、140×60×2.5cm（Picton 1998: 43）
Courtesy of El Anatusi and October Gallery

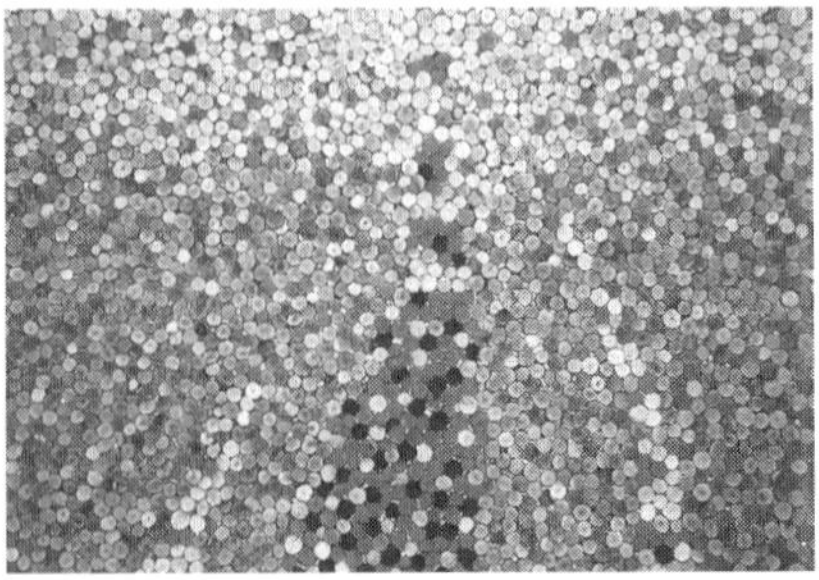

図1-12　ジャリの作品「Reaching Out（その先へ辿り着けるよう）」（詳細）。1993年、トウモロコシの茎、53×50cm（Jari 1995: 214）
Jacob Jari. Courtesy of the artist.

術学科の中心的存在であり続けている。同じく一九八九年、イレ・イフェのオバフェミ・アウォロウォ大学美術学科では、「ザリアの反逆児たち」やンスカの「ウリズム」の影響の下、「オナ・アーティスト（Ona artist）」や「オナ・グループ（Ona Group）」と称するグループが結成され、「オナイズム」が推し進められていった（Okeke 1995: 42）。

オナ・グループはヨルバの伝統文化を探求し、そこに見出される形や素材を、西洋美術に基づいた同時代の作品制作に融合させた。オナイズムが活発であったのは一九九〇年代後半までであったが、その思想は、現在でも同美術学科の教育方針や教員の作風と研究に影響を与えている。その創設メンバーであるモヨ・オケディジ（Moyo Okediji）【25】（1956-）は、ヨルバの伝統的な黒（濃）系統のドゥドゥ（dúdú）、白（薄）系統のフンフン（funfun）、赤・黄系統のプパ（pupa）という三つに分類される多色をヨルバ固有の色彩とみなし、これを作品に取り入れた。また、ヨルバの神を祀る祠を訪れ、祠の壁画（図1-13）を描く女性たちがこうした色彩を用いる様子を調査したり、地域の市場で得られる土などから採取した色素に、それよりも恒久的な商品化された絵具を混ぜ合わせる試みを行った（Okediji 1986: 21, Harris 1994: 204）（図1-14）。さらに、学術雑誌「キュリオ・アフリカーナ（*Kurio Africana: Journal of Art and Criticism*）」を一九八九年より数年間発行し【26】、植民地時代にほとんど取り上げられることのなかった、あるいは、「消滅しつつある」ヨルバ文化を中心に記録した。それと同時に、ヨルバの色彩、モチーフ、伝統

図1-13　伝統宗教の祠の壁画（オルオロボ、イレ・イフェ）。1991年、サイズ不詳（Harris 1994: 205）
Michael Harris. Courtesy of the author.

図1-14　オケディジの作品「Esentaye（運命を知る）」。1991年、天然顔料・陶器製タイル。サイズ不詳（Harris 1994: 205）
Moyo Okediji and Michael Harris. Courtesy of the artist and the author.

宗教を参照したアートの作品制作に取り組んだ。こうして、オナイズムのメンバーたちは「オナ」という名を掲げ、イレ・イフェの大学やイバダンの大学、ラゴスの国立博物館などで展示を行った【27】。

このように、イレ・イフェのオバフェミ・アウォロウォ大学美術学科が、作品制作においてヨルバの伝統文化を積極的に取り入れようとしてきたことは、ナイジェリアにおける近代美術の歩みの一環であった。また、本章第1節で検討したように、「イレ・イフェ＝（イコール）ヨルバ」という言説は、同美術学科における美術教育、すなわちナイジェリアの近代美術史においても重要であったことがわかる。

[1-2-3] ワークショップ

前項では、イレ・イフェのアートを大学美術学科との関係において概観してきた。しかし、イレ・イフェのアートは、ナイジェリアの近代美術史の中で、高等教育機関だけではなく、ワークショップ【28】とも緊密に関わりながら展開してきた。ワークショップとは、第二次世界大戦後、アフリカ各地で欧米人の美術愛好家が、アートについてほとんど知らない現地の（黒人の）若者たちを対象に主宰した画塾のことである。ワークショップでは、主宰者は場所と画材を提供し、受講者たちはそこに自由に出入りして絵を描いたとされる。本項では、現在イレ・イフェで暮らすアーティストの活動と関わりを持つワークショップについて見ていく。

オショボ派のアート

オショボ派【29】のアートは、近隣の大都市イバダンの大学で教鞭をとっていたドイツ人のウリ・バイアー（Ulli Beier）（1922-2011）が主催者となり、欧米のアーティストたちによって先導されたワークショップの中で誕生した（図1-15）。最初のワークショップは、一九六一年に、ヨルバ文学、演劇、アートの関係者が集うイバダンの「作家とアーティストのためのムバリ・クラブ（Mbari Writers' and Artists' Club）」で開催された。この第一回目のワークショップは、南アフリカの建築家ジュリアン・ベイナート（Julian Beinart）が講師となり、イバダンの地元の小中学校の美術教員たちを対象に行われた【30】。一九六二年にバイアーがオショボに拠点を移すとクラブ名は「ムバリ・ムバヨ・クラブ」となり、一九六二年から一九六四年にかけて、ガイアナのアーティスト・美術史家のデニス・ウィリアムズ（Denis Williams）（1923-1998）、アメリカ合衆国の画家ジェイコブ・ローレンス（Jacob Lawrence）（1917-2000）、一九六三年から一九六四年にかけてはイギリス人の若手女流アーティストで、後にウリ・バイアーの妻となったジョージーナ・ベッツ（バイアー）（Georgina Beier）らが講師となってワークショップが開催された【31】。ジョージーナはビアフラ戦争を回避するため一九六六年にナイジェリアを去るが、彼女のワークショップで学んだオショボの若きアーティストたちは、その後も熱心に作品制作に励んだという（バイアー 1995: 21）（図1-16）。ジョージーナは一九七一年にオショボに戻ってからも、バイアーと共にオショボ派の活動を支えた。これらのワークショップは、小学校のみを卒業した人たちや、読み書きのできない人たちを含め幅広い市民を対象に行われたという。

一九六二年にはジェイコブ・アフォラビ（Jacob Afolabi）（1940-）、一九六三年にはルーファス・オグンデレ（Rufus Ogundele）（1946-1996）（図1-17）、一九六四年にはツインズ・セブン・セブン（Twins Seven-Seven）（1944-2011）、ムライナ・オイェラミ（Muraina Oyelami）（1940-）、ティジャニ・マヤキリ（Tijani Mayakiri）（1937-1992）、ジモ・ブライモ（Jimoh Buraimoh）（1943-）など、オショボ派の第一世代のアーティストとして後世に名を残したアーティストたちがワークショップに参加している【32】。例えば、ツインズ・セブン・

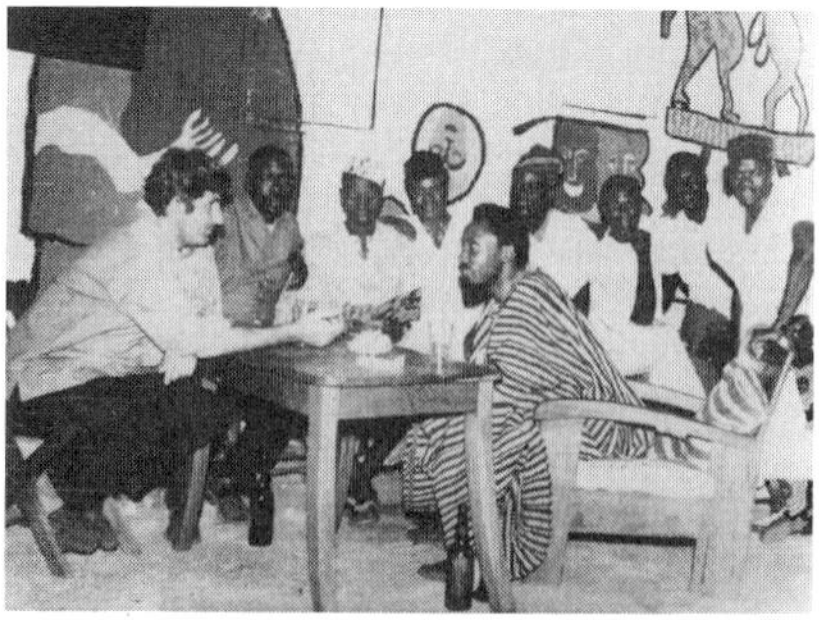

図1-15　1963年に開かれたワークショップでのウリ・バイアー（左）、デニス・ウィリアムズ（手前右、縦縞の服）と参加者たち。背景はジェイコブ・アフォラビの壁画（Beier 1991: 63）
estate Beier, DEVA / Iwalewahaus, Universität Bayreuth & Centre for Black Culture and International Understanding (CBCIU), Osogbo, Nigeria.

セブンはエッチング、絵画、彫刻、バティック布など様々な作品を手掛けた【33】。いずれも、特にヨルバの神話や伝説の登場人物・精霊・動物を主題とし、フリーハンドで描く細かな幾何学模様で前景も背景も埋め尽くす一方で、大きな目・鼻・口、手を持つ主体を正面からダイナミックに描く手法を得意とし（図1-18）、アメリカ合衆国、ドイツ、イギリスで多数の展示を行った。また、ビーズを使ったモザイク画や「ビーズ・ペインティング」で名を挙げたブライモの作品は、細かなビーズを用いて、輪郭のはっきりとした原色の円や線による大きな絵柄を組み合わせている。

バイアーによると、一九七一年には、このような第一世代のオショボ派を「模倣した」アーティストが多数いたということだが、インカ・アデイェミ（Yinka Adeyemi）（1945-）やアデニジ・アデイェミ（Adenji Adeyemi）（1952-）、フェラ・オダラニレ（Fela Odaranile）（1949-）など、第二世代のオショボ派のアーティストも精力的に活動を行っていたという（バイアー 1995: 21）【34】。なお、第2章以降で見ていくように、現在イレ・イフェで暮らすアーティス

図1-16　オショボ・アーティストのビスィ・ファブンミと共にオタン・アイェバジュ王宮の壁画を描くジョージーナ・バイアー。1966年（Beier 1991: 67）
estate Beier, DEVA / Iwalewahaus, Universität Bayreuth & Centre for Black Culture and International Understanding (CBCIU), Osogbo, Nigeria. © Georgina Beier.

トの中には、アデイェミとオダラニレに弟子入りして巣立った、いわば第三世代のオショボ派のアーティストが複数名いる。

バイアーが「彼らはそれぞれに固有の様式を発見した」と指摘するように（Beier 2001: 48）、オショボ派のアーティストはそれぞれに異なる特徴を持つ作品を生み出してきたし、数年〜三〇年以上の実践において、様式や手法を変化させてきた。しかし、「ヨルバ中心主義」ともとれるほどに（Kasfir 1999: 180）、神話や慣習などヨルバの伝統文化を主題とする点、また、様式においては大胆で鮮やかな色づかいと平板な構図という点において、オショボ派のアーティストの作品は一目でオショボ派とわかる共通性を持っていた（川口 2011: 143-144）。さらに、作風については、おもに一九六〇年代から一九七〇年代にかけてナイジェリアに滞在していた外国人アーティストや知識人の影響を強く受けており、作品の展示や販売に関して彼らから後援を受けている点も共通している。バイアーは、国内の大学教員や実業家がオショボ派の作品のコレクターとなっていたことを指摘し、オショボ派のアーティス

図1-17　ルーファス・オグンデレの作品「Oba Koso（コソ王）」。1964年、リノカット。サイズ不詳（Beier 1991: 67）
Rufus Ogundele. Courtesy of Bayo Ogundele.

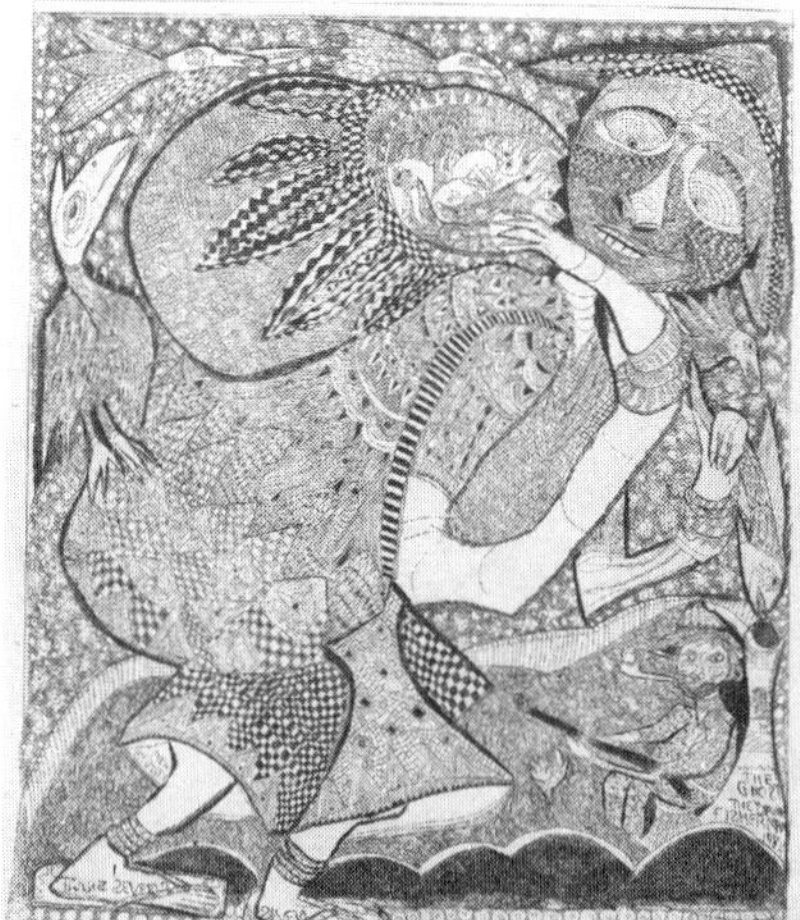

図1-18　ツインズ・セブン・セブンの作品「The Ghost and the Dreaming Fisherman（亡霊の夢を見る漁師）」。1984年、エッチング、57×38cm（Beier 1999: 12）
© VG BILD-KUNST, Bonn & JASPAR, Tokyo, 2016 C1054

トはヨーロッパの援助に依存する必要はなかったと述べており（バイアー 1995: 21）、川口（2011: 153-154, 345）も、ナイジェリア国内におけるオショボ派の作品の買い手の存在を指摘している。ところが、特に一九九〇年代以降、第一世代と第二世代のオショボ派のアーティストの多くはアメリカ合衆国に移住する、またはナイジェリアと欧米を行き来して作品の販売を行っている状況から、彼らの支援者としての外国人の存在はやはり大きいと言えるだろう。なお、これには欧米人だけではなく日本人のナイジェリア駐在員も含まれる【35】。

さらに、一九五〇年にウリ・バイアーと共にオショボを訪れて以来、オショボに定住し、ヨルバの伝統宗教を信仰しながら、彫刻家として生涯に渡ってオショボで作品制作活動を続けたオーストリア人アーティスト、スザンヌ・ウェンガー（Suzanne Wenger）（1915-2009）も、オショボ派のアーティストに大きな影響を与えた。ウェンガーや彼女と共に作品制作を行ったオショボ派のアーティストの活動は「新神聖美術（New Sacred Art）」と呼ばれ、祠やその境内の装飾など、特にヨルバの伝統宗教に関わる造形を新しい様式でつくりだしていった。オショボの旧市街地にある彼女の自宅・仕事場【36】、そしてオシュンの森と呼ばれるヨルバの川の女神が祀られている神聖な空間に設置してあるウェンガーの彫刻作品は、一見するとヨルバの「伝統」とはかけ離れているとも言える、表現主義的で奇抜な作風が印象的である（図1-19）。ウェンガーはジョージーナのように直接ワークショップの指揮はとらなかったが、オショボ在住の白人アーティストとしての彼女の存在、さらにはオショボにある彼女の数々の作品に、オショボ派のアーティストたちが少なからず影響を受けたことは間違いないだろう。筆者がイレ・イフェやオショボに滞在した二〇〇三年以降においても、オショボ派のアーティストはもちろん、オショボ派以外のアーティストのあいだでス

図1-19　ウェンガーの作品（オバタラの祠、オショボ）。1966年、土・セメント。サイズ不詳(Beier 1968: 143)。
co. Susanne Wenger Foundation Austria

ザンヌ・ウェンガーを知らない者はいなかった。バイアーはムバリ・ムバヨ・クラブと新神聖美術を異なる活動とみなしていたようだが（Beier 2001: 49）、バイアー、ウェンガー、ジョージーナらの存在は、オショボ派および周囲のアーティストにとっては、自分たちの手本となる、あるいは導いてくれる「白人」であることに変わりはなかったようだ。

このように、オショボ派のアートがバイアーらをはじめとする欧米人を魅了したこと、また、欧米人に支援されたことは、次章以降で詳しく見ていくように、イレ・イフェのアーティストに大きな影響を与えた。オショボ派のアーティストの一部はイレ・イフェに拠点を移しており、彼らに弟子入りしたイレ・イフェ在住の若者は少なくない。自動車で三〇分ほどで移動が可能という距離的な近さもあったが、イレ・イフェという場所がオショボ派が主題として重要視する「ヨルバ」発祥の地であったこと、さらには、イレ・イフェには大学が所在していたため、外国人研究者や訪問者、国内知識人というオショボ派のパトロンになりうる人たちがより多く存在していたことも、オショボとイレ・イフェを繋いだ理由として考えられる。しかし、両者を繋ぐ決定的な契機となったのは、一九六〇年代終わりから一九七〇年代初めにかけてイレ・イフェで行われたワークショップであった。

オリ・オロクン・ワークショップ

一九六八年、イレ・イフェの旧市街に、アート、音楽演奏、ダンス、演劇などの「アフリカ文化」に関わる活動の場を街に置く目的で、イフェ大学（現オバフェミ・アウォロウォ大学）のアフリカ学研究所によって「オリ・オロクン文化センター（Ori Olokun Cultural Centre）」が設立された。当時、同研究所の所長を勤めていたマイケル・クラウダー（Michael Crowder）（1934-1988）【37】をはじめとするスタッフたちは、イレ・イフェの旧市街は、そこからおよそ五㎞も離れた「西洋的な大学」という環境よりも、「アフリカ文化」を学び・研究する拠点としてより適していると考えていた。また、物理的な距離だけではなく、「西洋的」と「アフリカ的」、あるいは「ノン・アカデミック」と「アカデミック」という二項対立的な距離感を狭め、両者を繋ぐ必要があるとも考えていた【38】。この二項はまた、大学の一部のスタッフによって、「タウン（Town＝街）」と「ガウン（Gown＝学生が学位授与式に羽織るガウン）」と並べられ、韻を踏ませて表現されていた（Akintoye 1973: 29）。タウンとガウンの二項対立は、第3章[3-3-3]でも指摘するように、現在でもイレ・イフェにおいて顕著な構造と言える。

センターの美術部門において開かれた「オリ・オロクン・ワークショップ」には、参加者として、先に挙げたオショボ派のアーティストのルーファス・オグンデレ、ムライナ・オイェラミ、ジモ・ブライモらが招待された。センターを取り囲む塀は、彼らによって描かれたヨルバの神話や歴史を主題とした壁画で装飾され、センター内では毎週のように展示が行われていたという【39】（図1-20）。また、毎年イフェ芸術祭（The Ife Festival of the Arts）が開かれ、ナイジェリア国内外からアーティスト、舞台役者、演奏家が集まった【40】。以前はホテルとしても使用されていたその広い敷地は、平屋建ての家屋と中央に広場やいくつかの中庭があるヨルバの伝統的な屋敷であり、演劇や音楽演奏などのパフォーマンス、作品制作や展示に適した絶好の場所であった（Brokensha 1969: 34）。オリ・オロクン・ワークショップでは、招待された第一世代のオショボ派のアーティストは次世代のアーティストの世話役でもあり、インカ・アデイェミやその弟のアデニジ・

図1-20 オショボ派のアーティストたちによって描かれた、オリ・オロクン文化センター敷地内の壁画。サイズ等不詳、1969年頃制作（Brokensha 1969: 33）
"Ori Olokun: A New Art Center" by David Brokensha, African Arts, Vol. 2, No. 3, (Spring, 1969), courtesy of the author and The MIT Press.

アデイェミ、ルーファス・オグンデレの弟のバヨ・オグンデレ（Bayo Ogundele）（1949-）、アデモラ・ウィリアムズ（Ademola Williams）（1947-）のほか、のちにこのワークショップによって名を挙げるようになる多数の第二世代のオショボ派のアーティストの先輩という立場となった（Iriwvieri 2010: 116）。

このワークショップがオショボのムバリ・ムバヨ・クラブと異なる点は、ウリ・バイアーら知識人による集まりではなく、大学という組織が支援していたこと、さらに、指揮をとっていたのがジョージーナら外国人アーティストではなく、ナイジェリア人アーティストで美術教員のソロモン・ワンボジェ（Solomon Wangboje）（1930-1998）であったことである。ワンボジェは先述の「ザリアの反逆児たち」の一員であり、ザリアを卒業したあとアメリカ合衆国に留学し、帰国後の数年間はイフェ大学のアフリカ学研究所で研究員として在籍していた。ルーファス・オグンデレとインカ・アデイェミが、オリ・オロクンはオショボでのワークショップと比べて「堅苦しかった」ためオショボに戻って個々に活動を行うようになったように（Beier 1991: 46）、ワンボジェの指導はジョージーナのそれよりも「自由」ではなかったのかもしれない（Egonwa 1994: 184）。しかし、それは国内外の大学の美術学科で学んできたナイジェリア人アーティストであるワンボジェならではの指導の仕方であったと考えることができるだろう。このことは、同じ時代にあって、外国人によるワークショップでの指導方針や内容と、正規の教育を受けたナイジェリア人によるそれが対照をなしていたことを暗示している。

さらに、「オリ・オロクン」という名称はヨルバ語で「オロクンの頭（Orí Olókun）」を意味するが、オロクンとはヨルバの創始者オドゥドゥワの妻であり、海の女神という言い伝えがある。先に述べた一二世紀から一四世紀の歴史的美術品の一つで、最も知られているであろう真鍮製の頭像は「オロクンの頭」と名付けられている（図1-2〔p.63〕）。この頭像を模した絵は大学の校章をはじめ、「オドゥドゥワ末裔の団体」[1-1-2] のロゴマーク、ガソリンスタンドのマーク、路線バスの運転手労働組合のロゴ、個人商店の看板など、意識して周囲に目をやればイレ・イフェの街の至る所で見られ、イレ・イフェを「ヨルバ発祥の地」とする神話の象徴となっている。このように、オリ・オロクン・ワークショップは、オショボのムバリ・ムバヨ・クラブでのワークショップの流れを汲みつつ、大学というアカデミズム、そして「ヨルバの聖地」という言説を取り込んだイレ・イフェ独自のワークショップであった。

オリ・オロクン文化センターは、経費の問題のため、また、アーティストが個々に活動するようになったため、一九七三年に閉鎖された。しかし、一九六九年にアフリカ学研究所でアートのコースが始まり、一九七三年には正式に美術学科が設置されたように、オリ・オロクン・ワークショップでのアーティストの活動は美術学科の母体ともなった。ワークショップは「タウン」と「ガウン」を繋ぐ目的で旧市街に置かれたとはいえ、実際には市民に開かれていたわけではなかった。それでも、当時を知るアーティストらの回想によると、少なくとも、建物の塀を彩る壁画や、色鮮やかなバティック布でつくった服を着て敷地内を出入りするアーティストや舞台役者、ミュージシャンの存在は目立っていたという【41】。

このように、オショボ派のワークショップはイレ・イフェのアーティストに少なからず影響を与え、また、オリ・オロクン・ワークショップは、オバフェミ・アウォロウォ大学の美術学科とも密接に関わってきた。さらに、前項で見てきた大学美術学科や、前節で見てきた「ヨルバアート」がそうであったように、イレ・イフェを「ヨルバの聖地」とする言説は、イレ・イフェのアートをめぐるこうした活動に常に取り込まれてきたことも指摘できる。

[1-3] イレ・イフェのアートの現在

前節では、ヨルバ発祥の古都ないし地方都市としてのイレ・イフェでどのようなアートがつくられ、それらがどのように展開し、語られてきたのかについて、ナイジェリアの近代美術史における大学美術学科やワークショップとの関係に注目しながら見てきた。それでは、このような歴史的背景を持つ二一世紀初頭のイレ・イフェでは、どのようなアートが、どのような人びととの実践によって生み出されているのだろうか。イレ・イフェにおけるアートのありかたを次章以降で詳しく検討していく前に、本節ではまず、現代イレ・イフェにおいて、誰が、何を「アート」または「アーティスト」と呼んでいるのかについて検討する。

前節までに見てきたように、先行研究においては、多くの場合、歴史的美術品や近代美術としてのイレ・イフェのアートは「ヨルバ」という視点から研究され、展示されてきた。それは序論で指摘したように、「芸術＝文化システム」内においてのみ、イレ・イフェのアートが語られてきたということであった。しかし本研究では、方法論として示したように、「芸術＝文化システム」に代表されるアートの制度の内側だけでアートについて語るのではなく、そうした制度の存在やその権力を一つの参照点としつつ、むしろ、そのような制度とイレ・イフェのアーティストがいかにして関わりながらアーティストとして生きているのかを考察していく。このために、本節では、アートの制度内であらかじめ想定される、あるいは前提とされてきたアートに注目するのではなく、つくり手であるアーティストの視点に注目することで、何がアートで、誰がアーティストであるのかを検討する。

作品のつくり手の多くは、市街地の中でも繁華街に店や仕事場を持つが、住宅地で看板を出さずに作品制作を行う人たちもいる。序論 [0-3-2] で述べたように、本書で焦点をあてるのは、大学敷地内を含め、イレ・イフェの市街地・住宅地で自らを「アーティスト」と呼ぶ、あるいは、そのような人びとから「アーティスト」と呼ばれる人びと（つくり手）である。私は、二〇〇三年から二〇一二年にかけての合計約二三か月間、イレ・イフェの新市街に住み、「アーティスト」同士の繋がりをはじめ、彼らと顧客など周囲の人びととの繋がりを手がかりに、市内全域に渡ってアーティストを訪ねた（地図2b）。その結果、約六一人のつくり手と出会った。転職した者を除くと、彼らは皆作品を制作し、販売することによって現金収入を得ており、そのほとんどが「アーティスト」を本職に生計を立てていることがわかった。

また、八割を超える五一人が英語で「アーティスト」と称するつくり手であった。序論 [0-3-2] で述べたように、二一世紀初頭のイレ・イフェでの言語状況には個人差があることをふまえた上で、本節ではアーティストが英語またはヨルバ語を使ってどのように自称するのかという点に着目し、現在のイレ・イフェでアートと呼ばれるものはどのようなものであり、アーティストと呼ばれる人はどのような人であるのか、その輪郭を明らかにしていく。

[1-3-1]
「アーティスト」と呼ぶ・呼ばれる人びと——つくり手の自称

イレ・イフェのアーティストは、ビジネス名を表示する際、あるいは職名を自称する際、英語を使う場合とヨルバ語を使う場合がある。表1aは、私がアーティストのネットワークを辿って出会った約六一人のアーティストのうち、より長い時間を過ごして調査することのできた三六人のアーティストについて、彼らの職名の自称、ビジネス名または看板表記名、おもな仕事内容、おもな対象や顧客、おもな販売地域を表している。また、表1bはつくり手の個人名ほか八つの項目に従ってそれぞれの属性を表している。

英語の「アーティスト」またはヨルバ語の専門名を使う

表1a・1b事例番号1~10のつくり手は、ヨルバ語のみ、またはヨルバ語と英語の両方を用いて自称している。ビーズ細工師の一名を除くと、彼らの多くはヨルバ語表現での専門分野を表す職名「アスィンデ/アスィンデマデ(ビーズ細工師)」、「アベギレレ(木彫師)」、「アモココ(土器づくり師)」、そして英語表現の「アーティスト」や専門分野を表す職名「ビーズ・ファッション・デザイナー/デコレーター(ビーズ細工師)」、「セラミスト/ポッター(陶芸家/土器づくり師)」、「スカープター/カーバー(彫刻家/木彫師)」の両方を用いて自称する。彼らの多くは、国内外【42】の富裕層および外国人や伝統首長を対象としているため、英語で自称する必要がある。店の看板も英語表記である(図1-21、1-22、1-23)。しかし、英語と共にヨルバ語でも自称するのは、彼らの作品、および彼らの専門職名が、イレ・イフェで英語が使われるようになる以前より存在していたことと関係しているようである。

例えば、表1a・1b事例番号10の土器づくり師(陶芸家)はおもに一般の人びとを対象としているが、英語の専門職名「セラミスト」で自称し、かつ、そのヨルバ語も使う理由については、土器づくり師という職が、英語が使われるようになる植民地時代以前よりヨルバランド内で慣れ親しまれてきたことが考えられる。考古学調査によって、イレ・イフェでは、伝統宗教の儀礼に使われていたとされる土器製の人頭像や、街の舗装に使用された大量の土器の破片が出土しており、土器は一〇世紀以前より生産され、使用されていたことがわかっている（Garlake 2002: 134）。現在においては、伝統宗教の衰退により儀礼用の土器の需要はほとんどない。水がめなど生活必需品の容器として使用されていた土器製の壺や器も、プラスチック製のタンクやバケツ、ボウルへと変化した。しかし、木彫師やビーズ細工と同様で、土器が古くからこの地で使用されていた点、そして土器づくり師を意味する「アモココ」というヨルバ語が植民地時代以前より一般に定着していたと推察できる点から、土器づくり師は必ずしも英語表現の「アーティスト」を称する必要がないと考えることができる。これについては、木彫師やビーズ細工師も同様である。私が表1a・1b事例番号4の木彫師を訪ねに行くと、近所の人びとは『ババ・アベギレレ（木彫師に敬意

図1-21　オウォジョリの店の看板
（2011年6月24日撮影）

図1-22　アフォラヤンの仕事場兼店舗の表に書かれた「カーバー（Carver）」という文字
（2008年11月8日撮影）

図1-23　イジョーの店の前に置かれた「彫刻（SCULPTURE）」という木製の看板
（2009年6月24日撮影）

	おもな仕事	おもな対象・顧客	おもな販売地域
	ビーズ細工	伝統首長、国内外富裕層	イレ・イフェ、ヨルバランド各地
	ビーズ細工	伝統首長、国内外富裕層	イレ・イフェ、ヨルバランド各地
	木彫	国内外富裕層/外国人	ラゴス、ブラジル
	木彫	国内外富裕層/外国人	ラゴス、ブラジル
	木彫	伝統首長、国内外富裕層/外国人	イレ・イフェ、ラゴス、ブラジル、アメリカ
	木彫	国内外富裕層/外国人	ラゴス、アメリカ
	木彫	国内外富裕層	イレ・イフェ
	木彫、絵画	国内外富裕層/外国人	イレ・イフェ、ラゴス
	真鍮彫刻、木彫	伝統首長/国内富裕層	イレ・イフェ
	土器	一般の人びと	イレ・イフェ
	教鞭	なし（大学生）	イレ・イフェ
	教鞭、グラフィック・デザイン	国内富裕層	イレ・イフェ
	版画、絵画	国内外富裕層/外国人	ラゴス
	版画、絵画	国内外富裕層/外国人	ラゴス
	絵画、版画	国内外富裕層/外国人	ラゴス
	絵画、版画	国内外富裕層/外国人	イレ・イフェ
	絵画	国内外富裕層/外国人	イレ・イフェ
	絵画	国内外富裕層/外国人	ラゴス
	絵画、版画	国内外富裕層/外国人	アブジャ
	コラージュ、絵画	国内外富裕層/外国人	アブジャ
	絵画	国内外富裕層/外国人	アブジャ
	絵画	国内外富裕層/外国人	アブジャ
	絵画、版画	国内外富裕層/外国人	アブジャ、カドゥナ、ヨラ、バウチ
	絵画、グラフィック・デザイン	国内外富裕層/外国人	ラゴス、アメリカ
	絵画	国内外富裕層/外国人	ラゴス
	版画、絵画	国内外富裕層/外国人	ラゴス
	グラフィック・デザイン、絵画、彫刻	一般の人びと、外国人	イレ・イフェ、ドイツ
	グラフィック・デザイン、絵画	一般の人びと	イレ・イフェ
	グラフィック・デザイン、絵画、壁塗り	一般の人びと	イレ・イフェ
	グラフィック・デザイン、壁塗り、木彫	一般の人びと	イレ・イフェ
	グラフィック・デザイン、壁塗り、絵画、教鞭	一般の人びと	イレ・イフェ
	グラフィック・デザイン、壁塗り、初等・中等教育教科書作成	一般の人びと	イレ・イフェ
	グラフィック・デザイン、壁塗り	一般の人びと	イレ・イフェ
	グラフィック・デザイン、壁塗り	一般の人びと	イレ・イフェ
	グラフィック・デザイン、壁塗り	一般の人びと	イレ・イフェ
	グラフィック・デザイン、壁塗り	一般の人びと	イレ・イフェ

表1a　つくり手の職名の自称と仕事内容の概要

	職名の自称	ビジネス名または看板表記名
1	asíndẹ（ビーズ細工師）	なし（本名、またはBàbá asíndẹ）
2	artist / asíndẹmádé / asíndẹ（ビーズ細工師）	Asindemade Royal Beads Company: The Beads Fashion Designer & Decorator
3	artist / carver / agbẹ́gilére（木彫師）	Glorious Wood Carvings
4	artist / carver / agbẹ́gilére（木彫師）	Carver
5	artist / sculptor / agbẹ́gilére（木彫師）	Locomotion the Sculptor
6	artist / agbẹ́gilére（木彫師）	なし（本名）
7	artist / agbẹ́gilére（木彫師）	なし（本名）
8	artist / agbẹ́gilére（木彫師）	なし（本名）
9	artist / brass caster / agbẹ́gilére（木彫師）	なし（本名、またはBàbá agbẹ́gilére）
10	artist / ceramist / amọ̀kòkò（土器づくり師／陶芸家）	Shalom Pottery
11	artist	なし（大学教員）
12	artist	なし（大学教員）
13	artist	なし（本名）
14	artist	なし（本名）
15	artist	なし（本名）
16	artist	なし（本名）
17	artist	なし（本名）
18	artist	KP African Arts
19	artist	なし（本名）
20	artist	Sedag Art
21	artist	Ilori Mayor
22	artist	De Art-Concept
23	artist	なし（本名）
24	artist	African Art Galleryまたは本名
25	artist	Art Gallery
26	artist	Olokun Art Galleryまたは本名
27	artist	Auric Arts Visuals
28	artist	A K J Arts
29	artist	Deo Arts
30	artist	Eniborn Art Studio
31	artist	Inspiration Fine and Applied Arts Centre (Fine & Applied Arts School)
32	artist	Ife Creative Centre for Arts and Designs
33	artist	Bonny Arts
34	artist	Amako Publicity
35	artist	Yinka Arts
36	artist	Arts Kingdom / Golden Key Arts

※ 2012年までの情報による
※ 1～11：植民地時代以前よりある造形のつくり手
※ 11～26：植民地時代以降の造形をつくり、おもにアカデミズムや国内外の美術市場を対象とするつくり手
※ 27～36：植民地時代以降の造形をつくり、おもにイレ・イフェの一般の人びとを対象とするつくり手

既婚/未婚	他の収入源	店・作業場の場所	訓練・教育
既	なし	旧市街の繁華街	徒弟制
既	なし	新市街の繁華街	徒弟制
既	妻	住宅地	徒弟制
既	妻	旧市街の繁華街	徒弟制
既	なし	旧市街の繁華街	独学
既	不明	住宅地	徒弟制
既	博物館職員給料、妻	住宅地	徒弟制
既	妻	旧市街の住宅地	徒弟制
既	博物館職員年金、農場、妻	旧市街の住宅地	英国留学、独学
既	妻	旧市街の住宅地	徒弟制
既	教員給料	大学キャンパス内、教職員宿舎	大学
既	教員給料、妻	大学キャンパス内、教職員宿舎	大学
既	不明	住宅地	徒弟制
既	中古車販売	旧市街の住宅地	徒弟制
既	印刷屋、妻	旧市街の住宅地	徒弟制
既	なし	大学キャンパス内	徒弟制
既	妻	大学キャンパス内	徒弟制
既	ラジオ番組、音楽活動、妻	旧市街の繁華街	徒弟制
未	中古車販売	旧市街の繁華街	徒弟制
既	妻	住宅地	徒弟制・技術大学
未	なし	住宅地	徒弟制
既	なし	住宅地	徒弟制
既	不明	住宅地	徒弟制
既	なし	住宅地	大学
既	なし	住宅地	大学
既	妻	旧市街の繁華街	独学
既	妻	住宅地（2011年より旧市街）	徒弟制、大学
既	養護学校教員給料	住宅地	技術大学
既	妻	旧市街の繁華街	技術大学
既	妻	新市街の繁華街	徒弟制、独学
未	なし	新市街の繁華街	技術大学
既	妻	旧市街の繁華街	技術大学
既	不明	新市街の住宅地	徒弟制
既	不明	旧市街の住宅地	徒弟制
既	妻	新市街の繁華街	徒弟制
既	妻	旧市街の繁華街	技術大学

表1b　つくり手の属性

	本名（名・姓）	出身州	民族	宗教	年齢
1	アジャオ・アデトイ	エキティ	ヨルバ	キリスト教	60代後半
2	アラバ・オウォジョリ	オシュン	ヨルバ	キリスト教	42歳
3	ローレンス・アヨデレ	クワラ	ヨルバ	キリスト教	54歳
4	ガブリエル・アフォラヤン	クワラ	ヨルバ	キリスト教	55歳
5	ジョナサン・イジョー	クロスリヴァー	イジョ	キリスト教	38歳
6	ラミディ・ファケイェ	オヨ	ヨルバ	イスラーム	84歳で2010年に逝去
7	アデオバ・オバダレ	オシュン	ヨルバ	キリスト教	42歳
8	ブコラ・アキンボデ	オシュン	ヨルバ	キリスト教	42歳
9	ベン・オルイェミ	オシュン	ヨルバ	キリスト教	80歳
10	アヨ・アウォイェル	オシュン	ヨルバ	キリスト教	44歳
11	スティーブン・フォラランミ	オヨ（ラゴス）	ヨルバ	キリスト教	43歳
12	タヨ・イジシャキン	オグン（オシュン）	ヨルバ	キリスト教	40歳
13	アデニジ・アデイェミ	オシュン	ヨルバ	キリスト教	60歳
14	フェラ・オダラニレ	オグン	ヨルバ	キリスト教	63歳
15	バヨ・オグンデレ	オシュン	ヨルバ	キリスト教	63歳
16	タジュ・マヤキリ	オシュン	ヨルバ	キリスト教	34歳
17	クンレ・アキンティブボ	オシュン	ヨルバ	キリスト教	54歳
18	アキンペル・オラトゥンジ	オシュン	ヨルバ	キリスト教	48歳
19	タヨ・アウォイェラ	オシュン	ヨルバ	キリスト教	40代後半
20	シェグン・アグンソイェ	オシュン（オヨ）	ヨルバ	キリスト教	46歳
21	マヨワ・イロリ	オシュン	ヨルバ	キリスト教	30代前半
22	コラウォレ・アウォクンレ	オシュン	ヨルバ	キリスト教	30代後半
23	ワレ・アインラ	オシュン	ヨルバ	キリスト教	40代半ば
24	ボラデ・オミディラン	ラゴス	ヨルバ	キリスト教	40歳
25	バンジョ・オイェバンジ	オシュン	ヨルバ	キリスト教	30代半ば
26	シェグン・アデク	オグン（オシュン）	ヨルバ	キリスト教	63歳
27	コラウォレ・オラインカ	オシュン（オヨ）	ヨルバ	キリスト教	48歳
28	ババトゥンデ・アキンヤンジュ	オシュン	ヨルバ	キリスト教	40代前半
29	アデオル・アデレケ	オシュン	ヨルバ	キリスト教	40代半ば
30	イケチュクウ・エニンダ	リヴァーズ	イジョ	キリスト教	46歳
31	コラウォレ・エルイェラ	オシュン	ヨルバ	キリスト教	36歳
32	マシュー・アデイェニ	オシュン	ヨルバ	キリスト教	46歳
33	ジョシュア・オイェミラン	オシュン	ヨルバ	キリスト教	40代前半
34	アキン・オジョ	オシュン	ヨルバ	キリスト教	50代前半
35	インカ・オラジデ	オシュン	ヨルバ	キリスト教	40代前半
36	ベンガ・コラウォレ	オシュン	ヨルバ	キリスト教	40代後半

※ 2012年までの情報による（年齢は2012年時点）
※ 出身地は父系親族集団の故郷を指し、実際に生まれ育った場所と異なる場合は括弧内に示す
※ すべて男性
※ 1～10：植民地時代以前よりある造形のつくり手
※ 11～26：植民地時代以降の造形をつくり、おもにアカデミズムや国内外の美術市場を対象とするつくり手
※ 27～36：植民地時代以降の造形をつくり、おもにイレ・イフェの一般の人びとを対象とするつくり手

をこめたヨルバ語表現で、木彫の巨匠／木彫のおじさん、の意）』に会いに来たんだね」と私に声をかける。「ビーズ細工師の巨匠／ビーズ細工のおじさん」を意味する「ババ・アスィンデ」という呼称も、ビーズ細工師を指す言葉として一般的に使われている。

筆者がイレ・イフェで出会ったつくり手の中で、ヨルバ語の専門名のみを用いて自称するのは、表1a・1b事例番号1のビーズ細工師だけであった【43】。彼は「アスィンデ」というビーズ細工師を意味するヨルバ語を用いる。彼がこれまで英語で自称することなく「アスィンデ」としてやってきた理由として、まず、学校教育を受けていない六〇代の老人であり、英語の知識がないということが挙げられる。しかし、英語で自称しないのは「英語を話せないから」だけではなく、「英語を使う必要がないから」でもある。アメリカ合衆国やブラジルからのヨルバのディアスポラの顧客と対面する場合など、英語が必要な際は顧客が通訳を連れてくるか、英語を話す息子または弟子に通訳をさせる。したがって、英語を話せるかどうかは、顧客とのコミュニケーションにおいて大きな問題にはならない。

絵画や木彫を専門とするつくり手の中にも英語があまり堪能ではない人たちがいる。しかし、彼らが作品を売る対象は国内外の富裕層や外国人であり、ある程度の英語を使う必要がある。顧客はすでに国際的なアートワールドの中におり、必然的に、つくり手もアートワールドで自明とされる英語表現の「アーティスト」と自称する必要がある。ところがビーズ細工師にこの必要がないのは、第2章で詳しく見ていくように、ビーズ細工の主たる購入者がヨルバの伝統首長であるからであり、かつ、首長から安定した需要があるため基本的にビーズ細工だけを専門にして生計を立てることができるからだと考えることができる。つまり、英語で自称しないアデトイは、さしあたり積極的に美術市場に関わる必要がない状況にあることがわかる【44】。

このように、英語を用いて自称すると同時に、ヨルバ語表現を用いる背景には、ビーズ細工師、木彫師、土器づくり師という仕事が、英語が導入された植民地時代以前よりも一般に定着していたことが考えられる。しかし、販売の対象はヨルバの伝統に関わる人たちだけではなく、国内外の富裕層や外国人でもあるため、英語を用いて自称する必要もあることが指摘できる。

英語の「アーティスト」のみを使う

表1a・1b事例番号11〜36のつくり手は、基本的に英語の「アーティスト」のみを用いて自称している。彼らは、植民地時代以降に見られるようになったアートをつくっている。その中でも、まず事例番号11〜26までのつくり手は、おもにアカデミズムや国内外の富裕層および外国人を対象とする点で共通している。第2章以降で詳しく見ていくように、彼らは絵画、版画、コラージュなど、おもに鑑賞を目的とする作品を専門とする。こうしたつくり手は、イレ・イフェの街中に店を構えていないことが多く、特にビジネス名を持たずに本名を使うことが多い。

アカデミズムに携わるつくり手は、教員としての収入があるという点においてほかのつくり手とは異なる。彼らには大学からの給料があるため、一般の人や国内外の富裕層を対象に作品を販売して生計を立てる必要はなく、ビジネス名も持たない。しかし、職名を自称する際、教員とは別に「アーティスト」という英語表現を用いる。美術教育の現場では、西洋美術がカリキュラムの土台となっている。西洋美術は国際的なアートワールドの一部であり、美術教育に携わるつくり手にとって「アーティスト」という英語表現で自称することは自明である。教員である彼らは顧客に対して「アーティスト」と自称する必要は必ずしもないが、アートワールドと結びついたアカデミズムの世界において、彼らは紛れもなく「アーティスト」である。

国内外の富裕層および外国人を対象とするつくり手は、対象が国内外のアートワールドの中にいるため、「アーティスト」という英語表現を使うことが不可欠となる。彼らにとっては、イレ・イフェの一般の人に「アーティスト」とみなされるかどうかはそれほど重要ではない。彼らが「私はアーティスト」であると表明すべきは、まず、ターゲットである国内外の富裕層や外国人に対してである。前節で見てきたように、イレ・イフェのアーティストの一部は、一九六〇年代以降、近隣の都市オショボを拠点に活動を行っていたオショボ派のアーティストやオ

図1-24　オイェミランと店の看板「Art」と「Bonny Arts Publicity」
（2009年2月4日撮影）

図1-25　エニンダの店と「Eniborn Art Studio」と書かれた看板
（2012年2月25日撮影）

リ・オロクン・ワークショップにも影響を受けてきた。このように、美術市場を対象とするつくり手たちが英語で「アーティスト」と自称する背景には、西洋近代の美術市場とアカデミズムとの関わりがあることがわかる。

他方、表1a・1b事例番号27～36のつくり手は、おもにイレ・イフェの一般の人びとを対象としている。しかし、アカデミズムや国内外の富裕層および外国人を対象とする表1a・1b事例番号11～26までのつくり手たちと同様に、英語の「アーティスト」を使用し、店の看板も英語表記である（図1-24、1-25、0-2、0-5、0-7、0-8）。その上、「○○アート」というビジネス名を持っている。彼らがおもに請けおう仕事は、次章以降で詳しく見ていくように、看板やビラ、名刺やステッカー、グリーティングカードや記念額、家屋の壁塗りといった、人びととの生活において最も身近なアートである。つまり、広く一般の人びとを対象とした仕事を請けおうつくり手が「アーティスト」という英語表現で自称していることから、彼らがこのような仕事を「アート」という言葉で認識しており、このような仕事を請けおう自分たちを「アーティスト」として認識し、客に対してそれを明示していることがわかる。言い換えると、彼らが対象とする客である一般の人びとに対して請けおう仕事内容を示すために、「アート」や「アーティスト」という英語表現が有効であることがわかる。

本章第２節［1-2-1］で見てきたように、ナイジェリアにおける美術／アートの概念は、二〇世紀前半、イギリスの美術教育のカリキュラムが植民地ナイジェリアで導入されたことに始まる。正規の美術教育が始まったのは一九二三年から一九五一年にかけてであったが、初等、中等、高等教育における美術教育が本格的に確立されていったのは独立後の一九六〇年以降である（Nkom 2005: 176）。このことから、アートの教育が開始された二〇世紀前半の植民地時代から独立後にかけて、「絵画」や「グラフィック・デザイン」といったものはヨルバ語訳も存在するものの、英語表現のまま受け継がれた、あるいは、呼び名としては比較的円滑に英語表現で親しまれていったと推測することはできる。

このように、イレ・イフェでは、街の一般の人びと、あるいはアカデミズムと国内外富裕層や外国人、さらには伝統首長を対象とするつくり手も含めた様々な作品を請けおうつくり手が「アーティスト」という英語表現を使って自称している。しかし、興味深いことに、「ビーズ細工師」「木彫師」「土器づくり師」など、専門名を表すヨルバ語表現はつくり手の自称として使われているにも関わらず、「アーティスト」という言葉のヨルバ語で自称する人はいなかった。ということは、ヨルバ語には「アーティスト」に相当する言葉はないのだろうか。あるいは、もしそのようなヨルバ語があるとすれば、つくり手たちはなぜ「アーティスト」という英語表現を使うのだろうか。次節ではこの点に注目しながら、現代イレ・イフェにおける「アート」がどのようなもので、「アーティスト」がどのような人たちであるのか、その輪郭をもう少し詳しく検討していく。

[1-3-2]

ヨルバ語の「アーティスト」——オニシェ・オナとオニシェ・オウォ

本節では英語で「アーティスト（artist）」と自称するつくり手たちに焦点をあて、彼らが「アーティスト」という英語をどのようにヨルバ語に訳すのかについて検討していく。

「アーティスト」という英語表現を使うつくり手たちに、あえてヨルバ語を使うとどのように自称するのかと尋ねると、「オニシェ・オナ（oníṣẹ́-ọnà）」と「オニシェ・オウォ（oníṣẹ́-ọwọ́）」という言葉が頻繁に挙がる。画家を意味する「アヤウォラン（ayàwòrán）」や木彫師を意味する「アベギレレ（agbégilére）」などの専門名がヨルバ語で挙がることもあるが、総称としての「アーティスト」のヨルバ語訳は「オニシェ・オナ」と「オニシェ・オウォ」が挙がる。

オニシェ・オナ（oníṣẹ́-ọnà）とオニシェ・オウォ（oníṣẹ́-ọwọ́）——辞書的意味

前述のように、イレ・イフェで暮らす人びとのヨルバ語の知識と理解には個人差があり、専門家やエリートを除くと、ヨルバ語の辞書を所有している人は少ない。しかしここでは、つくり手たちの捉え方が、辞書という一つの指標と重なる、または、異なる点に注目するために、以下に挙げる四つのヨルバ語＝英語辞書を参照して、「オニシェ・オナ」と「オニシェ・オウォ」の辞書的意味を検討する。また、2の『近代ヨルバ語辞書』以外は英語＝ヨルバ語辞書にもなっているため、併せて参照する。なお、これら四つは私に入手可能であった辞書だが、イレ・イフェの書店において入手可能な辞書として私が確認できたのは、3の『ヨルバ語辞書』のみであった。

1 『ヨルバ語文法と辞書（Grammar and Dictionary of Yoruba Language: With an Introductory Description of the Country and People of Yoruba）』（一八五八年、ワシントンDCで出版）
2 『近代ヨルバ語辞書（Dictionary of Modern Yoruba）』（一九五八年、ロンドンで出版）
3 『ヨルバ語辞書（A Dictionary of the Yoruba Language）』（二〇〇一年、イバダンで出版）
4 『近代実践ヨルバ語辞書（Yoruba Modern Practical Dictionary）』（二〇〇三年、ニューヨークで出版）

オニシェ・オナは複合語であり、所有を表す接頭辞の「オニ（oni）」、名詞の「イシェ（iṣẹ́）」、名詞の「オナ（ọnà）」という三つの形態素からなっている。字義通りの訳は「イシェ・オナを持つ人」、つまり「オナの仕事および作品を持つ人」であり、「オナの仕事をする人」または「オナの作品をつくる人」と訳すことができる【45】。

表1-1に示しているように、オニシェ・オナは、一般に英語でアーティストと呼ばれる広義の「芸術家／美術家」のほか、「職人」や「熟練工」、さらには「刺繍師」「木彫師」「デザイナー」など特定の手仕事を行う人を意味する。表1-2は、オナの意味を詳しく示しているが、そこには複数の意味があり、狭義に線画、彩画、彫刻、刺繍、また、文学などの言語芸術や音楽をも含めた広義の芸術、さらには職人の腕前や仕事の出来栄えといった優れた技量も含まれることがわかる。したがって、オニシェ・オナには「狭義または広義に芸術に関わる人」や「優れた技術的能力に関わる仕事をする人」という辞書的意味があると言える。

オニシェ・オウォも複合語であり、その構造はオニシェ・オナと同様である。所有を表す接頭辞の「オニ（oni）」、名詞の「イシェ（iṣẹ́）」、名詞の「オウォ（ọwọ́）」という三つの形態素からなっている。オウォは「手」を意味するので、字義通りの訳は「手仕事を持つ人」となり、これは「手仕事をする人」と訳すことができる。先に挙げた四つの辞書の中で、複合語であるオニシェ・オウォの意味を載せているのは辞書2と4のみだが、いずれも、「職人／熟練工／工芸家（craftsman）」と訳されている。

このように、辞書において、オニシェ・オウォには総称としての職人という意味があり、オニシェ・オナのよう

表1-1　「オニシェ・オナ（oníṣẹ́-ọnà）」の英訳と和訳（和訳は筆者による）

ヨルバ語	英訳	辞書番号	和訳
オニシェ・オナ oníṣẹ́-ọnà	artist	3	アーティスト（芸術家／美術家）
	artisan	3	アルチザン（職人／工芸家）
	embroiderer	2	刺繍師
	woodcarver	2	木彫師
	skilled designer	2	熟練のデザイナー
	craftsman	2, 3, 4	職人／熟練工／工芸家
	mechanic	1, 2, 3	職工／熟練工／職人

表1-2　「オナ（ọnà）」の英訳と和訳（和訳は筆者による）

ヨルバ語	英訳	辞書番号	和訳
オナ ọnà	art	3, 4	アート（芸術／美術）
	literature	4	文学（言語芸術）
	music	4	音楽
	painting	4	彩画
	drawing	4	描画
	sculpture	4	彫刻
	carving	1	彫刻
	decoration	1	装飾
	embroidery	4	刺繍
	act of embroidery	2	刺繍するという行為
	piece of embroidery	2	刺繍の施されたもの
	act of making of carvings on wood	2	木を彫るという行為
	mechanic's work	1	職工／熟練工／職人の仕事
	workmanship	3	手腕／技量／出来栄え
	craftsmanship of any kind	2	あらゆる種類の職人の技能／腕前

に、「美術家」「芸術家」という意味でのアーティストや、刺繍師、木彫師、デザイナーといった特定の手仕事を行う人という意味は明示されておらず、この点が「オニシェ・オナ」と「オニシェ・オウォ」の辞書的な意味の違いであると考えられる。これに対し、両者に共通している点は、共に手仕事や技術に関わる仕事をする人を意味することである。

英語表現の「アーティスト」を使うということ

ここまで、「オニシェ・オナ」と「オニシェ・オウォ」の辞書的意味を確認してきた。ところが、イレ・イフェのつくり手たちのあいだでは、両者の意味は必ずしもこうした辞書的意味で識別されない。例えば、それぞれのアーティストは「オナは才能や創造性」、「オニシェ・オナは大工や木彫師」、「オニシェ・オウォは単なるアーティストや路上のアーティスト」と認識していたり、むしろ「オニシェ・オナ」は「芸術／アート／優れた技術を持つ人」ではなく、「教養のない職人／路上のアーティスト」と捉える人もいるほど、辞書的意味とはかなり異なる意味が与えられる場合もある（緒方 2013b: 78-85）。私の質問に対して、つくり手はそれぞれに「オニシェ・オナ」と「オニシェ・オウォ」について説明して応答するのだが、その意味がどのようなものであれ、やはり彼らの自称、あるいは彼らが主として用いるのは「アーティスト」という英語表現である。

また、前節で述べたイレ・イフェのアカデミズムにおける芸術運動の一つ、「オナイズム（Onaism）」とは、「オナ」を用いた造語である。当時、「オナイズム」の中心的な存在であったオケディジは、オナについて以下のように説明している。「オナとは、あらゆる素材（画材、モチーフ、神話といったヨルバの要素）をより先進的なものへと変化させること、つまり、こうした素材を用いてオナを創造していくということ……変化させるということは、単にアートの素材についてだけではなく、人間社会がより発達したものへ、より人間的なものへと変化し、人間がより創造的になることを象徴している」（Harris 1994: 203）。オナをこのような概念として捉え、オケディジら美術学科の教員は、ヨルバ文化に根ざした知的で思想的なアートの制作とその教育をめざした。この思想は、現在においても同美術学科で引き継がれている。しかしこれは、美術学科によってのみ戦略的に使用される言葉である。例えば、表1a・1b事例番号11と12のアカデミズムに携わる二人のアーティストは「オナイズム」の「オナ」を意識していたとしても、その思想はほか三四人のアーティストによって共有されるものではないだろう。このように、「オナ」「オニシェ・オナ」「オニシェ・オウォ」というアートやアーティストを意味するヨルバ語の存在と、それらの言葉に対するいくつかの認識や意味づけは確認できたが、やはり、自称として使うのはヨルバ語ではなく英語のアーティストである。それではなぜ、彼らは英語の「アーティスト」という職名を使い、彼らの作品を英語で「アート」と呼ぶのだろうか。

先に見た一九世紀半ばと二〇世紀半ばに出版されたヨルバ語＝英語辞書（辞書1と2）では、「オナ」の英訳は一般に芸術やアートを意味する総称としてアートやアーティストではなく、職人や熟練工およびその仕事や腕前と訳されている。したがって、上記四つの辞書を比較する限りにおいては、元来、技術に関わる手仕事またはその担い手として説明されていた言葉に、さらに広い意味、または別の意味を持つ英語表現の「アート」や「アーティスト」という借用された言葉が加わり、これらが現代ではつくり手のあいだでより一般的に使われるようになったと考えることができる。こうした言葉の意味と使用の変遷を辿ることは本書の射程を越えるが、「アート」や「アーティスト」という英語表現が使用されるようになった契機として、前節で見てきたように、一九二〇年代に画家のアイナ・オナボルがナイジェリアで初めて美術教育の実現に貢献したことが挙げられる。つまり、西洋美術教育や西洋美術作品という、西洋近代のアートワールドにおけるアート、あるいはそれと何らかの関わりを持つアートというのもがイレ・イフェには存在し、英語表現によるアートという言説空間がつくられているのである。

すでに述べたように、イレ・イフェでは英語とヨルバ語の両方が使用されており、人びとは状況によって二つの言語を使い分けている。その使い分けは、彼らの暮らしにおける様々な状況によるが、少なくとも、つくり手がアートについて語る際に英語の言説空間が出来ることが、つくり手たちが「アート」や「アーティスト」という英語表現を使用している様子からうかがえる。彼ら「アーティスト」が、従来「技術に関わる手仕事の担い手」という意味だけを持っていたとされる「オニシェ・オナ」や「オニシェ・オウォ」というヨルバ語ではなく、「アーティスト」という英語表現を好んで使う状況、あるいは国内外富裕層や外国人、アカデミズムを対象とすることで英語表現を使わざるをえない状況の背景には、イレ・イフェ、そしてナイジェリアの、西洋近代のアートワールドとの接触と接続という歴史と現在があると考えられる。

[1-3-3]　考察

本章では、アートをめぐるイレ・イフェの歴史的背景を概観することにより、イレ・イフェがヨルバ発祥の地であること、それゆえ「ヨルバアート」を語る際に欠かせない存在であったことを指摘した。また、ナイジェリアの近代美術史における様々なアーティストや美術教育機関、ワークショップがイレ・イフェのアーティストに影響を与えてきたことも指摘した。さらに、オバフェミ・アウォロウォ大学のアーティストやオリ・オロクン・ワークショップのアーティストが、ナイジェリア近代美術史の流れを汲んで活動し、アフリカ美術研究において名を残してきたこともわかった。

その上で、現代イレ・イフェではどのようなつくり手が「アーティスト」として暮らしているのかについて、本章では、これまでの「ヨルバアート」や「イフェアート」の研究の視点ではなく、イレ・イフェで暮らすアーティストの自称に着目して検討してきた。そこで、自らを「アーティスト」と呼ぶ、あるいはつくり手のあいだでそのように呼ばれる人びとは、伝統首長、国内外の富裕層や外国人、アカデミズム、一般の人びとを対象に作品を制作し、販売して生活している人であることがわかった。また、彼らが「アーティスト」という英語表現を用いる背景には、西洋美術教育や美術市場といった、ヨルバ語の「オニシェ・オナ」や「オニシェ・オウォ」に含まれる「技術に関わる手仕事の担い手」という意味だけでは表現できない、西洋近代のアートワールドと彼らとの結びつきがあることを指摘した。

このように、本章では、これまでイレ・イフェのアートが主として「ヨルバアート」として、あるいはナイジェリアにおけるアートの高等教育やオショボ派の流れの中で「ヨルバ発祥の地」という言説と共に語られてきたことに対し、イレ・イフェで生活する「アーティスト」と呼ぶ、または呼ばれる人に注目した。これによって、イレ・イフェには、「ヨルバアート」やオショボ派のアートなどのアートをめぐるこれまでの語りや活動に影響を受けつつも、そうした既存の語りだけでは見えてこなかったアートが存在していることがわかった。さらに、それが西洋近代のアートというものと少なからず関係を持っていることが明らかになった。

しかしながら、「アーティスト」や「アート」が、英語の言説空間に存在するからといって、必ずしも彼らが西洋近代のアートワールドの中で、その中の他国・他地域のアーティストたちと同様に活動しているとは限らない。イレ・イフェで自らを「アーティスト」と呼び、また、そのような人びとから「アーティスト」と呼ばれる人びとによって、看板や記念額といった人びとの生活に身近なアートがつくられているように、また、伝統首長を対象とするビーズ細工や木彫がつくられているように、アーティストとしての彼らの活動は、イレ・イフェ独自の歴史的・社会的文脈の中で生み出されている様子も浮かび上がってきた。

それでは、イレ・イフェにおける「アート」とは具体的にどのようなものなのだろうか。そのつくり手である「アーティスト」は、イレ・イフェでどのように作品制作をし、販売を行っているのだろうか。次章以降では、「ヨルバの聖地」や「ヨルバアート」という言説だけに回収されないイレ・イフェのアートについて、アーティストの活動や語りを通して詳しく見ていきたい。

註

1　バスコム（Bascom 1984: 9）によると、一八三〇年五月一五日にリチャードとジョン・ランダー（Richard and John Lander）らによって記された神話は、一八四三年に出版されたサミュエル・アジャイ・クラウザーの『ヨルバ語単語集（Vocabulary of the Yoruba Language）』（London: Church Missionary Society）に記されている。なお、創世神話の複数のバージョンの中には、オロドゥマレはオドゥドゥワと共にオバタラ（Ọbàtálá）をイレ・イフェに送ったという説（Makinde 1970: 7-9; Beier 1980: 9）もある。本書では、マジャサンとクラウダー（Majasan and Crowder 1969）、アデボラ（Adegbola 2009: 65-66）らの記述を基に、神話の概要のみを記している。

2　ピクトン（Picton 1995: 208）は、パン・ヨルバアイデンティティの象徴として、北米に離散したヨルバの代表団を一九九五年にオーニがイレ・イフェで迎え入れ、「帰郷」を祝うことについて言及している。

3　「ヨルバ（Yoruba）」の語源はハウサ語の「ヤリバ（Yarriba）」だとされている（Johnson 1921: 6）。かつてオヨ帝国を指したハウサ語表現がのちに現在のヨルバランド全体を指すようになった理由として、当時のハウサ語圏のイスラーム勢力の影響が考えられる。

4　イバダンは周辺諸国との争いを続けたが（エキティパラポ戦争）、一八八〇年代から一八九〇年代にかけてのイギリス植民地政府の介入によって、ヨルバの内戦はほぼ終結した。なお、一八八八年にはヨルバランドの大部分は手続き上イギリスの勢力範囲であり、一九〇五年までには、ナイジェリアのほぼ全域はイギリスによって征服された（クラウダーとアブドゥライ 1979: 154-155）。

5　イレ・イフェでのフィールドワーク中の私の下宿はモダケケにあった。同じヨルバ語でもイフェとモダケケとでは語彙が異なっていたり、出身地についてモダケケの人びとは（イフェの中のモダケケではなく）あくまでもモダケケと言い、モダケケ以外の人は（モダケケではないということを暗示して）イフェだと強調したり、下宿があった地域の首長はイフェ王のオーニではなくモダケケ王に忠誠を誓うなど、イフェとモダケケの対立や相違点は日常で感じるものであった。

6　イフェ＝モダケケ紛争については、ナイジェリアにおける住民対立と「安全保障」という観点から望月克哉が考察している（望月 2004）。なお、一九九七年から二〇〇一年までの暴動は、本章第3節以降で述べるイレ・イフェのアーティストにも大きな影響を与えるものであった。

7　ファッグが「未開芸術（primitive art）」の代わりに「部族芸術（tribal art）」と呼んだのは、未開という言葉に暗示される軽侮を回避するためであった。しかし、序論で述べたように、後者もまた、西洋の生み出した虚構として一九八〇年代に入って批判されることになった。

8　ロバート・ファリス・トンプソン（Robert Farris Thompson）のヨルバの美学研究（Thompson 1971）は、西洋の概念を用いてヨルバの美学を解釈しようとするトンプソン自身の美学であるとして、また、ヨルバの各コミュニティ内における美意識の差異についての十分な比較・対照がなされていないとして、バリー・ハレン（Barry Hallen）やハーバート・コール（Herbert Cole）らによって批判されている（Hallen 1979; Cole 1982）。

9　ハリスが研究の対象とする「トランス・アフリカン・アーティスト」は、イレ・イフェの大学美術学科で教鞭をとったのちマディソンへ移住したモヨ・オケディジ（Moyo Okediji）、イレ・イフェをはじめナイジェリア国内とアメリカで美術を学んだのちフィラデルフィアに移住したイビタヨ・オジョモ（Ibitayo Ojomo）、イレ・イフェを拠点に欧米で展示活動を行うラミディ・ファケイェ（Lamidi Fakeye）、ワシントンＤＣ在住で、ワシントンＤＣで出会った「ヨルバアーティスト」に影響を受けたアルフレッド・スミス（Alfred Smith）、同じくワシントンＤＣ在住で、イレ・イフェ訪問時に近郊の街イペトゥモドゥの土器づくりに影響を受けたウィニフレッド・オーウェンズ＝ハート（Winifred Owens-Hart）である（Harris 1997）。

10　スタンリーによると、オナボルは、セント・ジョーンズウッド・アート・スクールではアートのディプロマを、アカデミー・ジュリアンでは油彩とアートの上級証書（Certificate of Proficiency in Oil Painting and Fine

Arts）を与えられている（Stanley 1993: 406）。両学校とも一九世紀後半に設立された私立の美術学校だが、当時のままの独立した機関としては現存しない。

11　この画像の掲載については、オナボル氏の遺族や関係者と連絡をとることができなかったため、ナイジェリア国立美術館館長のアブドゥライ・ムク（Abdullahi Muku）氏の許可を得た。

12　イフェ大学は、一九八七年に、同年逝去したヨルバの政治指導者で、行動党の創始者としてナイジェリアの独立運動に貢献したオバフェミ・アウォロウォの名に大学名を変更した。

13　マジャサンとクラウダーによると、敷地面積は一万三八五〇エーカーとなっており（Majasan and Crowder 1969）、筆者はこれを平方キロメートル（㎢）に換算した。しかし、イレ・イフェと他地域との正確な境界線と同様に、大学敷地の正確な境界線を筆者は把握することができなかったため、筆者作成のイレ・イフェの地図においては、大学敷地はこれより若干小さく示している。

14　学生数と教員数の参照元については、序論末の註【13】（p.52）を参照されたい。

15　一九六二年に設立されたアフリカ学研究所は研究施設であったが、アフリカの文化と歴史を学ぶコースも提供していた。のちにそれらのコースを学位取得可能な正規のコースに組み込む企画が立ち上がり、大学の学部コースと合併した（Akintoye 1973: 8）。

16　学科の正式名称は「純粋美術および応用芸術学科」と訳せるが、本書では、他大学の様々な学科名も含め、基本的には「美術学科」という総称で呼ぶ。

17　国内四つの高等教育機関：南西部ラゴスのヤバ技術大学、北部ザリアのナイジェリア芸術科学技術大学（のちのアフマド・ベロ大学）、東部エヌグのナイジェリア大学（のちにンスカへ移動）、南西部のイバダン大学を指す（Court 1995: 293）。このうち、ヤバ技術大学は（当初イギリスの植民地下にあった）ナイジェリア初の高等教育機関であり（一九四七年設立）、イバダン大学は初の総合大学である（一九四八年設立）。

18　ヤバ技術大学ホームページより
http://portal.yabatech.edu.ng/artindex.php（最終アクセス日：二〇一六年七月二一日）

19　「Zaria Rebels」の和訳としての「ザリアの反逆児たち」と、「Natural Synthesis」の和訳としての「さりげない総合」という表現は、川口幸也に倣った（川口 2011: 194, 342）。

20 ただし、一九六〇年代のナイジェリア独立前後に活動していたアーティストの中には、グループを結成せず独自に活動を行った者たちもいる。例えば、エラボー・エモパエ（Erhabor Emokpae）のように、地域文化の要素を作品に取り入れる「ザリアの反逆児たち」の姿勢と相反し、シュルレアリスムや抽象表現主義といった欧米の近現代アートに倣いつつ、独自の方法で植民地主義への抵抗や独立の支持を表現したアーティストもいる（Okeke 1995: 52）。

21 ウリの描き手やデザインの詳細については、イクェメスィとアバイイが詳しく述べている（Ikwemesi and Agbayi 2005）。

22 このワークショップは「ハマターン・ワークショップ（Harmattan Workshop）」と呼ばれ、一九九八年から毎年乾季に、オノブラクペヤの故郷アバラ・オトーで開催されている。

23 リノリウムやエポキシ樹脂を使ってレリーフを彫る、あるいはそれに銅箔を貼り付けることで銅箔に転写したものを作品にする「プラストカスト（plastocast）」をはじめ、オノブラクペヤが独自に編みだした手法、および彼の歩みについては、オノブラクペヤ（Onobrakpeya 1997）、オケケ（Okeke 1995: 48-52）、川口（2011: 196-200）が詳しく述べている。

24 アサンテのアディンクラの意味の詳細については、阿久津（2010: 162-164）が述べている。

25 このほか、オナ・アーティストの主要メンバーとして、ボラジ・キャンベル（Bolaji Campbell）、トラ・ウェウェ（Tola Wewe）、クンレ・フィラニ（Kunle Filani）などがいるが、彼らは皆海外や国内他都市の大学へ移り、私がイレ・イフェで調査を始めた二〇〇三年の時点で、オナイズムの主要メンバーは誰も美術学科に残っていなかった。

26 キュリオ・アフリカーナは一九八九年に第一巻第一号が出版されて以来不定期に出版され、一九九七年に第二巻第二号が出版された後、絶版となっている。

27 以下の展覧会は、オナ・アーティストによるものである：

Ona 1 Maiden Exhibition, Institute of African Studies, University of Ibadan, March 6-20 1989; Exhibition of Contemporary Ife-Art / Ona Artists in Collaboration with the

Department of Fine Arts February 20-2, 1989; Exhibition of Contemporary Yoruba Art (Ona Artists), Obafami Awolowo University, April 24-29 1990; Ona 2 Radiance of Rhythms: An Exhibition of Paintings, Prints, Drawings and Ceramics, National Museum, Lagos, September 28-October 5, 1990.

28 こうした画塾はフリースクールとも呼ばれるが（川口 2011: 131）、ナイジェリアのアーティストたちの多くは「ワークショップ（workshop）」と呼んでいるため、本書では「ワークショップ」に統一する。

29 「Oshogbo art / artists」の和訳は、川口に倣って「オショボ派のアート／アーティスト」とした（川口 1995, 2011）。

30 このワークショップには、当時イバダンで小学校の教師をしていたブルース・オノブラクペヤも参加している（Stanley 1993: 13; 川口 2011: 141, 197）。

31 ムバリ（Mbari）とはイボの言葉で「創造」を意味し、特に泥を固めてつくられた伝統宗教の祠を指す（川口 2011: 346）。これはヨルバの人びとには通じない言葉であったため、オショボに拠点を移してからは、バイアーらは「ムバリ・ムバヨ・クラブ（Mbari Mbayo Club）」と呼び、ヨルバ語で、「見ると幸せになる」という意味を持たせた（Beier 2001: 47）。

32 第一世代のオショボ派のアーティストから作品の画像の掲載の承諾を得ることは、連絡を取り合うことと高額な掲載料金の両点において非常に難しかった。許可を得ることができなかったジェイコブ・アフォラビ、ムライナ・オイェラミ、ジモ・ブライモ、インカ・アデイェミらの作品の画像については、バイアー（Beier 1968, 1991）、ブライモ（Buraimoh 2000）、川口（1995）の著作を参照されたい。

33 ツインズ・セブン・セブンは、薄いベニヤ板に絵を描いてくり抜き、それを数枚貼り合わせてレリーフのような一枚の絵としてみせる独特の手法も編みだした（川口 2011: 144）。

34 この世代分けについては、バイアー（1995: 21）が、一九六二年～一九六四年に行われたワークショップが輩出した著名アーティストを「第一世代」と呼び、「第一世代」への弟子入りなどによって育ったアーティストを「第二世代」と呼んでいることから、本書でもこの世代分けに従うこととする。

35 この点は川口（2011: 154）も指摘している通りであり、筆者も、第二世代のオショボ派のアーティスト、フェラ・オダラニレに二〇〇〇年代の顧客として日本の元大使館員がいたことを確認している（二〇一〇年六月二四日、聞き取り）。

36　本書では、通常「アトリエ」と呼ばれるアーティストの作品制作の場所・部屋のことを、統一して「仕事場」または「スタジオ」と呼ぶ。これは、第2章以降で詳しく見ていくイレ・イフェのアーティストの作品制作の場が、西洋美術界で典型的なアトリエと、目的や使用方法において異なる場合が多いためである。

37　クラウダーは、一九六八年から一九七一年まで同研究所の所長を勤めたイギリス人の歴史家である。一九五九年から一九六二年にかけては、ナイジェリア・マガジン（Nigeria Magazine）の初代編集長を務めるなど、独立前後のナイジェリアにおいて、同国の歴史記述に貢献した。

38　同ワークショップの立ち上げメンバーの一人で、同美術学科のJ・R・O・オジョ教授へのインタビュー（二〇〇三年九月九日、二〇〇九年七月三〇日）、そして、一九七〇年にイフェ大学出版（University of Ife Press）から発行された、一九七〇年から一九七一年のアフリカ学研究所についての案内書、『*University of Ifẹ: Institute of African Studies 1970-1971*』の中の「(iii) Ori Olokun: The Cultural Centre of the University of Ifẹ's Institute of African Studies」(pp.7-8) を参照。

39　オリ・オロクン文化センターの創設メンバーの一人である、オバフェミ・アウォロウォ大学美術学科のJ・R・O・オジョ教授へのインタビューによる（二〇〇九年七月三〇日）。

40　一九六八年に開催された最初のイフェ芸術祭には、ブルース・オノブラクペヤも参加している。

41　オリ・オロクン文化センターのあった地域で、当時新聞配達をしていたシェグン・アデク（表1a・1b事例番号26）、中学生の頃、同センターでよくイベントが行われていたことを知っていたという当時中学生だったクンレ・アキンティブボ（表1a・1b事例番号17）は、会場近くでよくアーティストたちを見かけたという（聞き取り、二〇〇三年、二〇一一年）。また、舞台役者・ミュージシャンとしてセンターの活動に参加していたジミ・ショランケ（Jimi Solanke）は、オリ・オロクンのメンバーとして誇らしく街を歩いたという（聞き取り、二〇〇九年七月二六日）。

42　本書でいう「国内外富裕層」とは、国内にいるナイジェリア人、および海外在住のナイジェリア人富裕層を指す。特に、アートの購入者としての後者は、ナイジェリアと海外を行き来する人や（海外在住の）その家族や知人を指す。

43 ただし、次章で見ていくように、彼はあるアーティストによって私に紹介され、また、ほかのアーティストからも「アーティスト」として認識されていたことから、「アーティスト」と自称していない彼のことも、アーティストと呼ぶ・呼ばれるつくり手として、本書のおもな対象としている。

44 作品の流通について筆者は詳しい調査を行っておらず、バイヤーやコレクター、博物館関係者など、アデトイの作品が伝統首長以外の人たちの手にどの程度渡っているかは確認できていない。しかし、池谷によると、同じヨルバランドでも、イバダンをはじめとするいくつかの地域では、ビーズ細工は伝統首長のみならず国内外の美術市場で流通している（池谷 2012: 107-108）。

45 これら三つの形態素が結合して「オニシェ・オナ（oníṣẹ́-ọnà）」となるのは、「oní」と「iṣẹ̀」のあいだで連続する「i」の一つが削除されているからである。また、「オニシェ・オナ」は「オニショナ（oníṣọnà）」と表記される場合もある。前者は「iṣẹ̀」と「ọnà」のあいだにハイフンを入れて両単語間の母音の削除を防いでいるが、後者の場合は、「oní」と「iṣẹ̀」のあいだでも、「iṣẹ̀」と「ọnà」のあいだでも、それぞれ一つずつ母音が削除されている。このように、ヨルバ語では、特に会話において、連続する語の母音のどちらか一方の削除により、音声が変化することが頻繁にある（オラボデと小森 1996: 9-11）。また、オニシェ・オナから仕事を意味する「イシェ（iṣẹ̀）」を省略し、「オロナ（ọlọ́nà）」と発音・表記されることもある。「オロナ（ọlọ́nà）」は、所有を表す接頭辞の「オニ（oní）」、名詞の「オナ（ọnà）」という二つの形態素からなっている。これらが結合して「オロナ（ọlọ́nà）」と表記されるのは、「oní」と「ọnà」のあいだで連続する母音のうち「í」が削除されて「on ọnà」となり、「n」と「ọ」が結合する時「n」が「l」に変化するためである（オラボデと小森 1996: 3）。

第2章

イレ・イフェのアーティストと作品の諸相

旧市街地の繁華街、イレ・イフェ（2009年11月30日撮影）

本章では、イレ・イフェのアートとアーティストについて、その大要を、作品制作・販売、作品の特徴、アーティストの暮らしや背景などから明らかにしていく。

彼らの活動の多様なありかたを描き出すために、ここでは仮に、アートをめぐってイレ・イフェに存在する需要を「古典的」な需要・「鑑賞中心」の需要・「日常的」な需要の三つに分け、これを分析の軸として用いる。ここでいう「古典的」な需要とは、植民地時代以前より続く伝統首長制度、および伝統宗教と密接に関わる需要を指す。この需要に基づくアートは最も長い歴史を持つことから、仮に「古典的」と呼ぶ。「鑑賞中心」の需要とは、植民地時代以後導入された西洋美術教育や美術館・博物館・美術市場と密接に関わる需要を指す。この需要に基づくアートは、実際に使用するよりも鑑賞することを主たる目的として売買されるため、仮に「鑑賞中心」と呼ぶ。「日常的」な需要とは、イレ・イフェで暮らす人びとの日常生活と密接に関わる需要を指す。この需要に基づくアートは、イレ・イフェの広く一般の人びとの生活において最も親しまれているため、「日常的」と呼ぶ。これら三つの軸に着目するのは、「絵画」「彫刻」「インスタレーション」といったジャンルや技法、作品の様式や媒体によってアートを分類してしまうと、イレ・イフェのアーティストの作品や多様な活動を、イレ・イフェ固有のアートのありかたに位置づけて記述することが困難であるためである。

そこで本章では、三つそれぞれの需要に基づくアートないしその制作と販売の活動を最も顕著に表していると考えられる一五人のアーティストに焦点をあてる。第1章［1-3］で述べたように、私はイレ・イフェで約六一人のアーティストと出会ったが、その中でも約三六人のアーティストとより長い時間を過ごすことができた。本章で事例として取り上げるのは、その中の一五人である。私は彼ら全員と同じ密度の時間を過ごし、同じ関係を築くことができたわけではない。しかし、イレ・イフェのアーティストの作品、作品制作、販売、生活の多様さを描き、それによってまずイレ・イフェのアートとアーティストの概要をつかむために、彼ら一五人に焦点をあてることにした。

ただし、ここで注意しなくてはならないのは、アーティストがこのような軸線を用いて自らを他者と区別しているわけでも、作品を購入する人びとがこのような分類を認識しているわけでもないということである。これは、イレ・イフェに混在する多様なアートとアーティストを、筆者（私・調査者）がひとまず「俯瞰的」に描き出すために、本章において暫定的に設定した分析の軸である。また、以下に示す「アブジャ志向のアーティスト」や「身近なアーティスト」といった呼び名も、アーティストによる自称ではなく、特定の作品群およびそのつくり手を指す際にわかりやすさを重視して筆者が用いる言葉である。前章で検討したように、彼らには「アーティスト」をはじめとする彼ら自身による自称やビジネス名がある［1-3-1］。さらに、このあと第3章でも見ていくように、アーティストには彼ら自身による他者との区別の方法・基準がある。しかし本章では、イレ・イフェのアートおよびそのつくり手であるアーティストの大要を捉えるために、あえて、筆者の分析軸を用いることとする。

[2-1]　「古典的」な需要に基づいて

本節では、「古典的」な需要に基づいてつくられるアートとそのつくり手であるアーティストの大要を明らかにする。本書でいう「古典的」な需要は、植民地時代以前より続く伝統首長制度、および伝統宗教と密接に関わる需要を指す。

ここではまず、イレ・イフェにおける伝統首長制度ないし伝統首長の存在と役割を概観したい。現在ナイジェリアとして知られている地域の大部分は、一八八五年から一九〇五年までのあいだにイギリス政府の支配下に入った【1】。以来、ナイジェリア各地にあった王国は近代政治へと取り込まれていった。一九六〇年の独立時はイギリス連邦王国の一つであったナイジェリアだが、一九六三年に連邦共和国憲法を制定し、大統領制へ移行した。その後一九九九年まで軍政が続いたのちに民政となり現在に至るが、王権は各地で存続している。ヨルバランドでは、王や首長と呼ばれるリーダーが存在しており、彼らの伝統的権威の尊厳は守られている。その歴史的背景の一つには、二〇世紀初め、イギリス植民地政府が地域の統治のためにヨルバランドの伝統首長の地位を維持させ、促進させたことも挙げられる。例えば、イレ・イフェの最高首長（王）は、そうした植民地体制において、一九世紀の内戦期よりもその地位を高めたと言われている（Oyediran 1973）。イレ・イフェの伝統首長制度の歴史的変遷【2】については本書の射程を越えるが、ここでは、二一世紀初頭現在においても伝統首長が存在しているという点に注目したい。

　図2-1は、イレ・イフェの伝統首長制度に関するこれまでの記録【3】、および私の二〇一二年までの聞き取りによって確認できたイレ・イフェの伝統首長制度の略図である。イレ・イフェの最高首長であるオーニは、イレ・イフェではもちろん、ディアスポラを含むヨルバランド全域において最高位に立つと考えられている【4】。オーニによって任命される首長には三つの階級があり、最上級に属するのはイハレ（Ìhàrè）またはアバ・イフェ（Àgbà Ifẹ̀ =「イフェの長老たち」）と呼ばれる八人の首長である【5】。このうち六人はイジョイェ（Ìjòyè）、またはイフェ・メファ（Ifẹ̀ mẹ́fà =「六人のイフェ」）と呼ばれ、イレ・イフェを構成

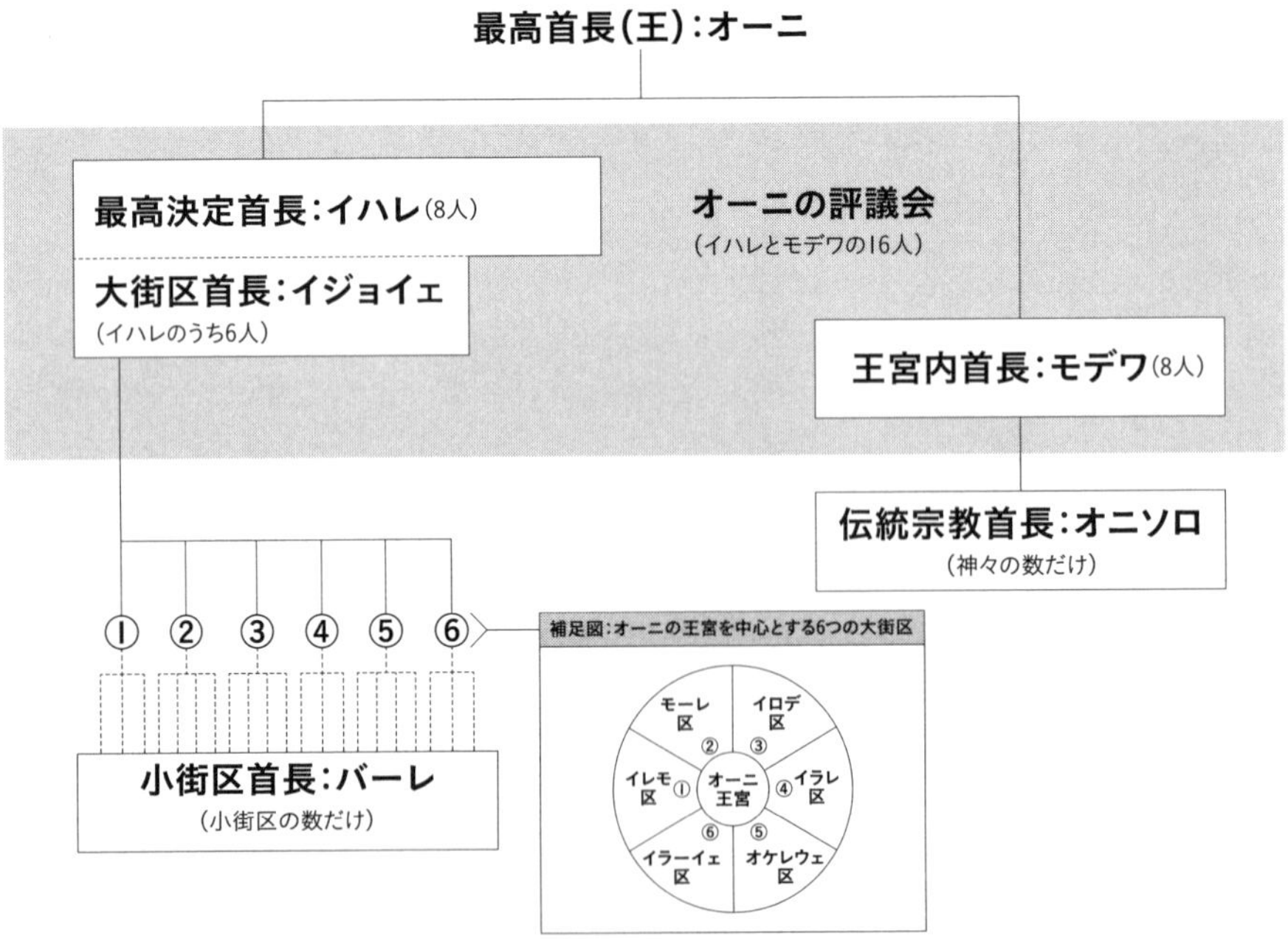

図2-1　イレ・イフェの伝統首長制度の略図（2012年までの筆者の聞き取りを基に筆者作成）

する六つの地域の首長を務める。このため彼らは英語で「タウン・チーフ（Town Chief）」とも呼ばれるが、本書ではこれを「大街区首長」【6】と和訳する。この次の階級に属するのは、モデワ（Mọ̀déwá）と呼ばれる八人の首長である。モデワは六つの地域を治めるイジョイェとは異なり、王宮の奥に入ることが許され、オーニの不在時などに王宮内でオーニの職務の補佐を勤める。モデワは英語で「パレス・チーフ（Palace Chief）」とも呼ばれるが、本書では「王宮内首長」と和訳する。イハレとモデワの一六人の首長によって「オーニの評議会」が構成され、その最高決定機関はイハレである。これに続く第三の階級の首長は、オニソロ（Onísòrò）と呼ばれる、ヨルバの神々の聖職者である。数百存在すると言われるヨルバの神々それぞれを司るオニソロは、イレ・イフェで崇拝されている神の数だけ（四〇〇以上）存在するとされている（Eluyemi 1986: 7-10）【7】。さらに、イジョイェの下には、六つの大街区それぞれを構成する小街区のリーダーとして「バーレ（Báálẹ̀）」が複数名いる。

伝統的な政治組織の主要な骨組みおよび幹部は、図2-1のように表せるが、イレ・イフェ、およびヨルバランドの称号・敬称は上述の首長以外にもあり、例えば、王の妻、王子、王宮で仕える者たちの役職にも称号や敬称が与えられる（Bascom 1984: 35-38; Adegbola 2009: 150-166）。さらに、伝統首長に対して「教会首長（church chief）」や「社会的首長（social chief）」と呼ばれる、個人の社会的・経済的貢献に対し、オーニの任命ではなく教会や地域の人びとによって与えられる首長位もあり、特に「チーフ（chief）」という英語表現はイレ・イフェで頻繁に耳にする。

こうしたイレ・イフェの伝統的権威における需要と密接な関わりを持つ造形については、第1章[1-1-2]で見てきたように、ビーズ細工、木彫、真鍮彫刻、（ヨルバの伝統宗教の）祠の壁画、仮面や仮面と共に用いられる衣装などが先行研究で取り上げられている。しかし、本書はイレ・イフェという古都かつ現代地方都市において「アーティスト」と呼ぶ/呼ばれる人びとによってつくられる「アート」に焦点をあてるため、「古典的」需要に基づくアーティストの中でも、ビーズ細工師、木彫師、真鍮彫刻師について記述していく。表1aに示しているように、三六人のつくり手のうち、これらは九人である。本節ではそのうち五人を事例として取り上げる。

[2-1-1]

ビーズ細工師

ビーズ細工師たちの話によると、この職を持つ人は（二〇一二年の時点で）イレ・イフェに四人ほどいるそうだが、私はそのうちの二人、アジャオ・アデトイ（Ajao Adetoyi）（表1a・1b事例番号1）と、彼から独立した元弟子のアラバ・オウォジョリ（Alaba Owojori）（表1a・1b事例番号2）に出会った。アデトイとの出会いは、彼の仕事場のすぐ近所に仕事場を構えるアーティストのシェグン・アデク（Segun Adeku）（表1a・1b事例番号26）からの紹介だった。他方、オウォジョリとの出会いは、彼から依頼を受けてビーズ細工の木製土台をつくるローレンス・アヨデレ（Lawrence Ayodele）（表1a・1b事例番号3）からの紹介だった。

アジャオ・アデトイ（Ajao ADETOYI）――六〇代後半男性【8】

アデトイの仕事場は、旧市街地の繁華街の中でも王宮のすぐ向かいにある。床にはゴザが敷かれており、三、四人のつくり手たちはそこで横に一列に並んで座って、足を伸ばして作業をする（図2-3）。作業中のアデトイは、使い古した綿のズボンに上半身はランニングやTシャツといった楽な格好をしている（図2-2）。アデトイのそばに置かれたラジオの音、妻や小さな孫たちの話し声、仕事場の前を行き交う近所の人たちと交わす挨拶の声、表通りを走る車やバイクの音でそれほど静かでは

図2-2　三角錐の木に麻袋の生地を巻き付けて形を整え、ビーズを縫い付けていくための王冠の土台をつくるアデトイ（2009年6月17日撮影）

ないが、つくり手たちは手元だけを見て寡黙に作業に専念する。ビーズ、糸、麻の生地、糊、型紙などの材料や道具、制作途中の作品などでゴザの上は散らかっている。横一列に座っている三、四人のつくり手から少し離れた場所のゴザの端、またはゴザからはみ出したコンクリートの地面で、一〇代以下の子供（アデトイの孫）や年配の男性が糸にビーズを通す作業を手伝っていることもある。基本的に月曜日から土曜日、朝から夕方まで作品をつくっている。日曜日は教会へ行き、そのあとは休憩をとる。

アデトイは、王冠、帽子、杖、職杖、足置き、ハンドバッグなど、王や首長がその権威の象徴として身に着ける、または所持するビーズ製品をつくる。杖であれば木にビーズを通した糸を巻きつけて固定させてつくっていくが、そのほかの作品であれば、基本的に麻袋の生地で帽子やバッグの土台をつくり、それにビーズを通した糸を縫いこんでいく。作品によって様々な形と色、模様や文字がある。例えば、代表的な王冠の一つには（図2-4）、複数色のビーズによって縫いこんだ螺旋の模様や、ビーズがつくる平行線や楕円形や四角形によって図式化した人面が見られる。王冠に突起状の装飾には麻紐を丸めてつくる塊を使用する。王冠に縫い付けられたビーズの簾のようなベール【9】を除

図2-4　出来上がった作品（王冠）をかぶって見せるアデトイ。6つの人面をあしらった王冠（2009年12月3日撮影）

図2-3　アデトイ（左奥）とアデトイの仕事場。手前3人のうち、1人は息子、2人は独立した弟子（2009年6月17日撮影）

き、配色にグラデーションや複数色の混合はほとんどなく、模様の各部分は明確にわかる原色一色のビーズによって色付けられることが多い。

作品につくり手のサインや名前が記されることもないため、アデトイの作品だと判断できる決定的な特徴をつかむことは一般的に難しい。私の目にも、アデトイがつくったものと、アデトイの弟子がつくったものの区別はまったくつかない。両者間で目立った差異が出ないほどの技術的水準が保たれているという見方もできるが、少なくとも、師匠と弟子のあいだでは、同じ特徴を持つ作品がつくられていると言える。しかし、後述するアデトイの元弟子オウォジョリによると、師匠から教わったモチーフや色づかいやパターン、材料や技術をそのまま受け継ぐこともあれば、新しく変えることもあるという。二〇一二年、私が日本の国立民族学博物館で展示されていたヨルバのビーズ細工の写真【10】をアデトイに見せると、その様子を横で見ていたアデトイの弟子たちは、今後の作品制作の参考にするからその写真が欲しいと言った。このことからも、ビーズ細工のデザインに絶対的な決まりはなく、新しい創造もありえることがわかる。

アデトイの作品の値段については、ビーズ細工としては最も小型であるペケと呼ばれるペンダント（約一五cm三方、厚さ約三mmの正三角形、両面にビーズの刺繍）（図0-4〔p.6〕、3-5〔p.193〕）が三〇〇〇〜四〇〇〇ナイラ（約一五〇〇〜二〇〇〇円）、王冠は三万〜五万ナイラ（約一万五〇〇〇〜二万五〇〇〇円）だが、価格は顧客との交渉によって決定する。既製品として店頭に並べてあるものを値段を見ながら客が購入するのではなく、すべてオーダーメイドである。なお、イレ・イフェの人びとの主食の一つである米が約一・五kgで約三〇〇ナイラ（約一五〇円）であること、イレ・イフェからバスで約九時間の首都アブジャまでのバス代が片道約二〇〇〇ナイラ（約一〇〇〇円）であること、大学の常勤講師の月給は約一〇万ナイラ（約五万円）（二〇〇九年）〜約一六万七千ナイラ（約八万三千五百円）（二〇一二年）であることなどから、ビーズ細工が高価であることがわかる。

アデトイは一九四〇年代半ば（推定）【11】に、イレ・イフェの北東にある現在のエキティ州のエフォン・アラーイェという町に生まれた。ビーズ細工師であった父親のもとで、幼い頃からビーズ細工を学び始めた。一九五〇年前後より、父親がイレ・イフェの王宮専属のビーズ細工師として仕えていたことから、アデトイもエフォン・アラーイェからイレ・イフェへ移り、そこで働いた。父親と共にイレ・イフェに越してきたのは、アデトイがまだ一二歳の頃であった。その当時は父親と旧市街に住んでいたが、現在のオーニ【12】が一九八〇年に即位すると、オーニの希望により、王宮内に住んで制作と販売を行うことになった。しかし、王宮内だけでは作品の需要が少なかったことから、より多くの顧客を得るために一九九〇年代後半に王宮を出ることにした。新しい自宅兼仕事場は、王宮のすぐ近くの旧市街の繁華街に設けた。父親が一九七二年に亡くなって以来、アデトイは自分自身の弟子を育てながらビーズ細工をつくっている。現在は三人の手伝い（息子と元弟子）がいるが、弟子はいない。これまでに巣立っていった弟子は五人で、親族もいれば、そうではない者たちもいる。アデトイの父親が親族以外のビーズ細工師から学んだように、少なくとも二〇世紀初め以降、ビーズ細工は必ずしも世襲制によって受け継がれるものではなくなったようだ。アデトイに妻は三人、子供は推定一〇～一五人前後いる【13】（インタビュー集 pp.321-328）。

アラバ・オウォジョリ（Alaba OWOJORI）――四二歳男性

オウォジョリの仕事場ではほとんどいつもラジオが流れている。師匠アデトイの仕事場と同様で、やはりつくり手たちは基本的にいっさい私語をせず、黙々と作業を続ける。作業は朝八時から夕方六時まで、教会へ行く日曜以外は毎日行う。忙しい時期は日曜日も作業をしに仕事場まで出てくるという。コンクリートの打ちっぱなしの部屋の床には、床面の八割を占める大きなゴザが一枚敷いてある。そこにクッションを置いて座り、背中はコンクリートの壁に寄りかける。そばに置いた携帯電話二台から仕事関係の電話が頻繁に鳴る。客の訪問に備えてか、ナイジェリアの民族衣装（綿のプリント布を仕立て、胸元に刺繍を施した長ズボンと長袖シャツの上下セット）や黒いズボンにポロシャツを合わせるなど、服装は常にきちんとしている。仕事場の隣にある、オウォジョリが「オフィス（office）」と呼ぶ店舗兼応接間には、壁一面に置かれたガラスのショーケースに出来上がった商品、またはサンプルとしての作品が並べてある（図2-5）。机の上にはノートパソコンや電卓を置き、冷蔵庫の中には来客用のソフトドリンクが常備されている。表に出ると、オウォジョリの自家用車で、イレ・イフェの街にたった一つしかないという右ハンドルのBMW車がとめてある。ナイジェリアでは、車両は左ハンドル・右側通行であるため、このBMWで街を走れば非常に目立つ。ローカルな頼母子講《たのもしこう》【14】ではなく大手銀行に貯金していることからも、比較的安定した、高い収入を想像することができる。

　オウォジョリの作品は、形や模様、色づかいに関しては、基本的に師匠アデトイの作品と同じである（図2-6、巻頭カラー頁）。それは師匠の様式が「良い」からであって、伝統を引き継ぐ義務があるからではない。ビーズ細工の様式に決まりはないというのが彼の主張である。また一方で、オウォジョリには、少しでも新しい種類のビーズを使ったり、新しいデザインを考えることで、師匠の作品とは異なる作品をつくろうとする姿勢もみられる。海外の顧客からもらったという、ビーズ細工の本や展覧会カタログにある作品を参照することもある。先述のアデトイに私が見せた日本の民族学博物館にあるビーズ細工の写真をオウォジョリにも見せると、ぜひ欲しいと言った。こ

図2-5　「オフィス」の席に座るオウォジョリ。この隣の部屋が仕事場になっている
（2011年6月24日撮影）

図2-6　完成したオウォジョリの作品（王冠）。高さ約50cm、直径20cm
（2011年2月25日撮影）

のような「新しさ」のためか、作品の価格は五〇〇〇〜七〇〇〇ナイラ（約二五〇〇〜三五〇〇円）ほどと、アデトイが示す価格よりも高くなっている。例えば、二〇〇九年一二月、アデトイはペケの価格を三〇〇〇ナイラと私に提示したが、オウォジョリは一万ナイラと提示した。ただし、これはある特定の商品に対して両者が私（という外国人）に示した価格であるため、ほかの顧客に対しては、両者それぞれが異なる価格を提示する可能性もある。このように、ビーズ細工の価格設定は、つくり手や顧客によって変化しうる。

オウォジョリは一九七〇年にイレ・イフェに生まれた。父親は、ヨルバの創始者かつヨルバの神としても崇められているオドゥドゥワの聖職者（伝統首長オニソロの一人）であり、アデトイの顧客であった。父親が身に着けていたビーズ細工に興味を持ったことをきっかけに、一七歳でアデトイに弟子入りした。修行に三年半を費やし、一九九〇年にアデトイの一番弟子として独立した。その後の一〇年間は、自宅兼仕事場として旧市街地で下宿を借りていたが、二〇〇〇年からは新市街地の下宿に移り、二〇一〇年には新市街地に仕事場兼店舗を持った。現在、新市街に自宅も建てているところだ。オウォジョリには独立した弟子が二人、現在の弟子が二人いる。四人の弟子のうち二人は、彼らの親（それぞれ企業家と公務員）がオウォジョリと知り合いだったことをきっかけに弟子入りした。このことからも、現代においてビーズ細工師になる際は世襲制に縛られないことがわかる。

オウォジョリ自身の子供はビーズ細工を学んでいない。自分が好きなことをするのが一番良いという考えを持っており、一人娘はイレ・イフェで最も学費が高く、設備の整っている私立の高等学校に通わせている。

[2-1-2]　木彫師

私はイレ・イフェで七人の木彫師に出会った。そのうち四人は木彫のみを制作しており、二人はほかの仕事を本業にしていた【15】。本項ではガブリエル・アフォラヤン（Gabriel Aforayan）（表1a・1b事例番号4）とジョナサン・イジョー（Jonathan Ijor）（表1a・1b事例番号5）の二人を事例として取り上げる。アフォラヤンとの出会いは、彼の元弟子のアデオバ・オバダレ（Adeoba Obadare）（表1a・1b事例番号7）からの紹介だった。イジョーとの出会いは、アフォラヤンからの紹介だった。

ガブリエル・アフォラヤン（Gabriel AFOLAYAN）——五五歳男性

アフォラヤンの仕事場兼店舗は旧市街地の中心地、王宮の隣にある博物館の敷地内にある。二〇〇四年に博物館の主任学芸員を務めていた男性の好意で、そこに店を建てることを許可してもらったという。「Carver（彫り師）」とペンキで書かれた掘立小屋の店は仕事場を兼ねており、六畳ほどの空間の四方の壁には作品が所狭しと並べてある。店の床一面は木クズで覆われ、客を迎えるための木製の椅子（アフォラヤン作）が一つ置いてある。たまにラジオをつけて作業しているが、ラジオを切っていても、店が大通りに面しているため、車やバイクの騒音で辺りは常に騒がしい。通勤時は民族衣装やズボンとシャツを身に着けているが、木彫は力仕事であるため、仕事場ではあちこち破れたズボンに上半身は裸で過ごす。現在弟子はいないが、二〇一〇年までは息子と甥が週一回程度店に来て、作品に紙ヤスリをかけたり、ニスを塗る作業を手伝っていた。また、同じ教会に所属する木彫師のブコラ・アキンボデ（Bukola Akinbode, 表1a・1b事例番号8）と親しくしており、アキンボデはアフォラヤンの仕事場のスペースを頻繁に借りて自分の作品をつくっている。

アフォラヤンは月曜日から土曜日の、基本的に朝八時頃から夕方六時頃までここで木彫制作に勤しむ。週に一～二日、一家の食糧を得るために午前中だけ畑仕事をすることもある。私が仕事場を訪ねると、タイミングによっては昼寝をしていることもあるが、たいていいつも彫ってい

図2-7　仕事場兼店舗で作品を制作するアフォラヤン
（2009年7月14日撮影）

る（図2-7）。二時間は休みなしで彫り続けられるという。

作品の多くは、ヨルバの伝統文化に関する神々、猟師、母子像などを具象的に表したものである。そのほとんどは高さ六〇cm前後・奥行き二〇cm前後だが、高さ二五cm・奥行き一〇cmほどの小型のものをつくることもある【16】。また、高さ二〇〇cm・奥行き二〇cmほどの柱や、高さ四〇cm・幅一五〇cmほどのパネルなど、大型の作品をつくることもある。アフォラヤンの作品の様式は、彼の出身地オピン（現クワラ州）で少なくとも一九世紀半ばより続く木彫の伝統を踏襲している【17】（図2-8、2-9）。オピンの木彫に特徴的であるのは、まず、突出した目・鼻・唇・耳によって強調される様式化された顔貌である。顔の表情の細やかな部分は表現されず、一見するとどの顔も同じように見える。しかし、顔と身体の凹凸、髪型や服装・身に着けているものの装飾はそれぞれの特徴が明確に浮かび上がるよう彫られている。プロポーションはほぼ三頭身で、鳥や犬や馬などの動物が添えられることはあるが、ほとんどは神像や人物像である。三色以上の色が塗られる場合も稀にあるが、着色しない、あるいは木の色のむらを隠すために茶系の塗料（靴磨き粉）のみが塗られる。

オピン様式では、人物・動物・モノは直立の場合が多いが、アフォラヤンの作品は背中を丸めたり、片足を上げたり、片手を上げたり、斜めを向いたりなど、動きを表すものが多い（図2-10、巻頭カラー頁）。彼自身、直立よりも動きを表現することが好きだという。謙虚な本人であっても、この技法に関しては誰よりも優れていると自負しているほどである。

価格は大きさによる。高さ二〇cm・奥行き三cmほどの最も小型の作品は五〇〇ナイラ（約二五〇円）から、高さ二〇〇cmにおよぶ最も大型の柱であれば、二〇万ナイラ（約一〇万円）と幅広い。大量に注文を受ける場合は一点あたりの価格を下げることもあるが（例えば、七〇〇〇ナイラを五〇〇〇ナイラに）、基本的に価格はあらかじめ決めてあり、客層によって価格を変えることはほとんどない。

アフォラヤンは、一九五七年、イレ・イフェの北西に位置するイケリン・オピンという現在のクワラ州の町で長男として生まれた。一九七二年に一五歳で小学校を卒業したが、農場労働者であった父親は非常に貧しく、中学校

図2-10　アフォラヤンの作品。高さ約250cmの柱、高さ約50～60cmの偶像など
（2009年7月8日撮影）

図2-9　アフォラヤンの木彫。2009年、約50×17×15cm
（2009年10月28日撮影）

図2-8　オピンの木彫の巨匠アレオグンの作品。1953年頃、サイズ不詳
（1965年ジョン・ピクトン撮影）
Photograph John Picton 1965, published by permission of the National Commission for Museums and Monuments, Nigeria.

へ進学することができなかった。このため、翌一九七三年にイレ・イフェの近隣の街イニシャに移り住み、そこで木彫の店を構えていた従兄で木彫師のローレンス・アラーイェ（Lawrence Alaaye）の店番をすることにした。その店で同年代の青年たちが弟子として木彫を学んでいたのを見て、アフォラヤン自身も彫りたくなり、弟子入りを決めた。同年、師匠アラーイェがイレ・イフェの新市街地で店を開くことになったので、アフォラヤンもほかの弟子たちと一緒に師匠についてイレ・イフェにやって来た。

一九七六年に師匠から独立し、その後、旧市街の繁華街に自分の店を持った。しかし、一九八二年に師匠が交通事故で急逝したため、師匠の店をほかの弟子と一緒に引き継ぐことになった。二〇〇〇年には、イフェ・モダケケ紛争[1-1-2]によってその店が焼けたため、市内各地を転々としたのち、二〇〇四年に現在の仕事場兼店舗を構えた。これまで約一〇人の弟子を育ててきたが、その中でも、木彫を本職としているのは三人ほどである。現在弟子はおらず、アフォラヤン自身の子供三人も木彫師になるつもりはない。妻は清掃員として働きながら、内職で手製の調味料を販売している。

ジョナサン・イジョー（Jonathan IJOR）――三八歳男性

旧市街の中心地にあるイジョーの仕事場兼店舗は、土壁で出来た平屋建ての古い家屋が軒を連ねた場所の一角にある。道沿いには、「彫刻（Sculpture）」という文字を彫った木製の看板を出し（図1-23〔p.89〕）、その横には、イジョーが二〇〇八年の収入で買ったという、イレ・イフェでは（当時）比較的高級なバジャージ（Bajaj）の一〇〇／一二五ccバイクがとめてある。木製のドアには、白いチョークで「ロコモーション（Locomotion）」というイジョーのビジネス名と携帯電話の番号が書かれている。店内の棚には作品が並べてある（図2-11、巻頭カラー頁）。作品や道具以外に、サンプルとしてイジョーの作品の写真や、ブラジルやアメリカ合衆国の顧客と一緒に撮った写真やカメラが机の中にしまってある。二〇一〇年までは、縦長の店の一番突き当たりの木戸から外光の差す一畳ほどのスペースで彫っていた。しかし、二〇一一年からは、家賃の値上がりのために店の奥半分を手放し、道路を目の前にした店の表で彫っている（図2-12）。停電していなければラジカセで音楽を流したり、扇風機をまわしながら仕事をする。作品を依頼主に届けに行くために店を開ける以外はほとんど終日、店または店の周辺にいる。とはいえ、繁忙期を除くと常に彫っている様子はなく、隣の酒場に顔を出したり、店の奥で昼寝をしていることもある。Tシャツと短パン、または上半身裸が定番で、襟付きのシャツや民族衣装を着ているところを私はまだ見たことがない。周囲の目を気にしない、大らかな性格がうけるのだろう、近所の人や知人はイジョーを「ロコ」とビジネス名を省略して呼び、冗談を交わしたり、気軽に声をかけてくる。

先述のアフォラヤンがそうであるように、イレ・イフェ在住の木彫師の半数以上はオピンの木彫の様式を踏襲している。しかし、独学で木彫を習得したイジョーは、ほかに類を見ない独特の様式を持つ。髪型、突出した目・鼻・口・耳はオピン様式を参考にしているようだが、細長い首や腕など、全体を細長く仕上げていく様はイジョー

図2-11　イジョーの店兼作業場。イファ祭直前のため、壁棚いっぱいに作品が並ぶ
（2009年6月3日撮影）

図2-12　彫り終えた作品にニスと茶色の靴墨を塗って仕上げるイジョー。2010年までは突き当たりの窓辺で彫っていたが、2011年以降は手前のスペースのみを作業場兼店舗として借りている
（2009年4月17日撮影）

の作品に特徴的である。彼が最も多く手掛ける作品は、三等身の二人以上の人物像の両手で支えられた蓋付きの器だが、それはアフロ＝ポルトギースと呼ばれる一群の作品【18】の一つで、一五～一六世紀にベニン王国でポルトガル人向けの土産物としてつくられた象牙製の塩入れの様式と良く似ている（図２‐13）。イジョーがカタログなどを通してアフロ＝ポルトギース様式を参考にしたかどうかは定かではないが、アフロ＝ポルトギース様式ではしばしばヨーロッパ人が表現されるのに対し、イジョーの作品ではもっぱらヨルバの人びとがモデルとなっている。また、人物像の多くは衣服や装飾品をまとわない裸体であり、人物三～四名が輪になるように立つ、または座る姿や、ブリッジなどの大胆な体位もオピン様式には見られないイジョー独特のものである。さらに、オピン様式であれば仕上げに茶色の靴墨で色が塗られることが多いが、イジョーはそれ以外に黒色の靴墨を使って作品を黒く仕上げることが多い。

イジョーの顧客のほぼ九割はヨルバの伝統宗教の信者である。このため、作品の多くは伝統宗教の儀礼用具や神像である。信者たちに売れるのは、ヨルバの神々の姿や象徴的な模様をあしらった、儀礼で使用される器（トレイ、ボウル）や道具（振りかざすものや音を鳴らすもの）である。五〇〇ナイラ（約二五〇円）の高さ約二〇cm・奥行き四cmほどの小型のものから、一万ナイラ（約五〇〇〇円）以上の高さ五〇～八〇cm・奥行き一五～三〇cmの中型の作

図2-13　アフロ＝ポルトギース様式の塩入れ。象牙。ベニン王国（ナイジェリア）、16世紀。30×10.5cm（大英博物館所蔵）

品まである。そのほか、伝統首長や富裕層からの依頼を受け、昇格を祝う記念の文字や絵を木のパネルに彫ることもある。伝統首長やヨルバの伝統宗教の信者からの依頼に比べると少ないが、教会からの依頼で木製ドアに聖母子像などを彫ることや、大工からの依頼でベッドに花や幾何学装飾を彫ることもある。

イジョーは、一九七四年にナイジェリア南南部（現クロスリヴァー州）のイジョ（民族）の町、オブブラで生まれた。一九九一年、一七歳の時に親戚を頼ってイレ・イフェにやって来て、郊外の農園で働いた。そこで一九九七年まで労働者としてヤム芋やオレンジの栽培を行った。その六年のあいだに、農園にあった木を手に取り、暇を見つけては杖、キーホルダー、ボールペンなどを趣味でつくっていた。そんなある日、知り合いの農夫の杖が壊れ、新しいものをイジョーがつくることになった。それを高値で買ってもらったことがイジョーに自信を持たせ、もっと腕を磨くようになった。彼の腕前を知った農園の人たちはイジョーに木彫師として働くことを促し、イレ・イフェの街に出て行くことになった。しかし、街に越してきた最大の理由は、一九九七年当時激化していたイフェ・モダケケ紛争［1-1-2］により、農場で無差別に殺されることを恐れたことであった。

今の店を持つまで三度店を変えたが、店はいずれも王宮のすぐ近くにある。王宮の前は木彫を必要とする人たちが最も多く集まる場所だからである。現在弟子はいないが、巣立った弟子は四人いる。妻は四人、子供は三人いる。

［2-1-3］ 真鍮彫刻師

私が出会った真鍮鋳造彫刻のつくり手は、ベン・オルイェミ（表1a・1b事例番号9）一人である。オルイェミは、本書で焦点をあてる「アーティストであること」を本業とするつくり手ではない。退職した公務員のオルイェミにとって、作品づくりは「趣味」である。収入は年金と所有している農場の利益であり、彫刻で得る収入はあくまでも生活費の足しに過ぎない。しかし、彼自身が自分のことを「アーティスト」として認識しており、かつ、「アーティスト」を本業とするつくり手のあいだでも彼は知名度が高く、現在でも「アーティスト」として認識されている。さらに、趣味とはいえ、彼は作品を販売して現金収入を得ている。このため、イレ・イフェのアートの諸相を明らかにする本章ではオルイェミも事例として取り上げることにした。オルイェミとの出会いは、イレ・イフェの王オーニの報道官を務めるフンミロラ・オロルンニショラ（Funmilola Olorunnisola）からの紹介だった。

ベン・オルイェミ（Ben OLUYEMI）――八〇歳男性

オルイェミは、旧市街地の中でも築五〇年以上の古い家屋の並ぶ住宅地に自宅兼仕事場を持つ。自宅は道路に面しておらず、徒歩またはバイクでしか通れない細い路地の先にある。しかし、「『ババ・アベギレレ（木彫師のおじさん／巨匠）の家』と伝えればバイクタクシーの運転手がここまで連れて来るだろう」とオルイェミ自身が言うように、確かに、私が知る限りどの運転手もその家を知っている。少なくとも旧市街では、ババ・アベギレレことオルイェミの知名度は高いようだ。オルイェミが建てた自宅はコンクリートブロックを積み上げてつくられた二階建てで、この辺りでは珍しく大きな家である。そこには四人目の妻と末息子一家、加えて下宿人たちが二～三人暮らしている。家のすぐ向かいには、台所とオルイェミの仕事場のある平屋建ての別棟がある。作品は別棟の仕事場か母屋の玄関前のスペースでつくる。表で作品制作をしていなければ、二階の部屋で接客していることがしばしばある。年配のオルイェミに敬意を払い、挨拶、報告、相談などで訪ねてくる人は多いようだ。作業中は民族衣装、ジーパンにTシャツ、短パンに上半身裸など格好は様々だが、二階で接客する際は帽子までそろった民族衣装を着ている。

図2-14　オルイェミと、彼の部屋に保管された真鍮製のオーニの頭像。約20×7×10㎝
（2009年7月31日撮影）

オルイェミが作業しているそばでは妻が家事をしていたり、孫たちが遊んでいる。自宅は道路と道路を結ぶ近道でもあるため、近所の人や食材・総菜の売り子も頻繁に前を通る。通りがかる人たちは年配のオルイェミに敬意を払い、必ず挨拶をしていく。そのたびに、作業中であっても手を止めて彼らの挨拶に答える。

オルイェミはオーニや伝統首長から不定期に依頼を受け、人物の頭像や胸像をつくっている。それらは王や首長の訪問者への贈り物、あるいは王や首長の訪問先への贈り物（土産）であることが多い。第1章［1-1-2］で述べたように、イレ・イフェが考古資料の真鍮製鋳造彫刻で知られていることは、現在においても伝統首長からこの需要がある理由の一つだと考えられる【19】。二〇〇八年にはナイジェリア北部の古都カノのエミールやヨーロッパからの来賓、二〇〇九年には米国のオバマ大統領、ヒラリー・クリントンの頭像の真鍮彫刻の依頼をオーニから受けた【20】。このような肖像（頭像）は、等身大またはそれよりも一回りほど小さいサイズで、オーニは一つ約五万ナイラ（約二万五〇〇〇円）で購入する【21】。

オルイェミは、材料費を低く抑えられ、複製が可能でプロセスも比較的手間をとらない砂型鋳造の技法【22】を用いて鋳造する。第1章［1-1-2］で述べた、イレ・イフェで特に一二～一五世紀にかけてつくられたとされる真鍮彫刻は蝋型鋳造によるものだといわれているが、現在のイレ・イフェでは蜜蝋が安価ではない上、蝋型鋳造は時間がかかるため、オルイェミは砂型鋳造を好む。

人物像・肖像は写真を見ながら、あるいは記憶やイメージを頼りに、粘土を使って写実的に成形していく。鋳造した後は金属のやすりを使い、額や頬、目もとや顎などを細かく丁寧に削りながら表情をつくっていく。オーニを表現する際、首に入れるいくつかの輪のようなしわや王冠は一五世紀前後にイレ・イフェでつくられた真鍮彫刻の様式に倣っているが、当時のような高度な写実性と様式化はオルイェミの作品には見られない。顔、鼻、唇の輪郭やほうれい線は写実的に捉えようとするが、目もとや耳などの細かい部分は表現されていないため、どの作品も比較的似た仕上がりであるのがオルイェミの真鍮彫刻作品の特徴である（図2-14、2-15、0-6〔p.7〕、巻頭カラー頁）。

オルイェミは一九三二年にイレ・イフェで生まれた。父親は農夫で伝統宗教を信仰し、母親は織り師でキリスト教徒だった。幼い頃から木を彫ることが好きで、四歳で杖を、七歳でパイプ煙草を彫っていたという。父によくついてまわり、伝統首長の家にある木彫を見てはそれを真似して彫ることで技術を身に付けていった。一二歳で本格的に木彫を始め、食器や装飾品に加えて仮面や神像など、父親が参加する伝統宗教の儀礼の道具も彫っていた。小学校を卒業すると中学・高校へは進学せず、一八歳で仕立屋に三年間弟子入りした。仕立屋から独立した後は、知人の紹介で一九五四年からイレ・イフェの国立博物館で職員として働くことになった。小学校教育しか受けていなかったにも関わらず英語が堪能であったため、国立博物館の職員の面接に合格し【23】、退職するまで三五年間同博物館に勤務した。勤務中、博物館で目にした数々の青銅製や真鍮製の彫刻のレプリカをつくりながら技術を身に付けていったという。

一九五九年には、イレ・イフェの鋳造師のベトゥ（Betu）から鋳造の技術を学んだ。一九六三年に行われたナイジェリア西部地域（イレ・イフェを含む）のカウンシルが行ったアートのコンペティションでは、鋳造彫刻部門で一位を、土器彫刻部門で一位と二位を、木彫部門で三位を獲得した【24】。一九七四年からの一年間は、連邦政府から奨学金を得てイギリスへ留学し、ロンドンの「ミュージアム・カスト・インターナショナル」【25】という学校で鋳造を学んだほか、英国国内の博物館を見てまわった。帰国してからは、イレ・イフェの博物館で、レプリカをつくったり破損物を修復したりする技術スタッフとなり、一九八九年に退職した。これまで、研修に来た美術学科の学生を含め約五〇人の弟子たち、そして息子たち全員に鋳造の技術を教えてきたという。

妻は四人、子供は一二人いる【26】。

図2-15　木の台に乗せた真鍮製のオーニの頭像。このあと、台も頭像と同じ色に塗られて作品は完成する（2009年10月26日撮影）

[2-2] 「鑑賞中心」の需要に基づいて

本節では、正規の美術教育や美術市場と密接に関わる、「鑑賞中心」の需要に基づいてつくられるアートとアーティストについて見ていく。本書でいう「鑑賞中心」の需要は、植民地時代以降導入された西洋美術教育や美術館・博物館・美術市場と密接に関わる需要を指す。この需要に基づいて作品を制作・販売しているのは、正規の美術教育、あるいは国際的な美術市場と密接に関わるアーティストである。正規の美術教育に関わるアーティストとは、アートの高等教育機関の教員として展示や研究を行っている人たちである。彼らの展示や研究の多くは美術市場とも関わりを持つ。美術市場と密接に関わるアーティストは、国内外に居住する欧米人や国外からの訪問者などの外国人、または国内の富裕層に属すナイジェリア人を対象に作品を販売している人たちである。

イレ・イフェの大学美術学科内にあるアートギャラリーと、同学科に隣接する文化学研究所（Institute of Cultural Studies）のアートギャラリーを除くと、イレ・イフェにアートギャラリーはない。これら二つのアートギャラリーについても、前者は大学美術学科の教員と学生専用であり、後者は教員と学生、またはごく稀にイレ・イフェ在住で他都市の顧客をターゲットに作品を制作・販売しているアーティストの作品のみを展示しており【27】、いずれの場所においても、展覧会は年に数回、不定期にしか行われない。「ヨルバ発祥」の古都として知られているものの、観光産業は皆無に等しく、国内外の観光客が訪れるようなアートを取り扱うアートギャラリーまたは土産物屋はない。イレ・イフェの国立博物館内でアーティストの作品が展示されることもない【28】。このように、オバフェミ・アウォロウォ大学の教授の一部や病院の外国人医師、大学を訪問する外国人研究者など、アートを購入する若干名の富裕層を除くと、イレ・イフェの中に国際的な美術市場はほぼない。このため、「鑑賞中心」の需要に基づいて活動するアーティストのほとんどは、イレ・イフェを出て他都市で作品の販売を行う。

表1aに示しているように、三六人のつくり手のうち二七人という大多数が「鑑賞中心」の需要に基づく作品をつくっており、その中でも一六人は、基本的に「鑑賞中心」の需要のみに基づいて作品制作を行っている。本節ではこのうち六人を事例として取り上げる。

[2-2-1]　アカデミック・アーティスト

イレ・イフェにおけるアートの高等教育機関は、第1章[1-2-2][1-2-3]でも述べたように、オバフェミ・アウォロウォ大学美術学科である。同学科には、絵画、彫刻、陶芸、テキスタイル・デザイン、グラフィック・デザイン、美術史の六つのコースがあり、各コースにおいて二〜三人の教員が教鞭をとっている。教員たちは、それぞれの研究や作品制作のために国内で文献調査やフィールドワークを行うことがある。ほぼ全員がナイジェリア・アーティスト協会【29】のメンバーであり、同協会の会合や展示に参加することがある。毎年のように学内で開かれる「ベスト・オブ・イフェ（Best of Ife）」展では、教員と学生の作品が展示される。

オバフェミ・アウォロウォ大学美術学科の教員は一三名いる（二〇一二年）。彼らの本職は教員であり、作品の制作・販売によって生計を立てているわけではない。しかし、彼らは自分たちを「アーティスト」と認識しており、また、街のアーティストからも「アーティスト」として認識されている。本書ではこのようなつくり手のことを「アカデミック・アーティスト」と呼ぶ【30】。ここでは、若手の講師であるスティーブン・フォラランミ（Stephen Folaranmi）（表1a・1b事例番号11）とタヨ・イジシャキン（Tayo Ijisakin）（表1a・1b事例番号12）の二人を事例に挙げる。フォラランミとの出会いは、彼の大学時代の同級生であったボラデ・オミディラン（表1a・1b事例番号24）による紹介だった。イジシャキンとは、同大学美術学科の図書室で互いに作業をしていた時に出会った。

スティーブン・フォラランミ（Stephen FOLARANMI）――四三歳男性

フォラランミはイレ・イフェの大学キャンパス内に住んでおり、食料品の買い出し以外の目的で街に出ることはほとんどない。仕事は大学のオフィスまたは自宅で行い、作品は自宅でつくる。特に仕事場は持っていないが、寝室も居間もいつも綺麗にしてあり、絵を描きたい時は、イーゼルとパレットを持ってくればどこでも描けるスペースが準備してある。二〇〇八年以降は大学キャンパス内の１ＤＫの宿舎に住んでいるが、それ以前は街の新市街の住宅地に下宿を借りていた。二〇一一年以降は夫婦で暮らしていることもあり、作品をつくるスペースはわずかしかなくなった。作品制作よりも授業に忙しいため、急いで作品制作用のスペースをつくる必要もないようだ。

フォラランミは美術学科の自分の部屋で過ごす時間が長い。ノートパソコンは中型と小型の二台を所有し、常にインターネットに接続している。プリンターや冷蔵庫もそろえている。壁には自作の絵画（油彩画・水彩画）が四、五枚掲げてあり、ミクスト・メディア（土、布、金属、プラスチックなど）の作品も二、三点置いてある（図2-16）。学生はもちろん、上司や同僚の教員たちも頻繁にフォラランミのオフィスを訪ねてくるので、仕事場はいつも賑やかだ。いかにもラゴス出身といった具合に、ズボンにポロシャツまたは襟付きシャツを好み、冠婚葬祭でもない限り民族衣装を着ることはない。

特に学期中は授業に忙しくしているが、時間を見つけて絵を描くようにしているという。作品の主題については、ヨルバ文化を積極的に取り入れようとするオナイズム[1-2-2]に基づくオバフェミ・アウォロウォ大学美術学科での教育方針を受け継いでいる。しかし、ヨルバ以外の民族、

図2-16　フォラランミと大学美術学科内のフォラランミのオフィス
（2012年2月28日撮影）

社会現象や宗教など、広く文化をテーマにするというフォラランミ個人のスタンスもある。風景画、静物画、肖像画、抽象画など様々な絵画を手掛けるが、作品の多くに動物、幾何学模様、神の姿など、ナイジェリアの伝統文化に素材を持つモチーフを取り入れている。二〇〇三年の作品（図2-17、巻頭カラー頁）は、民族の平和的共存というナイジェリアの現代社会を主題とし、ナイジェリアの三大宗教を、それぞれを示すものの配置と配色によって調和させて描いている。白い十字架でキリスト教を、それに一部重ねて描かれている赤茶色のイファの儀礼用の皿でヨルバの伝統宗教を、さらに、それらに重ねて描かれているモスクのミナレットでイスラームを表すことで調和を表現する。人物の表情の詳細は描かず、身体のプロポーションについては、リアリズムに徹するよりも様式化した表現を好む。

教員（国立大学常勤講師）としての給料は手取りで月約一六万七〇〇〇ナイラ（約八万三五〇〇円）（二〇一二年）であり、安定した高収入があるという点においてフォラランミは作品の制作・販売活動を行う必要はない。しかし、展覧会への参加には積極的であり、美術学科主催の定期展覧会のほか、ナイジェリア・アーティスト協会やア

図2-17　フォラランミの作品「Unity（調和）」。2003年、油彩・画布、約70×45cm
（2008年11月7日撮影）

フリカ美術地域サミット・美術展（ARESUVA: African Regional Summit and Exhibition on Visual Arts）などで展示してきた。また、実家がラゴスにあり、所属教会もラゴスにあることから、月に最低でも二回はラゴスへ赴き、アートギャラリーでの展示を見に行く。ラゴスおよび他都市の高等教育機関、財団やＮＰＯ団体によって主催される展示、ワークショップやセミナーなどにも積極的に参加するようにしている【31】。こういった情報は、イーメールやウェブサイトによって得ている。また、フォラランミの研究対象はヨルバランドの王宮の壁画であるため、イレ・イフェの街の中のヨルバの祠や、ほかの街の王宮へ壁画の調査に出かけることもある。二〇〇九年から二〇一〇年にかけての一年間は、ドイツのゲーテ・インスティテュートから奨学金を受けてドイツに滞在し、客員教師としてアートの教鞭をとったり、展示活動を行ったりした。ドイツ国内やヨーロッパ諸国の美術館や博物館も複数見学してまわった。

フォラランミは一九六九年にラゴスで生まれた。両親はオヨ州の古都オヨの王家の一族である。七歳の頃、父親が買い与えてくれた『子供のための手工芸（Child Craft）』（一九七五年にロンドンで出版）という百科事典のセットを気に入り、その中でミケランジェロ（Michelangelo Buonarroti）やピカソ、ヘンリー・ムーア（Henry Moore）などの西洋美術にふれたことをきっかけにアートが好きになった。百科事典の中の絵を模写した時、家を訪ねてきた父親の友人がそれを五ナイラで買ってくれたことも、フォラランミにとって大きな自信になったという。一九八〇年代前半の中学時代もアートの授業を楽しんだ。しかし、当時はまだアートを将来の仕事としては考えておらず、大学では建築学を学ぼうと漠然と思っていた。ところが大学受験で希望の大学に入学できなかったため、試験の点数が良く、得意であったアートを専攻することにした。一六歳で高校を卒業し、その後すぐ一七歳でオヨの教育大学でアートを専攻した。しかし途中でイバダンの技術大学に進学することになり、同大学でもアートを専攻し、一九八九年に国家が認める普通国家資格（ＯＮＤ＝Ordinary National Diploma）【32】を取得した。一九九〇年には、ラゴス在住カラバー出身の著名アーティストで、絵画を専門とするフレッド・アーチボン（Fred Archibong）【33】のもとで五か月ほど研修も行った。そこでは油彩とミクスト・メディアを中心に学び、初めての肖像画もアーチボンのスタジオで描いた。同じくラゴスにスタジオを持っていた、布のデザインを専門とする著名なアーティスト、ンジデカ・エゼンワ（Njideka Ezenwa）【34】にも師事した。短期間ではあったが、彼女からはおもに顧客への対応の方法を学んだ。

そのあいだ、アフマド・ベロ大学の名門美術学科に入学を二度申請したが合格せず、一九九一年にラゴスのヤバ技術大学美術学科に入学した。ところが、その直後にオバフェミ・アウォロウォ大学美術学科からの合格通知を受け取ったため、同大学にて絵画を専攻することになった。その後、イバダンの広告代理店でグラフィック・デザイナーとして働きながらオバフェミ・アウォロウォ大学美術学科の修士課程に進学した。修士論文ではオヨの王宮の壁画について書き、二〇〇〇年に修士号を授与された。二〇〇二年より同学科の講師として絵画を教えている。二〇〇八年からは同大学で博士課程に進学し、オヨの王宮の壁画についてさらなる調査を行っている。二〇〇九年から二〇一〇年にかけてのドイツでの研修を終えると、二〇一一年に結婚し、二〇一二年に長女をもうけた。

タヨ・イジシャキン（Tayo IJISAKIN）——四〇歳男性

イジシャキンはグラフィック・デザインを専門とする教員だが、グリーティングカードの制作と販売も行っている（図２-18、巻頭カラー頁）。ラゴスで育ったフォラランミとは異なり、イジシャキンはイレ・イフェ出身であるため街にも顧客がいる。服装もフォラランミとは違い、ズボンと無地の襟付きシャツのきちっとした格好が基本で、最低でも週一回は上下そろった民族衣装をまとって大学に出勤する。カードの販売価格はすべて七〇〇〇ナイラ（約三五〇〇円）以上と値が張る。大きさや装飾の度合いにもよるが、街のアーティストにカードを依頼した場合は、およそ二〇〇〇〜三〇〇〇ナイラである。これは、彼に、「学位を持った」、「正式な美術教育を受けた」アーティストとしての誇りと腕前があるからだという。カードづくりのほかにも、名刺のデザイン、横断幕のデザインと制作、記念額・飾り板の制作や賞状の文字の記入（手書き）といったグラフィック・デザインないし街の人びとにとってより身近なアートを請けおう(「身近なアート」については次節[2-3-1]で詳しく述べる)。

デザインにはパソコンを使用する。一九九八年、修士課程の学生であった頃からパソコンを使用し始め、二〇〇五年に初めてノートパソコンを買った。大学の学部生時代までは、パソコンではなく定規と鉛筆を使ってデザインしていた。現在は、印刷専門店に委託する名刺、カラー写真入りの高級な横断幕以外は、パソコンでつくったデザインを基にすべて手作業でつくる【35】。

依頼される作品によってフォントやレイアウトは異なるため、イジシャキンのデザイン・作品の特徴を簡潔に述べるのは難しい。しかし、例えばカードの糊づけの仕方や横断幕に刷られた文字の並びの水平さなど、作品の仕上がりの丁寧さは抜群である。プロの仕事として一見あたりまえのようだが、イレ・イフェの街のアーティストのほとんどは、こういった細かい所に(日本人や欧米人の感覚からすると)まったく気を使わない。名刺の余白にインクが飛び散っていたり、文字やロゴなどがTシャツに斜めにシルクスクリーンでプリントされているのはごく普通のことで、これに文句を言う客も基本的にいない。また、イジシャキンのカードの価格は高いが、その分、使用している厚紙はより上等なものである。紙だけではなく木や布も使用したり、表面をラミネート加工したり、独自にデザインした丈夫な封筒とシールもセットに

図2-19　美術学科の教室で、学生に手伝いをさせながら横断幕の制作に取り組むイジシャキン(左)
(2008年11月23日撮影)

図2-18　イジシャキンが妻の誕生日に贈った手づくりのグリーティングカード。このようなカードの依頼を顧客から頻繁に受けている
(2012年3月2日撮影)

するなど、誰よりも丁寧に、より質の高いものをつくることを心がけている。イジシャキンは街の顧客から依頼を受け、オーニの八〇歳の誕生日を祝うカードをつくったこともある【36】。イジシャキンがカードの価格設定を高くしているのは、それだけのクオリティを顧客に約束するためであり、また、高値にすることで依頼の数が少なくなる分、一つ一つの制作に時間をかけ、より確実に顧客の期待に応えるためであるという。

イジシャキンは店を構えておらず、作品制作は自宅または放課後の美術学科（図2-19）で行う。依頼は顧客から携帯電話などで受けている。二〇〇六年頃までは大学院生の寮の一人部屋を住まい兼仕事場にしていたが、その後教員用宿舎に移り、同舎の中でも広めの3LDKの部屋を借りて妻と二人で暮らしている。リビングやダイニングは整然としているが、仕事場として使っている部屋はグラフィック・デザインに必要な材料や道具で散らかっている。デザイン時に使用するパソコンには電気が必要であるため、停電時に備えて自家発電機も所有している。

教鞭とグラフィック・デザインの仕事に忙しいイジシャキンは、画材を買いに近隣の都市イバダンへ出かける以外はほとんどの時間をイレ・イフェで過ごす。フォラランミのようにラゴスや他都市での展示を頻繁に見に行く機会はないが、第1章[1-2-2]で言及したブルース・オノブラクペヤによって毎年一回、ナイジェリア南南部のデルタ州で行われるアートのワークショップには、フォラランミらと一緒に参加するようにしている【37】。修士課程ではビーズを用いた作品づくりについて調査を行ったため、ヨルバランドのビーズ細工にも関心を持っており、街のビーズ細工師にインタビューを行うこともある【38】。

イジシャキンは一九七二年にオグン州の州都アベオクタで生まれた。公務員だった両親が一九八五年にイレ・イフェに越してきて以来、現在に至るまでイレ・イフェで暮らしている。小学生の頃、人の顔を正確に（写実的に）描こうとしたり、カレンダーをつくったことが、イジシャキンがこの道に進むきっかけとなった。中学・高等学校の途中でイレ・イフェに越してからも、学校で学ぶアートの授業が好きだった。大学受験を考えた時は法学を志望していた。しかし、次第に弁護士という仕事に対して消極的になり、（キリスト教の）神が自分に与えてくれたアートの才能を大切に、得意なアートを専攻する決心をしたという。

オバフェミ・アウォロウォ大学美術学科に進学したのは一九九一年だが、一九八八年に中学・高等学校を卒業して以来、カードや看板の制作によっても収入を得ていた。当初は一つの作品を七ナイラ五〇コボ（現二五ナイラ、約一二円）程度で売っていたという。大学の美術学科ではグラフィック・デザインを専攻した。一九九五年には、イバダンにあるテレビ局でグラフィック・デザイナーとして働いた。一九九七年に美術学科を卒業すると、二〇〇〇年に修士課程へ進学した。修士論文ではビーズを使用するオショボ派のアーティスト、ジモ・ブライモ [1-2-3] とその作品について書き、二〇〇三年に修士号を取得してからは同学科で専任講師として勤務している。二〇〇九年に結婚し、現在は妻と二人で大学のキャンパス内で暮らしている。妻も大学で事務職員として働いており、二〇一二年には、一二〇万ナイラ（約六〇万円）前後する車を二台所有するようになった。

[2-2-2]

オショボ派のアーティストとアブジャ志向のアーティスト

本項では、国内外の美術市場をターゲットにすることを主眼とするアーティストの中でも、オショボ派と「アブジャ志向」【39】のアーティストについて記述していく。オショボ派については第1章 [1-2-3] で述べた通りだが、「アブジャ志向」はオショボ派と区別するために本書において私が暫定的に使用する名称である。両者の技術習得のプロセスと作品販売の方法は類似しているが、作風は若干異なる。

オショボ派は、一九六〇年代以降、ドイツ人学者・美術支援者のウリ・バイアーを中心とするムバリ・ムバヨ・クラブで開かれたワークショップによって生まれた一群のアーティストである。作品の主題にはヨルバの神話や伝統が取り上げられる。キュビスムの影響が見られるが、構図は奥行のない平板で、強い色彩とべたっとした塗り方が特徴である。アーティストの知名度にもよるが、一枚数百円～数万円で、主として外国人駐在員や外国人訪問者を対象にイバダンやラゴスなど近隣の大都市で売られる。

他方、アブジャ志向のアーティストは、オショボ派に直接あるいは間接的に影響を受けていながらも、自らをオショボ派であるとは認識せず、オショボ派とはやや異なる作風の作品をつくることが多い。彼らはイレ・イフェで作品を制作するが、ヨルバランドよりも首都のアブジャを中心に、外国人駐在員や国内外富裕層を対象とした市場で作品を販売する。アブジャ志向のアーティストの作品の主題はヨルバに限定されない。のどかな農村、楽器奏者や踊り子、ヤシの木やキリンといった「アフリカの典型」とされる「伝統」文化のイメージが多く、オショボ派のようにヨルバの民族衣装や伝統模様、神や祭りの描写など、一目でヨルバだとわかる作品は少ない。抽象的なものもあれば、風景画や人物像など具象的なものもある。べたっとした原色の厚塗りもあれば、水彩で淡く色付けしたものもある。さらに、人物や動物、パターンなどで背景を埋め尽くすことの多いオショボ派の平板な構図に対し、アブジャ志向のアーティストの作品には背景に空白や奥行が見られることが多いという点においても、オショボ派とは異なる。

三六人のアーティストのうち、オショボ派のアーティストは七人、アブジャ志向のアーティストは四人である。本項では、このうちオショボ派のクンレ・アキンティブボ（Kunle Akintibubo）（表1a・1b事例番号17）とアブジャ志向のシェグン・アグンソイェ（Segun Agunsoye）（表1a・1b事例番号20）を事例に取り上げる。アキンティブボとの出会いは、大学の美術学科の事務員による紹介だった。アグンソイェとの出会いは、アグンソイェと親しい友人のアーティストであるタヨ・アウォイェラ（Tayo Awoyera）（表1a・1b事例番号19）による紹介だった。

クンレ・アキンティブボ（Kunle AKINTIBUBO）——五四歳男性

アキンティブボはほぼ毎日、大学キャンパス内の国際会議場のロビーの一角に作品を並べている（図2-20、巻頭カラー頁）。休日は、会議場への訪問者が少ない日に不定期にとる。店は構えていないため、会議場の責任者に許可をもらった場所を月極めで借用している。何かしら会議が開かれている時は、スーツを着た大学教員や研究者たちが頻繁にロビーを通る。会議場の二階以上は宿舎になっているので、国内研究者だけではなく外国人訪問者などの宿泊客も通る。多くは忙しそうにその場を素通りして行くのだが、その日一五人がその場を通ったとして、およそ四～五人に一人は足を止め、アキンティブボの作品を見ていく。ズボンと襟付きのシャツ、またはヨルバの民族衣装を上下にまとったアキンティブボは、近くに置いたプラスチック製の背もたれ付きの椅子に腰かけて客を待つ。誰かが作品の前で足を止めればさっと立ち上がり、そばへ寄って作品について説明を始める。

図2-20　国際会議場ロビーに立つアキンティブボ（右奥）と作品。中央手前の作品のみ既製品で、アキンティブボの作品ではない（2011年6月10日撮影）

主題のほとんどはヨルバの神話や伝統である。稲妻と雷の神シャンゴや川の女神オシュンをはじめとする神々を持ち物と共に描いたり、ヨルバの王宮での儀式、農村で働く人びとや憩う人びとといった日常生活の光景や、のどかな野外風景を民家や動物と共に描く。あるいは特に主題を持たず、色と形の組み合わせのみで画布を埋めることもある。人物像や景色はリアリズムとはかけ離れ、様式化する。白と黒のみを用いる場合を除き、原色を用いた強い色彩を使うことが多い。背景は不規則な遠近法をとることが多いが、模様や色で埋めるため、奥行きのあまりない平板な構図となっている（図2-21、0-3〔p.7〕）。

こうした様式は、いずれも第一・第二世代のオショボ派のアートの特徴を受け継いだものである。しかし、アキンティブボ個人の特徴は、顔、首、手は縦に長細く、目は横長の凸レンズ型に描くことだ。人物の指は三～四本にし、首は描かない場合もある。紙や画布は縦長のものを選ぶことが多い。背景は一色またはいくつかの色（いずれも原色）で埋める、あるいは模様で埋めるのが基本だが、二色以上の比較的淡い色を部分的にぼんやりとさせて埋める場合もある。作品には画用紙、厚紙、画布に油性・水性フェルトペン、絵筆と油絵具、パステルを使用する。作品の大きさは縦六〇cm・横四〇cm、または縦九〇cm・横三〇cmほどで、基本的に二〇〇〇～五〇〇〇ナイラ（約一〇〇〇〜二五〇〇円）、高いもので七〇〇〇〇ナイラ（約三五〇〇〇円）で販売している。

アキンティブボが作品制作を行うのは旧市街の住宅地にある自宅だ。１ＤＫ程度の下宿に妻と息子二人の四人で暮らしている。娘は首都アブジャにいる親戚と住み、そこから中学校に通っている。私がアキンティブボの自宅を訪れたのは、彼が二〇〇九年に怪我をして療養中だった時期であり、実際に描いている姿を見る機会はなかったのだが、ベッドのある部屋には絵を描くための大きめの机と画材が置いてあった。長男もたまにそこで絵を描いているという。息子にアーティストになることは強要しないが、「もしも絵が売れれば小遣い稼ぎくらいにはなる」と、絵は描けるようになっておくようにと教えている。

アキンティブボは一九五八年にイレ・イフェで生まれた。父親は裕福な農夫だったので、比較的恵まれた環境で育った。アートに興味を抱いたのはほかのアーティストに比べるとやや遅く、二〇代後半になってからのことだった。二〇代の頃はイレ・イフェの街の保険会社で働いていたのだが、当時住んでいた下宿にオショボ派のアーティストが数名いたことをきっかけにこの道を歩むことになった。アメリカ合衆国の大使が顧客としてオショボ派のアーティストたちを訪れたという話を聞き、アーティストの仕事に惹かれたという。当時住んでいたエレイェレ（Eleyele）と呼ばれるイレ・イフェの新市街地には、著名な第二世代のオショボ派のアーティストが住んでおり、彼らと交流する機会を持つことができた。アキンティブボはオショボ派の友人に頼んで、ウォレ・オイェイェミ（Wole Oyeyemi）を紹介してもらい、会社勤めを続けながらオイェイェミのもとで三か月間弟子入りして学んだ。画材は会社からの給料を使って購入したという。一九八四年に

図2-21　ヨルバの王の登場場面を描いたアキンティブボの作品（詳細）。油性フェルトペン（黒色のみ）・画用紙。約60×45cm（2012年2月16日撮影）

保険会社を辞めて本格的にアーティストの道へ進み出し、一九八六年には独立した。

フランス人の顧客の支援で、一九八〇年代後半から一九九〇年代前半まではイバダンに居住し、外国人訪問客や国内外富裕層の集まる施設の敷地内で作品を販売していた。スイミング・プールやレストランのある高層ビル「カカオ・ハウス（Cocoa House）」【40】、国際熱帯農業研究所（ＩＩＴＡ）内のゲスト・ハウス、フランス文化センター（アリアンス・フランセーズ〔Alliance Française〕）などがそうである【41】。当時は、こうした場所で展示の申し込みをすることは難しくなかったという。その後、医療事務の仕事をしていた妻がイレ・イフェの近くで就職が決まったことを機に、イレ・イフェへ戻ることになった。一九九〇年代半ば頃から現在までずっと、国際会議場内で作品を販売している（インタビュー集 pp.347-367）。

シェグン・アグンソイェ（Segun AGUNSOYE）——四六歳男性

アグンソイェの仕事場は、市街地から少し離れた閑静な住宅地にある自宅の一室だ。六畳より少し広いその部屋の隅には机が置かれ、画材や道具がのせてある。床には作品の材料である布やカーペットの端切れを入れた袋が置いてあるだけで、簡素だが広い空間のある部屋だ。静かな場所で作品をつくりたいというアグンソイェは、住宅地の中のその部屋を仕事場として選んだ。小学校の教師を務める妻と三人の子供たちが学校へ行っている朝から昼過ぎにかけて、最も集中して仕事をするという。停電していなければＶＣＤ／ＤＶＤ

図2-22　自宅の仕事場で布の端切れのコラージュを制作するアグンソイェ（2012年2月29日撮影）

プレイヤーでヨルバのフォークミュージックを流すこともある。絵画を描く時は机を使用するが、コラージュを作成する時は床を使う。コンクリートの打ちっぱなしの床に布の端切れを散らかし、大きなパズルに取り掛かるかのように、対象から距離を保ちながらデザインを決めていく（図2-22）。ビーチサンダルに短パン、上半身は裸といういでたちで、家族も弟子もいない一人だけの空間で作品制作に没頭する。

以前は、ロウケツ染によって布に絵柄を浮かび上がらせるバティック布や、布の上に絵柄を縫いつけていくアップリケの作品を制作していたが、ここ数年は、画用紙上にインクを使って描く絵とコラージュに専念している。コラージュにはカーペット、雑誌、布の端切れなどを利用するが、最も力を入れているのは布を使用したものだ。使用する端切れ布はイレ・イフェの仕立屋一〇軒ほどから集めている。布を貼り付けていく土台は画布や紙ではなく、レースの布を用いる。これはイレ・イフェの市場にあるセカンドハンドのカーテン屋で入手する。これに糊を付けて乾燥させたものを土台として（画布や画用紙のように）使う。この滑らかで柔らかい独特の生地を、アグンソイェは彼自身の発明として誇っている。布の端切れを組み合わせながら、ナイジェリアの社会問題や伝統といった主題を表現したり、特に主題を持たず、布の色と模様と形を自在に組み合わせたりしてコラージュをつくることもある（図2-23、巻頭カラー頁）。縦九〇cm・横七〇cmほどの絵画やコラージュは、おもにアブジャで一五万ナイラ（約七万五〇〇〇円）で売る。ほかのアブジャ志向のアーティストたちは、このサイズの絵画を二〇〇〇〜五〇〇〇ナイラで販売していることから、アグンソイェの価格設定は非常に高いことがわかる。また、このほか、一五cm×二〇cmほどのグリーティングカードも五〇〇〇ナイラ（約二五〇〇円）で販売している。

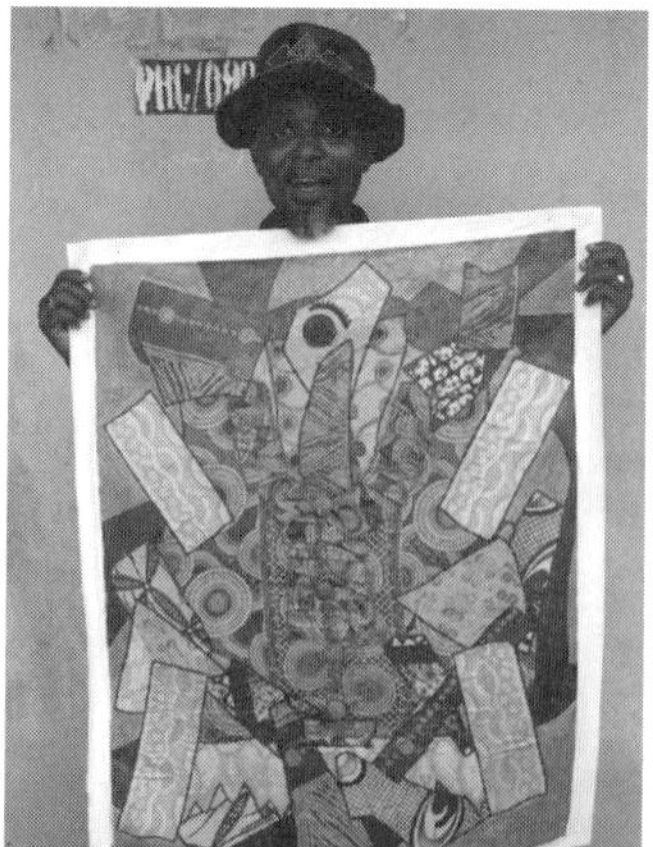
図2-23　アグンソイェと彼の作品。布、糊、油彩のコラージュ
（2012年2月24日撮影）

一九八〇年代から外国人駐在員や訪問者を対象に作品制

作を行ってきたアグンソイェは、自分の作品が高い金額に値する価値を持っていると信じている。その価値を落とさないためにも、今でも作品を安売りする気はないという。ところが、数少ないイレ・イフェの顧客（大学教授など）は低い価格でしか作品を買おうとしないので、その場合は作品を「安くあげる」ために、油彩ではなく水彩絵具と糊を混ぜたものを使うという。一九八〇年代や九〇年代のように欧米からの訪問者に作品を頻繁に売ったり、彼らに展示・販売活動を促してもらうことが近年非常に難しくなっている。

一九九〇年代まではラゴスのアートギャラリーに作品を売りに行っていたが、ラゴスは混雑し過ぎており、競争率も高いため、次第に市場をアブジャ以北に移した。二〇〇二年から四年間はアブジャで暮らし、おもにペンとインクでライスペーパー（薄葉紙）に描く作品を制作・販売した。しかしアブジャの物価は高く、生活は厳しかった。「ヨルバ発祥の地」に以前から住みたいと思っていたこともあり、二〇〇六年にイレ・イフェに越してきた。その後もアブジャに頻繁に足を運び、同じイレ・イフェ在住の友人のアーティストのコラウォレ・アウォクンレ（Kolawole Awokunle）（表1a・1b事例番号22）がアブジャの外国人観光客用の土産物市場に持つ店を、滞在・販売場所として利用させてもらうこともある。二〇一一年以降は、イスラーム過激派組織ボーコー・ハラーム（Boko Haram）がナイジェリア北部を中心に武力行為を繰り返していることを恐れ、頻繁にアブジャへ足を運べない状況が続いている。

アグンソイェは一九六三年にイバダンで生まれた。父親は自動車修理工だった。アートに興味を持ったきっかけは、アグンソイェが六歳だった頃、母親が布を染めていたのを見た時だった。中学・高等学校時代は絵を描くことが好きで、誰かの家に入るとその家の構図をすぐに描けたので、建築家になろうかと考えたこともあった。アーティストになることは特に志していなかったのだが、一九八二年に高等学校を卒業し、技術大学か総合大学を受験しようとしていた時、トキ・アート・スタジオ（Toki Art Studio）を知った。スタジオの玄関に飾られていた仮面は人目を引くもので、呪術師の集まる場所ではないかと言われることもあったほど異様な雰囲気の場所だった。ところが中に入ると、人びとが絵を描いていた。興味を持ったアグンソイェは、以来三年間そのスタジオに通った。スタジオを開いていたのはイバダン在住のアーティスト、トゥンデ・オドゥンラデ（Tunde Odunlade）（1954-）とトゥンラヨ・オニボクタ（Tunlayo Onibokuta）らであった【42】。

オドゥンラデはイレ・イフェの出身で、第二世代のオショボ派のアーティスト、インカ・アデイェミ[1-2-3]からアートを学んだが、アグンソイェによると、いわゆるオショボ派とは違う様式の作品をつくっていた。そこに通っていたアーティストのほとんども、オショボ派とは異なる独自の様式で作品制作を行っていたという【43】。師匠オドゥンラデはアグンソイェら弟子たちに画材を与え、絵を描かせた。アグンソイェがそこで最初に制作したのは、黒いボールペンを使って画用紙に描いた絵だった。そのほか、バティック布、ペンとインクで画用紙に描く絵画、リノカット版画などを学んだ。同時に、イバダンの技術大学でアートを専攻して普通国家資格（OND）も取得したが、大学の帰りはトキ・アート・スタジオに寄っていた。一九八四年に師匠が作品の展示と販売でアメリカ合衆国へ行った時、アグンソイェの作品が売れ、師匠から一二〇ナイラという（当時の）大金を受け取った。

次第に自信をつけていったアグンソイェは、一九八六年にイバダンのフランス文化センターでグループ展に出展した。一九八八年にはナイジェリア北部カノのフランス文化センターで初めての個展を行い、バティック布の作品を展示した。その後トキ・アート・スタジオから独立し、翌一九八九年には北部カドゥナのフランス文化センターで絵画を展示した。また、同センターの主催で、カドゥナのインターナショナル・スクールで開催されたアートのワークショップにはゲスト・アーティストとして招待されている。一九九七年には、友人のアーティストと一緒に、首都アブジャのドイツ人学校（German School）で開催されたナイジェリアの伝統美術のワークショップで、やはりゲスト・アーティストとして招待されている。一九九八年は、イバダンの国際熱帯農業研究所（IITA）で開催された展覧会にも参加した。二〇〇七年も、アブジャのフランス人学校（École Française Marcel Pagnol）で開催された絵画のワークショップでゲスト・アーティストとして招待されている。さらに二〇〇四年には、二〇〇二年以降、国内や欧米で人気を博したヨルバのフォークミュージシャン「ビューティフル・ヌビア（Beautiful Nubia）」のアルバムジャケットの絵を手掛けた。現在はフェイスブックを利用して積極的に友人・知人と繋がって、特に欧米での展示・販売の機会を得ようとしている。インターネット上でアメリカ合衆国での滞在制作の募集を見つけては、申請しているという。

[2-2-3] スタジオ・アーティスト

オショボ派やアブジャ志向のアーティストとは異なり、徒弟制ではなくアートの高等教育あるいは独学によって技術を身に付け、かつ、基本的に街や地域の人びとを対象とはせず、国内外の美術市場をターゲットに独自に活動を行うアーティストがいる。彼らのことを、本書では「スタジオ・アーティスト」と呼ぶ【44】。私が出会ったスタジオ・アーティストは三人だが、ここではそのうちの二人、ボラデ・オミディラン（Gbolade Omidiran）（表1a・1b事例番号24）とシェグン・アデク（Segun Adeku）（表1a・1b事例番号26）を事例として取り上げる。オミディランとの出会いは、私と同じ下宿に暮らしていた友人たちからの紹介によるもので[0-3-2]、アデクとの出会いはオミディランからの紹介であった。

ボラデ・オミディラン（Gbolade OMIDIRAN）――四〇歳男性

車三台に大型自家発電機、液晶テレビや大型冷凍庫があるオミディランの自宅は、イレ・イフェの平均的な家屋と比べるとかなりの豪邸だ。ところが仕事場はとても簡素である。庭の端に大きな作業テーブルを置き、その上にテント生地とトタンの屋根が取り付けてあるだけの空間になっている。常に二～三人の弟子がいて、オミディランの作品制作の様子をじっと見ていたり、制作の一部を手伝ったり、買い物などの雑用をこなすなど、オミディランの指示を受けて即座に身体を動かしている（図2-24）。静かに黙々と作業を行っていることもあるが、たいてい、弟子たちや妻、または妻の友人など、訪問者を交えて和気あいあいと会話をしている。周りの音はまったく気にならないらしい。ラジカセからはオミディランが好きなナイジェリアや南アフリカのポップミュージックが流れている。色とりどりの絵具のついた九年以上履いているいつものズボンにTシャツが定番だが、上半身は裸のことも多い。朝は夜明けと共に、夕方は日が暮れる六時から七時頃まで仕事をする。日曜日は休日にしている。現在は約九人の弟子がいるが、これまでに五〇人以上の弟子を受け入れてきたという。

もともとグラフィック・デザインを専門としていたオミディランだが、一九九〇年代後半からは絵画を専門とし、収入のほとんどは絵画によるものである。最も多く制作するのはのどかな村の生活、食品市場、町並みなど、「アフリカの伝統文化」を思い起こさせる油彩画やアクリル画である。エマルションペンキに糊、または糊と砂を混ぜ、注射器を使って凹凸のある線を描いたり、木の実や種や小石を画布に付着させたり、蛇革やビロードを画布代わりに使用したりと、独自の創作も行う。グワッシュ（不透明水彩絵具）やパステルを使うこともある。オミディランはこうした「アフリカ」をテーマにした絵画を、写実的にではなく、様式化して表現する。一日で人間や動物、道

図2-24　オミディランの仕事場。オミディランが作品をつくる様子を弟子（右）が見ている
（2009年3月11日撮影）

図2-25　オミディランの作品。2012年、油彩・蛇革、約40×70cm
（2012年2月26日撮影）

具や装飾品、建物や自然であることを判別できるが、目や鼻など人間の顔の細やかな表情は描かない。しかし、歩く、しゃがむ、漕ぐ、踊る、演奏するといった身体の動きは、細長い手足や首の曲線によって軽やかに描くことで、鮮やかに表現している。服や持ち物、手足や顔にパターン化した模様を描き入れた、細部にこだわった作品もつくる（図2-25、巻頭カラー頁）。遠近法を用いて奥行きのある空間を描くことに加え、木やプラスチックの板を使用して手前の人物像を突出させ、三次元の絵画を制作するのも特徴である。

定番のサイズは四〇×七〇cmで、一万～一万五〇〇〇ナイラ（約五〇〇〇～七五〇〇円）、中盤サイズ六〇×一二〇cmで一五万～二〇万ナイラ（約七万五〇〇〇～一〇万円）だが、海外向けに二五万ナイラ（約一二万円）の一六〇×八〇cmの大判を制作することもある。最も高いものは大きさに関わらずオミディラン自身が気に入る作品で、五〇万ナイラ（約二五万円）の値を付けている。しかし、自分でとても気に入ると売らない場合もある。二〇一二年以降は、需要に応えて縦・横九〇cmの正方形の絵も増やしている。また、高額の絵画を購入できない人のために、自分の作品を二〇×四〇cm程度に縮小カラーコピーし、それを薄い板に貼ってラミネート加工したものを一五〇〇～二〇〇〇ナイラ（約七五〇～一〇〇〇円）で販売することもある。

おもな対象はラゴスのアートギャラリーや土産物屋、ホテルや銀行である。年に一度程度だが、ラゴスで行われるトレード・フェアへ作品を出展したり、人脈を通じてアメリカ合衆国をはじめとする海外のアートギャラリーに出展することもある。

オミディランが一九九八年から毎月つけている収入の記録によると、近年の年収の平均は六〇〇万ナイラ（約

図2-26　オミディランとオミディランの自宅敷地内にあるギャラリー
（2011年6月16日撮影）

三〇〇万円）である。自分で貯金しているし、もしもの時は母親に金を借りることもできるため、頼母子講に参加する必要はないという。自宅敷地内に建てたアートギャラリーには七〇以上の作品が展示してあり、顧客がいつ訪れても良い状態にしてある（図2-26）。

オミディランは一九七二年にラゴスで生まれた。父親は保健体育学の大学教授だった。中学・高等学校の時に生物学が好きで動物や微生物の絵をよく描いていたことから、大学入試の受験科目の一つとしてアートを選択した。しかし、父親の勧めでラゴス大学の建築学科に進学した。ところがその後、アートを学ぶことが将来的により利益に繋がるのではないかと考えた父親や知人に勧められ、オバフェミ・アウォロウォ大学美術学科に編入してグラフィック・デザインを専攻することになった。同学科は一九九五年に卒業し、学科在籍中に出会ったある顧客を頼ってラゴスのアートギャラリーで三年ほど働いた。オバフェミ・アフォロウォ大学美術学科の修士課程には一九九九年に進学した。大学院生の頃から寮で絵を描き、ラゴスの顧客や裕福な大学生とその家族をおもな対象として作品の販売を行ってきた。二〇〇〇年からは寮を出て、新市街地の近くの住宅地に自宅と仕事場を借りた。二〇〇八年にはその近くに自宅と仕事場を建てた。二〇一〇年にはイレ・イフェの新市街地にアートギャラリー（図0-5〔p.7〕）【45】を開き、また、ラゴスの州都の絵画販売店に作品を卸すようになった。さらに、二〇一一年には自宅敷地内にアートギャラリーを建てるほど着々と収入を増やし、アーティストとしてのキャリアを順調に積み上げている（インタビュー集 pp.292-321）。

シェグン・アデク（Segun ADEKU）——六三歳男性

アデクの仕事場は王宮のすぐ近く、イレ・イフェの旧市街地の中心地にある。イレ・イフェで最も車の通りが多い道路の一つに面しており、屋内でも話し声が聞こえにくいほどいつも騒音がしている。平屋だが天井は高く、二四畳ほどもある広い空間の建物のほぼ全体に、作品や画材が置いてある（図2-27）。窓側に作業机と椅子が一つずつ、そのそばには穴が開いてクッションの沈みかかったソファーが一つ置いてある。壁には、二〇～三〇年前から近年までの作品がいくつか立てかけてある。最新作は壁に掲げたパネルに貼り付けてある。版画を刷る作業は、奥にあるもう一部屋に置いている版画プレス機を使って行う。基本的に人を通さないその部屋には、四〇年前からの古い作品の数々や画材、廃材など、足の踏み場もないほどたくさんのもので溢れている。市街地から離れた住宅地にある自宅からここまでほぼ毎日通い、休みは不定期にとる。古びたズボン、ボタンを一つか二つだけとめた大きめのシャツに野球帽というスタイルは、少なくとも私の知る九年間は変わっていない。仕事場の外でアデクを見かけた時はいつも上下そろった民族衣装を着ていたことから、これは仕事場専用のスタイルのようだ。

アデクは木版、リノカット、モノタイプ、トランスファー技法【46】などの版画、油絵、バティック布、木彫ほか様々な作品を制作してきたが、木版とリノカット、特にアデクが「ディープ・エッチング」と呼ぶ版画を専門としている。アデクのディープ・エッチングは、銅、薄い木の板または厚紙にアラルダイトと呼ばれるエポキシ樹脂でできた耐熱接着剤を厚く塗ったものを版の土台にする。その上にインクとペン（乾燥させた、細くて固い植物の茎）を使って絵を描く。次に、その絵の線をなぞるようにカッターの刃で彫っていく。彫って出来た溝（凹部）にインクを入り込ませるために、スポンジを用いて馴染ませるように版全体に塗る。その直後、版の表面の凸部のインクを拭きとってプレス機に通すと、凹部に入り込んだインクが圧力で押し出され、アラルダイト上に描いた絵が紙に転写される。この技法は、版画家のブルース・オノブラクペヤ【1-2-2】の作品などを参考にしながら、アデクが独自に考え出したものだという。これまで、展覧会やカタログでオノブラクペヤら巨匠アーティストの作品や版を見て参考にしてきたが、弟子入りしたり、誰かのワークショップで

図2-27　版に黒いインクをのせ、印刷の準備をするアデク
（2009年1月5日撮影）

学んだことは一切ない。あくまでも独学であることを、アデクは誇りにしている。

アデクの絵には人物や動物・魚の図が具象的に描かれている。目、眉、鼻、口、えくぼなど表情を表すものをはっきりと描く。生き物の顔はほとんどいつも笑顔である。社会問題やヨルバの伝統を主題とするが、根底には平和を呼び起こす笑顔を描くのだという（図２-28、巻頭カラー頁）。人物は常にヨルバの衣装をまとっており、水汲み、子育て、椰子酒づくり、踊りなど、ヨルバの人びとの伝統や日常を描く。リアリズムには依らず、三等身などアンバランスなプロポーションで描くことで、作品にユーモアや漫画・イラストのような親しみを持たせる。まず、人物や模様の輪郭は黒のインクを使った版画で描き出し、その後で服装、顔貌、背景に油彩で色を付けていく。アクセントに鮮やかな赤、青、オレンジ、黄、緑などの原色を使うが、背景には黒一色を塗ったり、淡い色を組み合わせたり、ぼかしやスクラッチなどを入れて前景を際立たせるのが、二〇〇〇年代後半以降のアデクの作品の特徴である。

作品は四〇×五〇cm程度が定番で、一万ナイラ（約五〇〇〇円）前後だが、時々制作する一三～一五cmほどの小型の作品は五〇〇〇ナイラ（約二五〇〇円）である。グリーティングカードであれば一〇〇〇～一五〇〇ナイラ（約五〇〇～七五〇円）である。不定期にラゴスのアートギャラリーに作品を持ち込んで売ることがほとんどで、アデクの仕事場に直接客が来ることはほぼまったくない。自ら作品を売ってまわったり、インターネットを通じて展示・販売の機会を探すこともしない。しかし、海外のアートギャラリー、または国内のアカデミック・アーティストが主催する展覧会で展示活動を行いたいという強い意思はある。

アデクは一九四九年にオグン州で生まれたが、一九七〇年頃からイレ・イフェに住んでいる。六歳頃から絵を描き始めていた。本格的にアート

図2-28　アデクの作品「Beauty and the Mind（美しさと心）」。2008年、油彩・インク・画用紙、約30×50cm
（2010年6月29日撮影）

を始めたのは二〇歳の頃で、オバフェミ・アウォロウォ大学が主催して行ったオリ・オロクン・ワークショップ[1-2-3]アーティストたちと知り合ってからであった。当時イレ・イフェの街のアルビディ地区で新聞配達をしていたアデクは、同地区で行われていたワークショップの様子を見たり、アーティストたちと話をする機会を得ることができた。そこで出会ったアーティスト、ティジャニ・マヤキリ[1-2-3]やアデモラ・ウィリアムズ（Ademola Williams）、ブルース・オノブラクペヤに影響を受け、彼らから直接学ぶことはなかったものの、独学で絵画と版画の技術を身に付けた。一九七五年にはアフマド・ベロ大学美術学科で初めての個展を開いている。現在に至るまで、一九八九年の西ドイツ、一九九一年のデンマークとフィンランドを含め、アフリカ、アメリカ合衆国、ヨーロッパで一七の個展を開いてきた。国内では、フランス、イタリア、イギリスの各文化センター、レバノン大使館、大学の美術学科、国際熱帯農業研究所、ナイジェリア・アーティスト協会などが主催した展覧会に参加してきた。二〇一二年に、プロのアーティストとして活動するようになって四〇周年を迎えたアデクは、その記念展覧会をイバダンのフランス文化センターで開催した。

アデクには、中学・高等学校の教員を勤める妻が一人、子供が三人いる。娘二人はアートをほとんど学ばなかったが、長男のベンガは小学生の頃から父親の仕事場に頻繁に通っていた。高校生になると、人物像など、具象的な絵を鉛筆で画用紙に細やかに描けるようになった。ベンガは二〇一一年にオバフェミ・アウォロウォ大学の美術学科に進学し、アーティストをめざして学んでいる。

[2-3] 「日常的」な需要に基づいて

本節では、広告・宣伝や贈り物をはじめとする「日常的」な需要に基づくアートとアーティストに注目する。本書でいう「日常的」な需要は、イレ・イフェで暮らす人びとの日常生活と密接に関わる需要を指す。ここでいう広告・宣伝や贈り物とは、第1章[1-3-1]で概観したイレ・イフェの街で「アート（art）」や「アーツ（arts）」という看板が掲げられている店でつくられる一群の作品である。広告や宣伝を目的とした看板、横断幕、ビラのデザインと制作をはじめ、冠婚葬祭や記念式典での贈り物や記念品（Tシャツやバッグなど）へのシルクスクリーン印刷、賞状や記念額、飾り板、ゴム印、ステッカー、肖像画などの制作、さらには家屋の壁塗りやバイクの泥除けのデザインなど、幅広い仕事を請けおう。ヨルバランドでは、冠婚葬祭で主催者側が贈り物（日本でいう引出物や香典返し）を多数準備する慣習があり、通常、贈り物には主催者の名前や写真、メッセージが印刷されたステッカーが貼られているか、贈り物に直接印刷されている。こういったステッカーの制作や文字・写真のシルクスクリーン印刷も、アーティストの仕事である。誕生日や結婚記念日、卒業や昇進を祝う際は、厚紙や木などでつくられる大型のオリジナル・グリーティングカードや飾り板が贈られる。さらに、インフォーマルセクターにおける個人ビジネスや様々な宗派のキリスト教教会の活動が非常に盛んであるため、店の看板や外装、教会のモットーや行事を知らせる広告・チラシは欠かせないものとなっている。これらのデザインと制作を担うのがアーティストである。

表1aに示しているように、三六人のアーティストのうち一一人が「日常的」な需要に基づくアートを中心に制作し、販売している。ここでは、そのうち四人について見ていきたい。

[2-3-1]　身近なアーティスト

看板やビラ、名刺やステッカー、グリーティングカードや記念額、家屋の壁塗りといった、イレ・イフェの広く一般の人びとの生活に最も身近なアートのつくり手を、本書では「身近なアーティスト」と呼ぶ【47】。「グラフィック・デザイナー」と表現することもできるが、厳密にいうと「グラフィック・デザイン」には含まれないものや、「グラフィック・デザイン」といって一般的に連想されにくいもの（肖像画、贈答品／ギフトアイテムなど）も彼らは請けおう。このため、本書では、「身近なアーティスト」、「身近なアート」という表現を使うことにする。身近なアーティストは八人おり、本項ではそのうちマシュー・アデイェニ（Mathew Adeyeni）（表1a・1b事例番号32）とアデオル・アデレケ（Adeolu Adeleke）（表1a・1b事例番号29）の二人を事例として取り上げる。私と両者との出会いは、身近なアーティスト兼画材屋の店主であるベンガ・コラウォレ（Gbenga Kolawole）（表1a・1b事例番号36）による紹介であった。

なお、訪問はできなかったが、身近なアートを専門とする看板の掲げられた店を、私は市内でさらに五店舗以上確認している。また、身近なアーティストを中心とした最も大きい組合の会員数は約一二〇人とされている。同組合のメンバーによると、組合員のほかにさらに一〇〇人以上の身近なアーティストがイレ・イフェに存在していると推測できるという【48】。このことからも、身近なアーティストが街で最も日常的、あるいは一般的なアーティストとして知られていることがうかがえる。

マシュー・アデイェニ（Mathew ADEYENI）——四六歳男性

アデイェニの店はイレ・イフェの目抜き通り沿いにある。最も大きい市場のすぐそばでもある。店構えは簡素だが、アデイェニのビジネス名「オリジネーター」は街中で知れ渡っているかのように、近所の人びとはもちろん、アーティストのあいだでも彼の知名度は非常に高い。表を歩けば「オリジネーター！」「オリジン！」と声がかかり、人びとと挨拶や握手を交わす。すらっとした長身、左右の頬それぞれにくっきりと刻まれた三本の線（「トライバルマーク」）【49】、薄紫色のメガネ、ナイジェリアの民族衣装や自分でデザインした布を仕立てた上下セットの服、アイロンを几帳面にかけたズボンとカッターシャツなど、容姿だけでもアデイェニは目立っている。縦に長い六畳強ほどの店内には窓がなく暗いため、作業のほとんどは入口付近の軒下に置かれた机の上で行う。店の中には冠婚葬祭用の顔写真入り紙袋やメモ帳、カレンダー、バティック布やシルクスクリーンで模様のプリントされた布など、アデイェニが請けおうデザインや作品のサンプルが並べられている（図2-29）。店の周りには靴屋や布屋などが軒を連ねる。近所の人や通りすがりの知人たちが店内で話しこんでいったり、顧客に限らず友人たちが頻繁に訪れては手を止めて会話に応じたりと、アデイェニは非常に社交的である。弟子はおらず、イバダンへも頻繁に行くため店を開けていない時間帯もあるのだが、基本的に日曜日以外は毎日店で作業している。

最も頻繁に請けおうのは看板制作や、手動のシルクスクリーンによるステッカーやビニール袋へのロゴ印刷などで、印刷枚数に依るが、一度の注文で五〇〇〜二〇〇〇ナイラ（約二五〇〜一〇〇〇円）以上の収入を得る。また、アデイェニは、カラー写真を取り込んだ大型看板や横断幕も請けおう数少ない身近なアーティストである。カラー写真の転写が可能な機械を持っていないため、受注するとイバダンへ足を運び、商品を完成させてイレ・イフェに持ち帰る。こうした大型の看板や広告は数万円する高価なもので、私立学校や大学、教会や企業などが、入学者や礼拝者の募集、記念式典の告知、商品や小売店の宣伝のために注文する（図2-30、巻頭カラー頁）。さらに、アートの教科書の作成と販売もアデイェニの仕事の特徴である。技術大学の美術学科で学んだアートの基礎知識や独学で得た幅広い知識を生かし、これまでに三冊の教科書・参考書を書いた。B5判半分のサイズで四〇頁ほどで、一〇〇ナイラ（約五〇円）で市内のいくつかの書店で販売しているが、自ら学校を訪ねてまわって売ることもある。二〇一〇年前後は、店の仕事をしながらアートの非常勤講師として自作の教科書を使用し、イレ・イフェの私立中学校に勤めていた。しかし、給料がきちんと支払われなかったことが原因で講師は辞めた。今後は特に広告・宣伝に力を入れ、

図2-29　アデイェニと彼の仕事場
（2011年6月18日撮影）

デザイン・制作を受注するだけではなく、広告代理業全般も担って仕事を広げていきたいという。

アデイェニは一九六六年にイレ・イフェで生まれた。家族は皆アートとは関係のないことに携わっていたが、彼だけ、小学生の時にアートに興味を持った。ある先生の漫画風の絵を黒板に描いたために校長先生に罰せられ、自分が描いたものへの誇りと罰を受けた悔しさから、絵を描き続けようと思ったという。高校を卒業すると、近郊の都市イレーシャの教育大学でアートを専攻し、さらに、イバダンの技術大学でもアートを専攻した。そこで普通国家資格（OND）と上級国家資格（HND＝Higer National Diploma）を取得した。その間、技術大学の教員の紹介で、ラゴスにある石油関係の会社が出版する雑誌のデザイン担当として数か月間働いたり、イバダンの新聞社でデザインの研修を行ったりした。イレ・イフェに帰ったのは、大学病院内の店の販売員の仕事が見つかったためであったが、同時にアーティストとしての自分の店も構えた。その頃から、中学・高等学校の教材としてアートの教科書を書き始めていた。大学病院での仕事はすぐに辞め、自分の店に落ち着き、教科書の販売、看板・横断幕のデザインや印刷というアートの仕事一筋で生計を立ててきた。

アデイェニには妻と小・中学生の四人の娘がいるが、頼母子講二つに定期的に参加していることからも想像できるように、比較的安定した収入を得ている。所属教会へも毎週一定額をタイズ【50】として納めている。数年かかる見通しではあるが、現在、住宅地に自宅を建設中である。

図2-30　アデイェニの作品。横断幕専用の生地にカラー印刷。
約90㎝×60㎝
（2010年5月24日撮影）

アデオル・アデレケ（Adeolu ADELEKE）——四〇代半ば男性

　アデレケの店は旧市街地の繁華街の路地裏にある。四畳半弱と狭く、看板も表立って出してはいないが、数年前まで表通りに店を出していたため、ビジネス名の「デオ・アーツ」や「ミスター・デオ」は近所の誰もが知っている。車やバイク、人通りの多さで雑多な地域に店を持つアデレケは、店の裏口を出た人目につきにくい狭い屋外のスペースで作業をする（図2-31）。店の中も材料や道具でごったがえしている上、ほとんど停電していて暗いので外の方が作業しやすいようだ。ズボンと襟付きシャツまたはTシャツ姿で、作業中でも極端にリラックスした格好はしない。アデレケには常連客が多く、家屋の壁塗りに行っていたり、シルクスクリーンで数百枚／個のTシャツやスクールバッグなどにロゴを印刷したりと、常に商品の発注を受けて忙しい様子である。

　最も多い仕事はシルクスクリーンによるロゴの印刷である。ロゴは顧客の要望によってアデレケがデザインすることもあれば、顧客の提示する既存のロゴを使用することもある。デザインやレイアウトの調整にはパソコンを使い、バッグ、Tシャツ、ハンカチなどへのプリントはシルクスクリーンによって手動で行う。デザイン・レイアウトについて、特にアデレケ独特の特徴を見出すことは難しいが、アルファベットのみ、またはアルファベットに絵を添え、見やすく、読みやすい字の大きさと太さのロゴをつくることに気を配っている（図2-32、巻頭カラー頁）。

図2-31　シルクスクリーン印刷の準備をしているアデレケ
（2010年7月30日撮影）

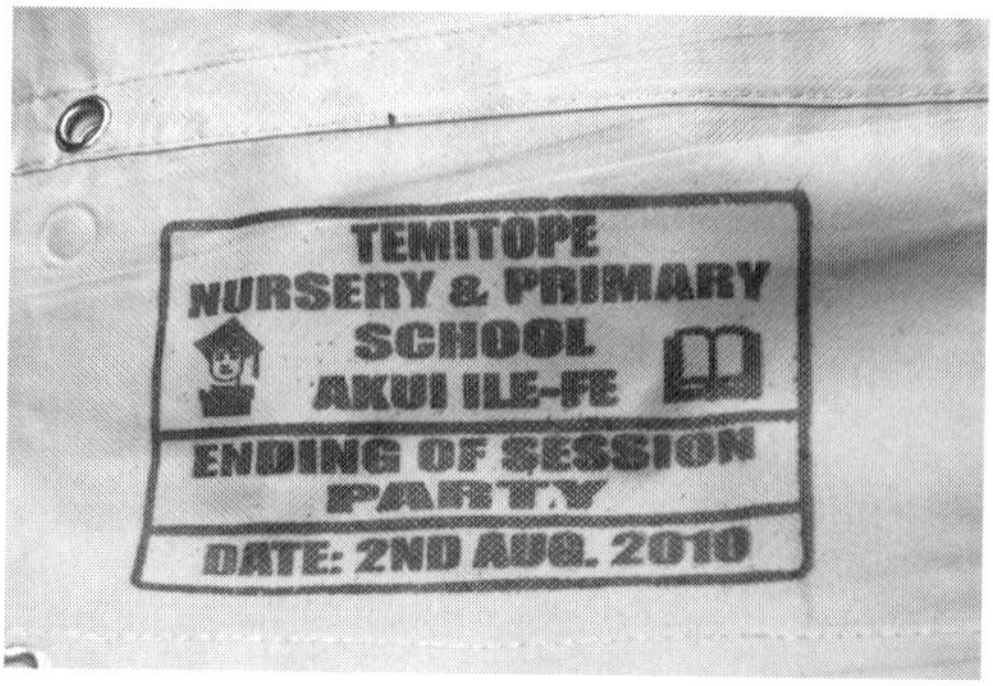

図2-32　アデレケがシルクスクリーンでバッグに印刷したロゴ
（2010年7月30日撮影）

アデレケは一九六〇年代半ばにイレ・イフェで生まれた。小学生の頃から、漫画や絵を描くこと、粘土細工などが好きだった。高校で留年したためアートの授業を二度受けることになり、その際、アートが得意であることに改めて気付き、続けたいと思った。高校卒業後は、両親がアートの道に進むことに反対していたため、ラジオなどの電化製品の修理工としてしばらく働いた。しかし、アデレケは修理工をしながら受験勉強をし、イバダンの技術大学に進学した。そこでアートを専攻して修了し、普通国家資格（OND）を取得した。その後、さらに上級国家資格（HND）を取得しようと願書を出した。当時、絵画、彫刻、陶芸、テキスタイル・デザイン、グラフィック・デザインの五つのコースワークをすべて難なくこなしていた。最も得意としていたのは陶芸だったが、陶芸では稼げないと判断し、上級国家資格は染織で取得するつもりだったという。しかし、学校側の制度が急に変更となり、希望していた染織のコースが廃止されたため進学できなくなった。このため、ラゴスで自分の仕事場を持って絵画の制作・販売に徹しようとしたがうまくいかず、親戚が営むラゴスのパン工場で二年間働いた。ラゴスにいるあいだになんとかアーティストの仕事を確立させようと思っていたが、工場の倒産をきっかけにイレ・イフェに帰らざるをえなくなり、そこでさらに二年間、カカオの卸売店で働いた。同店での労働条件が非常に悪かったこと、また、アートを諦められなかったことからその仕事を辞め、両親や親戚の助けを借りて、一九九六年頃新市街地の繁華街に掘立小屋の店を建てた。そこで身近なアートを中心に仕事を請けおうようになった。

店の仕事をしながら絵画の制作も続け、北部の都市カドゥナへ持参して売っていた。カドゥナでは、ヨーロッパ人をはじめとする富裕層の顧客に絵画の訪問販売を行った。しかし、二〇〇〇年にカドゥナで起こったシャリーア（Sharia）紛争【51】に巻き込まれ、死の瀬戸際に立たされる恐怖の体験をしたことをきっかけに北部へ行くことはなくなり、当時の顧客との連絡も途絶えた。その後は、生活のために広告・宣伝が中心の身近なアートの仕事に集中せざるをえず、イレ・イフェで需要のない絵はまったく描かなくなった（インタビュー集 pp.329-347）。

妻は、オバフェミ・アウォロウォ大学のキャンパスでタイピストとして働いている。

[2-3-2]

土器づくり師／陶芸家

土器は、かつては伝統宗教の儀礼で使用する道具として、また、容器や食器といった日常生活における道具として使われていた。しかし、伝統宗教の衰退やプラスチック容器の使用などにより、現在では土器の需要は皆無に近いほどだ。そこで、イレ・イフェで唯一の土器づくり師（陶芸家）であるアヨ・アウォイェル（Ayo Awoyelu）（表1a・1b事例番号10）は、「古典的」な需要とも、「鑑賞中心」の需要とも離れた、街の一般の人びとのごく一部からの「日常的」な需要に基づいて活動を行っている。

アヨ・アウォイェル（Ayo AWOYELU）――四四歳男性

アウォイェルの自宅兼仕事場は、旧市街でもハウサ人やムスリムの店が集まる繁華街から道を一本外れた所にある。注意しなければ見落とすほど地味なものだが、「シャローム・ポタリー（Shalom Pottery）」と書かれた色褪せた小さな看板が立っている。父親から譲り受けた平屋を自宅にし、その最も広い一二畳ほどの部屋を仕事場として使っている（図2-33）。そこは仕出しの仕事をする妻の仕事場（台所）でもあり、食材やまな板、粘土やろくろが隣り合わせに置いてある。屋外には使い古したバスタブが置いてあり、それを粘土づくり用の大きな容器として使用している。四本の柱にトタンの屋根を乗せ、二辺のみトタンの壁をつけた四畳半ほどのスペースには手づくりの窯を置いている。トタンの屋根から突き出た煙突の先には、窯を使っていない時に雨水が入り込まないよう自作の壺がかぶせてある。窯だけではなく、足踏み式と手回しハンドル式の二台のろくろも自分で設計し、イレ・イフェの鍛冶屋と溶接工に依頼してつくった。

アウォイェルは二〇〇〇年代前半までは素焼きの皿、コップ、花瓶、小物入れ、蝋燭たてなどをつくって大学キャンパス内の売店に卸していた。しかしこれらが売れなくなったため、今ではそうした作品はまったくつくっていない。仕事場に唯一残っている素焼きの花瓶には、簡素ながらも凹凸やラインで装飾が施されている（図2-34、巻頭カラー頁）。部分的にアクリル塗料をスプレーで噴霧し、薄い黄とレンガ色に色付けすることでこんがりと焼き上がった様子が演出されていた。端に貼ってある「シャローム・ポタリー・イレ・イフェ」というシールから、花を飾る機能的な道具としてだけではなく、土器づくり師／陶芸家アウォイエル（ビジネス名はシャローム）の作品として、装飾品の花瓶を売っていた様子がうかがえる。

二〇〇八年以降、アウォイエルが制作するのは蝋燭たてのみであり、近隣の都市オショボの一軒の雑貨屋から不定期に一〇〇〇個ほど注文を受ける。直径九cmの浅い皿に小さなハンドルがついた素朴な素焼きの蝋燭たては、一つ一〇〇ナイラ（約五〇円）で売られる（図2-35）。

アウォイエルは一九六八年にイレ・イフェで生まれたが、両親の仕事の関係で、イバダンで小・中・高校時代を過ごした。高校を卒業したあと、大学受験勉強中にアルバイト先を探していたところ、友人の紹介で土器づくりの工房へ行くことになった。そこで土器づくりに夢中になり、進学はやめてこれを二年間学んだ。世界の陶芸に関す

図2-33　仕事場の手動ろくろで花瓶をつくって見せるアウォイエル。向かって左奥の机には妻が仕出しで使う調理道具が置いてある
（2009年2月27日撮影）

図2-34　アウォイエルが2000年代前半まで雑貨屋に卸していた花瓶。約20×8～15×4cm
（2009年2月27日撮影。）

る本や雑誌も読んでいたという。義理の兄がアーティスト（絵描き）だったので絵にも親しんできたのだが、惚れこんだ土器づくりの道に進むことに決めた。独立後は、生まれ故郷であるイレ・イフェに帰ってきた。その当時も、イレ・イフェで陶芸を専門にしている人はいなかった。

小・中学生の三人の子供を育てるためには、妻の稼ぎに頼らざるをえない。妻はかつて、ヨルバの伝統的な綿の布の織り師であったが、二〇〇〇年代に入るとまったく需要がなくなったため仕出屋を始めた。妻はなんとか頼母子講にも参加できている。

[2-3-3]　多様な作品を手掛けるアーティスト

イレ・イフェにおける「日常的」な需要に基づく作品のつくり手の中には、多様な作品を手掛けるアーティストがいる。多様な作品とは、これまで見てきた需要に基づく作品のいくつか、あるいはそれ以外の作品を指す。ただし、身近なアーティストのように表立って看板を掲げたり、一つの分野を専門にしていくわけではなく、臨機応変に多彩な仕事を請けおう。私が出会ったこのようなつくり手は、コラウォレ・オラインカ（Kolawole Olayinka）（表1a・1b事例番号27）一人であった。オラインカとの出会いは、身近なアーティスト兼画材屋の店主であるベンガ・コラウォレの紹介であった。

図2-35　アウォイェルの蝋燭たて。直径約9cm、高さ2cm
（2009年11月27日撮影）

コラウォレ・オラインカ（Kolawole OLAYINKA）――四八歳男性

二〇一〇年まで、オラインカの仕事場は旧市街の住宅地にある自宅の一室と居間だった。幼稚園、小学校、中学校、高等学校に通う五人の子供や近所の人たちに囲まれ、よく邪魔されて怒ったり苛立ったりするが、繁華街の喧騒からは離れた穏やかな環境で仕事をしている。二〇一一年に旧市街の博物館敷地内にやっと店を持つことができた。しかし、店はまだ仕事場として完備していないため、作業のほとんどは自宅で行っている（図2-36）。短パンによれよれのTシャツ、あるいは上半身裸で作業するが、外出する時は決まってジーパンや厚手の長ズボンに襟付きのシャツ、赤いウインドブレーカーとキャップといういでたちでバイクに乗る。子供たちや妻の送り迎え、教会への通い、買い物など、いつもすべてバイクで出かける。

オラインカは様々な様式の平面画を手掛ける。鉛筆や油彩による写実的な肖像画（図0-9〔p.7〕）、オショボ派のアーティストの作品に特徴的な様式化した人物像、西洋美術史の印象派の作品のような光を表現した風景画、対象の解体と再構成というキュビスムを取り入れた作品、偶発的に生まれた形や色のマーブリングを利用したモノプリント、欧米のファンタジー絵画や漫画のイラストの模写、新聞や雑誌に掲載された写真のデッサンなど、画布、紙、筆、ローラー、パレットナイフ、油彩、水彩、グワッシュを用いて多彩な作品を制作する。このほか、前項でみた身近なアート（図2-37）、粘土やセメントの塑造によ

図2-36　オラインカ（左端）を手伝う（左から）長女、三女、妻、次女、次男。鋳造の出来上がりの際、セメントの作品を取り出しやすくするために、型にパーム油を塗っている
（2008年8月30日撮影）

る彫刻、セメント製の鋳造彫刻（レリーフ）、土器、舗装用コンクリート・ブロック（インターロッキング・ブロック）といった立体や、バティック布の制作も行う（オラインカの作品の画像の多くは第4章で掲載する）。

ところがこうした作品の需要はほぼ皆無であり、身近なアートやコンクリート製鋳造彫刻を除くと、オラインカ自身の探究と楽しみだけのためにつくってきた作品がほとんどである。一九九三年には国際的コンペティションを勝ち抜いてドイツで滞在制作を行う機会も得たのだが、滞在を終えて帰国すると、海外での展示・販売の機会どころかイレ・イフェ内でも仕事の依頼はなかった。このため、生計を立てようと、絵画以外の作品も手掛けるようになった。

近年、まとまった収入を得ることができた仕事は、二〇〇七年から二〇一一年にかけて五回ほど受けたカトリック教会からの依頼であった。それらは油彩、またはレリーフによる聖書の内容や聖人像の描写だが、教会側の要望で西洋キリスト教画のコピー（ポスターなど）やインターネット上の西洋キリスト教絵画、ヨーロッパの教会の彫刻などの様式を参考につくった。このため、オラインカ独自の特徴というのは見られない（図2-38）。しかし、オラインカは原画にできるだけ忠実に模写し、作品を完成させる技術を持っている。こうした依頼を、オラインカは自分の本業というよりも、生活のためとアーティストとしての自分の宣伝の機会として捉え、今後より多くの仕事を得るために請けおっているという。これらの仕事は四万ナイラ（約二万円）から一四〇万ナイラ（約七〇万円）で受けた。

オラインカは一九六四年にイバダンで生まれた。父親は大型トラックの運転手として国内を動きまわり、母親は食品・雑貨の小売店を開

図2-37　依頼を受けて誕生日カードを制作中のオラインカ
（2009年7月22日撮影）

いていた。オラインカがアートに興味を持ったのは小学生の頃、当時中学生だった兄が授業で使っていたスケッチブックを見た時だった。兄が描いた中学校の校舎の絵に惹かれ、自分も絵を描きたいと思った。中学生になると、雑誌の中の写真や絵を模写するようになった。高校生になると、それまで使っていた鉛筆に加え、グワッシュを使って色付けするようになった。

高校を卒業した後は、大学の受験費用を稼ぐために建設現場、印刷会社、本屋などで四年間働いた。当時メディアの専攻を希望していたオラインカは、働きながら受験したが合格することができなかった。再度受験を試みようとしていた時、教育大学の美術学科に通っていた知り合いがオラインカの作品を見て、「君は才能があるから」と、アートで受験することを勧めてきた。このことをきっかけに、オラインカは美術学科を受験することになった。また、同時期に、親戚のいるイレ・イフェに移り住み、親戚の知り合いだったオショボ派のアーティスト、バヨ・オグンデレ [1-2-3] に弟子入りして絵画や版画を学んだ。そこで三か月学んだのち、オバフェミ・アウォロウォ大学美

図2-38　オラインカの作品。レリーフ（中央の聖母マリアとキリストの像は教会が購入した既製品）。2008年、セメント、鉄筋、油彩、約270×150×80cm
（2008年11月7日撮影）

術学科に進学して絵画を専攻した。

大学を卒業した後、一九九三年にはドイツでの四か月間の滞在制作と展示の機会を得たことをきっかけに独立した。しかしながら、帰国してからの二〇年近くは、アーティストとして十分な収入を得られない生活が続いている（インタビュー集pp.368-395）。妻は街で仕立屋を営むが、彼女の顧客も多くはない。

[2-4] 考察

本章では、一五人のつくり手を事例に、イレ・イフェのアート、およびアーティストの諸相を、つくり手の現在の暮らしとその背景、作品制作の現場と販売状況、作品の特徴などを通して記述した。私はイレ・イフェのアーティスト全員を訪ねることはできなかったため、これをもって全員の様子や特徴とすることはできない。しかし、一五人の事例から、イレ・イフェでアーティストと名乗る人びと、あるいはアーティストによってアーティストと呼ばれている人びとが、どのような場所で、どのような作品をつくり、それをどのようにして販売し、生活をしているのかについて、三つの需要を軸にある程度捉えることはできた。

表2-1は、本章で見てきた一五人のつくり手の特徴を、三つの需要の軸と六つの項目ごとにまとめたものである。

ここでは、表2-1でイレ・イフェのアーティストの諸相の概要をまとめると共に、ここに浮かび上がる、以下二つの点を指摘したい。まず、「作品のおもな主題」の欄に注目すると、「古典的」な需要に基づく作品の主題は、木彫によるキリスト教教会の装飾という例外を除くと、すべてヨルバ文化である。「古典的」な需要に基づくアートはそもそもヨルバの伝統首長制度と密接に関わっているので、ヨルバの伝統が主題になることは不思議ではないだろう。ところが、「鑑賞中心」の需要に基づく作品の主題のすべては、アカデミック・アーティストの一部の

表2-1　イレ・イフェのアーティストの諸相の概要（3つの需要による分類）

分類	本書での仮の呼び名	苗字（本名）	技術の習得手段	作品のおもな主題	作品の単価（ナイラ）	すべての対象／顧客
「古典的」な需要	ビーズ細工師	アデトイ	徒弟制	ヨルバ文化	3,000 ～ 50,000	伝統首長/国内外富裕層・（射程→）外国人
		オウォジョリ	徒弟制	ヨルバ文化	10,000 ～ 55,000以上	伝統首長/国内外富裕層・（射程→）外国人
	木彫師	アフォラヤン	徒弟制	ヨルバ文化、日常（キリスト教）	500 ～ 200,000	国内外富裕層/外国人/一般の人々（キリスト教徒）
		イジョー	独学	ヨルバ文化、日常（キリスト教）	500 ～ 10,000以上	伝統首長/国内外富裕層・外国人/一般の人々（キリスト教徒）
	真鍮彫刻師	オルイェミ	独学、英国美術学校留学	ヨルバ文化、伝統首長・国内外富裕層の肖像	50,000 *	伝統首長/国内外富裕層
「鑑賞中心」の需要	アカデミック・アーティスト	フォラランミ	教育大学、技術大学、総合大学、大学院	ヨルバ文化、ナイジェリア文化、ナイジェリア社会問題、植物・自然、静物	該当なし *	アカデミズム
		イジシャキン	総合大学、大学院	日常・ビジネス・催事・冠婚葬祭に関すること	7,000以上 *	アカデミズム、一般の人々
	オショボ派のアーティスト	アキンティブボ	徒弟制	ヨルバ文化、アフリカ文化	2,000 ～ 7,000	外国人・国内外富裕層
	アブジャ志向のアーティスト	アグンソイェ	徒弟制、技術大学	アフリカ文化、ナイジェリア文化、ヨルバ文化	2,000 ～ 15,000	外国人・国内外富裕層
	スタジオ・アーティスト	オミディラン	総合大学、大学院	アフリカ文化、ナイジェリア文化、ヨルバ文化	5,000（1,500）～ 500,000	外国人・国内外富裕層
		アデク	独学	アフリカ文化、ヨルバ文化、ナイジェリア文化	2,500 ～ 5,000以上	外国人・国内外富裕層
「日常的」な需要	身近なアーティスト	アデイェニ	技術大学	日常・催事・冠婚葬祭に関すること	500 ～ 2,000以上	一般の人々
		アデレケ	技術大学	日常・ビジネス・催事・冠婚葬祭に関すること	500 ～ 2,000以上	一般の人々/外国人・国内外富裕層
	土器づくり師／陶芸家	アウォイェル	徒弟制	日常・催事に関すること	100 ～ 5,000	一般の人々（射程→）外国人・国内外富裕層
	多様な作品を手掛けるアーティスト	オラインカ	徒弟制、総合大学	日常（キリスト教含む）・ビジネス・催事に関すること	500 ～ 1,400,000	一般の人びと、/外国人/一般の人々（キリスト教徒）

※「分類」項は本書における仮の分類を表す。
※作品の単価に「*」印があるつくり手は、作品の販売によって生計を立てていない。
※キリスト教は、イレ・イフェの大多数の人びとの日常の一部という意味で、「日常」に含める。
※「射程→」とは、実際にまだ顧客がいなくても、対象として射程に入れているという意味。

作品を除くと、ヨルバ・ナイジェリア・アフリカの伝統文化である。このことから、「鑑賞中心」の需要に基づく作品の主題には、ヨルバやナイジェリア、アフリカにおける「伝統的」なものが求められていることがわかる。つまり、鑑賞を主たる目的として購入される作品に期待されるのは、「ヨルバらしさ」や「アフリカらしさ」である。これに対し、「日常的」な需要に基づく作品の主題は、催事・冠婚葬祭・広告などに関することであり、ヨルバやアフリカの文化が主題になることはほぼない。ここに、イレ・イフェの日常のアートにおいてはとりたてて必要ではない「ヨルバらしさ」や「アフリカらしさ」が、アカデミズムや国内外の富裕層・外国人による「鑑賞中心」の需要に応えようとする際には重要となることが如実に表れている。

次に、「すべての対象／顧客」の欄に注目すると、アーティストの顧客、あるいは射程に入れている顧客は必ずしも三つの需要のいずれかと一致していないことが指摘できる。例えば、ビーズ細工師のオウォジョリは、伝統首長を主たる対象としていながらも、国内外富裕層や海外の美術館・博物館での展示・販売も射程に入れている。つまり、ビーズ細工は元来「古典的」な需要に基づいてつくられる作品であるにも関わらず、国内外の美術市場においても需要のある作品である、またはそうなりうる作品であると言える。

また、アカデミック・アーティストのイジシャキンは、美術教員としてアカデミズムをおもな対象としつつ、イレ・イフェの一般の人びとにも顧客がいる。西洋美術のアートワールドと緊密に結びついた美術教育や美術市場と関わるアカデミック・アーティストだが、グリーティングカードなどイレ・イフェという地域で身近なアートを制作し、販売している。このことから、アカデミック界と地域の日常世界が必ずしも二分されるものではないことがわかる。さらに、身近なアーティストのアデレケは、イレ・イフェの一般の人びとを主たる対象としながらも、国内外の富裕層もターゲットにしていた、またはターゲットとして射程に入れている。このことから、「日常的」な需要に基づくアーティストが、「鑑賞中心」の需要に基づくアートも制作・販売している／していた／しようとしていることがわかる。

この点に注目すると、本章で見てきた一五人については、図2‐39に表れているように、「古典的」な需要に基づく作品のつくり手の全員（図2-39・d、f）が「鑑賞中心」の需要とも関わっている、または関わろうとしており、そのうち二人（図2-39・f）は「日常的」な需要とも関わっていることがわかる。「鑑賞中心」の需要に基づくアーティストのうち一人は「日常的」な需要とも関わっており、「日常的」な需要に基づくアーティストのうち三人は「鑑賞中心」の需要とも関わっていることもわかる（図2-39・e）。このような視点に立つと、本章で暫定的に用いた三つの需要の軸線は、互いを分けるだけではなく、図2-39に表れているように、重なり合っていると言える。言い換えると、アーティストの中には、三つの軸を越える、あるいは越えようとする人たちが複数いることが指摘できる。

　このように、仮に需要のタイプごとにアーティストと彼らの作品を分類してみることで、アーティストが三つの軸を越えて行き来する、または越えようとする、あるいは越えない様子が明らかになってきた。本章の初めでも述べたように、アーティストはこのような三つの軸線を用いて自らをアイデンティファイしているのではなく、このようなカテゴリー分けがイレ・イフェに存在しているのでもない。これは、イレ・イフェに混在する多様なアートとアーティストをひとまず俯瞰的に描き出すために、私、つまり調査者・筆者が本書において暫定的に設定した分析のための軸線である。アーティストの多くは自分自身をアーティストと呼ん

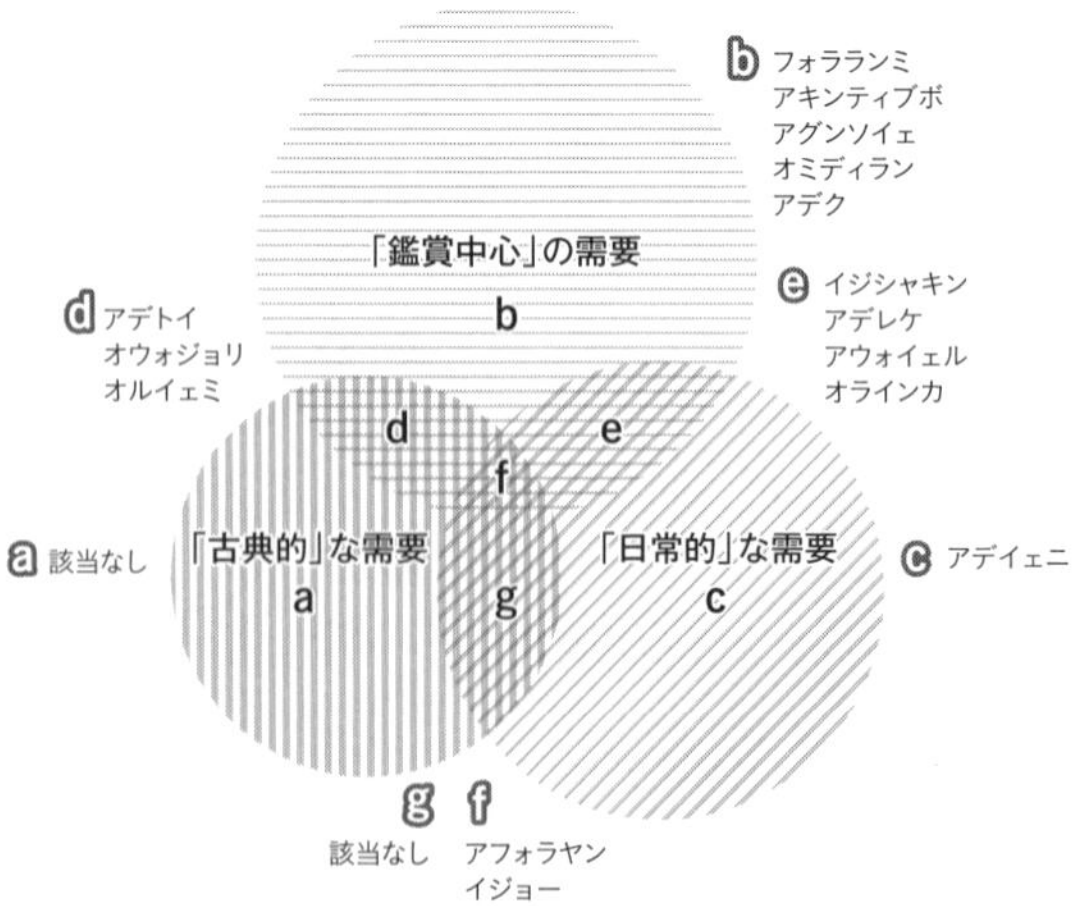

図2-39　イレ・イフェのアーティストの3つの需要との関わり

でおり、そこで、自分たちおよび作品が「古典的」な需要か、「鑑賞中心」の需要か、「日常的」な需要のいずれかに基づいているかなど問う必要はない。しかし、需要のタイプに注目することで、アーティストがどのようにして西洋近代のアートワールドやアカデミズム、地域の伝統首長制度や街の暮らしと関わりながら作品制作と販売をしているのかが明らかになってきた。この点は、作品の種類や様式、あるいは作品が西洋美術市場で評価されるようなものであるのか否かといった、従来のアフリカ美術研究に特徴的なアプローチでは見落としがちである。

次章以降では、アーティストの視点と生活世界により近づいていくことによって、本章で提示した三つの軸線を彼らが越えようとする、越えて活動している、あるいは越えない状況を詳しく見ていきたい。

註

1　イギリス軍が、抵抗を続けたイボランド北部を制圧したのは一九一〇年以降であった。一九一四年から一九一八年にかけては、ナイジェリア各地でイギリス人の統治体制に対する反乱が起きたが、一九一八年から一九三九年までの二〇年間は、イギリスがナイジェリアを完全に支配した植民地統治の絶頂期であった（クラウダーとアブドゥライ 1983: 154-177）。

2　伝統首長とは、イレ・イフェにおいて一般的に使用されている「トラディショナル・チーフ（traditional chief）」という英語表現を私が和訳したものである。オイェディランがイレ・イフェのオーニの地位の変化を指摘しているように（Oyediran 1973）、また、松本尚之がイボランドの新たな首長位の誕生とありかたについて述べているように（松本尚之 2008）、現在の伝統首長制度ないし首長位のありかたとその歴史的変遷は複雑だと考えられる。

3　バスコム（Bascom 1984）、オイェディラン（Oyediran 1973）、エルイェミ（Eluyemi 1986）、アデボラ（Adegbola 2009）による研究に加え、伝統首長エルフォウォジュ（Baale Elufowoju）への二〇〇九年の聞き取り、さらに、オーニをはじめ伝統首長をクライアントに持つ弁護士フンショ・オラバジュ（Funso Olagbaju）氏への二〇一〇年から二〇一二年にかけての複数回の聞き取りによって確認できたことに基づいて、概略図を作成した。

4 ただし、これがイレ・イフェを「ヨルバ発祥の地」とする神話、ひいてはその神話を戦略的に用いた一九世紀半ば以降の言説と深く関わっていることは、第1章[1-1-1]で述べた通りである。

5 イハレまたはアバ・イフェは、イワレファ（ìwàrẹ̀fà）と呼ばれることもある。

6 渡部重行による、ヨルバランドの街の一つ、アイェドゥン・エキティ（Ayedun-Ekiti）の最も大きな集落区分「オナ（ọ̀na）＝ward」の和訳としての「大街区」、および「オボン（ọ̀gbọ́n）＝quarter」の和訳としての「小街区」に倣った（渡部 1985: 7）。

7 現在、イレ・イフェで崇拝されているヨルバの神々の正確な数は明らかになっていないが、エルイェミの著書にある写真で確認する限りでは、（一九八六年当時）約四〇人のオニソロがいる（Eluyemi 1986: 10）。渡部によると、一つの街だけに存在する神のように地方的なものを数えると一〇〇〇や二〇〇〇にとどまらない。しかし、ヨルバランド全般で信仰される神は二〇〜三〇であり、「四〇〇以上」という数字は神々の数の多さを表す象徴的な表現だと考えられる（渡部 1983: 29）。なお、ケネス・マレーが一九四三年に編集し、一九四八年に改訂したイレ・イフェの考古学に関する文献資料（未出版）によると、ヨルバランドの他地域ではまだ確認されていない（イレ・イフェ特有の地方的な）神々の祠がイレ・イフェで多数見つかっている（Murray 1948）。

8 本章で事例として取り上げるアーティストの情報は、二〇〇三年から二〇一二年にかけて得られたものだが、年齢や子供の数をはじめ、現在形で示す情報は基本的に二〇一二年のものである。

9 ヨルバランドの王がビーズ製のベールで顔を覆うことについては、王の顔は直視してはならないという言い伝えや、王は顔を覆われていてもその外側を見透かすことができるという言い伝えがある。

10 これは、国立民族学博物館の池谷和信によって一九九八年に南アフリカで収集された「ビーズ製人像」の写真である。ヨルバランドの伝統首長をおもな対象とするアデトイらイレ・イフェのビーズ細工師とは異なり、国内外の観光客、美術品収集家、博物館関係者などを対象とするビーズ細工師によってつくられた作品だと考えられている（池谷 2012: 107-108）。

11　アデトイは自分の生年月日を知らないという。「一九四〇年代半ば」とは、彼がビーズ細工を始めて五〇～六〇年になることや、幼い頃からビーズ細工を始めたという発言などから、私が推定した生年である。

12　「現在のオーニ」とは二〇一二年当時のオーニ、オルブセ二世（Olubuse II）のオクナデ・スィジュワデ王（Okunade Sijuwade）（1930-2015）である。当時のオーニは二〇一五年七月に逝去し、同年一〇月にアデイェイェ・エニタン・オグンウスィ王（Adeyeye Enitan Ogunwusi）（1974-）が新しいオーニ、オジャラ二世（Ojala II）となった。

13　子供の数を尋ねた私に対し、アデトイは「子供の人数なんて数えるもんじゃない。子供はいるけどね」と返答した（聞き取り、二〇一一年七月五日）。推定一〇～一五人という数は、アデトイの妻の人数と私が出会ったアデトイの息子の人数、さらにナイジェリアにおける一夫多妻の家族の平均的な子供の数を基に、目安として提示したものである。

14　頼母子講については、第4章[4-3-1]で詳しく述べる。

15　木彫以外を本業とする木彫師のうち、一人は「身近なアート」をおもな仕事としている（表1a・1b事例番号30）[3-3-1]。もう一人は大学内の自然史博物館での剥製づくりを本業としているため、本書では主たる対象にしていない。

16　二〇一〇年に、私が「カバンに入れて日本へ持ち帰ることができるサイズの作品をつくってほしい」と提案したことをきっかけに、アフォラヤンはこのサイズの作品もつくるようになった。

17　オピン様式の木彫についてはジョン・ピクトン（Picton 1994b）を参照されたい。

18　一五～一六世紀にかけて交易のためベニン王国を訪れたポルトガル人は、当時のヨーロッパ人の主要な関心であった象牙をベニンの王から購入した。そこで、ベニンでは、ヨーロッパ人の食事の慣習に合わせて、精緻な装飾を象牙に施した塩入れやスプーンなどが制作された。これらはアフロ＝ポルトギースと総称され、史上初の「エアポート・アート（土産物美術）」とも言われている（吉田とマック 1997: 81）。

19　私はこの理由を依頼主らへ直接尋ねる機会を得ることができなかったが、二〇〇五年にオーニを訪問した際、王宮の応接間に、オルイェミがつくったオーニの真鍮製鋳造彫刻が三つ掲げてあるのを確認した。また、二〇〇九年に、私はオルイェミにオーニの真鍮肖像の頭像の制作を依頼し、それを二〇一〇年にオーニに贈呈した。私は鋳造のプロセスをすべて見せてもらう要望を出し、オルイェミは完成した作品を「オルイェミの作品です」と言ってオーニに贈呈するという要望を出し、互いにそれぞれの要望に応えるかたちでこの作品はつくられた。オーニはその礼として私をイレ・イフェの首長の一人の誕生パーティーに同行させ、「彼女は真鍮肖像を私にくれた」と言って、来賓であったオシュン州知事らに私を紹介した（二〇一〇年八月九日）。このことからも、オーニがこの種の彫刻を珍重していることがうかがえる。

20　私はこれらの作品が納品されたことは確認できていないが、オルイェミによると、オーニが国内外の伝統的権威者や政治家を訪問したり、そうした人びとを来賓として迎える際、イレ・イフェの王として真鍮製鋳造彫刻を贈り物にすることがある。

21　しかしながら、こうした真鍮製鋳造彫刻の需要は決して多くはなく、不定期にしか来ないため、それだけで生計を立てることは難しい。本項の冒頭でも述べたように、かつて博物館で働いていたオルイェミは、現在は年金や財産である農場からの収入で暮らしている。

22　砂型鋳造とは鋳造の技法の一つである。砂を容器に入れ、粘土でつくった原型をそこに押しつけて凹状の型を取り、そこへ融解した金属を流し込む。原型は残るため再利用が可能だが、細部の再現性は蝋型鋳造に劣る。この技法をどこで習得したかについては、私はオルイェミに尋ね損ねている。

23　この時オルイェミの面接を行ったのは、当時のイレ・イフェ国立博物館の館長、ケネス・マレーであった。

24　マレーについては、本書第1章[1-2-1]に記載している。当時のナイジェリア（1963－1966）は、現在のような三六の州と連邦首都地区アブジャではなく、北部地域、西部地域、中西部地域、東部地域の四つによって構成されていた。オルイェミによると、このコンペティションは西部地域のアーティストを対象に行われたコンペティションだが、具体的な情報を得ることはできなかった。

25　オルイェミによるとこの学校は鋳造を専門に教えていたそうだが、現在はすでに廃校となっているようである。

26　オルイェミは二〇一四年に逝去した。

27　彼らは、文化学研究所や大学美術学科のスタッフとの個人的な交流によって同アートギャラリーで展示を行っているようであり、同アートギャラリーが常にすべての街のアーティストに対して開かれているわけではない。

28　数名のアーティストの話によると、以前はイレ・イフェの博物館内でアーティストの絵画や彫刻などが展示されることもあったそうだが、私が調査を始めた二〇〇三年以降はこうした展示は確認できていない。

29　ナイジェリア・アーティスト協会（Society of Nigerian Artists）は、ナイジェリア国内のいくつかの美術高等教育機関によって、一九六三年に設立された。国立美術館をはじめとする国の美術関連機関とも連携し、展示、教育、出版などアートに関する活動を促すことを目的としている。高等教育を受けたアーティストが中心だが、教育を受けていなくても会員になることができる。

30　「アカデミック・アーティスト」という言葉は、美術学科の教員を指して私が本書において暫定的に使用する名称だが、彼ら自身も自称に使うことがある。ただし、美術学科の教員ではなくても、高等教育を受けたつくり手が「アカデミック・アーティスト」と自称することもある。大学美術学科のアーティストと街のアーティストの対立については第３章 [3-2-1] で詳しく述べる。

31　フォラランミは、ラゴスの現代美術センター（Centre for Contemporary Art）、アフリカン・アーティスツ財団（African Artists' Foundation）、ベン・エンウォンウ財団（The Ben Enwonwu Foundation）が開催する展示やイベント、アブジャの国立博物館が開催する展覧会やサミット、南南部アバラ・オトーでブルース・オノブラクペヤ財団が開催するハマターン・ワークショップ（第1章 [1-2-2] 参照）などに参加している。

32　ナイジェリアの高等教育機関では、技術大学を卒業（二年間）すると、国家が認める普通国家資格（ＯＮＤ）が与えられ、さらに二年間のコースを修了することで上級国家資格（ＨＮＤ）が与えられ、これは大学四年間の修学後に与えられる学位（Degree）と同等とされている。

33 フォラランミによると、アーチボンは、第1章[1-2-2]で言及したベニンシティ出身のアーティストで、ナイジェリア近代美術の先駆者の一人、エラボー・エモパエに師事した。

34 エゼンワ（1967～）は、一九九八年にオバフェミ・アウォロウォ大学美術学科を卒業したのち、当時ラゴスのスタジオで作品制作を行っていた。

35 イジシャキンに限らず、イレ・イフェでグラフィック・デザインないし身近なアートを専門とするアーティストのほとんどが、コーレル社の『コーレル・ドロー（Corel Drew）』というデザイン用のソフトウェアを使用している（二〇一二年）。

36 二〇一一年、私は王宮内の応接間にそれが飾られていることを確認した。

37 デルタ州のアバラ・オトーで毎年二月に開催される「ハマターン・ワークショップ」は、ナイジェリア近代美術の先駆者の一人、ブルース・オノブラクペヤが主催し、国内外からアーティストたちが参加する国際的なワークショップである。

38 イジシャキンは街のビーズ細工師のアデトイの作品と活動に興味を持ち、私と共にアデトイにインタビューを行っている（インタビュー集pp. 321-328）。

39 オショボ派のアーティスト（Oshogbo artist）という言葉は彼ら自身によって、またほかのアーティストたちが彼らを指す言葉として使っている。これに対し、「アブジャ志向のアーティスト」は、本章の冒頭にも記したように、オショボ派と区別するために私が本書において暫定的に用いる名称であり、本人たちによって使われている自称でも、周囲が使う呼び名でもないことには注意を払いたい。

40 カカオ・ハウスとは、一九六〇年代、カカオをはじめとする農業における生産と輸出の収益を称え、イバダンに建てられた高層ビルである。六〇年代当時の熱帯アフリカでもっとも高いビルであった。

41 アキンティブボやアグンソイェによると、国際熱帯農業研究所のゲスト・ハウス（I-House）では、少なくとも一九八〇年代から一九九〇年代にかけて、ある一定期間、毎週様々なアーティストの個展が一週間ずつ開かれていた。

42 私は、二〇一四年三月にアメリカ合衆国（ニューヨーク、ブルックリン）で開かれたアフリカ美術の研究大会（16th Triennial Symposium, The Arts Council of the African Studies Association）の会場でオドゥンラデに会った。合衆国在住で、現在でも同国のアートギャラリーで作品の展示と販売を行っていた。オニボクタの詳細を知ることはできなかった。

43 私が確認できたオドゥンラデの作品は一つであり（Kasfir 1999: 205）、それについてのみ判断すると、オショボ派の様式とはまったく異なるとは言い難い。しかし、一目でヨルバの主題とわかる作品ではない点や、背景まで模様で敷き詰められていない点については、典型的なオショボ派ではないと言える。オドゥンラデ以外のその当時のアーティストの作品を私は確認できておらず、具体的にどのようにオショボ派の様式と異なっていたかはわからない。しかし、アグンソイェの作品の様式の多くはオショボ派とはかなり異なるので、アグソイェのいう「異なる」という意味に誇張はないと予想することはできる。

44 ボラデ・オミディランが、スタジオ（仕事場）を持ち、そこで毎日作品制作に没頭するアーティストとして、「フル・タイム（専任）のスタジオ・アーティスト」と自ら呼んでいたことから、この呼び名を本書で用いることにした。

45 このアートギャラリーは、街のほかのアーティストが彼の作品を模倣するために来るという理由と、アートギャラリーの入っていた建物が取り壊しになる可能性があったという理由から、一年と数か月で閉めることになった。

46 トランスファー技法（トレース技法）は、イレ・イフェのアーティストのあいだでは、一般的に「裏側からの描画（drawing from the back）」と呼ばれている。まず、ガラス製やアクリル樹皮製の板にハンドローラーで絵具を薄く伸ばす。その上に紙の表を下にして（表面が絵具にふれるように）置き、紙の裏側から鉛筆や指などで描画する。描画の圧力が加わった部分にインクが付着し、紙の表に描画が転写される。異なる色をのせた板を用いて、適切な場所（線や平面）に適切な色を転写することもできる。描画の力加減によって転写の調子が変化するため微妙な色合いをつくりだすことができ、紙に直接描くものとは異なる独特の調子を持った線も得られる。他方、鉛筆や指の腹を使って比較的自由に描くことが可能であるため、版画技法の中でもより絵画的な表現が可能となる。

47 彼ら自身は自分たちのことを「アーティスト」と呼ぶ。本書では、彼ら一群のアーティストをひとまずほかのアーティストと区別するために私が決めた「身近なアーティスト」という表現を暫定的に用いる。

48 この推測は、身近なアーティスト兼画材屋店主のベンガ・コラウォレによる。コラウォレは組合の主要メンバーであり、街で最も品揃えの良い画材屋も経営しているため、顧客であるアーティストを数多く知っている。したがって、コラウォレはイレ・イフェのアーティストの人数について比較的詳しい情報を持っていると考えられる。私もコラウォレから多くのアーティストの紹介を受けた。

49 ヨルバや近隣のいくつかの民族は、左右の頬に「トライバルマーク」と呼ばれる瘢痕を部分的につける慣習があった。その慣習が二一世紀初頭現在においても現存しているか否かについては不明だが、現在四〇代以上の男女の頬にはしばしば瘢痕が見られる。頬骨の下の一cmほどの短い縦の線（一～二本）、口角から耳にかけて緩やかな孤を描く五cm以上の線（二～三本）などが代表的である。和田正平によると、かつてヨルバは小王国ごとに瘢痕模様を変えて所属性を明らかにしていた（和田 1994: 79-82）。私が行った瘢痕保持者への聞き取りによると、「トライバルマーク」と呼んではいるが、現在では特に民族の所属を表すものではなく、両親によって幸運を祈るものとして刻まれたということだった。

50 タイズ（tithe／十分の一税）とは、各教会の所属メンバー（信者）が教会に納める給料の一〇%にあたる現金を意味する。

51 シャリーア紛争は二〇〇〇年二月にカドゥナで起こった。二週間に渡るムスリムによるシャリーア全面導入賛成デモに対抗して、キリスト教徒が始めたシャリーア導入反対デモの最中、両者が衝突し、暴動となった。カドゥナに住んでいたキリスト教徒の中でも、特に商いをしていたイボの人びとが犠牲となった。同紛争が単にナイジェリア国内における宗教や民族の対立ではなく、国内外の政治問題であることについては、戸田が詳しく述べている（戸田 2002）。

第 3 章

アーティストと
市場の狭間

作品の金額を客と交渉する木彫師イジョー(右)(2009年6月6日撮影)

前章では、「古典的」な需要、「鑑賞中心」の需要、「日常的」な需要というイレ・イフェに存在する三つの需要の軸線をアーティストが越える／越えようとする、あるいは越えない点を指摘した。本章ではその実態を詳しく見ていくために、個々のアーティストと彼らの市場との関わり方に焦点をあてる。

すでに述べたように、イレ・イフェにおいてアーティストと呼ぶ／呼ばれるつくり手は、基本的にアーティストであることを本職とし（または本職としていた）、作品の販売によって現金収入を得て生活している。本章でこれから見ていくように、個々のアーティストの作品制作、販売、生活の状況は様々である。言い換えると、作品が「売れる／売れない」に関わらず、彼らは皆アーティストであり続けている。本章は個々のアーティストと市場との関わり方に注目することによって、彼らが西洋近代の美術市場や地域のいくつかの市場といかにして関わることでアーティストであり続けているのかを明らかにしていく。さらに、作品の売れ行きだけでは評価できないアーティスト自身の考えや判断、彼らにとってのアーティスト／アートの価値や基準も明らかにしていく。

本章で事例として取り上げるのは、第1章の表1a・1bに表している三六名のうち、これらの状況を最も顕著に表している一八名である。また、おもに本章で参照したインタビューの一部【1】については、インタビューのトランスクリプションの和訳を本文の後ろ（結論のあと）に載せている。

[3-1] 作品制作・販売と市場の一致

本節では、自らが本来専門とする作品やつくりたい作品、およびターゲットとする買い手が、現在関わっている市場と一致しているアーティストが販路を維持する、あるいは販路をさらに広げようとする様子について、オミディラン（表1a・1b・事例番号24）、アデク（表1a・1b事例番号26）、アウォクンレ（表1a・1b事例番号22）、イジョー（表1a・1b事例番号5）、アデトイ（表1a・1b事例番号1）、オウォジョリ（表1a・1b事例番号2）を事例に見ていく。

なお、私が出会った三六人のアーティストのうち、このような状況にあるアーティストは一三人である【２】。彼らは経済的には裕福、あるいは裕福ではないにしても比較的安定した生活を送っている。

[3-1-1]　販路を維持するアーティスト

スタジオ・アーティスト１

ボラデ・オミディラン

前章[2-2-3]でも述べたように、ボラデ・オミディラン（四〇歳）は絵画を専門とし、妻と四人の子供と暮らしている。オバフェミ・アウォロウォ大学美術学科で学び、修士課程も修了している。大学院生の頃からキャンパス内の寮で絵を描き、裕福な大学生やその家族、ラゴスの顧客をおもな対象に作品の販売を行ってきた。二〇〇〇年からは寮を出て新市街の住宅地に自宅と仕事場を借り、二〇〇八年にはその近くに自宅と仕事場を、二〇一一年には自宅敷地内に作品を展示・保管するギャラリーを建てた（図２‐26［p.152］）。作品の順調な売れ行きとそれに見合う豪華な暮らしぶりという点においては、イレ・イフェでは群を抜いて成功しているアーティストと言える。

オミディランは、静かで物価も安い地方都市イレ・イフェは「住む場所」と「作品を制作する場所」であり、「作品を販売する場所」ではないとはっきりと言いきる。これに対して、生まれ育った場所であり、アートギャラリーで働いていた場所でもあるラゴスは、彼にとって人脈のある格好の市場である。年に一度ラゴスで開かれるトレード・フェアに作品を出展したり、ラゴスのホテルのプールサイドやバーの壁画を描いたり、銀行のインテリアとしての絵画を依頼されたり、外国人向けの絵画販売店に絵画を卸したりと、ラゴスでの仕事は尽きない。中でも、ラゴスを拠点に海外へ頻繁に移動するナイジェリアの富裕層は有力な顧客だ。彼らを通して欧米の「アフリカ美術愛好者」の顧客を手に入れたり、欧米で作品を展示する機会が得られることもある。二〇一〇年にはミネソタ州で二つのアート・フェスティヴァル（作品販売会）【3】に参加し、二〇一二年にはニューヨークのブルックリン・カレッジ内のアートギャラリーでグループ展に参加した。

イレ・イフェ在住のスタジオ・アーティストとして活動する前は、ラゴスの広告代理店でグラフィック・デザイナーとして働く機会や、ラゴスの美術収集家のアシスタントとしてアメリカに移住する機会も訪れた。スタジオ・アーティストとして腰を据えたあとも、大学の美術学科で非常勤講師として働く機会があった。しかしオミディランはこれらをすべて断り、イレ・イフェの静かな自宅で作品制作に終日没頭し、ラゴスや海外の顧客に販売することだけに専念している。すでに豊かで安定した生活を送っているオミディランは、将来的には政府公認の私立の美術学校をつくる目標を持っている。アーティストとして訓練を積むようになった当初から、大学の美術学科というアカデミズムとラゴスのアートギャラリーという美術市場と密接に関わり、さらに、努力と幸運によって成功を遂げてきたオミディランには、この販路を変える理由はもちろんない（インタビュー集p.320）。

そんなオミディランは、正規の美術教育を受けることがアーティストにとって重要であると考えている。常に英語でアーティストと表現する彼に、職名をあえてヨルバ語で表現すると何になるかという質問をしたところ、職名は「アヤウォラン（絵描き［ayàwòrán］）」であり、それは「プロの」、「教育を受けた」という意味で「ちゃんとしたアーティスト（proper artist）」のことだという答えが返ってきた。さらに、「アヤウォランはオニシェ・オナとは違う」と加え、「オナとは織りや陶芸などの伝統的なアート」を指し、そのつくり手である「オニシェ・オナは、ちゃんとしたアーティストであるアヤウォランと違って教養がないアーティストだ」と説明した。第1章で検討したように、「オニシェ・オナ」には広義・狭義それぞれいくつかの辞書的意味があるが、そこに「教養のない」という意味は含まれていない。しかしオミディランは、アーティストのあいだで多様に解釈される「オニシェ・オナ」に「教養のない」という意味を付加し、アートの高等教育を受けた自分と区別している。

ここに、オミディランにとっての「ちゃんとしたアーティスト」は、彼自身がそうであるように、オナのような「教育を受けていない伝統的なアート」のつくり手ではなく、「美術教育に即したアート」のつくり手だということとがわかる。

スタジオ・アーティスト２

シェグン・アデク

前章［2-2-3］で述べたように、シェグン・アデクは（六〇代前半）は、版画を専門とし、第一世代のオショボ派のアーティストやザリア美術協会のブルース・オノブラクペヤの作品に影響を受けながら、独学で技術を学んできた。名門美術学科のあるナイジェリア芸術科学技術大学ザリア校（現アフマド・ベロ大学）で一九七五年に初めての個展を開催して以来、アフリカ、アメリカ、ヨーロッパを含む国内外で二〇回近く個展を開き、グループ展にも数多く出展している。ほとんど「笑顔」で描かれる人面は、観る者を温かくさせるのだが（図２-28〔p.155〕）、主題は穏やかな農村や母子像、踊り子や演奏者といった「アフリカ的」なものだけではなく、民族紛争、カネ、詐欺などの社会問題を問うものもある。「笑顔」の背後に常にメッセージをこめるアデクは、私が彼の仕事場を訪れるたびに「この作品は何を表現していると思うかい？」と、作品を観る側の感想を求める。

現在、作品の展示・販売はラゴスの外国人訪問者や国内外富裕層を対象とした土産物屋と、稀にラゴスやイバダンのフランス文化センターで行っている。イレ・イフェの繁華街の仕事場で作品をつくり続けているが、そこで作品を販売することはまずない。「自分は世界に通用するアーティストである」と考えているように、アデクの市場は西洋近代の制度としてのアートワールドの中にある。仕事場の看板には「オロクン・アートギャラリー（Olokun Art Gallery）」と大きく表示してあるので（図０-２〔p.6〕）、その「アート（art）」の文字から判断して一般の人びとが横断幕や飾り板などの身近なアートの仕事を依頼しにくることがある。しかしアデクはこれを断る。彼は美術市場に乗るアートの制作に専念しているからである。このように、街の広く一般の人たちを対象とする「身近なアーティスト」と「世界に通用するアーティスト」である自分自身を、彼は明確に区別している。

中学・高等学校の教員を務める妻の助けもあって、三人の子供のうち、二人は大学に、一人は全寮制の高校に通わせている。繁華街から離れた住宅地だが、家も建てた。このことから比較的安定した生活を送っていることがうかがえるが、アデクの作品は数か月から一年のあいだに一作品売れるか売れないかという状況である。豪華な暮らしぶりは決して見受けられず、少なくともアデクの仕事場、自宅、服装、口にするものは非常に簡素である。しかし、つくり続けることで前進し続けるという強い意思を持っており、アーティストとしてやっていくにあたっての困難は、経済的な問題も含め、アーティストをやめる理由にはならないという。

そんなアデクがアーティストとして最も大事にしていることは、「創造性（creativity）」や「独創性（originality）」に加え、「独学」であることへの誇りである。このため、学位を持っていないためにアカデミック・アーティストと区別されることに対して非常に敏感である。二〇〇八年頃、大学の美術学科の学生の研修をアデクが受け入れようとしたところ、アカデミック・アーティスト（大学の美術学科の教員）から、「（アデクは）教育を受けていないアーティストだ」と侮辱されたという。一九九〇年代にオバフェミ・アウォロウォ大学美術学科で開かれた学会に出席した際にも、「学位を持っていない独学のアーティストであること」を指摘され、そのように差別されたことに対して抗議したという。このほか、私がアデクを訪れると、アカデミック・アーティストと自身を比較したり、教育を受けていないことはアーティストとして決して不利なことではないということを強調する発言を繰り返していた。二〇一一年に私が彼のライフヒストリーのインタビューを行った際は、以前美術学科の学生が彼にインタビューをしに来た時の話を例に挙げ、「彼ら（アカデミック・アーティスト）は高等教育を受けていないアーティストをばかにするかのように学歴を尋ねてきました。ですが私は、高校で風景画や静物画、遠近法やプロポーションの勉強をしてそれなりの成績で試験も合格しています。大学に行こうと思えば行けたんですよ」と言った。

アデクは、メンバーの多くはアカデミック・アーティストであるナイジェリア・アーティスト協会にも入会しており、同協会の催す展覧会にもできる限り積極的に参加している。二〇一〇年にオリ・オロクン・ワークショップ**[1-2-3]**の誕生四一周年を記念して開かれた同美術学科でのシンポジウムでは、誕生当初の同ワークショップを知るアーティストの一人としてアデクも発表を希望した。結局、アデクの事情で発表は実現しなかったが、学術発表は未経験にも関わらず参加しようと積極的であったことにも、彼がアカデミック・アーティストと同等であろうとする姿勢を見てとれる。

アブジャ志向のアーティスト

コラウォレ・アウォクンレ

コラウォレ・アウォクンレ（Kolawole Awokunle）（三〇代半ば）は高等学校を卒業後、オショボ派のアーティストのソジ・アデフォリジ（Soji Adeforiji）に三年ほど師事した。師匠がイレ・イフェからアブジャへ拠点を移して作品の制作・販売を始めたことに倣い、アウォクンレも二〇〇三年にアブジャの外国人居住地区にある土産物市場の中に店を持った。ビジネス名は「ディ・アート・コンセプト（De Art-Concept）」という。作品制作は、イレ・イフェの市街地から離れた住宅地にある自宅敷地内の仕事場で行う（図３-１）。仕上げた作品は月に一〇作品以上アブジャ行のバスで別送し、受け取りと販売は現地の販売員に任せる。売れる時期は一か月の半分をアブジャで過ごし、販売に立ち会う。携帯電話を使い、「コラ・アウォクンレ・ファザーランドアート（Kola Awokunle Fatherlandart）」という名前でフェイスブックにも作品の画像を頻繁にアップロードしている。

アウォクンレがアートを学び始めた一九九〇年代初めまでは、オショボ派の作品を購入しに駐在員や観光客などの外国人訪問者が頻繁にイレ・イフェまで来ていた。しかし、ナイジェリアの国内情勢が悪化するにつれてそうし

図3-1　自宅敷地内の仕事場で作品制作を行うアウォクンレ
（2009年12月1日撮影）

た買い手が減り、ラゴスやアブジャといった大都市の限られた地域でしか作品は売れなくなっていった。しかし近年、アウォクンレによると、ナリウッド映画【4】で映し出される豪華なホテルや邸宅に絵が飾ってある影響もあり、国内富裕層のあいだで絵を購入する人が増えてきているという。ところが、二〇〇九年以降は、イスラーム過激派組織ボーコー・ハラームの武力攻撃がアブジャ以北で活発化しており、客だけではなくアウォクンレ自身もアブジャに行くことを恐れている。しかし、それでもアブジャには市場があるので、警戒しながらではあるが、この販路をまだしっかりと維持して作品制作を続けている。

　アウォクンレは、人の真似ではないという意味で「独創的な（original）」作品をつくることを重視している。「真似されるだけになってしまう」という懸念から、弟子を持つことはやめたという。人に真似をされることも、人の真似をすることも好まない彼は、自分自身の過去の作品も見ないようにしている。アブジャでは何人ものアーティストが作品を売っているが、自分の作品は一目でわかるはずだと私に言うほど、作品の「独創性」に自信があるようだ。私が尋ねるまでは、かつてオショボ派のアーティストに師事したことにも特にふれなかった。オショボ派に影響は受けたが、自分がオショボ派という自覚はまったくない。また、街で看板や横断幕をつくる「身近なアーティスト」、あるいは「他人の真似のような作品をつくるアーティスト」という意味での「ただのアーティスト（ordinary artist）」と自分自身を区別していることからも、彼が他者とは違う何かという意味での「独創性」を重視していることがわかる。

図3-2　自宅敷地内で乾かしている最中のアウォクンレの作品
（2010年6月10日撮影）

　アウォクンレは、大別すると二つのタイプの絵を描く。一つは、椰子の木や草原、動物といった「アフリカらしい」風景画や農村の生活を描く具象的な作品である。もう一つは、線や円のみで模様を描く抽象的な作品で、アウォクンレいわく具象的絵画をあまり好まない北部のムスリムの客のために描いている。風景画は「典型的なアフリカ」の風景を遠近法と陰影を用いてより写実的に描いたものだが、アフリカの伝統文化を表現する情景は、ディテールにこだわったリアリズムよりも人体の線や動きを特徴的に捉えたシルエットで描き出し、故意にプロポーションを崩してより様式的な像にする（図３-２、巻頭カラー頁）。画布に描くが、油彩ではなく安価な印刷用のインクを使うことが多い。木くずとインクを混ぜ合わせたものを糊で繋ぎ、それを線や模様を描く際に部分的に使用することで絵の表面に凹凸をつくることもある。「アートの良いところは、高級な画材を使わなくても、創意に富んでさえいれば安い材料でも立派な作品になるところ」だという。

私はアウォクンレがアブジャの店で販売をしている様子や、ほかにアブジャでどのようなアーティストが作品を販売しているのかについてはまだ確認できていない。また、私は、イレ・イフェのほかのアーティストたちと比べる限り、アウォクンレの作品がとりたてて「独創的」である根拠を見つけることはできなかった。しかし彼は、仕事場で黙々と絵を描き、常に忙しくアブジャとイレ・イフェを往復し、次々と新しい作品をフェイスブックに載せている。二〇一二年に引っ越した先の家の内装はより豪華で、車も新しくなった。アウォクンレが着々と前進する様子から、学歴でもオショボ派というブランドでもなく、彼のいう「独創性」を意識した作品の需要が首都の土産物市場にあり、その販路を彼が順調に維持していることがうかがえる。

木彫師１

ジョナサン・イジョー

木彫は、ビーズ細工と同様に、元来ヨルバの伝統宗教の儀礼や崇拝に用いられていた。第２章［2-1-2］でも述べたように、木彫は、ヨルバの神々の偶像、器や仮面などの儀礼道具、伝統首長の住居、集会所や祠の柱や扉などに施され、ヨルバの伝統宗教および伝統首長制度と密接に関わっていた。ところが、西アフリカの砂漠地帯を中心に勃興したイスラームの国々、さらには植民地期におけるキリスト教の伝道活動により、多くの人びとは伝統宗教からイスラームまたはキリスト教に改宗していった。イレ・イフェにイスラームが伝わったのは一九世紀前半、キリスト教の伝道は一九世紀末期だが、特に二〇世紀半ば以降は国内のヨルバの人びとのあいだで伝統宗教が著しく衰退していった（Adelowo 1992: 333-337）。

とはいえ、伝統宗教、および伝統首長制度における木彫の需要がまったくなくなったわけではない。イレ・イフェで毎年六月に開かれるイファ（ifá）と呼ばれる伝統宗教の祭りには、国内外のヨルバランドからイファの信者が多数集まり、数日間から一か月間祭儀に参加する。この期間中、儀礼用の木彫を買う信者は少なくない。イファは知恵の神といわれ、占いを司る。イファの占いは個人や集団が重要な事柄を決定する際に聖職者によって行われるが、その最も大きな祭儀が挙行されるのがイレ・イフェである。

図3-3　イファ祭の会場で作品を売るイジョー（右手前、こちらに背を向けている）
（2009年6月6日撮影）

前章でも述べたように[2-1-2]、木彫師のジョナサン・イジョー（三八歳）は、イファ祭を最も重要な市場とする。祭りには、国内ヨルバランドだけではなく、大西洋奴隷貿易によってブラジル、カリブ海地域、アメリカ合衆国に渡ったヨルバの人びとの末裔や、彼らによって受け継がれたイファの信者も集まる。イジョーのおもな顧客はブラジルとアメリカ合衆国からやって来る。毎年六月は、イレ・イフェのイファの館とその向かいにある王宮前広場で開かれるこのイファ祭でほぼ一年分の収入を得るというだけあって、祭りの直前は、四畳半強の店の壁に取り付けられた壁一面にぎっしりと作品が並ぶ。祭りの当日には店を出て会場の一角に机を置き、その上や下に作品を並べる。するとイファの信者がぞくぞくと集まって作品を囲みだし、値段交渉を始める（図3-3）。作品の多くは、信仰や儀礼に使う器、杖、偶像などで、その売り上げは一日で三五万ナイラ（約一七万円）の時もある。平均すると毎年六月の一か月間で五〇万ナイラ（約二五万円）以上、祭りまでに多くの作品を準備できている好調な年は一五〇万ナイラ（約七五万円）の収入があるという。

イジョーは誰にも弟子入りすることなく技術を独学で身に付けてきたが、作品のデザインや様式に関するアイディアは展示カタログや写真を参考にすることがある。そうした「見本」は、「こういうのをつくってほしい」と言ってブラジルなど海外からやって来る顧客がイジョーに持ってきたものだ。仕事場の机の引き出しの中には、彼の作品を背景に海外からの顧客と一緒に撮った写真や、木彫作品だけの写真が十数枚入っている。正規の美術教育を受けていないイジョーが学歴にこだわる様子はいっさいないが、特に「独創性」という言葉を使って自分の作品をアピールするわけでもない。しかし、自分で彫れる作品の「数」ないし彫る「スピード」には自信を持っている。木彫師の中で最も若いイジョーは、ほかの木彫師よりも早く彫ることができるので、よりたくさんの商品を売ることができるのだという。

このように、イジョーは自分の作品を希望する市場で販売することができている。イレ・イフェにはほかに三人の木彫師が作品を制作・販売しているが、イファ祭の数十人の客のほぼすべてはイジョーの客である。キリスト教徒であるにも関わらず伝統宗教の信者と抵抗なく関わろうとしたり、海外からの顧客と上手くコミュニケーションをとったりする。そうしてほかの木彫師よりも作品を数多くつくることで、彼はこの販路を維持している。

[3-1-2]　販路を拡大するアーティスト

ビーズ細工師1

アジャオ・アデトイ

ビーズ細工は、元来、ヨルバの伝統首長が使用するものとしてつくられており、現在においてもその需要は比較的安定してある。しかしここでは、イレ・イフェのビーズ細工師たちが、伝統首長だけを対象として作品を制作・販売していないことに注目したい。

前章[2-1-1]で見てきたように、アジャオ・アデトイはイレ・イフェで最年長（六〇代後半）のビーズ細工師である。父親の代からオーニのビーズ細工をつくっていたこともあり、ヨルバランド内に伝統首長の顧客を多く持つ。二〇〇九年六月に私が特別に許可を得て入った仕事場の裏の部屋には、一六個以上の王冠と帽子、三本以上の杖や職杖が保管してあったが、それらはすべて依頼主の受け取り待ちの作品だった（図3-4、巻頭カラー頁）。そこには、「八つの顔（目）olójú mẹ́jọ」と呼ばれる、円錐の冠に円や線で表現された八つの人面が刺繍された王冠、「オリコボフォ（Orí kò gbófo）」という頭を浅く覆うだけのシンプルな帽子、ウィッグをつけた弁護士のヘアスタイルに似せた「弁護士（lawyer）」と呼ばれる帽子、イバダンにある丘の「オケ・マポ（òkè màpó）」という名前をつけた丘の形をした帽子など、一色のものから五色以上のものまで様々な王冠と帽子があった。

図3-4　アデトイによるビーズ製の王冠と帽子。仕事場の裏の（作品を保管するための）部屋
（2009年6月19日撮影）

こうした伝統首長の顧客による依頼で作品制作に追われているため、それ以外の顧客を増やす行動を起こす必要はさしあたりないと考えられる。アデトイが二人のビーズ細工師（元弟子）を雇っていること、農園など別の収入はないにも関わらず月一〇〇〇〇ナイラ（約五〇〇〇円）ほど支払う頼母子講に参加できていることからも、彼が比較的安定した収入を得ていることが予想できる【5】。また、何人の、あるいはどのような伝統首長からの依頼を受けているのかという私の質問に対し、「数えきれないほど」という言葉で表現したり、ヨルバランド各地の一〇人以上の王や首長の名前をすぐに挙げたことからも、アデトイの顧客の数が多いことがうかがえる（インタビュー集pp.324-325）。

しかしアデトイは、王しか所有することのできない冠を除くと、ビーズ細工は誰でも使用できるという考えを持ち、伝統首長以外にも作品を売ることがある。例えば、ペケと呼ばれる、イレ・イフェの伝統首長が名札として使うペンダント（首飾り）がそうだ。これには通常、伝統首長の称号と個人名がアルファベットで刺繍される（図3-5）。ところが二〇一〇年、アデトイは私にペケの購入を勧め、表面には私の名前を、裏面には、私が好きな言葉を尋ねてそれを刺繍した（図0-4〔p.6〕）。その後、二〇一一年と二〇一二年にも私はペケを依頼し、購入している。これは、私が「白人」であったからこそ実現した、アデトイと私のあいだでの受注・購入であり、イレ・イフェに住む一般の人たちが自分に合ったオリジナルのペケを購入することはない。しかし、オーニの王宮の中で作品の制作と販売を行っていたアデトイが、王宮内だけでは需要が少ないため王宮を出て自由な販売に乗り出したことからも、アデトイにより多くの顧客を得ようとする意思があることはうかがえる。さらに、アデトイの手伝いをしながら大学の受験勉強をしている息子も、大学ではウェブデザインを学び、ビーズ細工をインターネット上で海外の様々な人たちに販売できるようになりたいと意欲的である。アデトイも息子が大学で学ぶことを望んでいる。私は、アデトイが実際に（私以外の）伝統首長ではない人に作品を販売しているところはまだ確認できていないが、伝統首長に限らず国内外の富裕層へと販路を広げることは視野に入っているようである。

図3-5　アデトイによるエルフォウォジュ首長のペケ
（首飾りの三角形の部分）
（2008年9月10日撮影）

ビーズ細工師2

アラバ・オウォジョリ

アデトイにみたような、伝統首長以外の顧客を増やそうとしている様子は、アデトイの元弟子、アラバ・オウォジョリ（四二歳）の活動により明確に表れている。前章[2-1-1]でも述べたように、オウォジョリは、アデトイに師事したのちに独立した若手のビーズ細工師である。オウォジョリにも複数の伝統首長の顧客がいる。しかし、伝統首長以外、特に外国人や博物館関係者にも作品を売りたいという希望から、二〇一〇年以降は新市街地の繁華街に仕事場兼店舗を持った。それまでは自宅で作品制作を行っており、店は持ったことがなかったが、現在ではより多くの人の目にふれるチャンスを手にしている。新しい店の前には、「アシンデマデ王室ビーズ会社：ビーズ・ファッションデザイナー／ビーズ・デコレーター（Asindemade Royal Beads Company: The Beads Fashion Designer and Decorator）」と書かれた、作品のカラー写真入りの大型看板を掲げている（図1-21〔p.89〕）。私がオウォジョリを訪れている最中にも、看板を見たという客からオウォジョリに電話がかかってきたことがある。伝統首長以外の客について私が確認できたのは、二〇一一年に「ロンドンの博物館関係者」とオウォジョリが説明する客（ナイジェリア人の男性二人）がやって来て商談を行っていたことのみである。しかし、「ビーズ・ファッションデザイナー」と看板に表示し、ラミネート加工されたカラーの名刺を常に携えていることや、ガラスのショーケースや客をもてなすソフトドリンクを常備した冷蔵庫のある店の様子からも、オウォジョリが固定された伝統首長の顧客だけではなく、新しい様々な客を対象に作品制作・販売を行っていることがわかる。さらに、いつオウォジョリの作品の展覧会を日本で開けるのか、（筆者の）大学院の教授はビーズ細工に興味があるのかについて私に尋ねるなど、自分の作品を海外の美術館・博物館などで展示・販売することにとても意欲的である。二〇一二年には、ビーズ製の腕輪を私に見せて、「こういうものなら日本人は買うか？」と具体的に尋ねてきたり、私が日本にいる時期は日本での展示会の要望をメールで送るなど、非常に積極的である。

販路を拡げていくことについて、オウォジョリは、「先へ進む（be advanced）」ことだと説明する。作品のデザインは、師匠に習ったものをそのまま作品に取り入れることが基本ではあるが、自分で独自に考えた新しいデザインや色の組み合わせで作品をつくることもしばしばある。例えば、一部の作品については、基本的な色の組み合わせや絵柄・パターンは師匠アデトイの作品とほぼ同じである（図2-4〔p.119〕、2-6〔p.122〕）。しかし、作品によっては、通常使用されるビーズとは異なるビーズや小物（装飾品）を使うことで、新しい色・形・質感をつくりだす。また、表面に出ていない部分においても、王冠や帽子の裏地となる麻袋の生地の代わりに、靴の底に使うゴム製の生地を使ったり、地元産のコーンスターチではなく輸入品の糊を使うなど、新しい材料を見つけては作品制作に取り入れている。作業に使用する糸切りナイフの研ぎ石についても、地元産の大型の石を使用している師匠と自分を比較して、輸入品のポータブルな研ぎ石を誇らしげに私に見せた。

さらにオウォジョリは、従来ビーズ細工は「男性の仕事」とされてきたにも関わらず、女性も弟子入りさせるという新しい方針をとっている。二〇一〇年、中学を卒業してまもなくオウォジョリに弟子入りした女性は男性の弟子と同じように見習いをし、二〇一二年には王冠の一部をビーズで刺繍できるまで成長した。オウォジョリは「女性だって兵士やパイロット、バスの運転手や自動車修理工になれる」と言い、女性にできないものなどないという考えを示した。「女性は子供を産む（子育て・家事をする）からビーズ細工は男性の仕事だ」と言いきるアデトイとは異なる考えを持つことにも、オウォジョリが従来の型にはまらず「先へ進み」ながら、販路を広げようとしていることがわかる。

[3-2] 作品制作・販売と市場の不一致Ⅰ

本節では、自らが本来専門とする作品やつくりたい作品、およびターゲットとする買い手が現在の市場と一致していないアーティストが、アクセス可能な販路に合わせる、あるいはアーティスト以外の職業を掛け持ちする様子について、アデレケ（表1a・1b事例番号29）、エニンダ（表1a・1b事例番号30）、エルイェラ（表1a・1b事例番号31）、オダラニレ（表1a・1b事例番号14）、アウォイェラ（表1a・1b事例番号19）、オグンデレ（表1a・1b事例番号15）、オラトゥンジ（表1a・1b事例番号18）を事例に見ていく。私が出会った三六人のアーティストのうち、このようなアーティストは一二人である。彼らは前節の一部のアーティストほどの収入はないが、確実な販路を持っているという点において、比較的安定した生活を送っている。

[3-2-1] 販路に合わせるアーティスト

身近なアーティスト1

アデオル・アデレケ

前章[2-3-1]でも述べたように、アデオル・アデレケ（四〇代半ば）は身近なアートを専門とし、新市街の繁華街に「デオ・アーツ（Deo Arts）」という店を開いている。常連が多く、狭い作業場で数百枚／個のTシャツやスクールバッグなどにロゴをシルクスクリーンで印刷したり、家屋の壁塗りに出かけたり、常に仕事の依頼を受けて忙しい様子である。そんなアデレケだが、もともとは絵画を専門とし、国内外の富裕層を対象に作品を販売していた。二〇〇〇年、販売先のカドゥナで起こったシャリーアをめぐる暴動に巻き込まれたことをきっかけに北部へ行くことはなくなり、当時の顧客との連絡も途絶えた。イレ・イフェにとどまり、比較的安定した需要のある街の身近なアートを専門にするようになったのは、これ以降のことである（インタビュー集pp.337-343）。

二〇〇三年、私が初めてアデレケの店を訪れた時に店内の壁にかけてあった絵画（図3-6）は、二〇一〇年にはなくなっていた。看板、横断幕、シ

図3-6　自分の店に飾った作品の前でポーズをとるアデレケ
（2003年7月撮影）

ルクスクリーンの道具や作品でごったがえした店内に、絵画を飾るようなスペースはなかった。二〇〇三年に私が撮ったアデレケの絵画の写真を二〇一一年に見せると、彼はとても懐かしそうに、「（経済的・時間的）余裕が出来ればまた描きたい」とぽつりと言った（図3-7）。アデレケはオショボ派のアーティストに師事していないが、平板な構図や鮮やかな色づかい、リアリズムではなく様式化した人物像を描くところはオショボ派の特徴に共通する。仮面や踊り子といった「ヨルバやアフリカの典型」を主題とする点は、オショボ派に限らずアブジャ志向のアーティストやスタジオ・アーティストとも共通している。二〇〇〇年まではこのような絵画を複数描いては、ポートフォリオに挟んでカドゥナまで行き、ブリティッシュ・カウンシルやフランス文化センターをはじめ、外国人駐員や国内外富裕層のいるオフィスや自宅をまわって作品を売っていた。

アデレケは、一般の人びとを対象としたアート（本書でいう「身近なアート」）に対し、自分が本来専門とする、国内外富裕層を対象とする絵画を「創造的（creative）なアート」と呼び、両者を区別している。アデレケには弟子がおらず、手作業による量産のため時間のかかるシルクスクリーン印刷や、労力を要する家屋の外装などで手が

図3-7　アデレケがかつて北部で売るために描いていた絵画。画用紙、油彩（2003年7月撮影）

いっぱいである。例えば、一万五〇〇〇枚のビニール袋にシルクスクリーンでロゴなどを刷るのに一週間かかってしまうこともある。そこでアデレケは、高価でまだとても手は届かないが、熱転写プレス機（業務用ヒート・トランスファー）の購入をめざしている。これがあれば「身近なアート」に要する時間をかなり短縮することができ、彼の言う「創造的なアート」である絵画に時間を費やすことができるようになるからである。

さらに、アデレケはアートの高等教育を受けたつくり手を「ちゃんとしたアーティスト（proper artist）」と呼ぶ。他方、教育を受けていないつくり手を「路上のアーティスト（roadside artist）」と呼び、アデレケ自身を含む「ちゃんとしたアーティスト」の優越性を主張している。「両者は比べものにならない」と考え、街で最も大きい身近なアート専門のアーティストの組合を、教育を受けていない「路上のアーティスト」の集団とみなす。これに対して、彼は技術大学以上の教育を受けたアーティストの組合、「プロ・アーティスト組合（Association of Professional Artists）」を結成し、そのリーダーを勤めている。

ところが、多くの教育大学や技術大学は総合大学の美術学科には若干劣るという一般的な認識に加え、アカデミズムや美術市場ではなく街で一般の人びとを対象にしているという事実から、アデレケは高等教育を受けた「ちゃんとしたアーティスト」であるにも関わらず、イレ・イフェの大学美術学科のアーティストたちからは疎外されているという意識を持っている。身近なアートのための手仕事を減らせば時間の余裕が出来て、「創造的」な作品の制作と展覧会を実現できるかもしれない。そう希望を語りながらも、しかし、大学で開催されている展覧会には自分たちは参加させてもらえないのだと嘆く（インタビュー集 pp.343）。

これは、アデレケ自身は正規の美術教育を受けていることを重要視し、そうではないアーティストを「路上のアーティスト」とみなすのだが、一般の人びとを対象とした街の身近なアーティストであるがゆえに、たとえ正規の美術教育を受けていても、アカデミック・アーティストからは一線を引かれているという指摘である。確かに、先述の、正規の美術教育を受けていることが「ちゃんとしたアーティスト」の条件だと考えるオミディランも、アデレケのような（たとえ技術大学の美術学科を卒業していても）街で身近なアートを制作・販売するだけのアーティストを「ちゃんとしたアーティスト」とはみなしていない。そのようなアーティストのことを、オミディランを含め大学美術学科のアーティストは「路上のアーティスト」や「営業（commercial）アーティスト」と呼び、自分たちとは区別している。

身近なアーティストの仕事はイレ・イフェの一般の人びとを対象とし、人びとの生活に密着した仕事であるがゆえに、比較的安定した収入を得ることができる。しかし、国内外の富裕層や外国人を対象として、アデレケの言う「創造的なアート」で成功するアーティストのような生活は決してできない。身近なアーティストの仕事は、仕立屋や印刷・タイピング屋、電気工や溶接工と軒を連ね、あくまでもイレ・イフェ内の経済活動の一部としての職業であり、国内外の美術市場のような、経済や名誉の面で「チャンス」が訪れる可能性はほぼない。それでもアデレケは、「創造的なアート」を制作し、販売し、展覧会を開きたいという希望を持っている。

身近なアーティスト2

イケチュクウ・エニンダ

「エニボーン・アート・スタジオ（Eniborn Art Studio）」を営む身近なアーティストのイケチュクウ・エニンダ（Ikechukwu Enyindah）（四六歳）は、もともとは木彫を専門としていた。オショボ派に影響を受け、画布にペンで描く作品も手掛ける。ナイジェリア南南部のポートハーコート出身でイジョ（民族）に属するが、一九九三年にイレ・イフェに移り住み、その後、所属する教会で出会ったエビラ（民族）の女性と結婚した。一九八〇年代後半にポートハーコート大学で教鞭をとっていたヨルバの戯曲作家・演出家のオラ・ロティミ（Ola Rotimi）【6】と知り合ったこと、また、イレ・イフェはヨルバ発祥の地であり、エニンダの言う「真正な（authentic）アート」があると思ったこと、ほかの場所とは違うという意味で「独創的な（original）」作品を見つけられることから、イレ・イフェでアーティストとしてやっていくことを決めた。金を稼ぐことだけを考えるとイレ・イフェにはいられないが、イレ・イフェには「真正」で「独創的」なアートがあるから拠点にしているという。

一九九六年から一九九七年にかけては、国内外富裕層や外国人観光客の集まるラゴスのビーチで作品を売って歩いたこともある。しかし、そこでは「他人の作品の模倣（copies）」が売られていたことから、「独創的」な作品だけを制作・販売したいエニンダは、自分の店を持とうと決めた。オショボ派のアートにも学びつつ、人物像については様式化を抑えた表現を好むことからも、エニンダが作品制作において、ほかのアーティストの作風とは異なるという意味で、独創性を重視していることがわかる（図3-8、巻頭カラー頁）。

アート、演劇、文学などを学びたかったエニンダは、一九八九年、ポートハーコート大学で舞台芸術のコースへの入学許可をもらったが、学費を払えず進学できなかった。ナイジェリアの美術教育の創始者アイナ・オナボル、ナイジェリア近代美術の先駆者ベン・エンウォンウやフェリックス・イブドーの名前を挙げ[1-2-1]、エニンダは、美術教育に感謝しているし、教育は大切であるという。資金を準備できれば美術学科に進学したいし、学位をとったあとはアートを教えたいと抱負も語った。アーティストとしてもっと色々な都市に行ってみたいし、ポートハーコートに里帰りもしたい。しかし、経済的な問題でそれができないという。木彫を彫りたいけれど、今の店にはそのスペースがない（図1-25［p.96］）。しかしもっと広い場所を借りる金もないのだと、本当にやりたいアートをするには経済状況が厳しいことを語った。ここに、エニンダが、食べていくためには比較的安定した需要のある身近なアートの仕事をするしかないのだが、本来は国内外の美術市場で評価されるような作品をつくりたいと思っていることがわかる。

図3-8　エニンダ（手前）と妻（奥）、そして作品（左奥、壁に立てかけてある白黒の長方形の作品）。ペン・画布（2012年2月25日撮影）

身近なアーティスト3

コラウォレ・エルイェラ

コラウォレ・エルイェラ（Kolawole Eluyera）（三六歳）は、「インスピレーション（純粋）美術・応用美術（芸術）センター（Inspiration Fine and Applied Arts Centre）」という看板を掲げ、身近なアートの仕事を請けおいながら、自らが設立した私立の美術学校で若者にアートを教えている（図0-8〔p.6〕）。細々と運営しているため知名度は高くないが、大学キャンパスの外で、イレ・イフェの街にある唯一の美術学校とも言える。同校は二〇一〇年一月に設立された。三か月間、半年間、一年間のコースがあり、グラフィック・デザイン（身近なアート）と絵画を学べる（図3-9）。二〇一一年までに、約四二人がコースを修了した。入学の条件は高校を卒業していることのみであり、高校卒業の成績も入学条件となる技術大学や教育大学などほかの高等教育機関よりも、意図的に緩い設定にしている。いずれは、政府から認定され、普通国家資格（OND）や上級国家資格（HND）を与えられる学校にする目標を持っている。これまでの教え子の中で、オバフェミ・アウォロウォ大学美術学科に一名、イバダンの技術大学美術学科に三名、オンドの教育大学美術学科に四名が進学した。

エルイェラは「アートは才能ではなく、訓練によって誰にでもできるようになるもの」だと考えている。美術学校を設立した目的は、一般

図3-9　エルイェラの学校案内（チラシ）。21cm×15cm
（2010年6月6日撮影）

の人たちがアートの訓練を積む場をつくることだった。アートの才能は持って生まれたものだと考える人が多い中、最初は何もできなくても訓練を積めばできるようになることを伝えたいという。

エルイェラ自身は、イレ・イフェ近隣の地方都市イレーシャの教育大学美術学科でアートの国家資格を授与されているが、多くの若者にとって、高等教育機関、特に総合大学への入学は経済面と競争率の面で非常に難しい。若者たちはできるだけ早く技術を身に付け、資格を取得し、仕事ができるようになるべきだが、国はこの状況を何も支援してくれない。そのように考えるエルイェラは、自分で美術学校の運営を始めることにした。さらに、一般の人びとのあいだでのアートの認知度の低さも指摘し、自身の学校以外でも、中学・高等学校や仕事のない若者を対象にアートのワークショップを開き、アートに興味を持ってもらいたいと考えている。

こうした地道な努力を続けるエルイェラだが、身近なアートの仕事をしながら美術学校を大きくしていくことだけに満足しているわけではない。食べていくためにはこの仕事に専念するしかないのが現状だが、作品を国外で展示・販売する目標もある。エルイェラにとってアートは「内なる感情（inner feeling）」を表現するものであり、それを他者に伝え、また、自分の文化を伝えるために、絵画作品を持って海外をまわりたいという。このように、エルイェラには、国内外の富裕層を対象とした絵画を展示し、販売したいという希望がある。それと同時に、街の一般の人たちを対象とする身近なアートを制作・販売し、若者たちに技術の習得と自立した生活を促すための美術学校の運営することで、イレ・イフェで生活を続けている。

[3-2-2]

兼業するアーティスト

オショボ派のアーティスト1〜4

フェラ・オダラニレ、タヨ・アウォイェラ、バヨ・オグンデレ、アキンペル・オラトゥンジ

第二世代のオショボ派のアーティストであるフェラ・オダラニレ（六三歳）[1-2-3] は、一九七〇年代前半から一九九〇年代前半にかけて、ラゴスにある国立博物館、イタリア文化センター、フランス文化センター、ゲーテ・インスティテュート、さらにはドイツ、イギリス、カナダ、オーストラリアなどの国外で個人展やグループ展を行ってきた。彼はこうした展示の機会や、ラゴス駐在のフランスやイタリアの大使館職員やその知人といった外国人駐在員・訪問者のネットワークを販路としていた。ところが、展示・販売の機会は次第に減少し、特に二〇〇〇年以降は、大使館員をはじめ外国人が作品を買わなくなったという。なぜ外国人がアーティストの作品を買わなくなったのかについては、例えば、作品を好んで買っていた特定の大使館員の退職や、ネットワークの中心的存在であった駐在員が帰国したことが考えられる。加えて、外国人訪問者全般の減少や国内外での展示・販売の機会の減少については、のちに見ていくほかのオショボ派のアーティストや木彫師のケースと同様で、一九九〇年以降のナイジェリアの政治・経済の緊迫した情勢が理由として考えられるだろう。

図3-10　オダラニレと彼の作品（版画）。オダラニレの自宅にて（2010年6月24日撮影）

こうした状況においてオダラニレがとった方法は、別の稼ぎ口を見つけることだった。二〇〇〇年代に入り、いよいよアートでは食べていけなくなると判断した彼は、「(稼ぐための)新しいアイディア」として、中古車販売のビジネスに乗り出した。「描くことは自分の人生そのものでもあり、今でも絵は描いている」というオダラニレは、自宅には過去に制作した作品をいくつも飾っているが(図3-10)、現在の本職は中古車販売である。ほぼ毎週、隣国ベナン共和国のコトヌーに行き、日本やドイツからの輸入中古車を仕入れている。店の看板には、「(中古)車販売のオダラニレ:日本・ドイツ車、バス、トラック、トラック・エンジン等(Odaranile Motors Nig. Ltd.: Dealer in all kinds of Japanese and German Car, Buses and Trucks, Truck Engine Inclusive)」という看板が掲げてあり、そこに「アート」や「アーティスト」の文字は見当たらない。

ところが、店の中に入ると、店番を勤める男性が絵を描いている。その男性、タヨ・アウォイェラ(Tayo Awoyera)(四〇代後半)はオダラニレの店の唯一の従業員であり、オダラニレがアーティストを本職としていた時の弟子でもある。アウォイェラは、店番中はだいたい椅子に腰かけ、机に画用紙を置き、ペンとインクを使って絵を描いている(図3-11)。机の中には、三〜四枚、出来上がった作品がしまってある。中学でアートの授業を受けた時から絵を描くことが好きだったという。作品は、稀にオバフェミ・アウォロウォ大学の教授でアートを収集している人【7】に売ることがある。しかし、基本的にイレ・イフェに自分の作品の市場はないと考え、ラゴスまたはアブジャの外国人駐在員を作品販売の対象としている。師匠のオダラニレがまだ中古車販売店を始める前までは、ラゴスでは高級なシェラトンホテルやドイツ人学校、富裕層や外国人駐在員の海辺の居住地区で、アブジャではドイツ人居住地区で作品を販売していた。中古車販売業を手伝うようになってからは作品を売りに行くことはできなくなったが、友人アーティストのシェグン・アグンソイェ[2-2-2]がアブジャに行く時、アウォイェラの作品も一緒に持って行って販売してもらうことがある。二〇一一年のクリスマスの時期には、ペンと黒いインクで描いた絵に赤、緑、青、黄などの染料で色付けした作品を約二〇×一五㎝の画用紙に貼り、アグンソイェに託し、グリーティングカードとして一枚五〇〇ナイラでアブジャで売った(図3-12、巻頭カラー頁)。

「新しいアイディア」としての中古車販売業に専念することとなった師匠オダラニレと、店番中に空いた時間をみつけては描き、細々ながらも販売を続けているアウォイェラの姿には、もはやアートだけでは食べていくことはできない状況と、首都アブジャの外国人を対象とするアフリカ美術市場の両方の存在がうかがえる。両者とも絵を描くことは好きだというが、それが食べていけるだけ十分に売れなければ、ほかを探さなくてはならない。前項でみた身近なアーティストとは異なり、彼らの場合はアートとは異なる職の兼業を選んでいる。

同じく、作品が売れずアーティスト以外の仕事をするようになった第二世代のオショボ派のアーティスト、バヨ・オグンデレ（六三歳）[1-2-3]は、コピーやタイピング、製本などを請けおう店を経営している。このような店は「ビジネスセンター」と呼ばれ、パソコンやプリンターを持っていない人や、書類のコピーやパソコンで作成したレポートの印刷、学校行事や宗教活動で配るプログラムや小冊子の作成に際し、この種の店を利用する人は多い。彼はオショボ派の最も著名なメンバーの一人、ルーファス・オグンデレ[1-2-3]の弟であり、一九七〇年代から

図3-11　中古車販売店で店番をしながら作品をつくるアウォイェラ
（2012年2月23日撮影）

図3-12　アウォイェラの作品。黒インク・染料・画用紙。このような作風の絵をグリーティングカードにも使う
（2012年3月2日撮影）

一九九〇年代初め頃までは、兄やほかのオショボ派のアーティストと同じように、国内大都市のラゴスやイバダン、アメリカ合衆国、イギリス、ドイツなどで展示・販売を行っていた（図3-13、巻頭カラー頁）。しかし、上述の理由から次第に作品は売れなくなり、自宅にあるポートフォリオには絵画作品が数十枚入れてあるのだが、精力的に販売を行っている様子はない。

とはいえ、完全に作品の販売をやめたわけではない。二〇一二年には、二〇〇〇年代にオショボを訪れた日本人女性で、オグンデレの作品を買ってくれたという人の名刺を私に見せ、「電話が繋がらないから君から連絡をとってみてくれないか。彼女がまだ作品に興味があるか聞きたいんだ」と言った。機会させあればポートフォリオにたまっている作品を売りたいということだった。

図3-13　バヨ・オグンデレと彼の作品。油彩・画布。オグンデレの自宅にて
（2008年8月31日撮影）

第三世代のオショボ派のアーティスト、アキンペル・オラトゥンジ（Akinpelu Olatunji）（四八歳）もイレ・イフェのラジオ局で週一日番組を持つことで、番組内で放送する広告を募り、その広告料を収入の大きな足しにしている。彼はシンガー・ソングライター、キーボーディストとしてのキャリアも積んでおり、イレ・イフェを中心に冠婚葬祭やイベントでの演奏活動も行って収入を得ている。二〇一一年には、今後は中国から質の良い楽器を買い付け、それを販売するビジネスも展開したいと抱負を語った。絵を描く時間は減ったが、ラジオ番組の仕事を主としながら看護師の妻と共に三人の子供を育てており、長女は大学に進学させている。

オラトゥンジは、一九八〇年代後半から九〇年代初めまで、仲間のオショボ派のアーティストらと、イバダンの国際熱帯農業研究所のゲストハウスやトーゴのロメで展示・販売を行っていた。当時は、イレ・イフェの王宮のすぐそばの繁華街に「ケーピー・アフリカン・アート・ギャラリー（KP African Art Gallery）」という店を五年ほど持っていた（ＫＰはオラトゥンジのビジネス名）。ペンとインクまたは油彩を用いたオラトゥンジの作品は、変則的な遠近法は見られるものの、基本的に平板な構図によって描かれる。ヨルバ文化をテーマに描くというオショボ派のアーティストの特徴を持つが、同時にリアリズムとはかけ離れたオショボ派らしいプロポーションではなく、よりイラスト的なわかりやすい顔貌や容姿で作品の主題を伝えようとする（図３-14、巻頭カラー頁）。

しかし、イフェ＝モダケケ紛争の激化で店を閉じざるをえなかったこと、また、外国人訪問者が減ったことで、作品制作に費やす時間は減った。オラトゥンジは一万ナイラ〜二万ナイラ（約五千円〜一万円）という、一般向けではなく富裕層や外国人向けの高価な作品は「食品のような日用品とは違って頻繁には売れない」と思っている。彼はこれを、「創造的な作品（creative work）」と呼ぶ。私が彼を訪れるたびに積極的に（私に）作品を売ろうとしたり、私の（日本人の）知り合いがアートに興味はないかと尋ねてくる様子からも、彼が求める販路は外国人のネットワークであることもわかる。

このように、イレ・イフェには、一九六〇年代前半から一九九〇年代半ばにかけて、近隣の都市オショボで活発に活動を行ってきたオショボ派のアーティストに影響を受けたアーティストが多数いる。オショボ派のアーティストに弟子入りをして直接学んでいない者たちもいるが、オショボ派の存在やその活躍ぶりを知らないアーティストはほぼいないと言えるだろう。技術や作風だけではなく、オショボ派に特徴的な一群の作品が欧米のアカデミズムや美術市場によく売れるということは、彼らに大きなインパクトを与えた。ところが、オショボ派の作品が注目を浴び、よく売れていたのは第二世代までで、上述のように、一九九〇年代以降のナイジェリアの緊迫した情勢により外国

図3-14　オラトゥンジとオラトゥンジの作品。油彩、インク、画布
（2011年6月23日撮影）

人訪問者が減ったこと、また、ナイジェリア国内で正規の美術教育を受けたアーティストの作品も注目されるようになったこともあり、第三世代（三〇代～四〇代、二〇一二年時点）になると、彼らの作品は目立たなくなった。現在でも、オショボ、ラゴスやアブジャで、国内外の美術市場や学術界での展覧会でオショボ派のアートが展示される機会があれば、そこで選出されるのは、ほとんど決まって著名な第一・第二世代の作品のみである。

こうした状況において、一部のアーティストは、アートから完全に離れないまでも、アートとは異なる販路に合わせ、新たな仕事をして生活している。

[3-3] 作品制作・販売と市場の不一致Ⅱ

本節では、自らが本来専門とする作品やつくりたい作品、および、ターゲットとする買い手が現在の市場と一致していないアーティストが、ほかの販路に合わせない、あるいは販路を模索し続ける様子について、アキンティボ（表1a・1b事例番号17）、マヤキリ（表1a・1b事例番号16）、アフォラヤン（表1a・1b事例番号4）、アウォイエル（表1a・1b事例番号10）、オラインカ（表1a・1b事例番号27）を事例に見ていく。私が出会った三六人のアーティストのうち、このようなアーティストは六人である。彼らの多くは、その程度に個人的・時期的な差はあるものの、経済的に貧しく、不安定な生活を送っている。

[3-3-1]

販路に合わせないアーティスト

オショボ派のアーティスト5

クンレ・アキンティブボ

前章[2-2-2]でも見てきたが、クンレ・アキンティブボ（五四歳）は、二〇代後半の頃、同じ下宿に住んでいたオショボ派のアーティストたちの作品を外国人訪問者が買っていることに魅力を感じた。これをきっかけに第二世代のオショボ派のアーティストに弟子入りし、アーティストとして独立した。アキンティブボの主たる販路は外国人訪問者や国内の富裕層が集まる場所であり、当初はイバダンで彼らの集まる施設を数か所まわって作品を展示・販売していた。一九九〇年代半ばから妻の仕事の関係でイレ・イフェに戻り、大学キャンパスにある国際会議場内で、会議場および付属の宿泊施設を利用する国内外の訪問者に作品を販売している。

しかし、そこで作品に興味を持って足を止め、購入する人はほんのわずかである。数週間まったく売れないこともあるし、売れたとしても一作品二〇〇〇～七〇〇〇ナイラ（一〇〇〇～三五〇〇円）だ。不運なことに、二〇〇九年には夜道を歩行中にバイクに轢かれ、一命は取り留めたが片足が不自由となった。術後も杖をついてゆっくりと歩くことしかできなくなったため、以前のように、大都市のいくつかの販売先をまわることも困難となった。入院中と自宅療養中の数か月間は、高校を卒業したばかりの長男に販売を手伝わせた。医療事務の仕事をする妻に支えられながら、会議場に週四～五日おもむいては作品を並べている（図２-20［p.144］）。

しかしアキンティブボは、第一・第二世代のオショボ派にみたアーティストとしての成功に希望を持っており、また、二五年間アーティストとしてやってきた経験と誇りから、アーティストをやめてほかの職を探そうという意思を持っていない。アキンティブボが表現するところの「美しいと評価され、高値で売れるアート」をつくり続け、

「国際的なアーティスト」になる目標を持っている。そのために、インターネットでアフリカ美術を取り扱う国内外のギャラリーを探し、イーメールで自分を売り込もうとしている。また、ただオショボ派のアーティストに倣うだけではなく、新しい技法を模索しているという。オショボ派の多くが用いた版画の手法の一つ、トランスファー技法【8】は使わずに、現在は油彩と、黒または多色の油性フェルトペンを使用した絵画作品をつくっている。「著名なアーティストになりたい」、「地元アーティストではなくて国際的なアーティストになりたい」というアキンティブボは、国内外のギャラリーや富裕層に作品を販売し、そこで評価されたいという希望を持っている（インタビュー集 pp.361-363）。

作品の売れ行きは良くはないが、そうかといって、街の身近なアートやほかの仕事との兼業で安定した収入を得ようともしない。やはり「国際的なアーティスト」になることを理想とし、国内外富裕層や外国人駐在員・訪問者を対象に作品をつくる。このように、アキンティブボは、街の身近なアートやほかの商品の販路という、食べていく分には良いであろう販路に合わせることなく、細々とではあるが作品制作と販売を続けている。

オショボ派のアーティスト6

タジュ・マヤキリ

アキンティブボのすぐ横で、週に二〜三回作品を販売するタジュ・マヤキリ（Taju Mayakiri）（三四歳）の場合は、父親が第一世代の著名なオショボ派のアーティスト、ティジャニ・マヤキリ[1-2-3]である。父親のほか、第二世代のアデニジ・アデイェミにも師事した[1-2-3]。成功したオショボ派のアーティストとしての父の背中やその周囲のオショボ派を見て育ったマヤキリも、自分がオショボ派のアーティストであることを誇りに思っている。版画家であった父の作品の原版を用いて刷り、今でも年に二〜三回父親の作品を並べることがある（図3-15）。しかし、主として販売しているのは自分自身で描いたオショボ派の様式による絵画だ。背景は細かい格子縞、またはそこに点や円やジグザグの線などを描き入れて埋め尽くすことで、前景に描かれた人物像を大きく、のびのびと見せる。人物の服や所持品も背景の模様とは重ならないよう別のパターンの模様で埋め尽くすが、顔面は目鼻口だけをシンプルに描くため、表情がぐっと手前に浮き上がる。平面な構図だが、メリハリのきいた丁寧な作品に仕上げるのがマヤキリの特徴だ（図３-16、巻頭カラー頁）。

おもな販売先としている大学キャンパス内の国際会議場のほか、不定期に、街の繁華街のホテル二軒、そして、セブンスデイ・アドベンティスト教会付属病院の外国人医師に作品を売りに行くことがある。ところが、上述のアキンティブボの状況と同様に作品の売れ行きは安定せず、娘の幼稚園の一学期分の学費（二〇一〇年当時二〇〇〇ナイラ、約一〇〇〇円）を払うことさえ危ぶまれたこともある。自宅兼仕事場のある下宿は、繁華街にあるハウサ人街から一本入った所の平屋の集合住宅だ。一部屋六畳ほどのスペースに、妻と娘と三人で暮らしている。二〇一一年に次女が生まれてからは、長女はラゴスにある妻の実家に預けて幼稚園に通わせている。

マヤキリは、アートは父親から授かった「血（blood）」であり、自分には「才能（gift）」があるので、たとえう

図3-15　タジュ・マヤキリの作品群の中に1点だけ置かれる父ティジャニ・マヤキリの作品。下から2段目、中央右側
（2012年2月24日撮影）

図3-16　タジュ・マヤキリと彼の作品。2012年、油彩・画布
（2012年2月24日撮影）

まくいかない時期があっても耐えるのだと明るく語る。また、自分には「創造性（creativity）」があるため、父親たち第一世代のオショボ派のアーティストが成功したように、将来きっと成功すると信じているという。アメリカ合衆国やドイツで展示・販売をする目標もある。二〇一二年二月には、マヤキリの作品の中では縦・横一〇〇㎝を越える大型のものが三つ、それぞれ三万ナイラ（約一万五〇〇〇円）以上でアメリカ合衆国在住の大学教授に売れたことを、成功へ向けたプロセスだといって誇らしげに私に伝えた。

前述のアウォイエラやオラトゥンジも、作風や購買層についてはオショボ派の影響を受けており、第一・第二世代のオショボ派のアーティストの名を挙げて彼らを敬う。しかし、食べていくためにはオショボ派としてだけではなく、ほかの仕事に就かなければならない。それとは対照的に、マヤキリとアキンティブボは、決して余裕のある生活はできないにも関わらず、オショボ派という誇り高いブランドへの帰属意識を持ち続け、外国人や国内外富裕層の人びとに評価されること、それによってアーティストとして生活していくことに希望を持っている。アキンティブボが新しい技法を模索するという探究心や、マヤキリが自分の「創造性」や「才能」を信じていることに、困難な状況にあってもアーティストとしてやっていこうとする意識を読み取れる。

木彫師2

ガブリエル・アフォラヤン

ヨルバランドにおける二〇世紀前半から半ばにかけての建築様式の変化は、伝統宗教の著しい衰退に加えて、木彫の需要の減少の大きな要因となった。植民地期における新たな建築様式として、例えば、解放奴隷の末裔たちによって伝授されたセメントを使用したブラジル様式の二階建て以上の家屋が建てられるようになった【9】。このため、土壁や木を使ったヨルバの伝統的な家屋は次第に建てられなくなっていった。その結果、木彫を施したドアや柱を使用した王宮や首長の家も減少し、国内での木彫の需要は衰退の一途を辿った。一九六〇年代半ばにヨルバランドのクワラ州オピン地区で木彫の調査を行ったジョン・ピクトン（1994b: 48, 53）によると、木彫の需要はすでに一九三〇年代から減少していた【10】。しかし、イギリス人神父のケビン・キャロルの支援によって、木彫は一九四〇年代より一部で復興するようになっていった（Carroll 1967）。キャロル神父からの依頼を受け、オピンの木彫師たちは、それまでオピンの木彫に特徴的であった様式【11】を用いたまま、主題のみキリスト教に変更して教会のドアを彫り始めた。現在では「ネオ・トラディショナル」とも表現されるこうした木彫（Carroll 1967; Picton 1994b: 49）（図３-17）、あるいは、国内外富裕層や外国人訪問者への屋内装飾品や土産物を木彫師たちはつくっている。

　ガブリエル・アフォラヤン（五五歳）は、前章[2-1-2]でも述べたように、木彫師イジョー[3-1-1][2-1-2]の店から道路を隔てた向かいにある博物館の敷地内に店兼仕事場を構えている。しかしながら、伝統宗教の信者の顧客は一人もいない。六月のイファ祭にも、「すでにイジョーが顧客を獲得しており、自分の作品は売れないから」と、出店していない。アフォラヤンの唯一の顧客は、信者ではなく、信者に作品を売る目的でアフォラヤンから作品を買うバイヤーである。私はバイヤーに直接会うことはできなかったが、アフォラヤンによると、彼らはイレ・イフェまたは周辺に住むナイジェリア人で、「ブラジルで木彫を売る」ために、毎年一～二回注文に来るという。アフォラヤンは、このようなバイヤーのことを、「作品を買って、またそれをどこかで売る人」という意味で「バイ・アンド・セル（Buy and Sell）」と呼ぶ。このほか、カトリック教会の神父やシスター、博物館の訪問者の中で彼の店を訪れる国内外の富裕層が稀にいるが、売れ行きは良くない。

　弟子入りして木彫を学んでいた一九七三年から一九七六年は、木彫

図3-17　「ネオ・トラディショナル」の木彫。1979年、アフォラヤンとアヨデレの師匠ローレンス・アラーイェによって彫られた、聖フィリップス大聖堂（St Philips Cathedral）のドア（2009年6月23日撮影）

が特に大学教授や観光客といった外国人訪問者に最も売れていた時代であったため、アフォラヤンは木彫師として生きることに希望を持っていた。しかし、一九九〇年代に入ってから、アフォラヤンの主要な顧客であったラゴス在住の企業駐在員、イレ・イフェの大学教員や研究者をはじめとする外国人訪問者の減少により、木彫はほとんど売れなくなった。頻繁に通う教会まで家族全員を乗せたり、故郷の年老いた母親に会いに行くための車を買う資金も、とても貯まらないという。

このような、アフォラヤンの言うイレ・イフェの外国人訪問者の数の減少の背景として、一九八〇年代後半からの政治・経済不安によるナイジェリア国内情勢の悪化、さらには、イレ・イフェで起こったイフェ＝モダケケ紛争の影響が考えられる。ナイジェリアは、一九七〇年代に石油価格の急騰と石油産出量の増大による好景気（オイルブーム）を経験したが、一九七〇年代末から一九八五年にかけては石油価格の下落と石油産出量の減少で不況に陥った。巨額の債務と石油依存による輸出農業の衰退もあいまって、ナイジェリアの経済は低迷した。政治においても、一九九九年に初めての民主的選挙が実施されるまでは、一九九三年に誕生した軍事政権による圧政は国に平穏をもたらさなかった。こうした国内情勢の影響は、オショボ派をはじめ、外国人を対象とする多くのアーティストが抱える問題に表れている通りである。

一九九〇年頃以降、アフォラヤンがまとまった収入を得られる機会は「バイ・アンド・セル」から受注する時である。ところが、「バイ・アンド・セル」による未払いの作品代は、アフォラヤンの出納簿の記録によると、一九九五年から総額三五万一〇〇〇ナイラ（約一八万円）にもおよぶ。偽の小切手を渡され、作品代を受け取れなかったこともあるという。

こうした状況にも関わらず、アフォラヤンがまだ彼らから仕事を受けるのは、ほかに作品を売る機会がほとんどないからである。二〇一一年九月から二〇一二年二月までの五か月間は作品が一つも売れなかったように、木彫で安定した収入を得ることは困難を極める。二〇〇九年までは、ヨルバの木彫師の巨匠として知られ、国内外で展示活動を行っていた木彫師ラミディ・ファケイェ（Lamidi Fakeye）（表1a・1b事例番号6）の作品制作の補助の仕事でしばしば収入を得ることがあった。アフォラヤンは「同じ木彫師として作品の価値をわかっているファケイェから受け取る報酬が一番良かった」と言うが、二〇〇九年末にファケイェは逝去し、この仕事もなくなった。このため、週に二～三日、午前中は一家の食糧を得るために畑仕事をしてから仕事場に入る。中学校で清掃員として働く妻の定期収入と、手づくり調味料の販売という彼女の内職にも支えられ、なんとか三人の子供を養っている。

これまで約四〇年間木彫師としてやってきており、「木彫（作品をつくるということ）は身体の一部のように感じる」というアフォラヤンは、「いつか自分の時代は来る」「（キリスト教の）神は私を見ている」という信念で作品をつくり続けている。日曜礼拝に加え、毎日早朝に教会へ通うこと、毎週水曜日は教会の奉仕活動を街で行うこと、夕方六時には決まって手を止めて立ち上がり、目をつぶって祈ることも欠かさない。

このように、アフォラヤンは生活が苦しいにも関わらず、売れる販路に合わせて自分の仕事を変えることはいっさいせず、同時に販路を広げられないまま、木彫の制作と販売を続けている。

土器づくり師（陶芸家）

アヨ・アウォイェル

前章[2-3-2]でも述べたように、アヨ・アウォイェル（四四歳）は、イレ・イフェで唯一の土器づくり師である。一九九五年から一九九六年にかけては、旧市街にある博物館の別館に自分の作品を展示・販売するスペースを持っていたが、一九九七年以降、イフェ＝モダケケ紛争の影響でそこに出入りすることはできなくなった。参加していたナイジェリア陶芸家協会（Craft Potters Association of Nigeria）も、紛争の勃発を境にメンバーが集まらなくなった。その後、二〇〇〇年代前半までは、花瓶、小物入れ、蝋燭たてなどをつくって大学キャンパス内の売店に卸していたが、ほとんど売れなかったため、二〇〇五年頃から作品はあまりつくっていない。

二〇〇八年から現在まで、アウォイェルが制作するのは蝋燭たてのみである。近隣の都市オショボの一軒の雑貨屋から不定期に一〇〇〇～二〇〇〇個ほどの注文を受ける。やはり不定期だが、イレ・イフェの中学校からキャンドルサービス用として注文を受けることもある。一個一〇〇ナイラ（約五〇円）と、単価は非常に安い。雑貨屋から五〇〇〇個の注文が入った時はまとまった収入を得る好機であったが、弟子もいないアウォイェルはこれを断るしかなかった。手動のろくろでは一日六〇〇個つくるのが限界で、納品日までにとても間に合わない。作業中は小学生の息子に手動ろくろのハンドルを回し続けてもらわなければならないため、電動ろくろを買えない限り量産は不可能だという（図3-18）。電動ろくろがあれば一日一二〇〇個以上の蝋燭たてをつくることができる。しかし、ラゴスで手に入る輸入品の電動ろくろは一台二五万ナイラ（約一三万円）するため、とても手が届かない。

図3-18　アウォイェル（右）を手伝うため、息子（左）が手動ろくろのハンドルを回す
（2009年2月27日撮影）

二〇一一年六月二二日、アウォイェルは、訪れていた母親と私のために壺のサンプルをろくろでつくって見せた時、二〇一一年に入ってろくろを回したのはその日でたったの三回目だとぼやいた。問題なのは陶器の需要がないことだけではなく、経済的余裕がないために人を雇えず、仕事の依頼を受けられるだけの労力がないことだという。

蝋燭たてをつくるほかは、繁華街を離れた三か所の空き地で粘土を採掘し、自宅の仕事場に持ち帰って不純物を取り除いて精製する。これを、毎年オバフェミ・アウォロウォ大学美術学科の学生に陶芸の課題用の粘土として売っている。また、近隣の街アド・エキティにある技術大学工学部のガラス・陶芸技術コースから毎年一定期間、研修生を受け入れて陶芸を教えている。受け入れに際して収入はない。これだけでは、小・中学生の三人の子供を育てることができず、仕出しの仕事をしている妻の支えを必要とする。このため、アウォイェルの仕事場は妻と共用で、ろくろと粘土よりも妻の仕事の食材や調理具が目立っている。

このように、アウォイエルはほとんど作品制作と販売を行っていないのだが、旧約聖書のエレミヤ書一八章（Jeremiah18: 124）の「（キリスト教の）神は土器づくり師である（God is the potter）」を引用し、自らが土器づくり師であることに誇りを持っているという。また、「創造的なこと（creativity）」が好きであるという彼は、「自分の創造性によって人気を博し、有名になり、社会に認められたい」という。作品制作のモットーは「ろくろで創造（Creativity on wheel）」である。アメリカ合衆国の陶芸雑誌「セラミックス・マンスリー（Ceramics Monthly）」で知った日本人陶芸家、會田雄亮（1931～）の作品に非常に興味を持っており、たびたび私に日本の陶芸の話を聞いてくる。将来的には、外国人や国内外富裕層、学生、さらには地元の人たちを対象とした「陶芸の村（Pottery Village）」と彼が呼ぶ仕事場、展示場、宿泊施設を備えた空間をイレ・イフェの郊外につくる目標を持っている。そのためにまず、仕出しの仕事を活かして妻がレストランを開き、資金をためる計画もある。レストランでは妻がつくるケーキやスナック菓子、アウォイエルの陶器、さらにはヨルバの伝統的な織物も販売し、「クオリティの家シャローム（Shalom House of Quality）」という店名にするという。「陶芸の村」のホームページもつくり、世界に発信する予定もある。オショボ派やアブジャ志向のアーティストなど、国内外の都市を市場とする画家の友人も複数おり、アウォイエルには、友人たちと同様に美術市場を対象とする土器づくり師／陶芸家でありたいという希望がある。

現在、アウォイエルの作品はほとんど売れない。しかしそうかと言って、土器を売る以外の別の販路に合わせた仕事には就かない。国内外富裕層や外国人が求めるような市場で土器を展示・販売することで生活していきたいという理想を抱きつつ、現在はかろうじて蝋燭たてと粘土をつくり、妻の収入と共になんとか暮らしている。

[3-3-2]

販路を模索するアーティスト

多様な作品を手掛けるアーティスト

コラウォレ・オラインカ

コラウォレ・オラインカ（四八歳）は絵画を専門としているが、看板や横断幕、肖像画、教会の彫刻など様々な作品を手掛けている。前章[2-3-3]でも述べたように、一九九三年には、教皇庁立のカトリック布教機関が主催した、アフリカ人によるキリスト教絵画の国際的なコンペティションを勝ち抜き、ドイツで四か月間の滞在制作を行ったこともある。しかし、その後の海外での絵画の展示の機会はなく、同カトリック布教機関から三回ほど、カレンダーやチラシのイラストとして作品が売れたのみである。ポートフォリオには一九九〇年前後に描かれた数十枚の絵画が保管してあるが、そうした、オラインカが最も得意とする、描きたいと思う絵がイレ・イフェで売れることはない。

生計を立てるために、依頼があれば横断幕や記念額、グリーティングカードといった身近なアーティストの仕事も請けおう。しかし、二〇一〇年までは旧市街の外れにある住宅地の自宅を仕事場としていたため、「オーリック・アーツ・ヴィジュアルズ（Auric Arts Visuals）」というビジネス名はあるものの、看板を出して仕事をしていたわけではなかった。繁華街に店を構える身近なアーティストのように名前は知られておらず、依頼は近所の人や所属教会のメンバーといった知人からしかこない。

一九九九年から二〇〇〇年にかけて、そして二〇〇六年から二〇〇七年にかけては、妻と五人の子供を養うための最低限の現金収入を得るために、バイクタクシーの運転手をせざるをえなかった。二〇〇八年から二〇一二年にかけては、イレ・イフェで最も大きいカトリック教会から依頼を受け、教会を装飾するセメント製のレリーフを制作した。依頼は、小型のものは四万ナイラ（約二万円）で、大型のものは一四〇万ナイラ（約七〇万円）という高額で受けることができた。しかし、これ以外の仕事は皆無で、二〇一二年初めに教会から最後の仕事を受けたあとは、再び厳しい生活が続いている。

オラインカは、娘の小学校の試験問題をタイピングする仕事をしたり、知人を通して稀に入ってくる身近なアートの仕事をしたり、知人に借金をしたりして暮らしている。また、ドイツ滞在時に知り合った友人から二〇一一年に受けた送金により、旧市街の博物館敷地内に掘立小屋の店を建てることができたので（図3-19）、現在はそこで、以前の彫刻制作の際余った粘土を利用して土器製の彫刻をつくって過ごすこともある。内装はもとより、店の外装も十分に整える資金がないため雨漏りの心配があり、店内で紙や画布を使った仕事はできない。看板もまだ出しておらず、その掘立小屋はとてもアーティストの店には見えない。二〇一二年八月二日、オラインカは、イーメールによる私との交信によって、一日一度しか食事をとれないほどに経済状況が悪化していることから、伯父に頼み、伯父の働く地方政府役所（月収一三万ナイラ、約六万五〇〇〇円）で何らかの仕事に就けるよう頼んでいるところだと伝えた。妻は仕立屋で働いているが、収入は不安定かつわずかであるため、彼女を頼ることもできない。

オラインカは、アーティストという職に就こうと計画したことなどはなく、ただ好きで、得意なアートを続けているうちにいつのまにかアーティストになっていたという。ところが、積極的な販売や自分自身の売り込みを苦手とする性格から、定期的な仕事の依頼や顧客との出会いがない。さらに、作品が売れることは良いことに変わりはないが、「（国内外富裕層や外国人をターゲットに）作品を売ってまわるようなことはしたくない」というオラインカのこだわりとプライドもある。作品が評価され、高い収入を得たドイツでの経験が、ナイジェリアで自分の作品を「安売り」するこ

図3-19　博物館敷地内にオラインカが建てたばかりの店
（2011年6月8日撮影）

とを許さない。このため、最低限の暮らしをすることすら困難な状況が続いている。

私は、多様な作品を制作してきたオラインカに、今までつくった作品の中で一番好きな作品は何かと尋ねたことがある。するとオラインカは、一八歳の時描いた模写の作品を挙げた。それは、『ロビンフッド物語』の裏表紙の絵の模写で、今でもオラインカの家の居間に飾ってある。一見するとこれといって特徴のない、いかにも模写に見える絵だ（図3-20、巻頭カラー頁）。彼がそれを選んだのは、模写なので自分の「独創的（original）」な作品ではないが、未熟なりにある一定の技術によって完成した絵であるという理由、また、アーティストになるという意識などまだない時に、純粋に楽しみながら描いたものであるという理由からだった（インタビュー集pp.386-387）。

図3-20　18歳の時のオラインカの作品。『ロビンフッド物語』の裏表紙の絵の模写。1982年、グワッシュ・ベニヤ板、約40×30㎝
（2013年10月8日オラインカ撮影）

そこには、絵を描くことの純粋な喜びと、「アーティスト」が職であるがゆえの「売れる、売れない」、「独創的か、真似（模写）か」といったことが問われることへの困難が表れている。一度はドイツというヨーロッパの美術市場で成功したものの、その活躍は長続きせず、イレ・イフェの街の身近なアーティストとしても仕事は安定しない。オラインカには定期的に関わる市場がいまだになく、販路を模索し続けている。生き残るために、ある仕事は何でもしなければならない。できればアートに関係する仕事が良いのだが、それだけでは生きていくことが非常に難しい。オラインカの抱える矛盾と困難は、一部の成功した、あるいは安定して販路を維持するアーティストを除くと、程度に差はあるとはいえ、ほとんどのアーティストに共通する状況だと言えるだろう。

[3-3-3]
考察

本章では、一八人のアーティストと彼らの市場との関わり方に注目することで、前章で提示した「古典的」な需要、「鑑賞中心」の需要、「日常的」な需要という三つ需要の軸線を、アーティストが越える／越えようとする、あるいは、越えない／越えられない様子を詳しく見てきた。その結果、同じアーティストと呼ぶ／呼ばれる人びとのあいだでも、彼らと市場の狭間に複数の関係があることがわかった。作品制作と販売を、自分が望むように続けられる人もいれば、「作品が売れない」という事情から自分が望む販路とは別の販路でアーティストとして、あるいは異なる職を持つ者として、活動を続ける人もいる。他方、やはり「作品が売れない」という事情から自分が望む販路を得られないまま、別の販路に合わせたり、販路を見つけることができずに、困難を極めながらアーティストとして生きている人もいる。

また、個々のアーティストと市場の関係を見ていくことによって、彼ら自身の価値観や基準が明らかになってきた。彼らのいう「独創性」や「創造性」、「血」や「才能」といったアーティストとして重んじるべき誇り、さらには正規の美術教育を受けたという学歴や資格の有無が一つの基準となっていることがわかった。アーティストがたびたび口にする「創造性」を重んじるスタンスは、アキンティブボやマヤキリのようにオショボ派というブランドを重視した上での個々の「創造性」であることもあれば、アデクやアウォクンレのようにオショボ派というブランドから離脱し、より独創的であるという意味での「創造性」もある。また、アデレケのように、一般の人びとを対象とした身近なアートと区別するために、国内外の美術市場を対象とした作品を「創造的」と表現することもある。さらに、アウォイエルのように、自分が社会に認められ、国際的に著名になるための条件として「創造性」を重んじる場合もある。

学歴や資格の必要性については、アデレケのように、高等教育を受けている「ちゃんとしたアーティスト」が

「路上のアーティスト」と自らを区別するために必要な場合もあれば、オミディランやほかのアカデミック・アーティストのように、「総合大学の美術学科出身か」、「街の身近なアーティストか」という区別として必要とする場合もある。あるいは、エニンダのように、高等教育を受けていないアーティストが、向学心から教育の必要性を感じる場合もある。また、エルイェラが主張するように、若者が技術を身に付け、アーティストという職を得るために教育が必要である場合もあれば、逆に、アデクのように、学歴・資格の必要性を重んじることに批判的であることもある。その場合、「創造性」や「独創性」の重要性は、学歴の有無に対抗して、それを越えるものとして主張される。

このように、彼らの価値や基準は個々のアーティストによって異なる。しかし、それらの価値・基準は、イレ・イフェのアーティストが様々な状況にあってもアーティストであり続ける際に、重要な要素となっている。例えば、マヤキリやアウォイェルが、作品がほとんど売れない状況にあっても、自らの「創造性」や「才能」を自信として活動を続けるように、特に、作品制作・販売と市場が一致せず、何らかの妥協をし、困難を抱えて活動しているアーティストを支えている。さらに、オミディランやアカデミック・アーティストが学歴の有無をステイタスとして重んじ、アウォクンレが「創造性」を重んじるように、作品制作・販売と市場が一致するアーティストにとっても、自他を区別するためにこうした価値・基準は重要なものとなっている。作品の売れ行きや生活状況は実に多様であるにも関わらず、彼らが皆イレ・イフェでアーティストとして生きている背景には、こうした、アーティストが重要とみなすいくつかの価値・基準の存在がある。

本章は、作品の「質が良いか、悪いか」や、作品が「売れるか、売れないか」という第三者（外部者・調査者）の視点に注目するのではなく、アーティストがどのような作品をつくっていても、また、彼らの作品の販売状況がどのようなものであっても、彼らがアーティストとして生活していることに注目し、彼らと市場の狭間にある誇りやスタンス、価値や基準、困難や葛藤をアーティストの視点を通して明らかにした。しかしながら、彼らがアーティストとして生きている背景には、アートの市場の存在や彼らの価値・基準といった信念だけではなく、周囲の人びとや様々な制度の存在、イレ・イフェという都市の性質など、彼らを取り巻くいくつもの要素がある。次章では、アーティストの生活世界によりミクロにせまることで、アーティストを取り巻く複数の要素との関わりから、アフリカの一都市で人がアーティストとして生きることを可能にしているものを明らかにしていく。

註

1　このインタビューは、2章と4章でも部分的に参照している。インタビュー対象者のアーティストの希望により、また、紙幅が限られているために、すべてのインタビューを載せることはできなかった。掲載することができたインタビューは、オミディラン、アデトイ、アデレケ、アキンティブボ、オラインカの五人である。

2　ただし、三六人のうち五人はアーティストであることを本職としていない。

3　オミディランは、二〇一〇年九月にミネソタ州で開催された「レイクヴィル・アートフェスティヴァル（Lakeville Art Festival）」と「エディナ秋のアートフェスティヴァル（Edina Fall into the Arts Festival）」に参加し、ブース内での作品販売を行った。

4　ラゴスを中心としたナイジェリア国内で製作される映画で、ハリウッド映画をもじり、ナイジェリアの「N」をとって「ナリウッド」映画と呼ばれる。年間製作本数はインドのボリウッド映画を超える世界一と言われている。こうした映画は映画館で公開されるのではなく、紙のパッケージに入れられたVCDやDVDで約五〇〜一五〇円という低価格で販売・レンタルされるため、国民が自宅で楽しむ主流エンターテイメントとなっている。

5　アーティストのほとんどは家計簿をつけておらず、収入や支出に関する質問をしても、誰もがおおよそでしか答えることができなかった。また、私が様々なアーティストを訪ね歩いて調査していることは周知の事実であったため、プライバシーを守るためにも、具体的な数字を伴う収入についての質問は控えることが好ましかった。このため私は、貯金の有無、頼母子講への参加、妻の仕事、子供たちの人数と学費、（食糧確保のための）畑の有無、土地や農園の所有について尋ねたり、アーティストの自宅での生活状況、服装（着替えの数や服の新調の頻度）や所持品（バイク、車、携帯電話）を観察するなどの方法で、相対的に彼らの経済状況を把握するにとどまった。なお、具体的な数字を伴う記録によって経済状況の一部を説明したのは三人で、一人[2-2-3]は作品の売上を数年来記録しているノート二年間分を、もう一人[2-1-2]は顧客による未払いの金額を一四年間に渡り記録していたノートを見せてくれた。三人目[4-3-1]は一か月分の収入と支出の概算を思い出しながら、項目ごとに口頭で教えてくれた。

6 オラ・ロティミは、第1章[1-2-3]で述べた、一九六九年から一九七三年までイレ・イフェで開かれたオリ・オロクン・ワークショップにおいて演劇部門の指揮をとっていた。

7 化学学科のジデ・イゲ（Jide Ige）教授は絵画や彫刻など複数の作品をイレ・イフェのアーティストから購入している。私が彼の研究室を訪ねた際は、「アートが好きだから」、「アーティストの活動を促したいから」作品を収集していると説明した（二〇〇九年五月三〇日）。しかし、イゲ教授に作品を販売したことがあるアーティスト二人によると、教授は作品をアーティストから安く買い上げ、ほかで高く売っているという話だった。アートの買い手、およびつくり手と買い手の関係に関する詳細の論考については、今後の課題とする。

8 トランスファー技法については、第2章末の註【46】（p.179）を参照されたい。

9 ブラジル様式の家屋の屋根やベランダには、動物の形や幾何学模様のコンクリート製の装飾が施されている。現在ではかなり古くなっているが、イレ・イフェの旧市街には、このブラジル様式の二階建て家屋が軒を連ねる通りがいくつもある。この種の家屋は、イレ・イフェでは、特に一九三七年から一九三八年にかけて数多く建てられた（Bascom 1984: 30）。

10 しかし、ピクトンが調査を行ったクワラ州のオピンでは、一九六四年から一九六五年当時、こうした衰退の減少にも関わらず、イバダンの商人からの依頼を受けて作品を精力的に制作していた木彫師を含め数名の木彫師が活動していた（Picton 1994b）。なお、そのうちの一人、イケリン（Ikerin）村のファシク（Fasiku）は、本書で述べる木彫師アフォラヤンの師匠ローレンス・アラーイェ（Lawrence Alaaye）の師匠（父親）にあたる。

11 オピンの木彫の様式の詳細については、ピクトン（Picton 1994b）を参照されたい。

第４章

アーティストとして生きていく

オラインカ一家（2008年9月7日撮影）

本章では、前章まで多様な作品を手掛けるアーティストとして記述してきたコラウォレ・オラインカの作品とその依頼、制作、販売、生活や語りに焦点をあて、アーティスト個人、ほかのアーティストを含む周囲の人びと、イレ・イフェやナイジェリアという環境や制度との関わりに注目することによって、人がどのようにしてアーティストとなり、また、どのようにアーティストとしてイレ・イフェで生きているのかを明らかにしていく。

ここでオラインカの事例を取り上げるのは、イレ・イフェのアーティストの中でも、とりわけ多様な作品を手掛けるオラインカの歩みに着目することによって、ワークショップ、徒弟制、大学教育、国際美術市場、イレ・イフェの一般の人びとを対象とする市場など、これまで見てきた様々なアーティストに見られた複数の要素について考えることができ、また、イレ・イフェおよびナイジェリアのアートをめぐる状況と特徴を最も顕著に浮かび上がらせることができるからである。イレ・イフェのアーティストの代表として、あるいはイレ・イフェで最もユニークなアーティストとして選んだ結果のオラインカではなく、複数で様々なアーティストがイレ・イフェで生きている状況を読み取るための一つの手段として、本章ではオラインカの歩みに着目したい。

[4-1] アーティストになる

[4-1-1] 独学と弟子入り

独学する

以下は、オラインカが二〇〇八年から二〇一二年のあいだに私に断続的に語った、そしてライフヒストリーのインタビューの際（二〇一一年七月五日）（インタビュー集pp.368-395）に語ったアーティストになったきっかけについて、私がまとめたものである。

オラインカが初めてアートに興味を持ったのは一九七二年、小学二年生で、中学生の兄が学校から持ち帰ったスケッチブックに描かれていた絵を見た時のことだった。兄は授業の課題で校舎を描いていた。それは教室や階段、植木などが描かれた（オラインカが思い返すと）「子供っぽい」絵だったのだが、当時のオラインカにはとても魅力的に感じられ、自分も描きたいと思うようになった。その絵はもう残っていないが、オラインカの説明によると、正面に二階建ての校舎が教室や階段もわかるよう鉛筆で描かれており、校舎の前には植木も描かれていた。全体は色鉛筆で色が塗ってあったという。その後、オラインカは当時住んでいた大都市イバダンの街の広告・宣伝用看板にある絵を練習帳に模写したり、大通りに面していた母親の雑貨屋の前に腰かけ、通りを行き交う車のスケッチをするようになった。当時通っていた小学校では絵画は教えられておらず【1】、こうして独学で絵を学んだ。

中学校に進学すると、小遣いでアートに関する本や画材を買うようにもなった。また、看板の広告や雑誌の中の絵や写真を模写するようになった。母親が自宅から離れた地域に店を借りることになり、家族は皆その地域へ引っ越したが、オラインカは通い始めていた中学校が自宅のそばにあったので、一人でその学校のそばに住んだ。小遣いは両親から自炊代としてもらっていた金を節約して貯めたものである。この時代に模写やスケッチに使ったノートのうち二冊は、今でも自宅の鍵つきの戸棚の中に保管している。一枚も破ることなく、ノートの最初から最後のページまで絵で埋めた（図４-１）。中学校の先輩の一人から絵が上手いと褒められ、アートを選択できる学校へ転校したらどうかと言われたこともある。その先輩からも

図4-1　オラインカが中学校のノートに描いた模写。鉛筆、1977～ 1978年
（2009年2月18日撮影）

らった、一九六八年にロンドンで出版された『さあ、何を描こう?(What Shall We Draw?)』【2】という本は今でも保管している。

一九八二年に高校【3】を卒業すると、リポーターやニュースキャスターなど漠然とメディア関係の仕事をしたいと思っていたオラインカは、四年ほどいくつかアルバイトをしながら大学の入学資金を貯めていた。オラインカが美術学科へ進学するきっかけは、最も苦手だった英語の試験を受けようとしていた時に訪れた。当時住んでいた下宿の大家の息子で、近隣のオンドの教育大学の美術学科の学生であった友人から、オラインカの得意なアートで受験することを勧められたのだった。オラインカはアートを「趣味」だと思っていたし、それまで正規の美術教育を受けてこなかったため受験に対して大きな不安があった。しかし友人はオラインカの背中を押し、教材を貸してくれた。さらに、代父【4】の娘が知人の中学・高校教員をオラインカに紹介し、その教員はオラインカがアートで受験できるよう教材を与えてくれた。そうしてオラインカは受験勉強に励み、一九八六年、二二歳で大学入学統一試験【5】に合格した。

それまでイバダンに住んでいたオラインカだが、一九八六年に統一試験に合格し、オバフェミ・アウォロウォ大学(当時はイフェ大学)に願書を出すと、伯父を頼ってイレ・イフェに住むことにした。伯父は仕立師だったが、奇遇にも、彼の仕事先であった仕立屋のある建物を管理していた人の一人がアーティストだった。そこで、伯父はオラインカをそのアーティストに紹介した。そのアーティストは、オショボ派のバヨ・オグンデレ[3-2-2]だった。オラインカはオグンデレのもとで三か月ほど学んだのち、オバフェミ・アウォロウォ大学からの合格通知を受け、美術学科へ進学することになった。

このように、オラインカがアーティストになる最初のきっかけには、オラインカ個人の興味と意思、そして家族・親戚や友人・知人との関係、およびオラインカが暮らした環境があった。イバダンは、(当時の)ナイジェリア西部州の州都であり、(当時の)首都ラゴスに次ぐ大規模な商業都市であった。一九六〇年の独立時においては、カイロ、ヨハネスブルグに次いでアフリカ大陸で三番目の規模を誇っていた。一九六五年、ナイジェリアの農業の繁栄を象徴する、当時の熱帯アフリカで最も高いビル「カカオ・ハウス」が建てられたのも、イバダンである。さらに、イバダンにはナイジェリア初の大学、イバダン大学（University College of Ibadan）が一九四八年に設立されている。このように、アカデミズム、商業、行政の中心であった大都市イバダンは、独学で技術を身に付けようとしていた当時のオラインカが、広告・宣伝の大型看板、国内外の雑誌や書籍を利用して模写やスケッチをすることと、画材を手に入れることに適した環境であったと推測できる。

また、最初のきっかけは兄の中学校でのアートの授業の課題、つまりナイジェリアにおける中学校での美術教育だった。兄の絵を見る以前から、オラインカは新聞や広告、本や漫画など、絵や写真という画像を目にしてきた。しかし兄という身近な人が描いた絵があり、それはオラインカが見て校舎の絵だとわかるものであったことは、オラインカに「僕もこんなふうに描きたい。いや、もっとうまく描きたい」と感じさせるほど刺激的であり、大きな影響を与えるものであった。大学受験にあたっては友人からもらった参考書を頼りにアートを受験科目として勉強したように、中等教育【6】における美術教育も間接的にオラインカに影響を与えてきた。

なお、本書で焦点をあてたアーティストの中で、小学校または中学校でアートを学んだ者は五名である。また、小学校で娘がアートの授業を受けているというアーティストや、アートを選択できる中学校へと息子を転校させたアーティストもいる。さらに、中学校のアートの授業の非常勤講師を勤めるアーティストもいた【7】。

オショボ派への弟子入り

アートの中等教育とは別にもう一つ、オラインカに影響を与えたのは、オショボ派のアーティストへの弟子入りであった。オショボに最も近い地方都市であるイレ・イフェは、一部のオショボ派の生活と活動の拠点になっていた。先述のように、オラインカは、伯父の紹介によりオショボ派のバヨ・オグンデレに弟子入りすることになった。仕立師であった伯父の仕事先は新市街のエレイィェレという地域にあったが、このエレイィェレは一九八〇年代にオショボ派のアーティストが住んだり、よく集まったりする場所であった。現在では、オショボ派ではオグンデレしかエレイエレを拠点にしていないが、一九八〇年代には数名の著名なオショボ派のアーティストが住んでおり、その一部は店を持って活動していたという。オショボ派のアーティストの一人、アキンティブボ [2-2-2] [3-3-1] はエレイエレにあった保険会社で働いていたが、オショボ派の活動ぶりに魅かれ、退職してオショボ派に弟子入りしたことからも、エレイエレではオショボ派のアーティストの存在が顕著であったことがうかがえる。

また、オラインカは師匠のオグンデレだけではなく、オショボ派のムライナ・オイェラミ [1-2-3] の作品にも影響を受けたという。そのほかオショボ派として著名なティジャニ・マヤキリ、アデニジ・アデイェミ [1-2-3] [3-3-1]、フェラ・オダラニレ [1-2-3] [3-2-2] がイレ・イフェに住んでいたこともあり、オラインカ以外にもオショボ派のアーティストに徒弟制において直接影響を受けた者は、私が調査した三六名のアーティストの中だけでも一一名に及んでいる。

オラインカが師事したバヨ・オグンデレは、第一世代のオショボ派のアーティストであるルーファス・オグンデレの弟である。ルーファスは一九六三年と一九六四年にオショボで行われたムバリ・ムバヨ・クラブでのワークショップに参加し、絵画と版画（図1-17〔p.81〕）で名を挙げた。十代の頃から、バヨ・オグンデレは著名であった兄をはじめとするオショボ派のアーティストやミュージシャン、ダンサーが身近にいる環境にいた。一九六九年から一九七四年まではイフェ大学アフリカ学研究所（現オバフェミ・アウォロウォ大学美術学科および文化学研究所）に所属し、アートと演劇を学んだ。一九七〇年代半ばにはイレ・イフェの街を拠点とし、ラゴスやイバダンといった国内大都市、ドイツやアメリカ合衆国、カメルーンなど海外でも展示を行ってきた。絵画（油彩、アクリル）と版画（木版、モノタイプ）を専門とし、特に兄のルーファスの影響を受け、オショボ派に特徴的な平面的な構図と原色を用いて描く。仮面や踊り子など、「ヨルバやアフリカらしい」主題が多い。明確な輪郭線によって対象をはっきりと描くが、特に人体や人面は自然主義的バランスをあえて崩し、直線や円による模様の一部のように表現する（図3-13〔p.206〕、巻頭カラー頁）。

オラインカはオグンデレの初めての弟子だった。最初に学んだのはモノタイプの一種のトランスファー技法で、これを習得すると、オグンデレの仕事でこの技法を使うものはすべてオラインカが担当するようになった。ただし、オラインカが師匠のためにするのは模写の仕事に限ってであり、彼が「自由な表現に基づく個人的な作品」と考える絵画の仕事は手伝わなかった。とはいえ、絵画についても師匠から学び、特にローラーを使って描く技法を身に付けたのはこの時期であった。オグンデレが作品の販売や展示でラゴスに滞在していて留守の時は、自分の絵画の試作を何度も行った。仕上がったオラインカの作品を、オグンデレがラゴスへ持って行って売ることもあった。オラインカはこのようにして師匠のもとで学び、働き、師匠から不定期にもらう報酬で大学進学の準備をしていた。

オグンデレに師事していたのは大学に進学するまでの三か月ほどであったが、進学してからも、そして卒業したあとも、「アシスタント」や「アルバイト」のようなかたちでオグンデレのもとに通っていた。大学の合格通知を受け取った当初、オグンデレは進学せずに彼の仕事場にとどまることを勧めたが、オラインカは美術学科へ進学する意思を貫いた。師匠から学ぶということは、技術を学ぶだけでなく「仕える」ことでもあり、そのためには辛抱しなければならないことも多々あったという。オラインカにとって最も大きな問題は、仕事に対する師匠から彼への「報酬」や「分け前」であった。これは、のちにオラインカがオグンデレのもとを離れるきっかけにもなった。大学卒業後、オラインカはオグンデレの勧めで国際コンペティションに参加することになるのだが、これを機に、のちに述べるように、決別というかたちで師匠から完全に独立することになる。

師弟関係における問題は、オラインカに限らずほかのアーティスト数名の言動にも垣間見ることができた。自分は師匠に仕え、師匠が（師匠自身の作品として）売る作品を描くだけで、独立したアーティストとしての人生を送れない人など、師匠による「支配」や「搾取」を弟子が不満に思うこともあれば、弟子による師匠の作品の「真似」や所有物の窃盗など、弟子の「不義理」を嘆く師匠もいる。関係の良い師匠と弟子もいるが、オラインカとオグンデレのような関係性が決して稀ではないということは推測できる。

[4-1-2]

大学美術学科での就学

オラインカが美術学科生となった一九八六年は、ナイジェリアでアートの高等教育が始まってすでに三〇年が経ったころであった[1-2-2]。当時も美術学科のある大学は国内に多数あったが、オラインカは、伯父という身よりのいる場所、そして両親の出身地であり馴染みの深い場所であるイレ・イフェにある大学を選んだ。私は彼がオバフェミ・アウォロウォ大学美術学科の学生であった一九八六年から一九九〇年のあいだのシラバスを参照することはできなかった。しかし、入手可能であった二〇一二年において使用されていた二〇〇五年作成のシラバスをオラインカに確認してもらったところ、彼が学生であった当時のコース内容からの大きな変更は見られなかった【8】。以下に概観する同学科のコース内容は、オラインカからの聞き取り、そして二〇〇五年に作成されたシラバス、および二〇〇三年から二〇一二年のあいだに教員・学生であった人たちからの聞き取りに基づく。

同大学美術学科の正式名称は「純粋美術／応用美術（芸術）学科（Department of Fine and Applied Arts）」である。この学科には、絵画、彫刻、陶芸、染織デザイン、グラフィック・デザイン、美術史の六つのコースがある。また、修士号と博士号を取得できる大学院教育も行われており、卒業生や修了生の中には、専業（プロ）のアーティストとして、美術教員として、あるいは広告代理店でのグラフィック・デザイナーとして活躍する者もいる（Sheba 2005: 3）。学士号は最短四年で取得が可能であり、学生は三年次以降六つのコースのいずれかを専門分野として選択する。

これら六つのコースでの授業に加えて、学科の三年次と四年次にはインダストリアル・アタッチメント（Industrial Attachment）と呼ばれる実習コースと、それについてレポートを書く課題がある。これはある種のインターンシップで、イレ・イフェの街や他都市のアーティストの仕事場、アートに関わる会社で制作技術やマネージメントの方法を学び、さらにそれについてレポートを書くというものである。この課題においては、学生の選択によっては、学科での六つのコースに限らず、版画、ビーズ細工、仮面舞踏で使用される衣装、鍛冶屋、ヨルバの伝統宗教の壁画なども対象となる。基本的には西洋美術教育に準ずるカリキュラムだが、イレ・イフェの美術学科（Ife Art School）として、またナイジェリアの美術学科として「イフェらしいアート」を促進している面もある。同学科において一九八九年から数年間盛んであった美術運動、オナイズム（onaism）[1-2-2]においてそうであったように、欧米のアートにローカルな知識や技術、特にヨルバの文化要素を取り入れようとする姿勢は現在でも同学科で受け継がれている。

さらに、国内他都市の大学・教育／技術大学の美術学科への修学旅行が毎年実施され、参加できる学生はほかの美術学科を見学する機会を得ている。ナイジェリア国立美術館などが開催するコンペティションやシンポジウムの告知ポスターや、ラゴスで行われる著名アーティストの展覧会の案内なども学科に貼り出され、学生たちはそれらに応募・参加することができる。また、学科の図書室では、卒業生らの学位論文、ナイジェリア、アフリカ、欧米の美術関係の文献を閲覧できるようになっている。

オラインカはこのような大学の美術学科という組織、つまりアカデミズムという制度に四年間身を置いていた。三年次・四年次に専攻したのは絵画であったが（図4-2）、一年次・二年次に必修とされていた全コースの基礎を学んだ。四年次の実習コースでは第二世代のオショボ派のアーティストであるアデニジ・アデイェミ[1-2-3][3-3-1]の仕事場へ通い、アデイェミの技術や作品について卒論を書いた。しかし、オラインカが美術学科で学んだのはアートの知識や技術だけではなかった。アートのアカデミズムという組織・制度の中に身を置くことは、自分の作品とほかの学生の作品が常に比べられる環境にいると

図4-2　オラインカが大学4年生だった1989年の作品（左）と、卒業3年後の1993年に描いた作品。オラインカの父親の寝室に2012年2月まで掲げてあった（父親は2012年2月に逝去）
（2012年2月20日撮影）

いうことでもある。入学するまで正規の美術教育を受けたことがなかったオラインカは周囲に対して劣等感を抱いていた。三年生になるまでは周りの学生に「ついていく」ことが大変であった。そこで彼は辛抱することと努力することを学んだという。また、オラインカ自身は「オナイズム」を限られた教員たちによって推し進められる特定の方針だとして個人的にあまり共感しなかったものの、そこからアカデミズム固有のアートへのアプローチも学んだ。

こうしてオラインカは、十代の頃独学で身に付けた技術、大学進学直前にオグンデレに弟子入りして学んだ技術、アカデミズムという環境で得た多彩な知識と技法や経験により、少しずつ一人前のアーティストになっていった。

[4-1-3] ドイツ滞在制作とその後

欧米のアートワールドの中へ

前述のように、すぐに仕事が見つからなかったオラインカは大学卒業後もオグンデレの仕事場へ通い、手伝いをしていた。オラインカは自分の作品もつくり続けており、時おりイレ・イフェ在住の友人のアーティスト、シェグン・アデク [2-2-3] [3-1-1] がヨーロッパへ渡航する際は、渡航先で代理販売をしてもらうために自分の作品を預けた。一九八九年には、オラインカはアデクの店で店番をしていた女性と出会い、恋愛し、一九九三年にその女性（現在の妻）【9】とのあいだに長男が生まれた。オラインカに絵画の国際コンペティションへの応募の機会が訪れたのは、長男が生まれる直前のことであった。

一九九三年、師匠オグンデレは、教皇庁立のカトリック布教機関ミスィオ（MISSIO）【10】が主催した「アフリカ人アーティストによるカトリック絵画のコンペティション」を知り、オラインカに応募を勧めた。応募には三〇歳未満という年齢制限があったため、オグンデレは応募することができなかった。オラインカは新約聖書の中の一つのシーンを主題にし、油絵具とパレットナイフを使用した作品を仕上げた。鮮やかな色づかいや自然主義的ではない独特の大きさと形で表現された目鼻からは、師匠やオショボ派のアーティストらの影響がうかがえる。しかし、くっきりと示された黒色の境界線とは対照的な数色のグラデーションや、原色であっても背景と前景を明確にすることで対象をバックグラウンドから浮かび上がらせる手法は、当時のオラインカ独特の作風であった（図４-３、巻頭カラー頁）。その作品は見事にコンペティションを勝ち抜き、オラインカは同機関の支部があるドイツのアーヘンでの滞在制作と展示の機会を与えられた。

「だめでもともと」と思って応募したオラインカにとって、海外でアーティストとしてのキャリアを積む経験が舞い込んできたことは夢のような喜びであった。オラインカは渡航に必要な手続と準備を済ませ、長男が生まれてわずか二週間ほどであったにも関わらず、四か月間滞在するドイツへと旅立った。オラインカの妻も初めての出産を終えた直後に乳飲み子を一人で育てる不安よりも、ヨーロッパでアーティストとして認められた夫を送り出すことに大きな喜びと期待を感じていたという。

しかしこの時、滞在先のドイツでの収入（滞在制作のために与えられる材料費と生活費）の「分け前」を求めた師匠オグンデレともめたことをきっかけに、オラインカはドイツへ発つと同時にオグンデレのもとから完全に独立することとなった。

カトリック布教機関ミスィオのドイツ支部が置かれるアーヘンでは、同機関からの助成を受けてルドウィッヒ・フォーラム（Ludwig Forum）美術館の宿舎で生活した。日中は同美術館内の作業場で作品制作に専念し、絵画だけではなく土器の制作も行った。滞在期間の後半には、オラインカともう一人コンペティションで選ばれた南アフリカ出身のアーティストの作品展覧会が同美術館で行われた。またそれとは別に、

図4-3　ミスィオのコンペティションを勝ち抜いたオラインカの作品。1993年、油彩・画用紙、約50×30cm
（2009年7月8日撮影）

ミスィオのスタッフの知人たちによって個人的にオラインカと南アフリカのアーティストの個展が知人宅で開かれた。ミスィオのスタッフとは親しくなり、滞在制作を終えたあとも二〇〇二年と二〇一二年の二回、オラインカの作品はミスィオ発行のカレンダーの挿絵に使用された。そこで使用された絵の一部はミスィオのパンフレットの挿絵にもなった。さらにオラインカはドイツ国内の美術館や博物館を訪れたほか、スイス、オランダ、ベルギー、ルクセンブルクを観光する機会にも恵まれ、初めての雪とスキーを体験することもできた。

オラインカは、スタッフの中でもマルコ（Marco）という同い年の男性と最も親しくなった。彼が親友と呼ぶマルコは、これまで一九九六年と二〇〇九年の二度ミスィオの仕事でナイジェリアに滞在しており、その際オラインカを訪ねている。年に数回マルコと連絡を取っているオラインカはしばしばマルコのことを私に話す。自宅の仕事場や居間には、マルコ一家の写真やスイスで一緒にスキーをした時の写真が誇らしく飾られている。

ドイツからの帰国後

四か月間のドイツ滞在を終えてナイジェリアに帰国すると、オラインカは自宅のスタジオで精力的に作品をつくった。現在オラインカのポートフォリオにある作品の多くは、この時期に描かれたものである。しかしながら、ドイツやほかの海外で自分の作品を展示できる機会はなく、特にあてもなく作品をつくっていた。師匠との縁は切れ、自分の作品をラゴスで売ってもらえることもなくなった。店はなく、閑静な住宅地にある自宅で作業しているため、アーティストとしての姿が人目にふれることはほとんどない。時おり海外へ渡る際にオラインカの作品も代理で販売していたアデクも、一九九〇年代以降は渡航することがなくなった。オラインカが頼れるのはマルコだけとなり、年に一回、DHL（国際空輸便）でグリーティングカード、そして厚紙や画布に描いた油彩画を一〇～二〇作品送り、大きさによって一つ二〇〇～二〇〇ユーロ（約二八〇〇～二万八〇〇〇円）【11】で、ミスィオのオフィスへの訪問客やマルコの個人的知人に作品を売ってもらうよう頼んでいた。

イレ・イフェには、安定した顧客やパトロンとオラインカが呼べる人はおらず、ドイツのマルコを頼る以外では、知人や友人からの身近なアートの需要に応えながら細々と暮らすしかなかった。のちに詳しく述べるように、帰国後のオラインカの生活は決して楽ではなく、一九九九年から二〇〇〇年にかけてと、二〇〇七年から二〇〇八年にかけては、バイクタクシーの運転手や小学校の試験問題のタイピングなど、アーティストの仕事ではない仕事をせざるをえない時期もあった。一九九八年からは毎年年末に「クリスマスの贈りもの」としてマルコから一〇万ナイラ（約五万円）前後の送金を受けており、これは基本的にオラインカの子供たちの学費にあてている。

「好きなこと、得意なことをやっているうちにいつのまにかアーティストになっていた」とこぼすように、オラインカは幼い頃からアーティストになりたかったわけではなかったし、アーティストという職に対する具体的な展望もなかった。しかし、そうかといってほかにやりたいこともやれることもなかったオラインカは、気が付いた時には、アーティストとして生きる以外に自分らしさを感じられなくなっていたという。

[4-2] 作品をつくる

[4-2-1] つくり手による評価

前節ではオラインカがどのようにしてアーティストになっていったのかを見てきたが、本節ではオラインカの作品制作のプロセスに注目することで、彼がどのように自分の作品に価値を与え、評価しているのかを見ていく。さらに、作品の依頼を受けることと作品を販売することに注目することで、客や彼の周りの人たちが、彼の作品をどのように評価しているのかを検討していく。

模写

小学生の頃は看板や車を、中学生の頃は雑誌や漫画を、弟子入りしていた時は師匠の作品をそれぞれ模写していたように、多くの場合、オラインカは実物通りに写しとろうとすることによって技術を身に付けてきた。それは、彼が創造するという行為やその喜びを知る上で避けては通れない道でもあった。

先述のように、オラインカは十代の頃、マンガや本、新聞や広告などに載っているイラストや写真を模写するのに使ったノートを今でも大切に保管している（図4-1〔p.227〕）。前章で述べたように[3-3-2]、これまでつくった作品の中でオラインカ自身が最も好きな作品の一つは何かという私の問いには、一八歳でつくった作品である、『ロビンフッド物語』の裏表紙の模写を選んでいるほどだ（図3-20〔p.220〕）。「人はこんなのオリジナルの作品じゃないと批判するかもしれないが」と前置きした上で、あえて模写の作品を選ぶ理由を、アーティストになるという意識などまったくない時にある一定の技術を身に付け、夢中で描いたものだからだと説明する[3-3-2]。第3章で見てきたアーティストのうち数名が「人と違う作品」という意味で「独創性」を重んじているように、模写や人の真似は「独創的」ではないというふうにも判断される。しかし、オラインカは模写と人の真似をして制作・販売すること

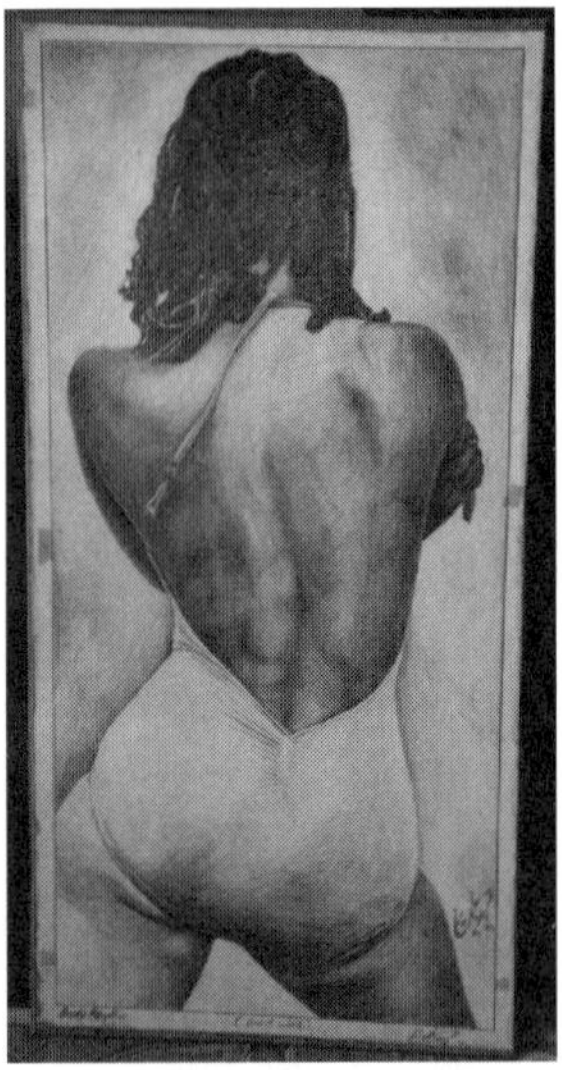

図4-4　オラインカによる新聞の中の写真の模写。1992年、鉛筆・画用紙、約60×30cm（2009年2月18日撮影）

図4-5　オラインカによるフラゼッタの作品の模写。1990年、油彩・画布、約70×50cm（2012年3月1日撮影）

を明確に区別し、模写は技術を磨くために大切な方法だとみなしている。大学卒業後も新聞の写真を模写したり（図4-4）、ファンタジーやSFのイラストレーターのフラゼッタの作品を模写し（図4-5）、陰影や遠近法によって全体の構造を正確に再現することと、鉛筆や筆やパレットナイフでイメージ通りの質感を出すことを訓練した。

さらに、模写は訓練や興味としてだけではなく、顧客からの需要に応えるために必要な訓練でもある。カトリック教会からの依頼でキリスト教画やレリーフ彫刻をつくる際は、基本的に教会が指定する「原画」通りにつくらなければならない。原画はその教会の売店で売られているもので（図4-6）、具象的な表現の油彩画（のように見える絵）の複製と思われる。ポスターなどインテリアに必要な装飾品を売る店にあるものの多くはよりイラスト的であるのに対し、教会ではもともとは油彩画であったものをカラー印刷して複製した絵（ポスター紙、厚紙、またはそれをラミネート加工したもの）も販売されている。この原画が誰によるものであるのかはオラインカにもわからないということだが、描き手のものと思われる、薄く記されたアルファベットのサインから判断すると、欧米人によるキリスト教画の可能性がある。オラインカはこうした原画を教会から借り、それをコピー機で複写したものに基づいて壁画やレリーフを仕上げる（図4-7）。教会のファサードに設置する聖人像の制作の依頼を受けた時は特に原画が与えられなかったため、インターネットでヨーロッパの教会の聖人像の画像をいくつか探し、それらを参考にした。

図4-6　オラインカが模写した「十字架の道行きの祈り」の「原画」（原画の複製と思われる）
（2012年2月20日撮影）

模写の技術は肖像画の制作には欠かせないものであり、オラインカ以外のアーティストにとっても重要である。ナイジェリアでは、中間層以上の一般の人たちによる記念品や贈りものとしての肖像画の注文は珍しくなく、その肖像画は、基本的に本人ではなく本人の写真を見ながら描かれる（緒方 2008）。

オラインカにとって、模写は「独創性の欠如」や「盗作」という意味ではなく、「見様見真似で訓練」していくことである。模写をすすんで行い、その作品を自分の中で高く評価するのは、オラインカが実物通りに写しとることによって得るものに価値を見出しているためである。ただし、模写は彼にとってあくまでも個人的学習であり、販売目的で模写することはない。いつでも販売できるよう作品を保管しているポートフォリオの中に模写の作品はない。教会から依頼を受けて制作した壁画やレリーフ彫刻は、「このようなものをつくってほしい」と言われたその原画にできるだけ似せるようつくったものだが、それは模写の技術を生かして顧客の要望通りに仕上げるということである。模写の作品については、中学生時代に同級生が（オラインカの模写用のノートを）楽しんだり気に入ったりした以外に、特に他者からの評価を受けたことはない。模写を自分の作品のメインとしないまでも、訓練として模写することの意義をオラインカは重んじている。

図4-7　「原画」を粘土上で模写するオラインカ（鋳造のための型づくりに必要な塑像）
（2009年3月9日撮影）

オラインカが選ぶ作品

オラインカは自分が特に好きな作品は売らずに手元に置いておく。前述の『ロビンフッド物語』の裏表紙の模写の作品のほかにも、彼が特に好きだという作品が二つある。一つは、オラインカが「風景（Landscape）」と呼ぶ一九九六年に画布に描いた油彩画で、ベニヤ板を彫ってつくった自作の額縁に入れて仕事場に飾ってある（図４‐８、巻頭カラー頁）。輪郭のはっきりとしないいくつかの花を中心に描いたその作品は、実際の花を見ながら描いたのではなく、オラインカのイメージによるものだ。色づかいや構図はオショボ派のそれとはかけ離れており、先述のコンペティションに出した作品（図４‐３〔p.235〕）のように明確に描かれた黒のラインと鮮やかな色彩のコンビネーションも見られない。「風景」ではそれぞれの花の輪郭線ははっきりしていないが、色彩の緩やかな差異によって背景から花が浮かび上がるよう描かれている。筆とパレットナイフによって顕著に表れた流れや凹凸によるうねりが作品に躍動感を与え、独特なタッチを残す。オラインカは筆とパレットナイフでつくりだしたこの質感を特に気に入っている。表面に付着した埃を綺麗に取り払って少し離れた場所から見ると、その質感による画面の奥行きがより効果的に表れるのだと、誇らしげに説明する。この「風景」はオラインカの心を落ち着かせるのだという。

もう一つオラインカが誇る作品は、一九九二年に描いた友人の女性の肖像画である（図４‐９、巻頭カラー頁）。彼女の写真を見ながら画布に描いた油彩画で、仕事場の壁にかけて飾っている。背景と光のグラデーションがモデ

図4-8　オラインカの作品「風景」。1996年、油彩・画布（・ベニヤの木枠）、約40×35cm
（2012年3月1日撮影）

図4-9　オラインカの作品、友人の肖像。1992年、油彩・画布、約45×35cm
（2009年3月20日撮影）

ルを浮かび上がらせ、特に、厚めに塗られた背景と髪とは対照的な額と目元のハイライトが写実的な顔貌を描き出している。服の淡い色彩とぼんやりと描かれた模様は、はっきりとした目鼻顔立ちをいっそう際立たせる。オラインカ自身も、まるで本人を目の前にしているような立体感を出せたことに満足しているという。

ここで注目すべきことは、オラインカが選ぶこれらの作品の主題と様式が、ドイツのコンペティションで選ばれた作品のそれとかなり異なっていることだ。ドイツで選ばれた作品は、先に述べたオショボ派に見られる「アフリカらしい」絵画の特徴にキリスト教の主題がバランスよく取り入れられている。一見すると何を表現しているのかわからない場合もある、平面的な構図にキュビスティックあるいは幾何学的な模様や原色が特徴的なオショボ派の作品に比べると、オラインカの作品は主題を理解しやすい。鮮やかながらもグラデーションを利用した柔らかな色彩表現は比較的穏やかで、教会や関連施設の厳かな空間に掲げられるのにふさわしいとも言える。しかし、ルネサンスやバロックに代表される自然主義的描写ではなく、太く鮮明に対象を縁取る独特な線や形、鮮やかな色づかいはオショボ派の作品群と類似しているという意味で、より「アフリカ的」と言えるだろう。他方で、オラインカ自身はオショボ派の様式を好まず、大学の美術学科で学んだ西洋美術の手法を積極的に取り入れたという意味でより「西洋的」と言える作品を好んでいる。このことから、オラインカの作品のドイツでの享受者とオラインカの視点に明確な差異があることがわかる。

創作への好奇心と探究心

オラインカは絵画を専門としているが、陶芸、塑像、鋳造によるレリーフ彫刻やインターロッキング・ブロック、シルクスクリーン印刷、横断幕や看板、記念額やグリーティングカード、布のデザインと染めも手掛ける。彼がこれまで仕事として請けおってきた作品は、絵画、レリーフ彫刻、身近なアート（横断幕、看板、記念額、肖像画、グリーティングカードを含む）（図4-10、2-37〔p.167〕、0-9〔p.7〕、巻頭カラー頁）などだが、依頼や販売を前提としていなくても、時間さえあれば手元にある材料を使って新しい作品制作に取り組む。二〇〇八年から二〇一一年にかけては、カトリック教会による依頼でレリーフ彫刻の制作に多くの月日を費やしたが、その合間に同依頼で購入した材料の中で余ったものや繰り返し使えるものを利用して、新しい作品にチャレンジした。

例えば、二〇〇八年に高さ三m、幅二m、奥行き〇・八mの大型レリーフ彫刻の制作を終えて大量に余った粘土を用い、二〇〇九年にレンガをつくった。そのレンガで簡易の窯をつくると、粘土でつくった壁掛け用の花瓶数点をその窯で焼いた（図4-11）。花瓶はオラインカが所属する教会の壁の装飾に使用したり、友人に贈ったりした。また二〇一二年も、同じく粘土を利用して装飾品としての壺をつくっていた。私が確認したのはまだ塑造中の壺のみだが、形が出来上がれば窯で焼く予定だとオラインカは話していた。装飾品としての壺などの土器はドイツに滞在していた時もつくっており、絵画と並んでオラインカが好んでつくる作品である。二〇一〇年にはレリーフ彫刻の制作で余ったセメントを利用し、インターロッキング・ブロックを六種類ほど初めてデザインし、試作品もつくった（図4-12）。ナイジェリアでは、裕福な住宅や店舗の敷地内にはインターロッキング・ブロックが敷かれることが多い。単純な形のブロックをかみ合わせるのが一般的だが、オラインカは、単純なブロックに自らデザインした装飾的な模様を入れることを試みている。試作の段階では、模様入りブロックをどのように売り込むか、誰（どの店）に依頼して販売するかなど具体的な案はなかったが、販売も視野に入

図4-11　自作のレンガでつくった窯を利用し、花瓶を焼くオラインカ
（2009年4月18日撮影）

図4-10　依頼を受けてオラインカが制作した薬屋兼雑貨屋の看板。2008年、約60cm×100cm
（2009年1月29日撮影）

れているようであった。

このほか、二〇一〇年に、「ヨルバの伝統染色として有名な、キャッサバのスターチとアルミのステンシルを利用した藍染め布を購入したい」と言った私に、オラインカは、「あなた（筆者）の望む通りに僕がデザインして、あとは藍染め屋で染めれば出来上がるはずだからやってみよう」と言った。そこで、私が望むデザインを提示すると、彼は持っていたアルミ板にそのデザインに基づいたパターンを描き、カッターナイフでくり抜いてステンシルをつくった。私が買ってきた布を渡すと、ステンシルを使ってデザイン通りにキャッサバのスターチ（糊）を布に乗せた（図4-13）。天日で布を乾燥させ終わると私と共に藍染め屋へ行き、染めについて興味深そうに染め師の老女から話を聞いていた。数日後に染め上がると、模様がうまく浮かび上がらなかった部分についてはその解決策を染め師の老婆に尋ねるなど、より良いデザイン布の制作に意欲的であった。アーティストとしてできるだけ多くの質の良い仕事をすること、それが次の仕事の可能性となり、自分自身の成長にも繋がる。

このように考え、オラインカは専門に限定することなく、興味があって材料があれば様々な作品を手掛けようとする。

図4-13　藍染めの布をつくるため、自作のステンシルを使用してキャッサバのスターチを布に乗せるオラインカと、そばで宿題をしながらその様子を見ている次男
（2010年7月27日撮影）

図4-12　オラインカによるインターロッキング・ブロックの試作品。2010年、約25×20×10㎝
（この写真では、4つのブロックが繋ぎ合わせてある）
（2010年5月11日撮影）

[4-2-2]

周囲からの評価

地域のパトロンを得る

一九九四年にドイツから帰国して以来、ほとんどイレ・イフェで作品の依頼を受けたり販売することのなかったオラインカだが、二〇〇八年にカトリック教会から教会の装飾の仕事を受けたことをきっかけに、二〇一二年までの四年間はイレ・イフェにある三つのカトリック教会の装飾に関わる仕事に従事した。この一連の仕事を得るきっかけとなったのは、所属するカトリック教会の壁画を描けるアーティストを探していた人が、オラインカの妻の営む仕立屋の顧客であったことだった。オラインカはその仕事を材料費込で四万七〇〇〇ナイラ（約二万三五〇〇円）で受け、およそ二か月で仕上げた（図4-14、巻頭カラー頁）。オラインカが手掛けたその仕事は、イエス・キリストが不正な裁判で死刑宣告を受けてから十字架の死に至るまでの歩みを一四の場面で描いた壁画、「十字架の道行きの祈り（Stations of the Cross）」【12】であり、前述の教会の売店などで販売されている絵を見ながら、教会の要望通りにできるだけその絵に忠実に描いた。脚立に登って、縦約五五cm、横約四〇cmの油彩画を片側の壁に七つ、反対側の壁に七つ描いた。オラインカ自身は、一つの絵につき五〇〇〇ナイラ、合計七万ナイラ（約三万五〇〇〇円）の報酬を希望していたという。

その後オラインカは、その作品を依頼したカトリック教会の神父から再び依頼を受け、次は、イレ・イフェで最も大きなカトリック教会に納めるレリーフ彫刻をつくることになった。一つめは、教会が購入したファイバーグラス製の聖母マリアと幼子イエス・キリストの像を置く「いばらの茂る洞窟の入り口」のレリーフである（図2-38〔p.168〕）。それまで、オラインカは塑像の依頼を受けたことはあったが、レリーフ彫刻の依頼を受けたことはなかった。しかし、大学で学んだ彫刻の基礎の知識、そして探究心によって工夫を凝らして作品の完成に漕ぎ着けた。

この仕事で得たのは材料費込みで三〇万ナイラ（約一五万円）だが、材料費を引くと自分の手元に残るのは「わずか」であると私にこぼし、最初は四〇万ナイラ（約二〇万円）を教会に要求したと言った。一つめのレリーフ彫刻が出来た二〇〇八年一一月、オラインカは彫刻の側面にビジネス名と電話番号をサインとして入れながら、「これは自分が本来やりたい仕事ではないし、この作品の仕上がりにすごく満足しているわけでもないけれど、アーティストとしての自分の活動のプロモーションとしてやったんだ」と私に言った。

一つめのレリーフが完成するとすぐ、次の作品、「十字架の道行きの祈り」のレリーフ彫刻の依頼を受けた（図4-15、巻頭カラー頁）。二〇〇八年一一月初旬に一つめのレリーフを納めてすぐ、同年一二月から制作に取り掛かった。縦一〇〇cm、横八〇cm、奥行き一〇cmほどのセメント製のレリーフを一四個、それぞれに色を塗って額も付けるという作業は、オラインカにとって前回以上の大作であり、チャンレンジだった。教会は二〇〇九年三月のイースターまでの完成を期待していたが、オラインカ一人の労力ではそのスピードにはとても追い付けず、完成した作品を教会に納めたのは翌二〇〇九年の一一月下旬であった。重量のある粘土やセメントに耐えうるイーゼルの制作から粘土による絵の原画、そのセメント製の型の制作、鋳造、色塗りに至るまで、弟子のいないオラインカはほと

図4-14　オラインカの壁画。「十字架の道行きの祈り」の留の一つ（VIII）。油彩、約55×40cm
（2009年1月30日撮影）

図4-15　オラインカが制作したレリーフ、「十字架の道行きの祈り」の留の一つ（VIII）。2009年、セメント・鉄筋・油彩、約100×80×10cm
（2009年10月14日撮影）

んど一人で行った。オラインカは、材料費込みで一四〇万ナイラ（約七〇万円）の報酬を教会に求めたが、交渉の末、九八万ナイラ（約四九万円）を受け取った。前回と同様、受け取った報酬は「材料費をまかなう程度」とオラインカが表現するほど彼にとっては少ない額であった。

依頼主である教会は、旧市街と新市街の境にあたる繁華街に面したイレ・イフェで最も大きいカトリック教会である。当時その教会の内装・外装のリノベーションの指揮にあたっていたコモラフェ神父に話を聞いたところ、神父が二〇〇七年にオヨの教会で働いていた際、オヨでつくられていた楽器やビーズ細工といった「伝統的な文化と芸術」に魅かれたという。仕事でベナン共和国を訪れた時は、ベナンの「文化と芸術」についても素晴らしいと感じた。さらに、ヨーロッパの教会を訪問した知人の神父がそこで見た彫刻の装飾の素晴らしさについてコモラフェ神父に語ったことから、イレ・イフェの教会の装飾をもっと充実させることを考えた。コモラフェ神父は、委員会で決議する予算に限りがあるため、オラインカが要求するままの金額を払うことはできないという。しかし、同カトリック教会に所属しているわけでもない（プロテスタント教会のメンバーである）オラインカに連続して作品を依頼していることから、彼の仕事の質に一定の信頼感を持っていることはうかがえる。

なお、オラインカは二〇〇九年六月、二つめのレリーフが出来上がる前に、コモラフェ神父からの紹介により別のカトリック教会の神父から同じく「十字架の道行きの祈り」のレリーフ彫刻の依頼を受けた。教会が予算を確保できていなかったために制作も遅れ、作品が完成したのは二〇一二年末であった。報酬は前回の作品の半分以下、材料費込で四六万ナイラ（約二三万円）だったが、手元にまったく金のなかったオラインカはその額で仕事を引き受けるほか選択肢はなかった。

その後、二〇一〇年には教会内の正面、祭壇の横にあたる場所に掲げる「最後の晩餐」のレリーフ彫刻を、続いて教会の正面の外壁に設置する聖人ペテロとパウロのレリーフ彫刻をつくった。「最後の晩餐」の描写には、それまでは教会の売店やポスター店に売っているイラストタイプのポスターを額縁に入れたものが使用されていたが、コモラフェ神父の意向で、これもレリーフ彫刻に取り替えられることになった。作品は基本的に原画であるポス

図4-16　オラインカが制作したレリーフ、「最後の晩餐」。2010年、セメント・鉄筋・油彩、約90×120×10cm（手前の円盤は祭壇に置かれた装飾品）
（2010年5月11日撮影）

図4-17　聖人ペトロ・パウロカトリック教会のファサードに設置された、オラインカが制作した聖人ペトロとパウロ
（2011年6月17日撮影）

図4-18　オラインカが制作したレリーフ、聖人パウロ（図4-17の拡大）。2011年、セメント・鉄筋・油彩、約170×100×10cm
（2011年6月17日撮影）

図4-19　礼拝堂のファサードに、堂の名称「CHAPEL OF EUCHARISTIC ADORATION」を設置するオラインカ。セメント（鋳造）
（2011年6月17日撮影）

図4-20　オラインカが制作した、礼拝堂のファサードに設置するレリーフ、「祈りの手」。2011年、セメント、約30×20×5cm
（2011年7月4日撮影）

ターの様式や色に限りなく忠実につくられたが、大きさはその約二倍の、縦九〇㎝、横一二〇㎝、奥行き一〇㎝のセメント製のレリーフだった（図４-16）。ペテロとパウロのレリーフは対になっており、縦一・七m、横一m、奥行き一〇㎝のセメント製のレリーフで、教会のファサードの左右に設置されている（図４-17）。指定された原画は特になかったので、インターネットで見つけたヨーロッパの教会にあるペテロとパウロの彫刻の様式を参考に、それぞれに固有の所持品や風貌で表現した（図４-18）【13】。「最後の晩餐」には、オラインカの望む五〇万ナイラ（約二五万円）に対して材料費込で三〇万ナイラ（約一五万円）が、ペテロとパウロには六〇万ナイラ（約三〇万円）に対して材料費込で二〇万ナイラ（約一〇万円）が支払われたように、いずれもオラインカが望む額よりもかなり低かった。しかしやはり、アーティストとしての今後の活動のプロモーションのために、そして食べていくために、教会から提示された額を引き受けざるをえなかった。

二〇一一年には、同教会に隣接して建てられた礼拝堂のファサードに、礼拝堂の名称をセメントで鋳造したアルファベット文字と「祈りの手」をかたどったレリーフを設置する仕事を材料費込みの四万ナイラ（約二万円）で引き受けた（図４-19、４-20）。オラインカは七万ナイラ（約三万五〇〇〇円）を期待していたが、やはり手元にまったく金のない状況であったので低い額でも仕事を引き受けて現金収入を得るしかなかった。なお、この仕事をもって同教会の改築がおおよそ終了したこと、さらに翌二〇一二年にコモラフェ神父が異動で同教会を離れたことから、この仕事以後は教会からの依頼はなくなった。

これら教会の装飾のための一連のレリーフ彫刻の作品はオラインカにとっては初めての挑戦であり、試行錯誤と創意工夫の積み重ねによって完成させたものだった。したがって、オラインカ自身はこれらを「最高の出来栄え」とはみなしていない。こうした彫刻作品を「自分の専門」だとも考えていない。しかし、第３章【3-3-1】の木彫師アフォラヤンらも教会からの依頼を受けて作品を制作しているように、こうしたキリスト教装飾品の制作は、教会側からは一定の評価を受けている。

友人・知人、家族のまなざし

ここからは、オラインカの四人の友人・知人と家族が彼と彼の作品をどのように評価しているのかを見ていく。

ドイツ人の友人マルコ

オラインカがドイツで知り合った友人のマルコは、二〇〇九年四月にミスィオの仕事でナイジェリアに滞在した際にイレ・イフェまで足を延ばし、オラインカを訪ねた。オラインカは私をマルコに紹介し、私たちは食事を共にした。また、私はマルコを大学キャンパスの両替所やコピー屋などに案内した。マルコと二人で歩いていた時、マルコは「オラインカはアーティストとしてもっと成功したかもしれないのに、彼はその道を進まなかった。結局、彼の子供たちの学費は毎年僕が負担しているわけだし」と淡々と言った（二〇〇九年四月五日）。マルコは、その一六年前の一九九三年にコンペティションを勝ち抜いたオラインカのさらなる活躍を期待していた。マルコがその後のイレ・イフェやナイジェリアの政治・経済的状況をどのように理解していたかはわからないが、マルコの発言には、ドイツでの滞在制作を終えて帰国した「オラインカのその後」に対し、自分（マルコ）やミスィオに依存せずにアーティストとして成功していく方法はなかったのだろうかという「なかなか成功しないアフリカのアーティストを支援する側」の苛立ちと無念さと、友人であるオラインカに対する同情の入り混じった複雑な感情がにじみでていた。

大学美術学科の学科長アデムレヤ

二〇〇九年一一月、修士課程への進学を希望していたオラインカを、私はオバフェミ・アウォロウォ大学美術学科の教員らに紹介した。同じ月の別の日に、私はオラインカのレリーフ彫刻の写真を、彫刻を専門とする教員で当時学科長であったババシェヒンデ・アデムレヤ（Babasehinde Ademuleya）に見せたところ、同学科では「実用的でオーソドックスな彫刻（セメント鋳造）」よりも、金属の廃物を繋ぎ合わせて溶接するような「新しいアイディア」に基づいた彫刻を推進しているということで、アデムレヤはオラインカの作品に興味を示さなかった。当時（二〇〇八年〜二〇一二年）、同学科の彫刻科では、修士課程の学生を中心に、廃棄自動車やバイクから出るくず鉄などの金属の廃物を収集し、それらを繋ぎ合せて大型の彫刻作品をつくる学生が目立っていた（図4-21）。二〇〇五年にはセメントを使った彫刻を制作する学生の姿も見られたが、二〇〇八年の卒業制作展の彫刻科の学生たちの作品に見られたように、また二〇一二年に、フルブライト奨学金生で、同学科で滞在制作を行っていたアメリカ人の彫刻家【14】が金属の廃物を溶接して大型の作品制作を行ったことからも、近年では金属彫刻に力が入れられている様子は明瞭である。鋳造によるセメント彫刻の依頼を受けることがオラインカにとって新しい挑戦であったこととは対照的に、大学の美術学科では、新しいアイディアとみなされる溶接による金属彫刻が求められていた。

友人アーティスト・画材屋の店主のコラウォレ

オラインカの友人ベンガ・コラウォレ [2-3-1] [2-3-3] は、イレ・イフェで最も大きな画材屋を営む。私がオラインカと出会ったのもコラウォレの紹介によるものだった。二〇〇八年九月一六日、コラウォレはオラインカの作品制作の様子を見にオラインカを訪れた。オラインカは教会へ納めるレリーフ彫刻（いばらの茂る洞窟の入り口）の制作途中であり、ちょうど鋳造を終えた日だった。オラインカはレリーフの色塗りに必要な塗料をコラウォレから購入しており、また、以前から親しかったことから、コラウォレにはレリーフの制作についてたびたび話をしていた。興味を持ったコラウォレはその様子を見に行き、作

図4-21　美術学科の修士課程の学生、エマヌエル・ムケレウウェム（Emmanuel Mkereuwem）と彼の作品。溶接によって金属の破片・屑を繋ぎ合わせてつくった
（2009年3月3日撮影）

品のつくり方や仕上げについてオラインカに尋ねたあと、世間話をして帰った。その数日後、私がコラウォレの店に行った際、私がオラインカの家に頻繁に通っていることを知っているコラウォレは、「その後、オラインカの調子はどうだ?」と尋ねた。続けて、「彼は良いアーティストなのに、あんな住宅地で身をひそめていたら、誰にも知られやしないじゃないかって、僕はいつも彼にそう言っているんだよ。彼は街に店を持つべきだと」と言った。画材屋を営むコラウォレには、イレ・イフェの街のアーティストの知り合いがたくさんいる。様々なアーティストを見てきたコラウォレが、友人という親しさはあるものの、オラインカの家まで足を運び作品を見に行ったこと、また、もっと人に知られる場所で活動すべきだと直接アドバイスしていることから、コレウォレのオラインカへの期待と応援、さらにはオラインカの客とのネットワークづくりについて消極的である姿を弱点とみなす視点がうかがえる。

知人アーティストのアデイェニ

身近なアーティストのアデイェニ[2-3-1]は旧市街の繁華街に店を持ち、周囲で店を経営する人たちのあいだでも、アーティストのあいだでも有名である。オラインカもアデイェニを街のアーティストとして「カリスマ的存在」と表現するほど、アデイェニの存在は目立っている。二〇〇九年一一月三〇日、私はオラインカのバイクの後部座席に乗ってたまたまアデイェニの店の近くを通り、そばを歩いていたアデイェニと挨拶を交わした。オラインカもアデイェニと挨拶を交わし、私たちはすぐにその場を去った。その数日後、私がアデイェニを訪ね、「アーティストとしてやっていくのは大変ではないのか」という質問をした時のことだった。アデイェニは「頭脳と創造性があればアーティストとしてやっていくのは困難ではない。あの(オラインカを指して)バイクの運転手もしなければならないようなアーティストは単に怠けものなだけだね」と答えた。オラインカがバイクタクシーの運転手をしていたことを知っていた様子のアデイェニは、オラインカがアーティスト一筋ではやっていけない経済力のなさを暗に指摘した。アデイェニは国内の富裕層や海外の市場を対象に作品をつくることはないが、イレ・イフェの一般の人びとを対象とした身近なアートの仕事で比較的安定した生活を送っている。彼は、顧客をより多く持つことや、そのことによって安定した収入を得るということを、アーティストとして重要なステイタスだとみなしていることがわかる。

妻

オラインカの妻、フンケは、大学四年生だったオラインカに出会ってから二〇一二年までの二三年間、最もそばでオラインカを見守ってきた。私はイレ・イフェに滞在中、旧市街にあるフンケの営む仕立屋に週一回から数回通い、休憩したり、世間話をしたり、服を仕立ててもらったりしていた。フンケは夫に仕事があまりないことや収入が安定しないことを自ら口にして私に愚痴をこぼすことはなかった。このため、私はオラインカから収入や家計の危機的状況を聞いていたにも関わらず、あえてそのことを話題にはしなかった。しかしフンケは、服を仕立ててもらう際に私が支払う金を受けとるたびに、「本当はあなたからはお金を取りたくないんだけど……」と前置きをし、私が（一家の家計を配慮して）多めに支払うことに対し、ただ「ありがとうね」と言うことで金銭的にまったく余裕がないことを控えめに示した。逆に、少しでも懐に余裕がある時はかなり安い金額で、そして時に無料で仕立ててくれた。

そんなフンケだが、二〇〇九年から二〇一一年のあいだ、私と二人で、あるいは見習いの若い女性も加わって三人で会話中、ナイジェリアで生活する上での経済的な問題の話題になると、ミシンを踏みながら「イレ・イフェの人たちは夫のアートの価値を知らない」、「ここにいても入るべきお金が入ってこない」ともらすことが何度もあった。ある時（二〇一二年三月）は、フンケとオラインカと私の三人で、やはりイレ・イフェでは（欧米で売れるような）アートが売れないという話になった。そこでオラインカが「海外に行きたい」と言ったことに対し、私が「でもそうすると、離れて暮らす奥さんや子供さんたちは寂しくなりますね」と返すと、フンケは「（オラインカが）ちゃんと収入を得て送金してくれる限りまったく問題はない」、「時々帰ってきて一緒に過ごし、あとはまた海外で稼いでくれたら十分」と言い、オラインカも妻に同調していた。妻はイレ・イフェで「報われない」夫に同情し、どのような苦境にあっても夫に寄り添う。しかし同時に、夫の収入が安定しないことに大きな不安を抱き、夫の才能が認められ、安定した収入を得られる日々が来ることを願っている。

子供たち

二〇〇八年から二〇一二年のあいだ一〇代半ば～後半だった長男は物理学者に、一〇代前半～半ばだった次男は医者になりたいと言い、アーティストになりたいと言ったことはなかった。息子たちは父親の収入が安定していないことをよくわかっていた。特に次男は、学費未払いのため、二〇〇八年から二〇一二年までのあいだは、中学校への登校を許可されずに帰宅することがあった。その回数は、私が把握しただけでも四回におよぶ。

しかし長男も次男も父親の仕事をよく手伝う。長男は鋳造を終えたばかりのレリーフ彫刻に付着した油を洗い流す作業、色を付ける前の下塗り、自宅から教会への作品の搬入を手伝った。次男はレリーフ彫刻の型から粘土の原版を取り外す作業と、出来上がった作品を鋳造用の型から取り外す作業を手伝った。粘土の原版を型から取り外す作業や型に椰子油を塗る作業は、幼い次女と三女（それぞれ、五歳前後と二歳前後）を除き、妻と一〇歳前後の長女も手伝った。また、長男、次男、長女は、時おり画用紙やノートに絵を描くと父親に見せる。特に長男は、父親がちょうど長男と同じ年齢だった頃描いていたように、漫画や本の挿絵などを模写して父親や私に何度か見せた。こうした子供たちの言動には、父親を敬い、慕う気持ち、そして父親の苦労とそれが自分たちに与える（特に経済的な）影響からアーティストが不自由なく暮らせる職業だとは思っていない様子の両方がうかがえる。

オラインカに対するこのような周囲からの視線や評価は、オラインカにとって励みである場合もあるし、そうではない場合もある。画材屋のコラウォレによる指摘はオラインカ自身の意思とも合致し、二〇一一年、彼は旧市街の博物館の敷地内に店を持つことになった。二〇一〇年のクリスマスにマルコから受けとった「贈りもの」の大半の九万八〇〇〇ナイラ（約四万九〇〇〇円）を費やして建てた店は、木の骨組みと壁、トタンの屋根でつくられた簡単なものであり、資金不足でまだ外装も内装も仕上がっていない。しかし床と壁の一部に自作のインターロッキング・ブロックも使用した六畳強のスペースには、繁華街にあるほかのアーティストの店には見られないユニークさがある。

アデイェニの「コメント」はオラインカの耳に直接入るものではないが、オラインカはアデイェニのことを誰もが知る街のアーティストとして「カリスマ的」と形容しつつ、「自分は（アデイェニのようなかたちで）有名になって世間にさらされたくない」と私に言った。アデイェニとオラインカの理想の「アーティスト像」にはいくらかのギャップがあるようだ。妻子に苦労をかけていることについては、オラインカは常日頃からその責任と劣等感を感じている。二〇〇八年から二〇一二年にかけて私がイレ・イフェに滞在していた時、そして日本にいた時は携帯電話のショートメールやパソコンのイーメールで、オラインカは何度も「家族を（経済的に）満足させたい」、「夫として父として情けない」、「もうどうして良いかわからない」という心情を伝えた。

[4-3]　生活する

[4-3-1]　助け合う

オラインカの生計

先述のように、オラインカには、フリーランスのアーティストとなって一九九四年にドイツから帰国して以来安定した収入があったことがない。まとまった収入があったのは、二〇〇八年から二〇一二年のあいだの四年間、カトリック教会からの依頼を受けていた時期のみである。そのほかは、一九九八年から二〇一二年現在に至るまでの毎年クリスマスの「贈り物」として受け取るマルコからの送金、一九九四年から二〇〇九年にかけてマルコに代理で販売してもらう作品代、イレ・イフェの街で稀に請けおう看板、横断幕、グリーティングカード、記念額、肖像画といったやはり不定期に入ってくる収入、二〇〇八年から二〇一〇年まで娘たちの小学校の試験問題のタイピング代のみで、マルコによる送金以外はいずれもオラインカの言うところの「ちょっとした仕事（small jobs）」によるわずかな収入である。

さらに一九九九年から二〇〇〇年にかけて、そして二〇〇七年から二〇〇八年にかけてはバイクタクシーの運転手をしてその日食べていく現金収入（一日あたり五〇〇～一五〇〇ナイラ、約二五〇～七五〇円）をなんとか得ていた。天気が良く日差しが強ければ午前七時～一〇時までと午後四時から八時までの街のラッシュアワーのみ、そうでなければ日中もバイクで街をまわっていた。しかしこの仕事は心身共に過酷なため、長い期間は続けられなかった。二〇一二年に入ってからは、伯父を頼りイレ・イフェの地方政府役所で月収一三万ナイラ（約六万五〇〇〇円）の職を得ることを本格的に考えており、アーティストという本職を辞めざるをえない状況にまで陥っている。

二〇〇八年から二〇一一年にかけて得たまとまった収入は、その収入を得るまでの期間の借金の返済にあてた。クリスマスの時期だけは、妻と子供たちに新しい服や靴を買い与えた。二〇〇九年には妻に中古ではない新しい電動ミシンを五万ナイラ（約二万五〇〇〇円）で、自分用に初めてのノートパソコン（中古）を七万五〇〇〇ナイラ（約三万七五〇〇円）で購入した。それらは二〇〇一年にドイツのパトロン（カトリック布教団体ミスィオ）の依頼で制作したカレンダー用の絵画で得た収入で自家発電機を八万八〇〇〇ナイラ（約四万四〇〇〇円）で購入して以来の高価な買い物であった。二〇一〇年の新年にはマルコからの「贈りもの」としての送金一〇万ナイラ（約五万円）のほぼすべてを費やし、将来家を建てるための土地を買った。繁華街からバイクで一五分ほど離れた閑散とした住宅地にあるその土地は五九〇㎡弱（約一七七坪）の広さで、草木の生い茂る藪のような状態のままで購入した。

表4-1は、まとまった収入がない月のオラインカ家の収入と支出を表している。オラインカと妻に家計簿をつける習慣はない。このため、学費や借金など明確にわかる金額以外は、二〇一〇年七月五日に私がオラインカに生計について尋ねた際、彼が記憶と概算によって示した額となっている。年ごとに支払うものや必要な時期のみ支払うものなどについては、概算して月ごとの数字を出した。借金【15】を含めて月約二万一五〇〇ナイラ（約一万七五〇〇円）の収入があり、月約二万六八二五ナイラ（約一万三四〇〇円）の支出があることから、計算上は五三二五ナイラ（約二六六〇円）マイナスで暮らしていることになる。しかし、このうち電気代一二〇〇ナイラ（約六〇〇円）は滞納が可能であり、家賃五〇〇〇ナイラ（約二五〇〇円）はまとまった収入のある時に数か月分を合わせて支払うので、月々かろうじて八七五ナイラ（約四四〇円）余裕があるということになる。しかしながらオラインカによって示された収入と支出はおおよその金額であり、月によっては収入はその額に満たないし、支出がその額を上回ることもある。また、仮に余裕があったとしても、八七五ナイラで購入できるのは、例えば五〇〇グラムの粉ミルク二袋、清涼飲料水（ペットボトルのジュースなど）八本、単三電池三本ほどである。もしも余裕があれば借金の返済にあてることが最優先となるので、基本的に余裕はほとんどないと考えて良いだろう。

なお、二〇一〇年当時の国家公務員の最低賃金は月額八〇〇〇ナイラ（約四〇〇〇

表4-1　まとまった収入がない月のオラインカ家の収支

収入

家族	内訳	収入額（ナイラ）
オラインカ	「ちょっとした仕事」	3,000
妻	仕立屋	2,500
夫婦	借金	16,000
収入の合計		21,500

支出

家族	内訳	収入額（ナイラ）
7人全員	家賃	5,000
	光熱費	1,200
	食費、他	15,000
長男	塾授業料	500
次男	中学校授業料	2,500
長女	小学校授業料（2人分）	2,625
次女		
支出の合計		26,825
収入との差し引き		-5,325
滞納可能額を除いた使用可能な金額		875

※三女はオラインカの友人が経営する幼稚園に通っており、学費を無料にしてもらっていた。

円）であり、その額は翌年の二〇一一年には一万八〇〇〇ナイラ（約九〇〇〇円）【16】まで引き上げられている。借金をしなければ夫婦で五〇〇〇ナイラ前後しか収入のないオラインカ家の家計が非常に苦しい状況は、公務員の収入と比較しても明白である。その上、表4-1に示されている生活費全般の中の食費は一日二回分となっている。オラインカ家では基本的に一日二回、厳しい時期は一日一回だけ食事をとる。オラインカの理想は、例えば朝食は「人並みに」パンと卵とミルクティーをとり【17】、一日三回食事をとることだ。しかし、そのためには一家七人分の生活費として一日三〇〇〇～四〇〇〇ナイラ（約一五〇〇円～二〇〇〇円）が必要で、一日に五〇〇ナイラ（約二五〇円）前後しか費やせない現状とはほど遠い。さらに、大学受験を控えた長男にこれからかかる三つの大学入試統一試験の受験料の合計三万四〇〇〇ナイラ（約一万七〇〇〇円）と、各大学での入試受験料の四〇〇〇ナイラ（約二〇〇〇円）という金額を並べ、長男も交えてのインタビューの最中にオラインカは苦笑いした。

妻の協力

表4-1を見る限りにおいては、月約二五〇〇ナイラの妻の収入は家計の確かな助けになっている。オラインカの妻フンケはイレ・イフェの旧市街で仕立屋を営む。月曜日から金曜日は朝一〇時頃から夕方五時頃まで店に出てミシンを踏み、食事の支度は次男や長女の手を借りながら帰宅後の六時以降に始める。食糧などの買い物は仕事帰りや仕事中の忙しくない時間帯に抜け出して仕事場の近くの市場で済ませる。洗濯は平日の朝または土曜日にする。掃除は長女に任せているのでこのほかの家事は特になく、毎週水曜日は夕方からオラインカと共に教会で聖書学を学ぶ。また、オラインカとそろって聖歌隊のメンバーであり、教会の経理の仕事も任されているため、不定期だが頻繁に教会へ出かける。

フンケの店には足踏みミシンが二台、電動ミシンが一台あるほか、ガラス瓶入りのコカコーラが一二～二四本、袋入りの飲料水が二～三バッグ（一バッグ二〇袋入り）、袋入りのビスケットが段ボール一～二箱（一箱一二〇袋入り）などが売り物として置いてある（図４-22）。コカコーラなどの商品は余裕のある時に卸売問屋で（卸値で）購入しておけば、小売りすることによってわずかながらも利益を得ることができる【18】。店舗が軒を連ねる市場付近に持っていた店を大家の都合で二〇一〇年に離れてからは、人通りの少ない旧市街の住宅地の入り口にしか店を持てず、客は減った。その代わり、店の少ない住宅地のささやかなコンビニのような存在としては目立っており、立ち寄って水やビスケットを買う人が比較的頻繁にやって来る。フンケの仕立屋の客は週一回来るか来ないかという程度だが、女性の服（上下セット）は一着一〇〇〇～一五〇〇ナイラ（約五〇〇円～七五〇円）で仕立てるので、一定の顧客がいさえすればそれなりの収入を得られる仕事である。

この仕事を彼女に勧めたのはオラインカだった。結婚前は友人のアーティストのアデクの店で店番をしていたフンケだが、結婚後はその職を失ったため、何か手に職をつけておくと良いだろうというオラインカの勧めで仕立屋での修行を始めた。オラインカは妻の収入について言及した際、「（妻の収入は微々たるものだし、）経済的なことで妻に頼るつもりはない」と言ったが、わずかであっても妻に収入があることは家計にプラスとなる。加えて、二〇〇八年に初めて受けた教会装飾の仕事は妻の顧客の紹介によって得ており、関連の仕事は四年間に渡ってまとまった収入をオラインカにもたらした。妻フンケのオラインカに対する理解と精神的支えはもちろん、妻に職場・収入があるということは、経済的にも、人脈の面でも、アーティストのオラインカにとって大きな助けとなっている。

私が調査を行った三六人のアーティストはすべて男性であり、そのほとんどが既婚男性だが、妻が職を持っているのはその四割の一六人である。彼らの妻はフンケのように自営で仕事をするよりも、教員、看護師、事務員、清掃員、賄い、店番など、雇用先から毎月一定の給料を受け取

図4-22　オラインカの妻フンケと彼女の仕立屋（左はフンケの弟子の息子）。右奥にはコーラ瓶が積んである
（2011年6月3日撮影）

る仕事を持っていることが多い。顧客が多くなければ一定の収入を得ることは非常に難しいアーティストにとって、妻の存在は一つの重要な支えのようである。

教会における相互扶助

オラインカの家計に見られるように、家族を養う毎日の生活で精一杯であるのがドイツからの帰国以降の現状である。このため彼には貯金もなければ、今日食べるものがないという日も少なくない。そのような状況にあっても、アーティストとしての仕事以外にオラインカが従事する「奉仕的な仕事」がある。それは教会へ通うこと、また、そこで祈るだけではなく様々な活動に参加することである。

オラインカはプロテスタント系ペンテコステ派教会の一つ【19】に一家で所属している。毎週日曜日の朝八時から昼一時までの礼拝はもちろん、隔週金曜日に午前〇時から明け方四時まで行われるナイト・ビジル（night vigil＝夜通しの祈り）にも家族全員で通う。彼はまた、聖歌隊の隊長を務めている。妻も長男も聖歌隊のメンバーであり、土曜日の午後は頻繁にその練習が入る。毎週水曜日の夕方は聖書学講座にも妻と通い、日曜日の礼拝時には、オラインカは指導者として聖書学を幼少児から十代の若者に教えている。加えて礼拝時には牧師の同時通訳も担当する【20】。さらにオラインカは「祈りの勇士（prayer warriors）」のメンバーであり、毎月一回、金曜日の晩に家族を残してメンバーだけのナイト・ビジルに参加する。三か月に一度はこのメンバーで三日間断食して連夜ナイト・ビジルにのぞむ。このほか教会の設立記念月の三月から四月には、教会のメンバー全員による三〇日間の断食が行われており、オラインカ家も全員でこれにのぞむ。

教会では、礼拝するたびに任意で寄付をすることになっている。このため、本来ならば最低でも大人一人六〇～一〇〇ナイラ（約三〇～五〇円）は必要である【21】。その上、オラインカの場合は自宅から教会までバイクでも一五分はかかるため、妻と三人の娘はなんとか一台のバイクに乗せるが、息子二人はバイクタクシーに乗せなければばならない。毎回交通費もかなりかかってしまう。しかしオラインカは、教会へ通う金はなんとか工面する。「（寄付金が）ない時は出さなくてもよい」と考え、収入が安定しないために教会へ行かないということはない。むしろ困難な日々にあってこそ、熱心に足繁く教会へ通う。「祈りの勇士」でもあるオラインカは牧師から厚い信頼を受けており、メンバーたちからも頼りにされている様子である。さらに、聖書から抜粋された文章を横断幕やビロード（ベルベット）に写して装飾を加えたり（図4-23）、自作の素焼きの花瓶を壁に取り付けるなどアーティストとして教会の装飾を担当している。これによって、教会の人たちは皆オラインカがアーティストであることを知り、彼ら数名から横断幕の仕事の依頼を受けたことがある。親しくしている人たちがオラインカを訪ねてきたり、オラインカが彼らを訪ねたり、彼らの冠婚葬祭に出席するなど、教会のメンバーのあいだでの社交はまめに行うようにしている。

オラインカには両親【22】、そして兄と二人の姉がいる。しかしオラインカはまったくといって良いほど家族と交流がなく、家族・親族間の相互扶助は成り立っていない。しかし妻のフンケの姉や妹たちとは交流があり、少なくとも年に一度、クリスマスと新年には連絡を取ったり、会う機会をつくるようにしている。経済的困難から年老いた両親の世話をできずに心苦しく思っていることや、母親以外の家族とはあまり気が合わないため親しくしていないことは私も聞いているが、日常生活において親族の存在がほとんどないことはオラインカの個人的な事情だけではない。これは、植民地化される以前より多数の大規模な都市的集落を有していたヨルバの慣習や現代都市生活の特徴とも言えるだろう。ヨルバの伝統によると、父系親族集団の最小単位である核家族【23】イディレ（idilé）、イディレの集まり（親族）であるエ

図4-23　オラインカによって制作された、聖書の一節を表した壁掛け（中央と左）。ベニヤ板・ビロード布。オラインカの所属教会の壁に掲げてある
（2009年8月8日撮影）

ビ（ẹbí）、そして、複数のエビで構成されるアボレ（agbolé）という一群の家々の集まりによって街は成り立っている（Bascom 1984: 42-46; Eluyemi 1986: 7）。もちろん、現代においては親族集団ごとに暮らすことはほぼないが、「出身はどこ?」という問いに対するヨルバの人びとの返答が決まって父親の故郷であることは、父系親族との繋がりを彼らが意識していること、あるいはそのような思考が受け継がれていることを示すものである。しかしこれは親族集団との個人的な結び付きを示すものではない。渡部が指摘するように、ヨルバランドでは父系集団への帰属は出生によって定まるが、成員として認められるには集落で生まれた現存の成員との個人的な相互認知が必要となる。ヨルバランドでは系譜の認知は父母および自己の兄弟姉妹とその子供たちを越えないことが通常であり、集落外で生まれた人間が系譜を数世代遡って父系集団への帰属を確認するようなことはない（渡部 1985: 9-10）【24】。したがって、現代の都市生活にあって、オラインカのように親族間の相互扶助が成り立っていない、または成り立ちにくいことは予想でき、そうした状況において、教会内での相互扶助はそれぞれが暮らす地域でより重要な役目を果たしていると考えることができる。

このように、教会との繋がりを重んじるアーティストは少なくない。通常、月曜日から土曜日まで店や仕事場で作品制作に勤しむアーティストは、日曜日は教会へ行くため店に出てこない。また、日曜日以外にも、オラインカのように週数回教会へ通う、あるいは仕事場で祈りを欠かさないアーティストもいる。例えば、木彫師のアフォラヤン［2-1-2］［3-3-1］は、日曜礼拝に加え、毎朝六時から始まる礼拝に通い、さらに、仕事場でも毎日夕方六時に仕事の手を止め、起立して祈りを捧げる。毎週水曜日は、教会のボランティア活動の一環で、身体の不自由な人びとや高齢者を訪ねてまわり、身の周りの世話をしている。アカデミック・アーティストのフォラランミ［2-2-1］は、ラゴスの所属教会での礼拝に出席するため、毎週、または隔週でイレ・イフェからラゴスに通っている。身近なアーティストのアデイェニ［2-3-1］は、月々の支出について私が尋ねた際、学費や交通費と並べ、毎週日曜日に教会で支払う額として寄付金とタイズ（一〇分の一税）を挙げたことから、教会へ通うことがアデイェニの生活の一部であることがうかがえた。身近なアーティストのエルイェラ［3-2-1］は、顧客からの依頼としてではなく、自らが所属する教会の牧師の母親が二〇一一年六月に亡くなった際、葬儀の香典返しとしてメモ帳の制作をボランティアで行い、メモ帳の裏面には、エルイェラが経営する美術学校の広告を載せた。

こうした教会との繋がりはアーティストに限ったことではなく、イレ・イフェの人びと一般についていえる。イレ・イフェでは、おもにキリスト教とイスラーム、そして、両者と比べるとかなり少ないが伝統宗教が信仰されている。キリスト教徒がマジョリティであるのはナイジェリア南部の傾向だが、イレ・イフェの旧市街にはおもにムスリムをマジョリティとするハウサ人街があり、大学キャンパス内にはモスクも教会も両方ある。また、少数ではあるが、伝統宗教を信仰する人もいるなど、人びとの拠り所はキリスト教の教会だけではない。しかし、正確な数は知られていないものの、建物の数や人びとの装いや活動から判断すると教会が圧倒的に多く、ビラや横断幕による教会の活動に関する広告もあちらこちらで頻繁に見られる。本書で焦点をあてる三六名のアーティストも、一名を除きすべてキリスト教徒であった。日曜日の午前中はかなりの人たちが教会で過ごすため、人通りはぐんと減り、ハウサ人街やそのほかの地域でムスリムの営む商店がぽつりぽつりと開いているほかは、市街地も住宅地も、教会のある場所以外は静まり返っている。

キリスト教徒にはほとんど皆所属している教会があり、私のような訪問者は、友人や知人それぞれの所属教会に招かれ、所属会員になることを促される。また、友人・交友関係においても所属教会は個人の「アイディー（ID）」として大きな意味を持つ。ナイジェリアに多数存在するキリスト教の教会（教派）は、それぞれに特徴や傾向があり、相手のアイデンティティや人となりを知る上で、「どの教会に通っているか」という情報は重要である。キリスト教の人びとは、相手がキリスト教徒かムスリムかということだけではなく、同じキリスト教徒であっても、どの教派・教会であるのかということを把握しようとする。特に、異なる宗教はもちろん、同じキリスト教徒であっても、教派や所属教会が異なる場合は、男女が結婚する際、あるいは親族に結婚の承諾を得る際に弊害となる場合がある【25】。

すでにピール（Peel 1968, 2003）ほか多数の研究者によって、ヨルバランドおよびナイジェリアにおけるキリスト教と伝統文化や地域社会との関係が研究されているように、アーティストが教会と強い繋がりを持つことはイレ・イフェやナイジェリアでの人びとの暮らしの特徴でもあり、アーティストの日常において、そして困難な状況においても人びとの繋がりを築く上で重要であることが、イレ・イフェで生活するアーティストの活動からもうかがえる。

地域の貯金・金融システムへの参加

オラインカには貯金がない。しかし、定期的な収入があれば貯金をしたり、地域の金融システム・組合を利用して資金の調達をしたいと思っている。イレ・イフェで利用されている現金の貯蓄方法の一つに、英語で「毎日の出資／貯金（デイリー・コントリビューション〔daily contribution〕）」、またはヨルバ語で「収集／集合（アジョ〔ajo〕）」と呼ばれるものがある。集金者は、ある地域内の収入者の店舗・仕事場や自宅を毎日まわって、それぞれから、それぞれに一定の金額を受けとる。毎月、月の最終日一日分の額は収金者の収入となるが、それ以外の一か月分の総額は収入者のもとへ月末に返される。これは、銀行口座を開くほどの収入がない人、時間的に銀行に行けない人、毎日少しでも貯金をしたい人など、特に低所得者のあいだで便利かつ効率的な貯金法として活用されている。「毎日の出資」は、以下にみる頼母子講とは異なり、自分の番がまわってくるまで数か月間現金の受け取りを待ったり、規制の中でほかの参加者と連携する必要がなく、個人の都合と希望に沿って利用できる。オラインカは、毎日わずかでも余裕があれば「毎日の出資」をやりたいところだが、毎日安定した収入がないので叶わない。しかし妻は、毎月ではないが収入のある月はこれを利用している。

「毎日の出資」をしているアーティストを私が確認できたのは二名である。このうち一名はオショボ派のアーティストのオラトゥンジ[3-2-2]で、毎日三〇〇ナイラ（約一五〇円）出資している。その理由として、「手元にあるとつい使ってしまうが、収集者に毎日預けることによって、月末には子供の中学校の一学期分の学費くらい貯まる」など、その効率性を挙げていた。他方、「毎日の出資」をしないアーティストたちは、「収集者を信頼できない」、「過去に金を（収集者に）持って行かれて酷い目に遭った」、「自分で大手銀行に貯金するので必要ない」という理由を挙げた。

また、同じようにアジョと呼ばれることもあるが、基本的には英語で「コーペレイティヴ（cooperative＝協同組合）」、またはヨルバ語で「エベ・アラジェシェク（egbẹ́ alájẹṣẹ́kù＝頼母子講）」と呼ばれる民間互助組織では金を借りることができるため、仕事に必要な資材・機材を買いそろえる時などに便利である。銀行で借りるような複雑な手続きを必要とせず、利子もつかないことから、非常に便利な民間の融資システムとして機能している。信頼できる親しい仲間うちで集まる場合もあれば、地方政府が募るグループや同業者で募るグループもある【26】。オラインカは、安定した収入と余裕があればこうしたグループ（組合）に参加したいと思っている。これに参加しているアーティストで、私が確認できたのは四名であり、そのうち二名は比較的収入の多い大学美術学科の教員イジシャキン[2-2-1]とビーズ細工師のオウォジョリ[2-1-1][3-1-2]で、いずれも信頼性と融資額の高さの面から大学公認のもののみに参加していた。一名はまた別のビーズ細工師アデトイ[2-1-1][3-1-2]で、友人とのあいだで月一〇〇〇ナイラ出し合っているという。もう一名は身近なアーティストのアデイェニ[2-3-1]で、毎週一〇〇〇ナイラ（約五〇〇円）出し合うグループと隔週二〇〇〇ナイラ（約一〇〇〇円）出し合うグループの両方に参加している。これらで融資を受けたことによって、身近なアートの仕事に必要なプリンターやパソコンを購入することができたという。

オラインカの場合は、こうしたローカルな貯蓄法や金融システムを利用できるほど安定した収入がないが、アーティストによっては、それらをうまく利用して仕事や生活に役立てている。

[4-3-2]　同業者との繋がり

オラインカは基本的に単独で仕事の依頼を受け、自分自身による作品のみを販売する。しかし仕事の依頼を友人・知人のアーティストを介して受けること、あるいは彼らの協力を受けて作品を仕上げることもある。アーティストたちの繋がりを辿ることで本書で取り上げるアーティストの多くに私が出会ったように、アーティスト同士は同業者として繋がりを持つ。繋がりを持つ人びとは、親しくはない場合、互いをライバル視する場合、互いを良く思っていない場合もある。しかし、この繋がりを通じて仕事を得たり、情報交換をすることはしばしばある。

アーティストの連携

一九九五年、オラインカは大学病院設立二〇周年記念を祝う像（セメント塑像）をつくったが、これは知人のアーティスト、ハッサン（Hassan）【27】からの依頼によるものだった（図4-24）。ハッサンは木彫を専門としていたが、大学病院スタッフからの依頼をアーティストとして受け、実際の制作はセメント塑造をつくることができるオラインカに賃金を支払って頼んだ。作品の土台には「ハッサン・アート・ギャラリー（Hassan Art Gallery）」と記してあるように、この塑像はあくまでもハッサンの仕事となっている。他方、オラインカも、自分が引き受けた仕事を部分的だが知人アーティストに頼んだことがある。二〇〇八年に教会から依頼を受けてレリーフを制作した際、鋳造に使用する型の制作にあたっては、粘土づくり、そして出来上がった型から原版の粘土を取り外す作業は、知人の土器づくり師のアウォイェル[2-3-2][3-3-1]に賃金を支払って頼んだ。

また二〇〇九年には、オラインカは私からの紹介で知り合った真鍮彫刻師オルイェミ[2-1-3]の依頼を受け、三つの塑像をつくった。オルイェミが実際にオラインカの塑像を利用したか、また、完成させた作品を納品したかどうかは明らかではないが、これらはオル

図4-24　ハッサンから依頼を受けてオラインカがつくったセメント塑造。大学病院敷地内。1995年、約120×80×20cm
（2008年8月4日撮影）

イェミがオーニから依頼を受けた真鍮彫刻の作品の原型であった。オルイェミはオラインカの腕前を知るために、そして場合によっては今後手伝いを頼むために、オラインカにその仕事を頼んだと私に言った。三つの塑像は、オバマ大統領、ヒラリー・クリントン、カノのエミールといった政治家や権威者の頭像（図４-25）であり、オルイェミによると、オーニが三人への贈りものとして真鍮製の彼らの頭像を必要としているということであった【28】。オルイェミがオラインカへ支払ったのは粘土代をかろうじてまかなうくらいの低額であったため、オラインカはこの種の仕事が続く見通しはないという意思を私に示したが、その仕事については最後まで成し遂げた。

　加えて、前述のように、オラインカは版画を専門とするアデク[2-2-3][3-1-1]とは親しい友人関係にあり、かつてアデクが海外を訪問する際に作品を売ってもらったり、一九九三年にドイツに渡航した際はビザ取得のためのアドバイスをもらった。オラインカはマルコがイレ・イフェを初めて訪れた二〇〇一年にアデクを紹介し、以来、アデクも時おりマルコに作品を送り、ドイツで代理で販売してもらっている。

　アーティストが同業者同士の繋がりを持って活動する様子について、オラインカ以外のアーティストの事例も概観したい。ビーズ細工師のオウォジョリ[2-1-1][3-1-2]は、ビーズ製の杖など作品の土台に木を必要とする場合、木彫師のアヨデレ（表1a・1b事例番号３）にその土台

図4-25　オルイェミから依頼を受けて、鋳造用の原版としての塑像をつくるオラインカ。左はカノのエミール、右はオーニの欧米からの来賓。手前の写真はオルイェミから貸し出され、それを見ながら塑像をつくる
（2008年11月17日撮影）

図4-26　アキンボデ（左から2人目）の仕事を手伝うアフォラヤン（左端）。木彫の装飾はアフォラヤンによる。木彫はこのあと立てられ、全体に色が塗られ、上に革が張られ、巨大な太鼓に仕上がった
（2010年5月21日撮影）

の制作を依頼する。同じくビーズ細工師のアデトイ[2-1-1][3-1-2]は、木の土台をすぐ近くに店を構える木彫師のイジョー[2-1-2][3-1-1]に依頼している。木彫師のブコラ・アキンボデ[2-1-2]は、二〇一〇年のサッカー・ワールドカップ南アフリカ大会特別番組用の舞台セットの一つで、高さ一m八〇㎝を超える太鼓を制作する依頼をラゴスのテレビ局関係者から受けたが、装飾部分は、所属教会を共にする木彫師のアフォラヤン[2-1-2][3-3-1]に賃金を払って任せた（図4-26）。また、その作業スペースがアフォラヤンの店とその付近であったように、アキンボデはたびたびアフォラヤンの仕事場の一部を借りて自分の作品をつくる。さらにアフォラヤンは、自分の師匠ではないが木彫師のあいだで巨匠として知られるラミディ・ファケイェ（表1a・1b事例番号6）の作品制作を手伝う。ファケイェはアフォラヤンを「ナイジェリアで最も優れた木彫師の一人」と評価し、アフォラヤンに作品の八割の制作を依頼することがしばしばあった。高齢のファケイェは仕上げを担当することで、それをファケイェ[2-1-2]自身の作品として展示・販売していた。第3章[3-3-1]でも述べたように、アフォラヤンは腕のある木彫師としての自分自身の名が表に出ないことに対して思うことがなくはなかったが、木彫の「価値」を知るファケイェから与えられる報酬には満足していた。

このように、一人のアーティストが請けおった仕事を、別のアーティストに報酬を払って部分的に手伝ってもらう、または完全に任せることは、街のアーティストだけではなくアカデミズムや美術市場と直接関わる大学美術学科の教員も行うことである（緒方2013a: 161-162）。大学美術学科でグラフィック・デザインの教員を勤めるイジシャキン[2-2-1]によると、彼は「コンサルタント」としてアートの仕事を受けることがあるという。絵画や彫刻など専門外の仕事を依頼されても「私はグラフィック・デザイン専門ですので」という理由で断らずに「アーティスト」としてその仕事を受け、それを専門とするほかのアーティストに仕事をまわす。仕事をまわしたアーティストへは、依頼人（顧客）の要望をイジシャキンが明確に伝える。しかし、依頼を受けて作品を客に納品するのはあくまでもイジシャキンの責任であり、イジシャキン自身も多少の収入を得る。

アーティストの組合

最後に、オラインカ自身はそのメンバーではないが、彼の知人・友人アーティストの一部は組合によって連携している様子も概観したい。身近なアーティストのほとんどは市街地に店を持ち、靴屋、服屋、食料品店などと軒を連ねて街の一般の人びとを対象としている。このため、コラウォレ [2-3-1] [2-3-3] [4-2-2]、ジョシュア・オイェミラン（Joshua Oyemiran）（表1a・1b事例番号33）、アキン・オジョ（Akin Ojo）（表1a・1b事例番号34）によると、看板、ステッカー、ゴム印など、彼らが請けおう仕事の基本的な値段設定を組合で決定する必要がある。また、組合員になると、イバダンやラゴスなどの大都市で代表者によって安く大量に購入された塗料を少量で安く購入することができたり、組合がインストラクターを呼び、新型印刷機など身近なアートに必要な新しい道具や機材の説明会を開くといった連携をとることができる。さらに、組合員の一人に大作や複数の仕事が重なったり、病人が出た場合は仕事を分担し、病人や不幸があった人へ募金を集めるなど、協働や扶助が可能となる。

画材屋も営むコラウォレによると、イレ・イフェで最も大きな身近なアーティストの組合である「イフェのアーティスト、デザイナー、家屋の壁・自動車塗りの組合（Ife Artists, Designers, House Painters and Motor Spraying Artists Association）」は約一二〇人から成る。会合は隔週であり、全組合員のうちおよそ三〇～五〇人が顔を出すという。他方、オジョによると、彼の所属する組合はイレ・イフェの組合とは異なりモダケケ地区にあるもので、一四人から成る【29】。このほかオジョは四～五人のアーティストを知っているが、彼らは組合費を定期的に払えないために参加していないという。同じ身近なアーティストでもアデレケ [2-3-1] [3-2-1] は、３章 [3-2-1] でも述べたように、コラウォレらが参加する組合を「高等教育を受けていない」、「道端のアーティスト」の集まりだと考え、技術大学以上の高等教育を受けた、アデレケのいう「プロ」のアーティスト六～七人による組合、「プロアーティスト組合（Association of Professional Artist）」をつくった。この「プロ」の組合は三か月に一度の頻度で会合を開くことになっているが、組合員の経済状態が良くないことがおもな原因で、二〇〇八年以降はほとんど機能していないという。

このように、一部のアーティストは組合を通じて同業者と繋がることで支え合っているが、アデレケのように、同業者であっても「高等教育を受けているか、受けていないか」によって連携する仲間を限定することもある。

[4-4] 考察

本章では、コラウォレ・オラインカというアーティストのライフヒストリーと生活世界、作品制作や販売のプロセスに注目し、彼がアートワールドや地域社会と関わりながら、アフリカの一都市でアーティストとして生きる様子を描いてきた。まず、オラインカがアーティストになる過程で身を置いてきた環境を検討することで、彼が児童期・青年期を過ごした当時のナイジェリアの大都市においてはすでに西洋近代のグローバルな市場があり、そこでアートの概念や技法と接触しながら成長してきたことがわかった。また、中学校や大学における美術教育という制度とも関わりを持っていたように、アーティストになる過程において、少なからず西洋近代の美術教育の影響があることもわかった。加えて、代父の娘がアートの教科書を提供する美術教員を紹介したことや、伯父がオショボ派のアーティストを紹介したことなどから、家族・友人・知人という周囲の人びととのローカルな繋がりも、オラインカがアーティストになるために欠かせなかったことも明らかとなった。

次に、オラインカが作品を制作・販売することを周囲との関係の中で検討し、彼自身が好みや好奇心、探究心を持って作品をつくることは、アカデミズムや国際的な美術市場、あるいは知人・友人・家族など、周囲の評価と合致して理解や励みを得ることもあれば、必ずしもそうではないことがわかった。彼のこうした姿に、周囲との協同やせめぎあいの中でアーティストとして生きている様子が浮かび上がった。

また、アーティストとなったオラインカの生活を検討した結果、妻や教会、同業者といった周囲の人びととの関係の中で、収入は一向に安定しないにも関わらず、なんとかアーティストとして生きていることがわかった。周囲との繋がりはオラインカがアーティストになる過程でも見られたが、それは独立したアーティストになってからも非常に重要なものであった。

このように、オラインカの事例は、イレ・イフェのアーティストが西洋近代のアートの制度にふれ、また、支配的な力を持ったその制度に取り込まれながらも、能動的に西洋近代の要素やローカルな要素を様々な局面で取り込みながらアーティストとして生活していることを示唆するものであった。それはまた、アーティストが国際的な美術市場で成功することへの欲求、個人として描きたいものを描く喜び、生活のためにローカルな需要に応える必要性、周囲からの評価、それらの狭間で矛盾と葛藤を抱えていることも示すものであった。オラインカが、一度はドイツで国際的なアーティストとして認められた経験から、経済的に貧しい状況にあっても、市場を変えて街の一般の人びとを対象とする身近なアートに専念しないのも、ドイツに発信すべく「アフリカらしい」作品を積極的につくらないのも、彼自身に好むアートやつくりたい作品があるからである。しかしながら、家族を養うという現実の中で、オラインカがなんとかアーティストとして生活しながら困難を持って生きていることもまた確かである。

そのような状況において、妻、友人、知人といった周囲の人びととの繋がりがアーティストとして生きていく際に欠かせないことも明らかとなった。アーティスト同士の繋がりについては、単純な知り合いを越えた結び付きが見られた。それはアーティストとしての仕事を本職とする人、あるいはアートの制作・販売によって現金収入を得ようとする人たちによる協働であり、イレ・イフェを拠点に同業者として共に経済活動を行う人びとの繋がりであった。

これらのことから、イレ・イフェのアーティストは国際的な美術市場や美術教育といった制度と少なからず関係を持ちつつ、同時に、人と人とのローカルな繋がりや評価・価値を維持することでアーティストとして生きていることが明らかになった。

註

1 オラインカによると、小学校には「手工芸（craft）」と呼ばれるような授業はあった。アート（art / fine art）という科目名ではなかったが、粘土細工や貼り絵などの図画工作の授業であったという。

2 エイドリアン・ヒル（Adrian Hill）によるこの本は、顔、人、馬、牛、犬、猫、鳥、豚、道端の風景の描き方、遠近法、道の描き方、海辺の描き方、木の描き方などを説明する全一二章からなる教則本である（Hill, Adrian 1968, What Shall We Draw?. London: Blandford Press）。なお、同書は五回再版されたのちの改訂版であり、初版は一九五七年に出版されている。

3 当時（一九八二年以前）の教育は、二〇〇三年〜二〇一二年現在の六 - 三 - 三 - 四制（小学校六年間、下級中学校〔中学〕三年間、上級中学校〔高校〕三年間、高等教育〔大学〕四年間）ではなく、六 - 五 - 四制（小学校六年間、中学校五年間、高等教育四年間）であった。ナイジェリアの教育制度は複数の改革を経て現在に至っており、詳細は各州によって異なる。また、二〇〇五年以降は、小学校六年間と下級中学校三年という義務教育を一つに融合する「普通基礎教育（Universal Basic Education）」も導入されている。

4 「ゴッドファザー（Godfather）」の訳として、「代父」とした。洗礼式に立ち会って、洗礼を受ける者の神に対する約束の証人となる、またはそれに代わって神に約束を立て、その父母に代わって宗教教育を保証する男性で、後見人のことを指す。ナイジェリアのキリスト教徒は、（産みの父母が健在であっても）代父を頼ったり、世話になることがある。

5 ここでいう試験とは、ナイジェリア文科省主管の大学入学許可委員会ＪＡＭＢ（Joint Admission and Matriculation Board）による統一試験ＵＭＥ（University Matriculation Exam）、西アフリカの英語圏の国々の試験議会ＷＡＥＣ（West Africa Examination Council）による統一試験、イギリスの中等教育最終段階の国家統一試験ＧＣＥ（General Certificate of Education）の西アフリカ版（GCE O / Levels）など、いずれも統一試験のことである。これらのうちいくつか、またはいずれかの試験の結果と定員に沿って、受験者はＪＡＭＢを通して志望校からの入学許可を受ける。

6

イレ・イフェでは、小学校と中学校において、「ファイン・アート（Fine Art / Arts）」、「ヴィジュアル・アート（visual art）」といった科目名のもとでアートの授業が行われている（Adeyeni 2000、Adesokan 2002、Okunlola 2005、Banjoko 2009）。現在では、二〇〇五年以降実施されている「普通基礎教育（Universal Basic Education）」における九年間の義務教育では、アート、音楽、演劇などを総合的に教える「文化・創造芸術（Cultural and Creative Arts）」という授業が実施されている（Obioma 2013: 7）。しかし、義務教育である小学校・中学校でアートの授業は必ずしも行われていない。ファダレヤンコム（Fadare 2005, Nkom 2005）によると、こうした現状は、連邦政府が美術教育を重視しない傾向にあるためである。また、イレ・イフェの中学校の美術教員二名への聞き取りと、中学二年生の授業の見学によると、私立の初等・中等教育においては、国定教科書以外の教科書も教材となり、公立であれ私立であれ、教員によって教科書の選び方やアートの捉え方は様々である。例えば、二〇〇七年から二〇〇八年にかけてのイレ・イフェの公立中学校の試験（Ife Zonal Joint Examination, Third Examination 2007 / 2008）では、アートは「自己表現」であると定義した上で問題が出題されている。

筆者に入手可能であった教科書（Adesokan 2002, Okunlola 2005）、およびアートの授業の見学や小中学校で美術教員を務めていたアーティストへの聞き取りによると、小学校では、最も基礎的な色彩・配色、素描、工作（粘土、紙）、染色（絞り染、糊／蝋染）、芋判などの図画工作が教えられる。基本的に西洋美術の技法の基礎であり、ナイジェリアやアフリカにおける美術史には言及しない。しかし、素描の対象がしばしばナイジェリアの伝統衣装や建築物など、国内の環境に独特であるものを対象としていることがある。中学校では、小学校で学んだ基礎の応用編として、線や形、色彩、素描の方法、遠近法や明暗法、透視画法といった絵画の技法、レタリングや染織、陶芸や彫刻の技法などが教えられる。さらに、イギリス人美術教育者のケネス・マレーの方針[1-2-1]に基づき、伝統工芸としてのひょうたん彫刻や土器づくりなど、ナイジェリアの手工芸も教えられる。また、ナイジェリア国内の博物館やアートギャラリー、国内の著名な近代アーティストや伝統的な祭り、仮面や彫像など西アフリカの伝統的な彫刻についても紹介されている。

　このように、初等教育では基本的に西洋美術教育に依っているが、中等教育においては、西洋美術だけではなく、ナイジェリアの近代美術、そして博物館や伝統工芸を含めたナイジェリア文化、さらにはアフリカ文化を教える教科としてアートが位置づけてられている。

7 いずれも、二〇〇九年から二〇一一年までのあいだの一年から二年ほどという短期間の雇用であり、「学校側が給料をきちんと払わない」、「学校がアートの授業を必要としなくなった」、「学校が閉校した」という理由で彼らは辞めている。

8 二〇〇五年版のシラバスに目を通したオラインカは、コンピューターを使用するデザイン、ナイジェリアの伝統工芸、アート・スタジオの運営、実習コースは、オラインカが卒業した一九九〇年以降に新たに加えられた授業だと指摘した。

9 当時オラインカには結婚式を挙げる資金がなかったため、二人は正式に結婚していなかった。その後、五人の子供を授かってからも式を挙げていなかったオラインカは、二〇一四年にやっと正式に結婚届けを出し、所属教会でささやかな式を挙げることができた。

10 アフリカとアジアをはじめとする途上国におけるカトリックの布教、および各国でのカトリック教会の活動における支援を行っている。ヴァチカンに本部が、世界各都市に支部が置かれている。

11 一ユーロ約一四二円（二〇一四年一月五日）で換算している。

12 カトリック教会に掲げてある一四の絵または彫刻。信者は、キリストの受難を表す一四のシーンの前で順に祈願する。

13 聖ペトロは「鍵と聖書」、聖パウロは「剣と聖書」という持物（アトリビュート）と共に描かれている。

14 ミシガン在住の彫刻家アルバート・ラバーニャ（Albert Lavergne）は、二〇一二年一月から二〇一二年一〇月までイレ・イフェのオバフェミ・アウォロウォ大学で滞在制作を行った。

15 オラインカの要望により、この借入先については公表しない。この要望は、本書で扱うオラインカの個人情報の中で、彼が唯一私に約束を求めたことである。

16　ただし、手取りは一万二〇〇〇ナイラである。

17　ナイジェリア特有の砂糖入りの食パンに、ブイヨンで味付けした玉ねぎと唐辛子の入った（またはそれにトマトを加えた）炒り卵をのせたもの（または二枚の食パンにそれを挟んだもの）と、紅茶にたっぷりの粉ミルク（または缶入りのコンデンスミルク）と砂糖を入れた飲み物（または「ネスレのミロ」などの麦芽飲料やチョコレート飲料）の組み合わせは、ナイジェリアの中間層～富裕層の家庭の朝食の定番メニューの一つである。

18　例えば最も安いビスケットの卸値は一箱（一二〇袋）六〇〇ナイラである。フンケはこれを一袋一〇ナイラで販売しており、元値は五ナイラなので、一袋売るたびに五ナイラの儲けがでることになる。ナイジェリアでは、毎日少しでも現金収入を得るために、このようなかたちで個人が（たとえ物売りが本業ではなくても）商売をすることがよくある。アフリカのインフォーマルセクターにおける活動について、詳しくは野元（2005: 123-173）、小川（1998）を参照されたい。

19　オラインカの所属する教会は「神の指使徒教会（Finger of God Apostolic Church）」という名称を持つ、プロテスタント系の教会である。同教会は、二〇〇六年にイショラ牧師（Pastor Matthew Dayo Isola）によって設立された。設立当初のメンバーは七人であったが、現在ではおよそ二〇〇人となっている。

20　イレ・イフェの教会では、各教会の方針によって、英語のみによる礼拝、ヨルバ語のみによる礼拝、英語とヨルバ語の同時通訳がなされる礼拝がある。

21　二〇〇八年から二〇一一年のあいだ、オラインカの所属する教会の日曜礼拝やナイト・ビジルをはじめとする教会での礼拝や活動に通った私の参与観察による。

22　父親は二〇一二年二月に逝去した。

23　イディレは必ずしも核家族だけを意味せず、一つ屋根の下で甥や姪などの親戚が一緒に暮らす場合を指してイディレとされることもある。

24　渡部は、ヨルバランドのアイェドゥン＝エキティにおいて、始祖までの父系集団の系譜を辿れる者はほとんどおらず、その名前さえ明らかでないことが多いこと、人びとの父系認知の範囲はきわめて狭く、父母および自己の兄弟姉妹とその子供たちを越える範囲の親族の系譜関係にはほとんど関心を示さないことを指摘している（渡部 1985: 9）。

25 例えば、新郎新婦が互いに異なる教会に所属している場合、結婚式はどちらで挙げるかということが大きな問題となる。教会によっては、所属教会以外で行われる家族の結婚式への参加が認められないこともある。新郎の教会で式を挙げる場合は、新婦の両親は参列できないこともありえるため、新郎新婦間や両者の家族間で問題が非常に起こりやすい。

26 西アフリカにおけるこうした貯蓄方法と頼母子講については、ボアティ＝ドクとアリーティ（Bortei-Doku and Aryeetey 1995: 88-90）を参照されたい。

27 私がイレ・イフェで調査を始めた時、すでにハッサンはカリブ海地域に移住しており、ハッサンを訪ねることはできなかった。このため、ハッサンの本名をはじめ彼の詳細はわからない。なお、私はハッサンのサインの入った木彫家具を、イレ・イフェの富裕層の家のリビング・ルームで見たことがある。

28 オーニがこうした政治家や権力者とどのような関係であり、またどのような交流があるのか私は把握していないが、国内外のヨルバランドの権威者としてのオーニが彼らと何らかの関係を持ちえることは考えられる。

29 第1章［1-1-1］で述べたように、イレ・イフェとモダケケは二〇世紀前半より、イレ・イフェがモダケケ（オヨ難民）に与えた土地の所有をめぐって争い、一九九七年から二〇〇一年にかけて紛争が起こった。二〇〇二年以降争いは沈静化し、二〇〇八年には両者は和解したが、イレ・イフェとモダケケの「線引き」は依然として市民のあいだに残っている。

結論

[5-1] 彼らにとってのアートとそれを支える複数の要素

ここまで、本書はナイジェリアの都市イレ・イフェのアーティストを事例とし、彼らが「アート」と呼ぶもの、彼らと市場との関係、彼らの生活についてそれぞれ明らかにしてきた。本節では、序論で述べた論点を挙げながら、第1章から第4章までで明らかにしてきたことを整理したい。

[5-1-1] アーティストと呼ぶ／呼ばれる人びとにとってのアート

第1章で述べたように、これまで、イレ・イフェのアートは「ヨルバ」という民族としてのアイデンティティ、あるいは「ヨルバ文化」と重ねられ、欧米を中心にナイジェリア国内外で語られてきた。イレ・イフェがヨルバ発祥の地であるという神話の存在、その神話を用いて「オヨ中心主義的なヨルバ」に対抗しようとした「オヨ以外のヨルバ」が「ヨルバ」に積極的に参加しようとしたこと、さらには、植民地政府に対抗するための「ヨルバ」の団結手段として神話が戦略的に使われたことは、「ヨルバアート」や「イフェアート」という語りを補強するものであった。

こうしたイレ・イフェのアートは、歴史的美術品やヨルバというアイデンティティを主題とする同時代の美術として、旧宗主国であるイギリスをはじめとする欧米の研究者によって研究され、展示されてきた。ナイジェリア国内では、オナイズム、オリ・オロクン・ワークショップ、オショボ派のアートに代表されるように、大学の美術学科やワークショップを中心に注目されてきた。

これに対して本書は、二〇〇三年から二〇一二年までのフィールドワークに基づき、イレ・イフェで暮らす人びとにとってのアートとはどのようなものであるのかを明らかにすることをめざした。そのために、イレ・イフェはヨルバ発祥の地であるという前提をいったん取り払い、また、大学美術学科やオショボ派だけにとらわれることを回避して、幅広くイレ・イフェのアートを見ていくことにした。しかし、すべての人を対象とすることはできないため、アーティストと呼ばれる人たちとの出会いを辿った結果浮かび上がったネットワーク上にいる、自らを「アーティスト」と呼ぶ人びと、あるいはそのような人びとから「アーティスト」と呼ばれる人びと三六人に対象を絞った。彼らのほとんどはアーティストであることを本職とし、全員が、アートを制作して販売することで現金収入を得て生活している人たちであった。

そのような彼らの言う「アート」とは何を指しているのか。これを明らかにするために、まず、つくり手の自称に注目することで、名称・言葉のレベルでイレ・イフェの「アート」と「アーティスト」について検討した。そこで、イレ・イフェでは英語とヨルバ語の両方が使われているにも関わらず、一名のアーティストを除くすべてのアーティストが、英語で「アーティスト(artist)」、またはビーズ細工師や木彫師といった専門を表す言葉の英語表現を使用することがわかった。さらに、「アーティスト」と近い意味を持つ「オニシェ・オナ」や「オニシェ・オウォ」というヨルバ語が存在するにも関わらず、そうしたヨルバ語では完全に表現できない「アーティスト」という英語表現を彼らは使っている。このことから、イレ・イフェには英語でしか成立しない「アート」の言説が存在することがわかった。

また、「アーティスト」と呼ぶ/呼ばれる人たちが「アート」と呼ぶものに注目すると、それらは、伝統首長を対象とするビーズ細工や木彫、国内外富裕層や外国人およびアカデミズムを対象とする絵画や版画といった先行研究で記述されてきたアートだけではなく、グラフィック・デザインをはじめとする街の一般の人びとを対象とした様々な作品も含まれていることがわかった。それは、先に概観したこれまで語られてきたアートと、アーティストの視点に密着することで見えてきたアートが異なることを示すものであった。これによって、イレ・イフェで英語でしか成立しない「アート」は、言葉の上では西洋近代のアートと同じだが、その「アート」なるもののありかたは、必ずしも西洋近代のアートワールドと合致していないことがわかった。

そのようなアートが具体的にどのようなものであるのかを明らかにするために、第2章では、イレ・イフェで暮らすアーティストと作品の諸相を、彼らの作品の特徴、制作・販売の様子、暮らしと経歴から記述した。ここでは、複数で多様なアーティストの作品や活動をわかりやすく描き出すために、(1)おもに伝統首長を対象とする「古典的」な需要、(2)おもに国内外のアカデミズムや美術市場を対象とする「鑑賞中心」の需要、(3)おもに一般の人びとを対象とする「日常的」な需要という、需要の種類に基づく三つの軸線によってイレ・イフェのアートを整理した。作品の需要に着目した軸線を用いたのは、アートに関する人類学の先行研究や美術史研究でしばしば見られる「絵画」「彫刻」「インスタレーション」などのジャンルや、作品の様式、媒体、主題によってアートを分類することを避け、イレ・イフェ固有のアートワールドに位置づけて記述するためであった。ただし、これはあくまでも多様なアートを整理するために本書で筆者が用いた分類であり、イレ・イフェのアーティストは自分たちをこのように分類しないことを確認した上で、それぞれのタイプの特徴を表す一五人のアーティストを事例に、その諸相を記述した。

このようにして、第2章では、特定のジャンルや作品群、あるいは特定の個人や一群のアーティストに焦点をあてることなく、俯瞰的ではあるが、イレ・イフェのアートの全貌を描き出した。その上で、アーティストがそれぞれの需要とどのように関わっているのかを検討したところ、アーティストの半数以上が三つの需要のいずれかのみではなく、複数の需要と関わりを持つことがわかった。ここでは、本書で暫定的に用いた三つの軸線はアートやアーティストを明晰に分類できるものではないことが示された一方で、アートの需要に注目したことで、アーティストが様々な需要に応えている、応えようとしている、または応えないことが明らかとなった。

そこで第3章では、第2章で明らかとなったアーティストが複数の需要に応じたり応じなかったりする点、ならびに、彼らが作品の販売によって現金収入を得ている点に着目し、彼らが市場と関わる様子を詳しく検討した。ここでは、一八人のアーティストの事例によって、(1)自分が希望する市場がある人、(2)希望するものでなくとも何らかの市場がある人、⑶市場はほとんどないが作品制作を続ける人がいることを示した。自分が希望する市場があるアーティストは、自らが本来専門とする作品やつくりたい作品、およびターゲットとする買い手が現在関わっている市場と一致しており、これを維持するか、さらに販路を広げようとしている。自分が希望していなくとも何らかの市場があるアーティストは、様々な事情により、本来専門とする作品やつくりたい作品、およびターゲットとする買い手が現在の市場と一致していないため、アクセス可能な販路に合わせたり、アーティスト以外の職業を掛け持ちしたりしている。市場はほとんどないが作品制作を続けるアーティストは、本来専門とする作品やつくりたい作品、およびターゲットとする買い手が現在の市場と一致していないが、ほかの販路に合わせない、あるいは販路を模索している。一口にアーティストといっても、彼らと市場の狭間にはこのような三つの異なる関係性があり、そこにはアーティストとしての目標や希望、生活の不安定さや困難と葛藤があることも明らかとなった。

さらに、個々のアーティストの作品制作と販売の実態、生活や語りに注目することで、アーティストが「独創性」「創造性」「才能」「学歴」「資格」といった彼ら自身の価値や基準を持っていることがわかった。作品の売れ行きや生活状況は実に多様であるにも関わらず、彼らが皆イレ・イフェでアーティストとして生きている背景には、彼らが重要とみなすこうしたいくつかの価値や基準がある。このことを通して、西洋近代の芸術のシステムの中から判断する作品の「質」や「売れ行き」では評価できない、イレ・イフェのアーティスト自身によるアートの価値や基準があることを示した。

とはいえ、彼らを支えるものは自分たちにとってのアートの価値・基準や市場の存在だけではないはずである。もし自分たちの価値・基準だけでアートが成立するならば、それは自己満足にとどまる趣味のアートと言えるだろう。あるいは、市場との関係がすべてであるならば、アクセス可能な市場がほとんどなかったり、市場を模索しているアーティストは、生活が成り立たずアーティストであり続けることはできないはずである。

それでは、彼らがアーティストとして生きるためにほかに必要なものは何であるのか。アフリカの一都市で人がアーティストとして生きることを可能にしているものは何であるのか。この点に注目してイレ・イフェのアートのありかたをさらに詳しく見ていくために、第4章では、イレ・イフェでの日々の暮らしにおける周囲の様々な人びとや制度、都市の性質など、彼らを取り巻く複数の要素に焦点をあてた。そこで、多様な作品を手掛けるアーティストで、第1章から第3章までに見てきた教育・訓練、市場、生活におけるより多くの要素を浮かび上がらせることが可能であるオラインカを事例として取り上げることにした。全体像を捉えようとしたそれまでの章とは異なり、ここでは一人のアーティストを事例に挙げ、その人物の生活世界によりミクロにせまる手法をとった。

[5-1-2] 芸術のシステムと交わる

オラインカのライフヒストリーを辿っていくと、彼がアーティストになる過程やアーティストとして生きていく際に、ワークショップ、中学・高校や大学における美術教育、海外の美術市場といった西洋近代のアートワールドが少なからず影響を与えてきたことがわかった。中学生の兄がアートの授業で描いた絵に魅せられたことに始まり、中学生の頃西洋美術の教則本を使って絵の描き方を独学したり、大学受験のために中学・高校の美術の教科書を参考にしたり、大学の美術学科で西洋美術に基づく正規の美術教育を受けたりと、西洋近代に端を発する美術教育ないしアカデミズムは、オラインカがアーティストになる過程においてなくてはならないものだった。その背景には、ナイジェリア人画家のアイナ・オナボルが一九二〇年代に国内で初めての西洋美術教育の実現に尽力したことや、その後の国内大学美術学科での教育の発展、ならびに「ザリアの反逆児たち」に始まるアカデミック・アーティストによるいくつかの美術運動があることは、第1章で述べた通りである。

また、オラインカは、オショボ派のアーティストに師事することで、オショボ派の様式や主題を学んだだけではなく、作品を「外国人が好む／買う」ということを知った。第2章と第3章でも見てきたように、おもに「鑑賞中心」の需要に基づくイレ・イフェのアーティストのあいだで、ナイジェリア国内の外国人駐在員や訪問者を対象に作品を制作・販売する者は少なくない。こうしたアーティストは、常に西洋近代の美術市場と関わりながら、作品を制作し、販売し、現金収入を得て生活している。このほか、第3章で注目した、ビーズ細工師オウォジョリが海外の美術館や博物館へと販路を拡大して作品を売ろうとすることや、身近なアートを専門とするアデレケが、本当は外国人や国内外富裕層が好む「創造的なアート」を制作・販売したいと考えているように、表向きにはローカルな需要のみに応えているアーティストであっても、美術市場に積極的に関わろうとしている場合がある。オラインカの場合はドイツのコンペティションで評価され、ある一定期間はドイツの顧客が有力なパトロンとなり、ほとんど作品が売れなくなった今でも希望を持ってドイツに作品を送り続けている。このように、イレ・イフェのアーティストの多くは、美術市場と関わりを持つという意味で、西洋近代のアートワールドと交わっていることが指摘できる。

さらに、第2章で明らかにしたように、「鑑賞中心」の需要に基づく作品の主題は、需要そのものは美術市場という西洋近代の文脈にあるにも関わらず、作品には、「伝統的」という意味で「ヨルバらしさ」や「アフリカらしさ」が期待される傾向にある。この矛盾は、オラインカのドイツのパトロンが求める絵と、オラインカ自身が好んで描く絵がまったく異なることにも如実に表れている。このことからも、アフリカ人アーティストによる作品、つまり「アフリカ美術」が、他者、とりわけ西洋近代のアートワールドとの関係において生み出されていることがわかる。

[5-1-3] 地域社会と繋がる

これに対し、「日常的」な需要に基づく作品の主題は催事・冠婚葬祭・広告などに関することであり、海外で求められるような「ヨルバらしさ」や「アフリカらしさ」といった主題はとりたてて必要ないことがわかった。イレ・イフェで同じアートと呼ばれるものでも、身近なアートをはじめとする「日常的」な需要に基づくアートは、西洋近代のアートワールドとは一定の距離を置いて制作され、販売され、受容されている。街に店を構え、様々なビジネス名と共に「アート」と書かれた看板を掲げる身近なアーティストたちは、幅広く一般の人たちの日常生活における需要に応じるべく、グリーティングカードや記念額、飾り板や肖像画などの作品をつくる。このような身近なアートは、一見すると、それを専門とするローカルなアーティストのみが制作し、販売しているように見える。先行研究においても、例えば看板は、これまで、ナイジェリアの「看板絵師のアート（Signwriters Art in Nigeria）」（Beier 1971）、ガーナの「看板絵（Sign-Painting in Ghana）」（Kristen 1980）、アフリカの「都市美術（Urban Art）」（Vogel 1991）、「ストリートアート（Street Art in Africa）」（高橋と石井 2003）、「看板（African Signs）」（Floor 2010）といったカテゴリーに分けられ、「絵画」や「彫刻」とは異なる次元のアートとして個別に取り上げられてきた。それらは、看板を描くアーティストをもっぱら独学として紹介したり、彼らの名前をほとんど挙げることなく作品のナイーヴさに（いわゆる絵画や彫刻の精巧さや緻密さと対照させて）注目し、評価してきた。ところが、本書で見てきたように、こうした身近なアートを専門にする人の中にも美術高等教育を受けた人たちはいるし、絵画や彫刻を専門とするアーティストが諸事情から看板を描くこともある。国際的な美術市場と積極的に関わろうとするアーティストであっても、身近なアートを請けおうことで地域と繋がっている。身近なアートのつくり手が、ローカルなアートの市場と国際的な美術市場との狭間で様々な戦略や葛藤を持ってアーティストとして生活していることも、本書で明らかにしてきた通りである。

また、オラインカの生活を詳しく見ていくことで、妻、友人・知人、教会のメンバー、アーティスト同士といった身近な人たちとの繋がりの中で、アーティストは仕事の依頼を受けたり、経済面で協力や援助を得たり、労力の面で力を貸してもらうことがわかった。一時は外国人が高値で購入していたオラインカやオショボ派の作品がその後ほとんど売れなくなったように、イレ・イフェのアーティストの多くは西洋近代のアートワールドの影響を直接受けている。作品の制作と販売で現金収入を得ている以上、その影響は家計に大きく響くことになる。そのような状況を、彼らは地域社会で人びとと繋がることを通して乗り越えていく。それは、地域の貯金方法の利用、頼母子講への参加、アーティストの組合の結成・参加にも表れている。

加えて、地域における人びとの存在や繋がりが欠かせないのは、助け合いのためだけではない。例えばオラインカと顧客のコモラフェ神父とのやりとりにあるように、アーティストは仕事の依頼主である客を含めた地域の人から作品に対する評価を得ている。オラインカが教会にレリーフ（「いばらの茂る洞窟の入口」）を納品した際、「アーティストの活動のプロモーション」としてビジネス名と電話番号をレリーフの側面に記したことにも、イレ・イフェという地域におけるアートの需要と評価を彼が意識していることがわかる。

このように、第4章ではオラインカを中心にアーティストの生活世界を詳しく見ていくことで、イレ・イフェで人がアーティストとして生きていく際に、西洋近代のアートワールドだけではなく、地域社会との繋がりも欠かせないものであることが明らかとなった。

[5-2] アフリカの一都市のアートのありかたを通して

以上に見てきたように、本書は、イレ・イフェで生きるアーティストにとってのアートに注目することで、先行研究がこれまで焦点をあてることのなかったアートを含めたアートを明らかにしてきた。しかし本書は、普遍的なものとして存在する西洋近代のアートを仮想敵とし、これまでほとんど語られることのなかったイレ・イフェのアートが西洋近代のアートよりも優れて興味深いことを指摘するものではない。また、アーティストの声に耳をかたむけ、彼らがどのような状況で暮らしながら作品制作を行っているのかを知ることこそが、アートに対する真の理解であると主張するものでもない。本節では、今一度、序論で述べた芸術の人類学およびアフリカ美術研究の問題の所在に立ち返り、これについて、イレ・イフェのアートのありかたを通して考えたい。

本書は、芸術の人類学の展開を「アートの相対化」のプロセスとして捉えた。それは、西洋近代のアートを基準として非西洋の芸術を評価・判断してきたこと、さらに、ネオ・コロリアリズムの視点で非西洋の芸術を収集・展示してきたことに対する、日本を含む西洋を中心とした人類学者やキュレーターの自省であり、西洋と非西洋の不均衡な力関係を問い直しながら非西洋の芸術に向き合おうとする不断の努力であった。そうしてアートの相対化が極限に達した時、エージェンシー論に見られるように、西洋近代のアートワールドという制度の存在、およびそこで重要となる西洋美学、美術教育、美術批評といった様々な要素は芸術から切り離されるようになった。ところが、これまで見てきたイレ・イフェのアートのありかたに明白に表れているように、アフリカ美術はいわゆる非西洋の芸術であるにも関わらず、いくつもの局面で西洋近代のアートワールドと関わっている。その関わりの中には、外国人駐在員や訪問者に次第に作品が売れなくなったように、支配の構造を持つ「芸術＝文化システム」の中へと取り込まれ、アーティストが自分たちのコントロールを失い困難に陥る姿がある。しかしそれだけではなく、積極的に美術教育を受けたり、美術館・博物館という販路の拡大をめざしたり、国際的なアーティストとして成功したいと切望するように、彼らが西洋近代のアートワールドを自ら取り込んでいく姿もある。このように、西洋であれ、非西洋であれ、アートというものが西洋近代のアートワールドから切り離すことのできない状況にあることが、イレ・イフェのアートのありかたに見て取れる。アートを所与のものとしないという意味で、アートを常に相対化して考えていくことは不可欠である。しかしその際、西洋と非西洋を繋ぐものとして、あるいは芸術の存在そのものを支えるものとして、西洋近代のアートワールドが存在していることを考慮した芸術へのアプローチが、芸術の人類学に必要である。

さらに、西洋近代のアートワールドの存在、ならびに支配の構造としての芸術＝文化システムの存在は、単に対象とする芸術のありかたに表れるだけではない。人類学者や美術史研究者、美術館・博物館のキュレーターといった、対象を調査し、研究し、展示するという行為それ自体が、すでに西洋近代のアートワールドを構成する要素となっている。それは、我々が常に芸術＝文化システムの中にいるということでもある。したがって、西洋美術を絶対視することなく、非西洋に固有なアートとして敬意を持って対象を取り上げたとしても、それは、研究者の意に反して、対象を芸術＝文化システムの中に取り込むことになる。しかしここで重要となるのは、そのような状況から抜け出そうとするのではなく、そうした状況を含めて、芸術のありかたを明らかにしていくことである。

そのために本書は、当該地域でアートと呼ばれているもの、およびアーティストと呼ばれる人びとに注目し、まず、できる限りでその全貌を掴もうと試みた。それは、これまでの芸術に関する研究に一般的であるように、ある作品や一群の作品、あるアーティストや一群のアーティストを選んで、それについて詳細を記述して当該地域のアートの一端を明らかにすることで、無自覚に対象を芸術＝文化システムの中に取り込むことを避けるためであった。本書は、調査者である筆者が当該社会のアートなるものを明らかにしようとする作業にどのように関わっているのかを明示した上で、そこでアートと呼ばれるものについて、つくり手の視点や生活世界に注目しながらできる限り記述していくという方法をとった。これによって明らかとなったイレ・イフェのアートのありかたは、先行研究にある芸術の制度論やエージェンシー論、あるいは特定のアーティストや作品を選んで展示するという方法だけでは明らかにすることはできなかった。それは、上述の方法を用いてアフリカ美術を「人類学する」ことによって初めて提示が可能となった、アフリカの一都市のアートのありかたである。

本書の冒頭、ならびに序論と第1章でも述べたように、これまで、アフリカ美術という分野は、美術館・博物館・アートギャラリー・オークションハウスを中心とする美術市場、土産物市場、インテリア業界やアパレル業界、ひいては大学や研究機関を拠点とする学術界で取り上げられてきた。一九世紀末から二〇世紀前半の欧米ではアフリカ美術の「プリミティヴ」な美に注目が集まったが、二〇世紀後半に入ると、次第にアフリカの人びと自身の美意識や、彼らのつくりだすアートと社会の関係、個々のつくり手について研究されるようになっていった。とりわけ一九八〇年代以降は、西洋対非西洋の不均衡な力関係が批判的に検討され、エル・アナツイの功績にも顕著であるように、同時代のアフリカ美術が西洋美術と同じ地平で捉えられるようになっていった。これに対して本書は、アフリカの一都市で生きるアーティストの事例を通して記述してきたように、先行研究とは異なる視座と方法によって、これまで注目されることのなかったアフリカ美術のありかたを明らかにした。

以上をふまえて、以下の二点を本書の結論とする。

一つ目に、本書はイレ・イフェのアーティストの視点に注目することによって、研究者が選択する一群の作品としてのアートではなく、イレ・イフェにおいてアートと呼ばれているものの全貌を明らかにした。この作業を通して、西洋近代のアートワールドが求めるアフリカ美術と、アフリカで暮らすアーティストがつくりたい作品ないし（生活のために）つくっている作品が必ずしも一致していないことを指摘した。アーティストの視点に注目することで明らかとなったイレ・イフェのアートのありかたは、これまでのヨルバアートやイフェアート、およびアフリカ美術の研究が見落としてきたアートの新たな側面を示すものである。

二つ目に、本書はイレ・イフェのアートのありかたを、アーティストの生活世界に焦点をあてながら、西洋近代のアートの制度や地域社会との関わりに注目して明らかにしていく方法をとった。これによって、美術教育や美術市場の点で、彼らの暮らしと作品が西洋近代のアートワールドと密接に結びついていることを指摘した。また同時に、地域でのアートの需要や人びとのあいだの相互扶助という点で、イレ・イフェのアーティストがアーティストとして生きるために、地域社会との繋がりも不可欠であることを指摘した。芸術の制度という地域・国・西洋・非西洋をまたがる論点と、ヨルバランドの古都・アフリカの地方都市という地域の特殊性の両方に注目してアートのありかたを描き出す方法は、これまでの芸術の人類学に新たな方法を提示するものである。

[5-3] 今後の課題と展望

最後に、今後の課題を記して本書を結びたい。本書がナイジェリアの都市イレ・イフェで自らを「アーティスト」と呼ぶ、あるいは、そのような人たちによって「アーティスト」と呼ばれる人びとを対象としたのは、研究者の先入観によって対象を選ぶことを回避するためであった。しかし、「アーティスト」によって「アート」とはみなされないものも含めたイレ・イフェにあるすべての造形とそのつくり手を把握するには至っていない。このため、本書は対象の限定という意味で課題を抱えている。今後は、「アーティスト」とは名乗らず、「アーティスト」と呼ばれることもない造形のつくり手と彼らの作品についても詳しく見ていくことで、英語のアートという言葉から逸脱する造形と、本書で明らかになったアートとの関係を明らかにしていかなければならない。加えて、つくり手だけではなく、作品を依頼したり、購入したり、鑑賞したり、贈ったり、使ったり、流通させたりする享受者の側にもさらに目を向けることで、イレ・イフェのアートのありかたを多角的に明らかにしていく必要がある。

また、本研究の方法を用いて、アフリカのほかの地域や欧米、さらには日本におけるアートのありかたについて考えていきたい。そうすることによって、アフリカの一都市イレ・イフェでのフィールドワークから導き出された芸術の人類学の方法を、広く芸術というもののありかたを考えていく際に援用できるものにしていきたい。

初出一覧

本書は二〇一三年一一月に総合研究大学院大学文化科学研究科に提出した博士論文「ナイジェリアの都市イレ・イフェにおける『アーティスト』の民族誌的研究」に加筆し、修正を加えたものである。本書の一部は、以下の学会誌や論文集に掲載された論考と部分的に内容が重複していることをご了承いただきたい。

第1章・第2章
二〇一三 「つくり手の自称についての考察——ナイジェリア、ヨルバ発祥の地方都市イレ・イフェにおける『アート』と『アーティスト』の事例より」『総研大文化科学研究科』九号、一四三 - 一七六頁。

第1章・第2章・第3章
二〇一三 「『アーティスト』の再考——ナイジェリア、ヨルバ発祥の地方都市イレ・イフェにおけるつくり手の事例から」『文化人類学研究』一四巻、六九 - 八八頁。

第1章・第3章
二〇一五 「アフリカ美術研究におけるつくり手へのアプローチの試み——ナイジェリア南西部の都市で生きる『アーティスト』の事例から」『民族藝術』三一巻、一二五 - 一三一頁。

第2章・第4章
二〇一六 「『アーティスト』として生きていく——ナイジェリアの都市イレ・イフェにおける『アート』のあり方」『国立民族学博物館研究報告』四十巻四号、五四七 - 六一八頁。

インタビュー集

第3章（2章、4章）で参照したインタビューの和訳

ここでは、第3章並びに2章と4章で参照したアーティストへのインタビューの一部のトランスクリプション（和訳）を掲載する。インタビューの対象者の希望により、また、紙面に限りがあるため、参照した全てのインタビューではなく、以下五人へのインタビューのみを掲載することとした。

ボラデ・オミディラン　[3-1-1]
アジャオ・アデトイ　[3-1-2]
アデオル・アデレケ　[3-2-1]
クンレ・アキンティブボ　[3-3-1]
コラウォレ・オラインカ　[3-3-2]

［　］内は本文で主として参照した項の番号

英語およびヨルバ語のトランスクリプションの作成とその和訳は筆者による。筆者が理解することのできなかったヨルバ語表現については、タヨ・イジシャキン氏とコラウォレ・オラインカ氏の協力を得た。

インタビュー中の「…」は二秒前後の間を、「……」は二秒以上三秒未満の間を、「　　（空欄二文字分を網掛け）」は聴き取れなかった部分を表している。聴き取れなかった部分の時間（一～二秒程度）の表示は、読みやすさを考慮して省略することとする。

ボラデ・オミディラン

日：二〇一一年六月一六日
時：一九時二〇分～二〇時三〇分（一時間一〇分五五秒。そのうち最後の約一一分間は省略）
場所：オミディランの自宅敷地内のアートギャラリー
状況：オミディランは、数か月前に建てたばかりのアートギャラリーの床に寝そべってリラックスしている。緒方はボラデの向いに座っている。インタビューは、オミディランがその日の仕事を終えて最もリラックスしている時間の夜七時過ぎに始めた。途中、オミディランの弟子のジョセフ、長女エニオラ、妻のビンボ、次男アデモラ、三男ダモラ、長男ティミ、家政婦がやって来て、挨拶を交わした。

Om：オミディラン
J：ジョセフ
E：エニオラ
B：ビンボ
T：ティミ
D：家政婦
O：緒方シラベ

O：今からお尋ねすることのいくつかは、もう前にお話しして頂いていることなんですけど、

Om：うん。

O：繰り返ししてしまいますが、その…ご辛抱頂ければと思います。

Om：全然いいよ。

O：えーっと、…ボラデさんは、いつ、どこでお生まれになったんでしょうか。

Om：えー、ラゴス州で生まれたよ…今から三十…七年前。

O：三七年前ですね。

Om：そう。

O：はい…お誕生日はいつでしょうか？

Om：九月二七日。

O：はい。

Om：一九七二年ね。

O：はい。ありがとうございます。…えーっと…ボラデさんはいつ…アートに興味を持たれたのですか？

Om：そうだね、なかなか面白い質問だね。僕の場合は、小さい頃にアートに出会ったわけじゃなかったからね。

O：そうなんですか。

Om：ほかの人たちはさ…

O：ほかの人たちの場合は、

Om：ほかの人たちは、僕の同僚たちのほとんどは（そうじゃなかった）。

O：はい。

Om：僕の父は科学者で、だから僕たち（兄妹）はそういう環境で育った。

O：そうですか。

Om：だから中学校でも科学をやったし。アートをやる予定なんてまったくなかった。

O：（微笑む）

Om：科学をやってたんだけど…なんというか、偶然にも、

O：はい。

Om：ワエック試験の確か一週間前にさ、

O：はい。

Om：ワエックって、大学受験のための試験ね…突然政府から発表があって、

O：はい。

Om：通常学生たちはワエックでは八科目受験するんだけど、それが九科目になったんだ。

O：えー？…

Om：試験のたった一週間前だよ、急に何かが起こったんだ、予想もしてなかった何かが。もう一科目受験しろだなんて…それでほとんどの人たちはヨルバ語を選択したんだ、「自分たちの言語だし」って思ってね。

O：はい。

Om：「これにしよう…」って。でも僕はヨルバ語が全然好きじゃなくて。

O：そうだったんですね（微笑む）。
Om：しかも、難しいって聞いてたからさ。子音とか母音とかヨルバ語って言っても、そういう技術的なことがあるでしょ…あれを選択しなくてよかったよ。だって、ヨルバ語を選択したほとんどの人たちは落ちたんだから。
O：そうですか。（笑う）
Om：（笑う）それで僕は色々考えて、「ああ、どの教科だったら大丈夫かな…一週間で勉強できるものは…」って。当時僕が一番得意だった教科は生物だったんでね。
O：はい。
Om：生物と農学、特に生物。ジャム（大学入学統一試験）でもワエックでも、生物で七五点以下だったことはないよ。
O：それはすごいですね。
Om：これまで受けた生物の試験すべてね。僕は…僕は…本当に生物が面白くて…それで…実はそれが絵を描くことを僕に駆り立てたんだよね。生物では絵がたくさん出てくるでしょ。
O：はい。
Om：ヒドラとか、クラミドモナスとか…アメーバとか、パラミジウムとか、そういう色んな微生物ね。
O：ええ、ええ（微笑む）
Om：そう。（微笑む）それから体内にいくつかのシステムがあって、
O：はい。
Om：例えば…[redacted]系統とか[redacted]系統とか、消化器系統とか…今でも、生物をやったのは二二年前のことだけど、でも今でも完璧に描けるよ…各部位の名称も覚えてるし。口に入れたものは、[redacted]と[redacted]を通って、…[redacted]を通って腸へ、[redacted]に行って、そして、えー…小腸から大腸へ行って、[redacted]に行って[redacted]へ行って、そして肛門へ、みたいにね。
O：（微笑む）
Om：今でも完璧に描けるし、名称も正確に覚えてる。二〇年も…二二年も前にやったことなのに。それだけ生物が…好きだったってことなんだけど。
O：そうですね。
Om：それで、よく描いてたんだよね、ネズミとか、ゴキブリとか、えー…そういう微生物とか…
O：（微笑む）巨大ネズミとか…
Om：色々ね。僕はそうやって描くことがすごく好きだった。で、ほんの一週間前になって…もう一科目選択しないといけなくなって。描くことなら、僕にも簡単にできるかなと思ったんだ。
O：そうですか。
Om：家で…ちょっと家で勉強すれば…それでその、…アートを選択科目として登録したんだ。

O：そうだったんですね。

Om：で、（微笑む）幸運なことに、僕はA2をとったよ。

O：A2というと…？

Om：A2っていうのは成績のことで、七〇か…七五パーセントのこと。

O：それはすごいですね。

Om：すごくいい結果だったよ。だって、一番良いのはA1なんだから。

O：はい。

Om：（A1の）次はA2、…そしてA3、それから…C4、C5、C6、P7、P8、F9。A2は最高得点から2番目。

O：わぁ…

Om：そういうこと。

O：はい。

Om：だからただ、…僕はただいくつか教科書を読んで、理論を勉強した。描くことについては、ほら、簡単にできることじゃないでしょ、…描くっていうのは体の一部というか…その感覚を覚えれば描ける、みたいな。ただ描き始めましょうと言ってすぐに描けるものではなくて。だから僕はずっと描いてたわけで。僕みたいな人は、生物を勉強しながら描くことに慣れてたから、簡単に順応できたんだよね、

O：はい。

Om：アートの勉強にも。試験では、目の前にモノが置かれていて、

O：はい。

Om：例えば…靴とか籠とかそういうモノで、それを描かないといけないんだ。

O：なるほど。

Om：ただ…ただそれだけでさ。例えば目の前にコップ三つ並んでたとして、でもそれは消化器系統を（笑う）描ける人にとっては難しいことじゃなかったわけ。

O：そうでしょうね。

Om：理論の方もけっこう良くできたよ。それで、良い結果を出せたんだ。

O：良い結果でしたね。

Om：そうやってアートをやったんだ、

O：はい。

Om：高校生（中学・高等学校）の時ね。それで、いざ大学に進学しようとした時、…ほら、ほとんどの人ってさ…特に理由もなく、ただなんとなくある科目に魅かれるものでしょ…受験生として。例えば今、ナイジェリアの一〇歳か一二歳の子供たちに尋ねてみたら、「私は薬学をしたいです、僕も薬学がいいです、私も…」って、九割は薬学をしたいって答えるよ。でも成長するにつれて、病院って実際どういう所なのかを知るにつれて、けが人を見たり、血を見たり、そういう

怖いものを見たりすると、みんな薬学なんて嫌になるわけで。

O：（微笑む）

Om：でも…どういうわけか…成長すると、「これが私のやりたいことです」って言うようになる。僕の場合は、それが畜産学だった。なんで動物に魅かれたのかさえ分からないんだけど。でも思うに…多分、「畜産学（ハズバンドリー）」っていう発音のせいかな。（微笑む）

O：アニマル…ハズバンドリーってなんですか？

Om：ああ、アニマル・ハズバンドリーね。んー…えっと、農学の一つで、

O：農学ですか。

Om：動物の育て方を勉強するんだ。

O：でも、動物学じゃないんですよね？

Om：いや、動物学でも、獣医学でもない。

O：なるほど。

Om：畜産学。

O：はい。

Om：動物の世話をするんだ…

O：はい。

Om：だから、畜産学っていう発音のために、それに魅かれたんだよ。それで父がね、（微笑む）すごく面白い人だったんだけどね。父だったんだよ、やめとけって言ったのは。「畜産学をやりたいって？　じゃあおまえは、もし牛が農業で[redacted]しても、ちゃんと対処できるのか？　それだけの体力がおまえにはあるのか？…牛でもヤギでも（笑う）」って。畜産学はやめて、何かほかのものを探せと。

O：はい、それは…科学者のお父さんですよね？

Om：そう。

O：お父さんのご専門は何でしたか？

Om：保健体育。

O：はい。

Om：父は言ったんだ、建築学をやってみないかと。それで僕も建築をやってみようと思った。結局ユニラグ（ラゴス大学の略称）に、ラゴス大学に入って、…建築学の勉強を始めた。でもそこには一年もいなかったんだけどね。

O：どの大学と？

Om：ラゴス大学。

O：はい、ユニラグですね。

Om：建築をやろうと思ってユニラグへ。でもそこには一年もいなかった。なぜなら…そこの建築学科の学科長がね、父の友人で。その人が父に言ったんだ、息子さんにアートをさせませんかって。ほら、その当時はさ、八九年…八九年か九〇年だけど。コンピューターがアートの世界で使われ始めた頃だったんだ。だからその教授（学部長）は、アートにおけるコンピューター

使用の発達で、近い将来アーティストは裕福になるだろうし、アートというのは利益のあるコースになるだろうっていう意見を持っていて、それで僕に建築学を、じゃなくて…アートをやることを勧めてきたんだ。で、生物で描いてたこともあって、アートには興味があったし、父親の意見も聞き入れて、じゃあやってみようかと…それから入学条件も…その、アートの試験の結果も入学条件を満たしてたし。それでイフェに来て…アートの学生として勉強を始めた。

O：つまり、建築学科の学科長に、

Om：そう。

O：勧められたんですね…

Om：そう、勧められたんだ。

O：アートをやることをですよね？

Om：アートをやることを。

O：それで、お父さんはどういう反応だったんですか？ ボラデさんがアートをやりたいって言った時、お父さんは何とおっしゃいましたか？

Om：ああ、実際…学科長は僕に直接言ったんじゃないんだ。父に言ったんだ。

O：なるほど。

Om：父が僕に、こうこうこういう理由で、アートをやらないかって言ってきたんだ。

O：そうだったんですね。

Om：父はアートが僕にとって未知なものだとは思わなかったみたいだし、むしろ、頭や▒や体を使って楽しんでできるんじゃないかと。僕は父のアドバイスにただ従った…それで、やってみようと思った…▒。

O：そうなんですね。

Om：こうやってアートの世界にやってきたわけ。

O：そうですか…なんだか面白いですね。ほかの人たちとはちょっと違っていて。

Om：（笑う）そう、ちょっと違うんだよね。

O：ボラデさんもおっしゃったように、ほかのアーティストたちは…

Om：ほとんどの人たちはさ、例えばシェグン・アジボイェ（大学の同級生のアーティスト）みたいな人は、四歳の時から自分はアーティストになるってわかってたんだからさ…すでにその歳でアートを始めて、父親に勧められてて…子供の頃から。でも僕はそういうんじゃなくて。僕がアートを始めたのは、実際、大学に入ってからだった。

O：なるほど…面白いですね…。はい、では…アートを大学で勉強した後…、

Om：うん。

O：アートの修士もされたんですよね？ …じゃなかったでしたっけ？

Om：うん。そうだよ。大学へは…大学には一九九〇年に入

学した。八九年に高校を卒業して。[redacted]、出来はけっこう良かった。すべての科目に一度の試験で合格したよ。ワエックも、ジャムも。ナイジェリアではさ、ジャムに合格するのに五年かかる人たちもいるからね。

O：そうですよね。

Om：人によっては大学に進学するまで五年も六年も七年もかかるんだ。でも僕は八九年に高校を卒業して、九〇年に大学に入学した。大学では五年過ごして、卒業すべき年に（留年することなく）卒業した。一九九五年のことね。グラフィック・デザイン専攻を首席で卒業したよ。

O：グラフィック・デザイン専攻ですね。

Om：そう。グラフィック・デザインを専攻して首席で卒業した。絵画は大学ではやらなかったんだよ。

O：そうだったんですね。

Om：グラフィック・デザインを専攻して、一九九五年に卒業した時、

O：はい。

Om：ほら、僕にはこういう創造性があって…父でさえ、僕がアートをしようと決める前から気付いていたことなんだけど。

O：はい。

Om：とにかく創造することが好きなんだよね。例えばほら、あの家みたいな、

O：はい。

Om：あれ、わかる？

O：え？

Om：机の上の、あのオレンジ色の。

O：はい、あれですね。はい。

Om：そう。もうずいぶん前につくったんだけどね。あの車もそう。太鼓の後ろに置いてあるやつ。

O：はい。

Om：あれは…学部生の時につくった。課題じゃなかったよ。ただ自分でつくりたくて、よくこういうのをつくってた。

O：そうなんですね。

Om：偶然にも、ある男性がいて、すごく成功してる人で、すごく金持ちのアート・コレクターなんだけど。

O：はい。

Om：大学で…学科である催しものがあってね。

O：はい。

Om：その人は大学に来て…その催しものに来てて。招待されてたんだよね。それで来たんだ。その催しものでは展覧会もやってて。その人は僕の作品を見てすごく気に入ったんだ。僕はその人に呼ばれて、名刺をもらった。今何年生か聞かれて、四年生ですって答えた。そしたら、卒業したらすぐその人を訪ねるように言われて、

O：はい。

Om：いつでもいいから、こういう作品を持っておいでと。

O：作品って、あの車のことですか？

Om：あの車。

O：（微笑む）そうですか。

Om：それを持って来なさいと。で、九五年に卒業したんだけど、サーヴしようと（国務に服そうと）思ってたんだ、NYSCプログラム、知ってるよね？　国務に一年間服すやつ。それを一年やったんだ。

O：どこでですか？

Om：一年間。ベヌエ州で。

O：ベヌエ？

Om：マクルディで。

O：ああ、そうだったんですか。

Om：マクルディ。ベヌエ州のね。そこで一年間サーヴした。NYSCから帰ってきたら、ほら、…ナイジェリアの大学卒業者のほとんどは、ほとんどの大学卒業者はNYSCに行って、そこでそのまま就職できたらいいなって思ってるんだけど、

O：はい、そうですね。

Om：どういう国務であれ、そこで働き続けられたらいいなと。でも僕はサーヴした所には居続けられなかったね。中学・高等学校だったんだけど、先生になろうなんてまったく思ってなかったから。だからNYSCが終わったら、ラゴスにすぐ帰って来たよ…実家にね。

O：マクルディの中学・高等学校でアートを教えてたんですか？

Om：そうだよ。実家に帰って来たら、さて次はどうしようかって考えた。もちろん、…こういうこと（アートギャラリーにある自分の作品を見て）は全然考えてなかったけど。

O：はい。

Om：僕はそんなに絵が良くできたわけじゃなかったし。だって、大学ではグラフィック・デザインを専攻したし、アートの正式なバックグラウンドなんてそもそもなかったからね。大学でも絵画はやらなかったし。だからこういうことは全然頭になかった。ただ、■■のことを考えてた。実際…二つのことが頭にあった。一つは、修士課程に進学すること、もう一つは、広告代理店に就職すること。

O：なるほど、それは…グラフィック・デザイナーとしてですね。

Om：そう。二つか三つの広告代理店で就職活動したよ。

O：ラゴスでですよね？

Om：うん。でもコンピューターを使えなくちゃだめだって言われたんだ。どんなデザインするにしても、パソコン上でやらないといけないって。

O：そうですか。

Om：大学では、五年間一度もコンピューターを使ったことなんてなかったのに。（笑う）

O：（笑う）

Om：首席で卒業したにも関わらず、

O：はい。

Om：パソコンのキーボードすら触ったことなくてさ。だから当然、僕はそういう仕事なんかできなくて。

O：そうですよね。

Om：それで唯一、その時唯一残ってた選択肢は、僕に色彩とか、実践的なことはさ、…適切な配色とかわかってるんだけど、でも会社はそれをパソコン上でやってくれというわけで。だから唯一の選択肢として残ってたのは、一年間、パソコン学校に行くことだったんだ。

O：はい。

Om：それを一年間やる。そして広告代理店で仕事を探す。パソコンの使い方がわかれば、自分が五年間で学んだ配色のアイディアを使って仕事ができて、自分の知識をそこでちゃんと発揮できるわけ…会社のために。だから僕は色々考えて悩んだ。「パソコン学校に一年間通うべきだろうか？」「修士課程に進学すべきだろうか？」って。でもその時、あることを思いついたんだ。「訪ねて来なさいって、名刺をくれたあの男性は？あの人の所へ…」あれはすでに…一年以上前のことだったんだけど、「とにかく訪ねてみよう」って思った。

O：そうだったんですね。

Om：僕は名刺を見て、住所を見て、その人の居場所を探した。

O：はい。

Om：ラゴス州オバネコ地区の、ゴンド道路の二〇五番地。彼はすっごく大物で、本物のアート・コレクターだった。ケニアやジンバブエやジェンネとか、色んな国に行くんだ。リベリアとか、美術品を収集しに。

O：ナイジェリア人ですか？

Om：ナイジェリア人だよ。すっごく大きなアートギャラリーだったよ。そこには世界中の色んな地域で集められたものがあった。中国のものすらあったよ。

O：そうですか…

Om：その人は…そこに着いたら、ほら、あの車を持って行ったんだ。そしたら、「きみの作品はこれだけ…」って、到着した時、その人はすごく嬉しそうで、歓迎してくれて、僕は座って、お茶やお菓子をご馳走になった…そして話をした。ちょうどいい時に来たって言われた。その人はちょうどアメリカに行くところで、その日の、その夕方出発の予定だった。だから、一週間後にまた来るように言われた。ほんの五日間ほどアメリカに行くから、また訪ねてくるように言われた。今度来る時は、僕がこれまでつくったすべての創造的なものを持って来るようにと言われたよ。また来るようにと。
O：（微笑む）
Om：作品を持ってね。僕はいったん帰って、そしてまた彼の所へ行った。こういう家（の模型）とか、細かいものを色々と、…グラフィック・デザインの作品すべてと、展示した作品も、すべて彼の所へ持って行った。彼はそれを観察して、すべてじっくり見てたよ……ほら、僕はただ、その人が気に入るものがあればそれを買ってもらって、現金をもらって、それで帰ろうと思ってたんだよ。だから、僕を雇いたいって言われた時にはびっくりした。「雇うって、何のために？」って、ただそう思ったよ。僕は…僕にできることは…グラフィック・デザインに関わることで。その人にはグラフィック・デザインに関わるようなことはまったく必要なくて。それでただ…僕を雇いたいって…一体この人は何を求めてるんだろう？　ってね。僕が志望してた広告代理店でさえ、コンピューターを一年勉強してからじゃないと雇えないと…コンピューターの扱えるアーティストが必要だと言ってるのに。でもそもそも、僕は仕事を探してるんだよね？　今ここで仕事をもらえるんなら、こんなに有難い話はないよね？　…だから僕は言った、雇って頂いて構いませんと。彼はわかったと言った。そして、報酬はいくら頂けるのかと尋ねた。僕は、いくらか言って頂いて、了解できればオーケーですと言った。彼は僕を試してたんだよ。そして、一万ナイラって言われた。一万ナイラっていうのは、すごい大金なんだよ。僕の父でさえ、当時もうすぐ教授になるところだったんだけど、一万ナイラももらってなかった。それで結局、八千ナイラで落ち着いたんだけどね。じゃあ八千ナイラ支払おうと。だんだん、すごいことだなって思ってきたよ。八千ナイラだって？　一九九六年当時では、本当に大金だった。家に帰って父親に聞いたよ、この仕事をすべきか、修士課程に進学すべきか。報酬のことを言うと、八千ナイラだって？　すごいじゃないかって。自分はもう三〇年間働いてるけど、おまえも八千ナイラ稼ぐってことか！　ってね。すごくいい報酬だから、その仕事を始めるべきだよ。その上、その人は下宿まで与えてくれたんだ…ラゴスで下宿だよ。
O：そうなんですか…
Om：でも僕はそこには…そこには一週間ほどいたんだけど、でもやっぱり下宿はいりませんって断ったんだ。自炊が大変でね。（微笑む）ほら、料理とかそのほか家事の色々。でも実家から通えば、家で食べて出かけて、仕事して、帰ってきて家で食べれる。帰宅するまでには母が料理してくれてるから、その方が都合良くて…彼に下宿のことは心配しないで下さいって言ったら、すごく驚いてたよ。ラゴスではみんなが必至になって得ようとするものを、きみはいらないっていうなんてね！　ってさ。
O：（微笑む）
Om：僕は言ったよ、そうですね、僕はその方がいいと思いますからって。なくていいですって…
O：下宿がですね。
Om：下宿が。そうやって…その人の所で働くことになったんだ。そこへ行った当初は、僕は…僕は（微笑む）関係ないと思ってた。でも後から、関係あるってわかったんだ。なぜなら、ほら、そこはすごいアート空間（ギャラリー）だったから、
O：はい。
Om：たくさんのものが…そこにはあったんだ。色んな客が来て、あれが欲しい、これが欲しいと言ってくるんだ。それでその人（雇い主）は、僕にスケッチするよう言ったんだ。ある時、客が…滝を注文してきたことがあったんだ。
O：はい。
Om：ほら…滝みたいな、水の出る彫刻。そのスケッチを、すべてやったのが僕だったんだ。
O：そうですか。
Om：彼（雇い主）はそれを持ってこれで（オミディランのデザインで）良いか客に確認しに行った。そしてオーケーがでたんだ。大きなプロジェクトだったよ。一五〇〇万ナイラくらいのね。
O：あ、ちょっと待って下さい。ボラデさんは滝の…スケッチをしたんですよね？
Om：うん、僕がスケッチをしたんだ。そう。それでそれを実際につくるアーティストを彼が探した。
O：でもお客さんは…お客さんは何が欲しかったんですか？　滝って、本物じゃないですよね？
Om：わかった、じゃあ、例えを言うね。あの（うちの庭の）えーっと…彫刻あるでしょ。
O：はい。
Om：あの女性の。
O：はい。
Om：ほら、あれって、噴水にもなるでしょ、泉みたいな。
O：なるほど、そういうことですね。
Om：あそこから水が出てくるような。
O：わかりました。ああいうのですね。
Om：その通り。その客は八つほど、それぞれ違うデザインを注文してきた。それで僕がそのデザインをすべてやったんだ。
O：はい。
Om：彼がそれを確認のため客の所へ持って行って。そこでほら、細かい所を再調整してさ。
O：ええ、ええ。

Om：でも結局、客はそれにオーケーを出して…すごくいいって褒められたよ、いい仕事だって。

O：ところでその上司は、ボラデさんの雇い主さんは、一体どういう仕事をされていたんですか？　その人は…どういう種の仕事を…

Om：うん。彼が何をしてたかってことね。彼はその…航空会社で働いてたんだ、スイス航空で。

O：なるほど。

Om：スイス航空に二五年くらい勤めた人で。高い役職に…管理職に就いてた人だった。世界一〇五か国も行ったって言ってたよ。

O：そうなんですね。

Om：行ったことのない国なんてないって言ってた。スイス航空の重役だよ、しょっちゅう世界を旅してまわってたんだよね。それで、何年も旅しながら、色々な所へ行って、色々な美術品を収集したんだ。

O：そうですか。

Om：例えばジンバブエに行ったら、個人的に、好きなものを何でもそこで買ってくる。

O：はい。

Om：彼はただ集めてたんだよ。誰でもするでしょ？　ただ個人的に買ってたんだ。

O：はい。

Om：でも結局、すごく大量に集めたことに気付いたらしくて。ある時突然、自分が集めてきたモノが溢れてることに気付いたんだ。寝室も…それで奥さんが、アートギャラリーを開いて…様子を見ようって提案したんだ。

O：そうだったんですか。

Om：彼は了解した。最近のはまだすごく愛着があってとっておきたいから、昔集めたものを展示・販売してみようって。それで夫妻はラゴスのイパジャでアートギャラリーを開いたんだ。彼のモノは短期間ですぐに売れて、旅先でまた買ってこないといけなくなって。彼が帰国するまでのあいだに、奥さんはすごく稼いでて…彼の収集品でね。彼はそう言ってたよ。

O：そうですか。

Om：彼は退職してこのビジネス一本でいこうとすら考え始めてさ。それで結局、そうしたんだ。

O：はい。

Om：それから五年くらいで退職して。そしてアート・コレクター一本でやってくことになったわけ。

O：そうだったんですね。

Om：で、僕がそこで…働いてた時、ほかにもスタッフがいて、でもアーティストは一人もいなかったんだ。そこはこういうアートギャラリーだったんだけど、もちろんここよりはるかに大きかった。清掃スタッフも雇われてた。毎朝収集品（展示品）の埃を払って、アートギャラリーをきれいにする仕事をする人。それからマネージャーもいた。アーティストたちが作品を持ってきたら、彼らと話をする人。[redacted]もいた。展覧会をオーガナイズする人たちもいた。会計士とか…色んな人が雇われてたよ。フレームをつくる人もね、額装を担当する人。とにかく大きなアートギャラリーだったんだけど、アーティストは誰もいなかった。だから僕はそこで雇われた最初のアーティストだったんだ。そして、一番の高給取りだったわけ。

O：なるほど。

Om：そこでしばらく働いてるうちに、年配の、六〇歳だったマネージャーよりも高額の給料をもらってたってことがわかったよ。彼の給料は五千ナイラだった。

O：そうだったんですか。

Om：（微笑む）

O：彼は本当にボラデさんのことを買ってらしたんですね。

Om：うん。そして…

O：ボラデさんの作品も。

Om：そうだね。これがその人がやってたこと…シラベがその人のことを尋ねたから…

O：はい、そうでしたね。それは学士号を取ったあと、その、つまりサーヴしたあとのことですよね？

Om：そう、サーヴしたあと。

O：サーヴしたあとですね。

Om：サーヴしたあと。その人の所で働くことになった。そこでアートというものに実際にふれるようになったんだ。アートギャラリーだから、色んな作品にふれる機会に恵まれたんだ。ほんとに色んな作品に。で、その人なんだけど、今はもうアトランタに完全に移住したんだ。奥さんと六人の子供たちと一緒に。今はみんなアメリカ合衆国にいる。

O：そうですか。

Om：でも当時はまだ移住を考えていた時だった。だからよくアートギャラリーを離れて、二か月間くらい向こうへ行って（また帰ってきて）たんだ。

O：はい。

Om：向こう（アメリカ）に支店を出そうかと考えてるって言ってた。だから彼は二か月とか、一か月とか向こうへ行ってた。あの頃は、彼がいない時僕に仕事はなかったんだ。（微笑む）いつも彼に言われて…彼が直接僕に指示を出してたからね。「よし、ボラデ、これを描いてくれ」「ボラデ、これについて調べてみよう」「ちょっとこれを見てくれ。おまえにこの仕事はできるか？」とか。だから彼がいない時、僕はひまで何もやることがなかったんだけど、給料はしっかりもらってた。で、彼の奥さんはすごくいい人で、僕も親しくさせてもらってたんだ。それで奥さんが言ったんだ、冗談半分でね、すごく面白くて活気のある女性だったんだけど、「ボラデ、さあ、何かしましょうよ。

このアーティストたちの作品を模写してみましょうよ」って、

O：なるほど。

Om：「何かやってみましょうよ」って。それで僕たちは画材屋へ行って、アートギャラリーからそんなに遠くない所にあったからね。で、絵具や画用紙を買った。そして作品を一つ選んで、さあ、やってみようと。（雇い主の）長男もいつも一緒だったよ。トゥンデっていう名前だった。さあ、…描いてみようってね。僕たちは座って、

O：はい。

Om：座って…描き始めたんだ。

O：はい。

D：（家政婦）今から帰宅します。（家政婦がアートギャラリーのドアを開けて、ボラデに帰宅の挨拶をする）

Om：ああ、おやすみ。

J：シラベさん！（弟子のジョセフも入ってくる）

O：ああ、ジョセフ！　お帰り。

J：こんばんは。（イフェに）戻ってきたんですか？

O：うん。元気？

J：元気です。

O：（微笑む）

G：今録音中だってこと忘れちゃだめだよ。

O：あ、そうでした。（笑う）

Om：（笑う）だから、それで…えー…僕たちは作品を一つ選んで、

O：はい。

Om：おっ、このアーティストのはいいね、みたいな…今シラベがここにいるような感じで、

O：はい。

Om：（オミディランのアートギャラリーにある作品を一つ指して）よし、これがいい、これを描こう、みたいに。

O：はい。

Om：画材を買ってさ、お遊びみたいにね。

O：はい、はい。

Om：よし、じゃあ今日はこれをしようって言って、息子さんと奥さんと僕の三人でやるんだ。

O：なるほど、なるほど。

Om：息子さんはすぐに飽きちゃったけどね。

O：（笑う）

Om：一時間くらいすると、「お母さん、うまくできないよ、もう嫌だよ」なんて言って、絵を破ってどっか行くんだけど（笑う）。

O：（笑う）はい。

Om：でも三人とも、僕たち三人の絵は、

O：はい。

Om：どれも良かったよ。僕はよくこう人に言うんだけど…アートって、描くこと（ドローイング）じゃないんだ。

色を塗るってことなんだ。（微笑む）描けても、配色がわからなかったら…医学部生も、法学部生も、農学部生もちゃんと描くことはできるってわかったんだけど、

O：確かに、みんな描けますよね。

Om：でも色を塗るとなると、配色となると、できない人がほとんどで、それがアーティストとの違いなんだよ。

O：なるほど。

Om：だから、僕たちが色塗りを始めると、いつも僕の配色が一番良かったんだ。もちろん完璧にはできなかったけど。ほら、まだ当時は勉強中だったからね。上司（雇い主）がいないとさ、二か月もいなくてさ、でも僕はその二か月間毎日仕事場へ行くわけで、

O：はい。

Om：彼がいないのに。だからそれは絵を学ぶのには絶好のチャンスだった。

O：なるほど。

Om：とにかく色んな作品を選んで、「さあ、今日はこれにしよう」って。そして明日はこれを…そうやって自分で学んでいったんだ。

O：すごいですね。

Om：だから、え？　高校でアートをやってなかったの？　大学で絵画をやってなかったの？　でもこんなに描けるの？　ってよく言われる。僕は大学で絵画は専攻しなかったけど、すべてはそこ（アートギャラリー）での経験だったんだ。

O：そうだったんですね。

Om：僕には色んな様式の作品があるでしょ。

O：そうですよね…どれもユニークですね。

Om：僕は経験してたから…そう、それに、学ぶ時って、

O：はい。

Om：模写して悪いことなんて一つもないんだ。

O：そうですね。

Om：学ぶためだから。

O：はい。

Om：でも、習得してきたら、自分自身で創造していかないといけない。自分自身のやり方を見出さないといけない。

O：はい。

Om：芸術的に伝達していくために。それは…ほかの人の真似事をするってことじゃないんだ。人の作品の真似をしてそれを展示するような悪い人たちもいるけど、それは盗作で、やっちゃいけないことだけど。

O：はい。

Om：だから、奥さんと一緒にこういうことやったあとは、僕はすべて自分自身で…自分自身の…アイディアでやっていったよ。

O：はい、そうなんですね。

Om：そうやって自分で何かを始めていったんだ。
O：なるほど、はい。
Om：上司は帰ってきたんだけど、彼はその後も何度も行ったり来たりで…そのあいだに僕は絵をマスターしてて。実際、僕がそこで最初に描いた絵は、
O：はい。
Om：上司はびっくりしてたよ。おお！　おまえはこういうことができるのかって。
O：そうですか。
Om：ほら、それはこういうプラスチックで。見て、あのプラスチックの…絵。あの青いの、わかる？
O：青いのですね。はい。
Om：そう。ああいうプラスチックを使ったんだ。ウィーストン・ホールっていう、リベリアのアーティストのやり方でね。リベリアのアーティストの、ウィーストン・ホール。
O：はい。
Om：上司はウィーストン・ホールからも作品を買ってた。誰かほかの人も、彼の作品から学んで作品をつくってて、それが展示されてるのを見て上司はすごく気に入ったんだ。でもその展覧会（パーティ）はすごく高くて。彼にはその作品に使われてるような高価な材料を買えなかった。それで僕はその代わりになるものを考えた。ああ、家とか車をつくってた、あの材料を使ってやればいいんだって思いついた。
O：そうですか…
Om：こういう、人物とかものをくり抜いて、そしてそれに色を塗る。
O：木をくり抜いてということですか？
Om：そう。そうやって、この様式を生み出したんだ。
O：そうだったんですね。
Om：そしてこれはどんどん僕の様式になっていった。僕自身の発見。誰かの真似事じゃなくて。だから僕にとってすごい成長だった。
O：そうですね…
Om：そうやって、ウッド・カラー（色塗りした木を絵に接着していくこと）を始めて、今でも僕はこの様式で知られてる。最近じゃもっと色んな様式のものもつくってるけど。でもほとんどの人はまだそれを知らなくて。僕はウッド・カラーばかりやってるって思われてるみたい…（微笑む）
O：なるほど、そうなんですね。
Om：とにかく、（ウッド・カラーを）そうやって思いついたんだ（手をたたいて、ひらめいた様子を表現する）。ユニークなアイディアだった。僕はほかの人たちがやってることと違うことをやってるんだ。
O：そうなんですね。
Om：そうやって、僕はアートの道を進んでいった。

O：なるほど、そうだったんですね。
Om：その会社では二年間ほど働いて、
O：はい。
Om：そして修士課程に進学した。その時、上司はアメリカに移住することになっていて、彼は僕も連れて行こうと考えてたんだ。
O：はい。
Om：でも実は奥さんが言ったんだ…もし主人（上司）に付いて行ったら、もう修士課程へ進学する機会はないでしょうねって。僕はずっと上司の手伝いをしてないといけないだろうって。
O：はい。
Om：それに、修士課程へ進学すべきだと父からも言われてますって僕もずっと言ってたし。もし本当に修士をやりたのなら、今始めるべきだと。
O：はい。
Om：家に帰って父に、修士をやるべきか、上司に付いていくべきか聞いたんだ。そしたら父は、上司に付いて行くべきじゃない、修士課程に進学すべきだと言った。もし今上司に付いて行ったら、いざ、修士をやる時が来ても、もう面倒くさくなってやらないだろうって。だから今は（微笑む）集中すべきだって、アカデミックな…
O：キャリアを積むことに。
Om：そう、キャリアを先に積むようにと。そうやってその職場を離れたわけ。
O：そうですか。
Om：それでイフェに戻って、修士を始めた。
O：修士課程ですね。
Om：でもさ、修士の学生って、…少し時間的に余裕があるんだ。だから、修士の時、色んなこういうことを…一つ一つ始めたんだ。そして作品を額装したり…そうすると誰か来た時、
O：はい。
Om：誰か僕の部屋に来たら、みんな不思議に思って聞くんだ。どうやってこれ始めたの？　とか、どこで習ったの？　とかそういうことを。そうやって、僕は周りに知られるようになっていった。時々学生たちがやって来て、これ素敵ですね、いくらですか？　って聞かれて。気付けば作品を買って行ってもらってたという。
O：そうですか。
Om：誰かが買ってくれる。誰かが…そうやってさ、一つ、二つと、だんだん売れていったんだ。ある時ある女性が来てね。その人は僕の作品を気に入ったんだけど、金がなかった。でも、その女性のお姉さんがカナダに住んでて、アートがすごく好きだって言ってね。お姉さんが来たら、ここに連れて来るって。三か月後には、その人はお姉さんを連れて来たんだ。

O：はい。

Om：そのお姉さんが来て、「まあ、とてもユニークね。素敵だわ。どうやって思いついたの？　すごくいいわね。全部買いたいわ」って言うんだ。冗談かと思ったよ。でも結局、彼女はすべて買っていったよ。

O：すごいですね。

Om：全部だよ。その金で、僕は学生だったけど、一九八九年に初めて車を買ったんだ。

O：あの赤い車ですか？

Om：最初の車。

O：マツダの？

Om：いやいや、違う、マツダは最初の車じゃないよ。サンタナだよ。

O：そうなんですか。（微笑む）

Om：（微笑む）サンタナだったよ。もうしばらく見てないな…もう一台もあったんだけどね、もう一台…サンタナのあと。シラベはそれも知らないよ。そのあとシラベも知ってるBMWとマツダを買ったんだ。

O：なるほど、なるほど。

Om：そうやって、だんだん、僕はこれを続けるべきだなって感じたんだ。だって、車を買えるようなことを自分はやってるんだよ。これを続けて、これにゆだねて、献身すればいいじゃないかってね。悪いことはないわけだし。そうやって…僕は描き続けて、描き続けて、描き続けて、そして…

O：はい。そうやって、

Om：だって、神に感謝すべきことに、以来僕はずっとこれでやってきてるから。そう、それで、その過程でアカデミックなことも続けてたんだ。

O：はい。なるほど…ボラデさんがアミナ（緒方の元下宿仲間）に出会われたのはその時ですよね？　院生寮にいらっしゃった時のことですよね？

Om：そう。

O：確かアミナがそう言ってました…

Om：あの時は…学生たちがよく来て、僕の作品を次から次へと買っていってた時。あの頃アミナと会ったんだ。

O：そうですか。

Om：部屋のドアにね、あるものを付けてたんだよ。伝言板みたいな。それも木でつくったんだけど。ちょっとした装飾っていうか…ようこそ…みたいな。

O：はい、わかります。

Om：みんなそれを見て、いいなと思ったみたい。まあ、これ素敵ね！　って。それが、…もともとアミナのことはまったく知らなかったんだよ。アミナがそのドアにあったものを見て、ノックしてきたんだ。

O：（微笑む）

Om：最初、彼女はメッセージを残したんだ。「このドアにあるもの、素敵ですね。ノックしたくなりました」と。

でもその時誰も部屋にいなかったんだよね。僕はそのメッセージを見たんだけど、誰が書いてくれたものかもわからなくて。

O：（微笑む）

Om：彼女がまた来て、それでやっと会ったんだ。アミナがノックして、僕はドアを開けた。そして彼女は、ドアの伝言板なんてほんの序の口だってことに気付いたんだ。部屋に入って来て、僕の作品を見て…まあ！ って…

O：アミナはボラデさんの作品を気に入ったんですね。

Om：すごくね…それで僕たちは（微笑む）友達になったんだよ。

O：そうですか。そして…アミナはボラデさんから絵を習うようになったんですよね…

Om：そうそう。でも、彼女が習い始めたのはそれから二年くらいあとのことだよ。

O：そうですか。

Om：当時僕はまだ一室にいたから。院生寮の一部屋にね。

O：はい。

Om：でもあとから、屋根裏に引っ越したんだ。屋根裏っていうのは…このくらいの特別な部屋…このアートギャラリーくらいの広さの。

O：はい。

Om：それも院生寮の中にあったんだけど。

O：はい。

Om：のちにその部屋を確保できたんだ。アミナが僕の所に絵を学びに来たのは、その部屋を確保してからのことだよ。

O：そうですか。

Om：その、前にいた部屋はすごく…めちゃくちゃ狭かったんだよ。誰かが来て絵を習うような広さはなかった。

O：そうですか。

Om：ゴケ（オミディランの弟子の一人）に出会ったのも…僕がその部屋にまだいた時だったよ。

O：ああ、…ゴケですね。

Om：そう。

O：でも、ゴケは当時まだ大学生じゃなかったですよね。

Om：そう。じゃあまず…ゴケがどうやってそこに来たか話そう。ほら、当時僕は院生で、個室をもらえてたでしょ。

O：はい。

Om：修士課程だったんだけど、毎晩、僕は（課題ではない）自分自身の絵を描いてたんだ…で、ある時ラゴスの実家に三日間ほど帰ってて、

O：はい。

Om：えーっと…ゴケは…僕の弟がラゴスの中学・高等学校に通ってたんだけど、

O：はい。

Om：ゴケは弟のクラスメートだったんだ。
O：そうですか。
Om：弟は試験を受けて合格してね。すでに大学に通ってたんだ。
O：はい。
Om：でもゴケはまだ試験に合格してなかった。
O：はい。
Om：ゴケは最初の試験に不合格で、まだ実家にいてぶらぶらしてたんだ。で、（二人がまだ高校生だった時）弟が何か僕の作品を学校に持って行ったんだ。それでゴケは…それをすごく気に入ったんだよね。もちろんゴケはその頃からアートが好きで。まだ若かったけど、若いなりにアートが好きだった。すごく好きだったんだよね。だから、その作品を見た時、ゴケはすぐに弟と仲良くなったんだ。で、弟に、これはどうしたんだ？ってずっと聞いてたんだって。誰がこういうのつくってるの？ って。弟はうちの兄貴だよって答えて。それでゴケは家に来るようになったんだ。
O：そうだったんですね。
Om：初めてゴケが家に来た時、弟は、学校の友達だって、仲良しの友達だって紹介して。
O：はい。
Om：そうやって…ゴケが家に来て、僕が居間を飾ろうと思ってつくった作品を見てたよ。すっごく気に入った様子でね。こんなふうに見てた（当時のゴケの様子を真似て、アートギャラリーの絵を見まわす）。
O：（微笑む）
Om：こうやってね。（ゴケを真似る）（微笑む）ほんとに気に入ってたな。ゴケは毎晩、毎晩、家に来るようになった。でもその時僕はほんの三日間帰ってただけで、すぐにイフェに戻った。でも、また次にラゴスの実家に帰った時、ゴケがまた来てて、僕に会いたかったって言うんだよ。試験に不合格だったから、両親から工場で…工場で働くように言われてるって。工場労働者って、わかるよね？ 賃金も労働条件もひどい。ゴケはそこで働きたくないって、アートを学びたいって言うんだ。でも僕は言ったよ、僕は今イフェにいるから、残念ながら弟子にすることはできないって。
O：はい。
Om：僕はイフェで修士をやってて、今ちょっと実家に帰って来てるだけだと。そう答えた。ゴケががっかりした様子だったのは気付いたけど。でも、冗談で言ったんだ、イフェまで来るかい？ イフェまで来るなら話は別だけどってね。（微笑む）ほんの冗談で言ったんだよ。でもゴケは…なんてこと！ あいつは「付いて行きます」ってすぐ答えたんだ。で、ちょっと、両親に話してくるので、ちょっと待ってて下さいって言ったんだ。
O：（微笑む）

Om：僕は思ったよ、この子、この少年は…って。
O：はい。
Om：だってその子の両親は僕のことなんかまったく知らないんだよ。そんな親が、見知らぬ人に付いて行って、イフェまで行きなさいなんて言う？　ラゴスを出たこともない子だよ。行ったこともないような所に。イフェとかイバダンとか、その子が生まれて以来…まだ一度も行ったことがないような所に。だから僕は、そんなことを許す親がどこにいるかって思って…
O：(微笑む)
Om：ゴケはそうやって家を出て行って…一時間もしないうちに荷物を持って戻って来たんだ。
O：え？　そうなんですか？
Om：もう付いて行く準備ができましたって、両親には言ってきましたって…僕はこれはヤバイと思ったね。
O：(笑う)
Om：…僕はなんて冗談を言ってしまったんだ？　なんか冗談が冗談じゃなくなってきてるんだけどって。
O：(笑う)
Om：この子…僕はまじめに考え始めた…ほんとにこの子を連れて行けるのか？　どこで寝かせるんだ？　勉強は？　食べものは？　どうやって面倒見るんだ？　って。でもそこに荷物を持ったゴケがすでにいるんだよ…
O：(笑う)
Om：どうしよう！　…悩んだよ…ゴケの顔を見たら、あの子は今にも倒れて死にそうな表情を浮かべてた。
O：まあ…
Om：あの子はどうしても僕に付いて来たがってた。一時間もしないうちに荷物をまとめて出てきたんだ。何の計画も立ててなかったことなのに。
O：本気だったんですね…
Om：父親でさえ、母親でさえ、誰もあの子と一緒に来なかったんだ。たった一人で来て、行ってきますと両親に伝えてきましたって言って…僕の方が両親に言ったよ、なんてこった！　この子ちょっとよくわからないんだけどって…そしたら父がゴケの母親を呼んだんだ。その…お宅の息子さんがイフェに行くと言ってますけど、本当にいいんですか？　って…そしたら母親は言ったよ、あの子は家で何もしてませんからって。もしあの子に好きなことがあって、それを学びたいって言うんなら、いいじゃないですか。もう小さな子供じゃないんですし、家にただいて、何もせず食べてるだけなんてって。ゴケの両親も…経済的に裕福じゃなかった。かなり厳しかったみたいだった。だから両親も息子の養育を放棄してるような所があった…僕は悩みに悩んだ結果、わかった、この子と一緒に行ってみよう、この子にチャンスを与えようって決めた。もし…

やっかいなことになるなら、すぐにこの子を返そうと。
O：はい。
Om：どんな理由であろうとも、僕ががまんできなければね。
O：はい。
Om：そうやって、僕は…車があったからね。あの、さっき言った、最初に買った車。
O：サンタナですね。
Om：そう、サンタナ。だからあの子をそれに乗せて、
O：(微笑む)
O：荷物も乗せて、イフェまで来たわけ。それであの小さな部屋に着いたんだけど、まぁ色々考えたよね。僕の部屋には色んな人たちが来てたし。彼女だっていて、よく部屋に来てたんだから。この子がいるのに、この部屋でどうすりゃいいのかって。
O：(笑う)
Om：色々悩んだよ。でもあの子に情けをかけてやろうって。自分の色んなことを犠牲にしてやろうって…やってやろうって。それに、僕にとってあの子は見知らぬ人でもあったわけで。あの子のことそれまでまったく知らなかったんだし、その…僕の方にあの子の面倒を見る義務はまったくなかったわけで。
O：そうですよね。
Om：ほら、当時ゴケはまだすごく若かった。ちょうど今のジョセフみたいに。いや、ジョセフよりももっと若かった。ジョセフはもう僕と八年一緒にいるからね。ゴケのこともそうやって受け入れた。彼はとにかくイレ・イフェに来て、…彼を自分の部屋に連れてきた。それで、こういうのを切る仕事を（アートギャラリーにあるボラデの作品の中の、木の板を指さして)、僕は…ゴケに教えたんだ。そしてしばらくたって、彼を連れてきて良かったって思うようになったんだよ。ゴケは育ちが良かった。嘘をついたり、盗んだりするような子ではなかったし、ちゃんとしてた。たまにバカなことをやったけど。もちろん、完璧な人なんていないからね。でも利口だった。で、しばらく教えたあと気付いたんだけど、確か僕が授業に出てた時だったと思う、…僕が帰ってくるまでにこれをやっとくようにってゴケに言ったんだ。そしたら、帰ってきたらちゃんと仕上げてて、しかも完璧にやってた。それで僕は思ったんだ、週一作品つくる代わりに、週三作品くらいつくれるなって。部分的にゴケが手伝ってくれるから。そうやって、僕はより多くの作品をつくり始めて、稼ぐようになったんだ。それで、そのあとしばらくして、もっと広い場所が、ちゃんと寝泊りできて、仕事ができて、そして作品を飾れる所が必要だと思った。それで屋根裏を申し込んだんだ。ほら、院生寮には屋根裏A、B、C、D、Eがあるでしょ。屋根裏Eがその時空いてたんだ。それで申し込んだ。そして…すごく高

かったけど、僕にはなんとかなる額だった。だからそれを支払って、そこに移ることになったんだ。そこで僕は本格的に作品をつくるようになった。こういうのとか、ほか色んな作品をね（アートギャラリー内の作品を見て言う）。

O：屋根裏Eでですね。

Om：院生寮の屋根裏Eね。

O：はい。

Om：そう。

O：それで、いつ（次の家へ）越されたんでしょうか…

Om：うん。それは…ほら、大学キャンパス内で何かやろうとすると…いつも生じる問題なんだけど。大学って、大学の計画があるでしょ。突然計画を立てて、施行するような。例えばさ、キャンパスの中の食堂街に最近行った？

O：（うなづく）

Om：どうなってた？

O：解体されてました…

Om：でしょ。もし僕がそこにアートギャラリーを持ってたら、

O：そうですね…

Om：解体されてしまってたはず…

O：はい。

Om：そういうこと。そこに来てた人たち、お客さんも、すべて失われてたはず。こういうことがあるから、僕は自分の身の安全を考えるようになったんだ。

O：はい。

Om：屋根裏AとEとBには、かつて…食品を売る人たちがいたんだけど、突然、立ち退きを命じられて、インターネットをやる人たちがそこを使うんだって。カフェ、インターネットカフェの経営者がそこを借りることになったんだ。ネットカフェの経営者がそこを使い始めた。で、僕も、こういうことがありえるから、何か考えなきゃって思い始めてた。僕はこういう予期せぬことに邪魔されたくないなと。それで街へ行って、そこに住んでた人たちに家を探してるって言ったんだ。その頃は、ちょうど修士課程も終える頃で。当然、院生寮に一生住むわけにはいかなかったしね。いずれは出ないといけなかったから（微笑む）。それで、よし、探してみようってことになって…でも、屋根裏にいたあいだもずっと、あのラゴスの元上司は、アメリカに移住してたけどまだ僕の主要な顧客だった。彼がナイジェリアに帰ってくるたびに、もし僕が五〇作品持ってれば、それをすべて買ってくれてた。すごく安くだけどね。

O：そうだったんですか（微笑む）

Om：（微笑む）彼は言うんだよね、おまえは私が育てて、私のもとで成長して、その…私が養って、みたいな。

だから値は低かったよ。ありえないくらい…安値だった。でも初心者として、なんとかがまんして、彼が言うことになんでも従った。屋根裏にいた時も、彼のために描いた絵はかなりの場所をとってたし、彼はいつも、三か月ごとにナイジェリアに来ては作品を全部買って行った。当時彼は僕の主要な顧客だった。それとは別に、週末になると何人かの学生たちがね、その親が彼らを訪ねてくるんだ。僕の作品を気に入ってね、そして親を連れて来てたんだ。すごくユニークなんだ。「お父さん、アートを見れる所があって、すごくユニークなんだ、行って見てみようよ」って。ほとんどの場合、親たちは来てくれた。それで、週末の方が平日よりもよく売れることがわかった。そういう人たちはラゴスとかポート・ハーコートとかアブジャとか、色々な場所で作品を買う人たちだった。彼らは子供たちに会いにイフェに来てただけだったんだけど。

O：ボラデさんが屋根裏にいた時のことですよね？

Om：屋根裏。

O：何か看板とか出してたんですか？

Om：いいや。何も。

O：ただ、知られてたんですか？

Om：うん。場所がね、屋根裏の場所が良かったんだよ。

O：そうですか。

Om：その辺りを通れば必ず目に入るような場所だったから。

O：なるほど。

Om：そこを通った人の誰でも目につくような所だった。

O：そうだったんですね。

Om：そこで見たものを気に入った人たちは、またほかの人たちにそのことを話すしね。

O：なるほど、なるほど。

Om：そうやって、僕の所にどんどん人が来るようになっていったんだ…

O：はい、そうだったんですね。

Om：でも、いつどうなるかわからないっていう状況だったから、その場所はすぐに誰かに取られてしまうってわかってたから。ほかの場所を探したんだ。それである時、あの家（街の家）が空いてるから見に来るように言われた。見に行ったんだけど、なかなかいい下宿で。でも仕事場にこだわってたから、下の階に行ってそこを見に行った。

O：ボーイズ・クオーターですね。

Om：ボーイズ・クオーターを見に行った。いいですね、ここを借りますって言ったよ。そして神に感謝すべきことに、（微笑む）というのも、そこを借りて、そして…内装も整えて、テレビを置いたり、…壁を塗ったり、全部自分でやったんだよ。でも、実際にはそこにほとんどいなかった。まだ毎日キャンパスへ行ってたし、ゴケですらも、ほとんどその家には帰らずにキャンパスにいた。キャンパスに慣れてたからね。電気はいつもあるし。水とかほかにも色々と便が良くて。だからほとんどの場合、その家には泊まらないで、ただちょっと使ってただけだった。そして突然、ある教授が手紙を持って来たんだ。学長にも断り済みで、僕が使ってる部屋をインターネットカフェにすると。しかも、その翌日から内装工事の人たちが入ってきて仕事を始めると。冗談かと思ったよ。

O：（苦笑いする）

Om：でも翌日、本当に工事の人たちが来たんだ。

O：そうだったんですか。

Om：大工も来て…なんてこった！　ひどいめに遭ったよ。早い段階で手を打ってたからまだ良かったんだけど。

O：ほんとにそうですね。

Om：だから僕はただゴケたちに、大丈夫、荷物をまとめて出て行こうって言った。

O：それはいつ頃のことですか？　二千…

Om：二〇〇〇年。二〇〇〇年の一月五日。一年の始まりだよ、新しい戦略や仕事を計画してた時だよ。なのに、突然来て、僕の計画を台無しにしたんだ。僕の仕事は揺るがされた。

O：そうだったんですね。

Om：でも…神に感謝すべきことに、僕はそういうことがあるだろうと予測してたし、あのタイミングでなくとも、いつでも起こりうることだってわかってたから。だから…そうやってあの下宿に越してきたんだ。

O：はい。

Om：新しい家（下宿）の家賃は三部屋分の金額みたいなもんだった。そこに住んでたし、仕事場のボーイズ・クオーターも…廊下も借りてたから。作品をかけておくのに、廊下も借りてたんだ。でも唯一の損失といえば、多くの顧客を失ったことだった。

O：そうですか…

Om：貼り紙をしておいたんだ。オモレ・エステートに引っ越しましたっていう。でも、あの男にそれを剥がされて。とんでもないやつだったよ…貼り紙を剥がしたんだよ。上から色を塗って。だから誰にも僕の居場所がわからくなってしまった。すごくつらい時期だった。それでも、僕を繋ぎ止めてたのはあのアメリカに行った元上司が三か月ごとに来て作品を買ってくれたこと。彼のおかげで僕はなんとかやっていってたよ。

O：買取り値は安かったけれど。

Om：うん。でも、それでも僕はやってけてたから。彼からの…収入でね。僕は仕事を続けられた。僕は作品をつくり続けたんだ。

O：そうだったんですね。

Om：そしてだんだんほかの人たちも…

O：新しい顧客ですね。

Om：新しい人たちも…そして展覧会をやるたびに…

O：（微笑む）エニオラですね。（ボラデの長女、エニオラがアートギャラリーの中に入って来て、父親の方へ歩いて行く）

Om：うん。

O：エニオラ、こんばんは。

Om：ほら、お姉さんにご挨拶しなさい。

E：（エニオラは照れて緒方に挨拶しない）

O：（笑う）こんばんは（ヨルバ語で挨拶しなおす）

E：（まだ恥ずかしくて挨拶できない）

O：（笑う）

Om：挨拶しなさい！「こんばんは」でしょ。

E：こんばんは。

O：こんばんは。元気？

E：元気です。

O：いい子ね（笑う）。

Om：（微笑む）

O：エニオラって、…ビンボさん（ボラデの妻）にそっくりですね。

Om：（微笑む）そうだね。よく似てるよね…で、そうやってサバイブしていってたわけ。

O：はい。

Om：そして、だんだん、ほかの人たちも僕の作品を買うようになっていった。ラゴスで展覧会があるたびに、そこで顧客を得たよ。そんな感じで。

O：そうですか。

Om：あれが…トレード・フェアっていうのがあってね、ラゴスで開かれてる。それにその…参加するようになったよ。た。で、そこでまた新しい顧客を得るようになったよ。今でも、何人かの顧客はそこに来てた人たちだよ。ある時ある人から電話があって、「トレードフェアであなたの作品を見たんですけど。すごく素敵でした。あの時は家を建ててる最中だったから必要なかったんですが、家が完成したので作品を買いたくて。どうやったらお会いできますか？」ってね。

O：なるほど…

Om：それで、

O：ナイジェリア人ですか？　ラゴス在住の人たちでしょうか。

Om：ナイジェリア人。そう。でも…トレードフェアでは、中国人もたくさん僕の作品を買っていったよ。

O：中国人もですか。へえ。

B：あら、シラベ（ビンボが入ってくる）。

O：奥さん、お帰りなさい。

B：元気？

O：はい、おかげさまで。お帰りなさい。

B：ただいま。

O：えーっと、デモラとアデモラですよね？　…デモラ？

B：アデモラ？
（アートギャラリーの中に入ってきて、オミディランと緒方の方へ来てそばの椅子に座る。腕には、双子の息子たちを抱えている）ちょっとそこまで行ってきたくて…さあ、帰るわよ（エニオラに言う）。
O：（微笑む）
B：エニオラ、（アートギャラリーではなく）家に入りなさい。
O：どっちがデモラですか？　…どっちがアデモラですか？
B：こっちがアデモラ。
O：はい。
B：こっちがダモラ。
O：ああ、ダモラですね。
（ダモラは泣いており、エニオラが彼に近付こうとする。ビンボは泣いてるダモラと双子の兄弟のアデモラを両腕に抱き、あやすように歌う。そして、アートギャラリーのドアの方へ歩いて行く）
B：エニオラ。
E：（母親を真似て歌っている）
B：ほら。行って、ドアを開けて。（エニオラにドアを開けるように言う）
E：（歌いながらドアの方へ歩いて行く）
B：ドアを開けて。
E：（ドアを開ける）

O：へえ！　エニオラはもうドアを開けれるんですね。
Om：ああ。
O：はい…それで…もう色々話してもらいましたね…そう、二千…
Om：そう、えっと…修士を始めたのが…九五年に学部を卒業して、九六年にサーヴして、それからラゴスで二年間、九六年から九七年にかけて働いて、そして九八年に修士を始めたんだ。二〇〇〇年には修士を取ったよ。院生寮の屋根裏も出て、二〇〇〇年に僕はフル・タイムのスタジオ・アーティストとして仕事をするようになった。博士課程にも進学したかったけど、当時オバフェミ・アウォロウォ大学には博士課程がなくてさ。それで、イバダン大学で始めることにしたんだ。
O：そうだったんですか。
Om：でもかなり大変で。イバダンまでわざわざ運転して行くんだ。仕事に差し支えたよ。
O：そうですか。
Om：そして、一年後くらいにオバフェミ・アウォロウォ大学でも博士課程をできるようになるって聞いたんだ。だからもうやめようと思って、
O：イバダン大学でのコースをですね。
Om：イバダン大学でのコースをね…オバフェミ・アウォロウォ大学のが始まれば、それをやろうと思った。だって、こっちの方が僕にとってはずっと楽だからね。

O：そうですね。
Om：家はここにあるんだし。
O：はい。
Om：キャンパスへ行っても、またすぐ仕事をしに家に戻れる。
O：そうですよね。
Om：それで…また僕はイフェに帰ってきて、フル・タイムのスタジオ・アーティストとして仕事を始めた。とにかくそこで仕事するんだ。
O：はい。
Om：二〇〇〇年から始めたよ。
O：はい、そうなんですね。
Om：そして…えーっと…二千…
O：ティミ！　こんばんは（ボラデの長男、ティミがギャラリーのドアを開き中へ入って来る）（微笑む）元気？
T：元気です。こんばんは。お父さん、こんばんは。
Om：おお、元気か？
T：元気です。
Om：彼女に会ったことある？
T：うん。
Om：いつ？
T：（微笑む）今日ってこと？
Om：うん？
O：（最後に会ったのは）去年だよね。

Om：それで、博士課程が始まった時に、登録したんだ。
O：はい。
Om：でも、そうしながらもずっと仕事してきたよ。
O：はい。
Om：働いてきたあいだ何年も、ずっと貯めて、貯めて、貯めてきてた。
O：そうなんですね。
Om：ある日この辺を通ってて、歩いてたんだけどね。売地の広告を見たんだ。それは…すごく高かったんだけどね。一五〇万ナイラもした。
O：一五〇万も？　この土地が？
Om：そう。二プロットだけどね。二プロット。二〇〇四年のことだよ。
O：そうですか。
Om：ほら、僕は二〇〇〇年から本格的に仕事をし始めたでしょ。それからずっと貯めてたんだ…そのあいだに、マツダの車を買ったり、自家発電機を買ったり、BMWの車を買ったりもしたけど、でもずっと働いて、貯金してたんだ。それで、売地の広告を見た時、そこまでの額はなかったけど…借りて、
O：はい。
Om：母から借りて、
O：はい。
Om：返すつもりでいくらか借りて、…それで支払って…こ

の土地を手に入れたんだ。

O：そうですか。

Om：それから少しずつ母に返していった。全部返し終わってから、…

O：家を建て始めたんですね。

Om：少しずつ家を建てていった、二〇〇五年、二〇〇六年、二〇〇七年にかけて。

O：はい。

Om：どんな額でも、収入はすべて家を建てるために費やした。それで（微笑む）二千…二千えーっと…八年に、

O：はい。

Om：家が完成したんだ。

O：そうですか。

Om：これを建てた時、仕事場のデザインもして、

O：はい。

Om：家の近くで、広くて、[redacted]、そしてアートギャラリーもある。

O：はい。

Om：前にいた下宿の仕事場みたいな感じなんだけど、

O：はい。

Om：でも前のは今の小さい版でしょ。

O：そうですね。

Om：前の家にもアートギャラリーはあったし、廊下もあったし、住まいもあったし、仕事場としてのボーイズ・クオーターもあったしね。

O：そうでしたね。

Om：引き続き新居でもすべてをそろえた。

O：そうですか…それでは、ボラデさん、私から最後の質問なんですけど、

Om：うん。

O：その…ご自身のアーティストとしての人生をどのように思っていらっしゃいますか？ つまり…その…幸せでしょうか、というか、

Om：そうだね、神に感謝すべきことに、報われてるよ。

O：はい。

Om：僕は報われてる。そして、幸せで…[redacted]

O：そうですか。

Om：だって…僕は…僕はただ、自分がうまくいってるって思ってる。

O：はい。

Om：卑しくならない限りはね、僕は（微笑む）そうなりたいとは全然思わないし…状況を考えるとね。

O：はい。

Om：もしもこの道に進んでなかったら、もっと生活は苦しかっただろうから、アートを選んだことを後悔してないよ。

O：そうですか。

Om：僕は広告代理店で働いてたかもしれなくて、

O：そうでしたよね。
Om：朝六時半には家を出て、
O：はい。
Om：あるいは毎朝五時に。
O：はい。
Om：そして誰かのために働きに行くんだ。
O：はい。
Om：人ごみにもまれて、そこに着いて、夜の一〇時か一一時に毎晩帰宅する。
O：はい。
Om：そんな暮らしはもっと░でしょ。そんな人生を歩むなんて░。
O：そうですね。

残り約一一分は省略

アジャオ・アデトイ

日：二〇〇九年六月一八日
時：午後二時四〇分~午後三時一五分（三六分八秒）
場所：アデトイの仕事場
状況：アデトイは床に敷いてあるゴザの上でビーズ細工をつくっている。イジシャキンと筆者は、アデトイの正面にあるベンチの上に座っている。アデトイの左横には、少し間隔を置いて、二人の元弟子と息子一人がゴザの上に座って仕事をしている。右横には孫二人が、ビーズの糸通し（同じ色や形のビーズを集め、糸に通して刺繍の準備をする）の手伝いをしている。角には年配の男性が一人、椅子に座ってアデトイの孫たちと同じ作業をしている。

＊

筆者はアデトイが話すヨルバ語エキティ方言をほとんど理解できないため、このインタビューでは、筆者の友人のタヨ・イジシャキン氏[2-2-1]にインタビューを代わってもらい、筆者は内容のメモと撮影を担当した。美術学科の講師のイジシャキン氏は、ビーズ細工に関するテーマで修士論文を書いたこともあり、ビーズ細工に興味を持っている。録音テープの書き起こしとその英訳は、筆者の友人でアーティストのコラウォレ・オラインカ氏に手伝ってもらい、それを基に、筆者がヨルバ語のトランスクリプションと和訳を作成した。

Ad：アデトイ
I：イジシャキン
S：弟子の一人（サンデー）
O：緒方シラベ

I：お元気ですか。
Ad：お陰さまでね。
I：それはそれは。
Ad：ああ。
I：僕たちは質問を準備してきたんですが、ビーズ細工師としてお仕事を始められたのはいつ頃ですか？
Ad：五〇年ほどだね。
I：五〇年も？
Ad：父親から受け継いだ仕事だからね。よそで学んだことじゃないから。
I：お父さまのお仕事だったんですね…
Ad：ああ…
I：ということは、あなたは五〇歳以上ということですよね？
Ad：ああ…（笑う）ああ…まあどうでもいいことだね。
I：こちら（アデトイの弟子の一人を指して）はあなたから学んでいらっしゃるのですね。
Ad：ああ、そうだね。
I：おいくつかお尋ねしてもよろしいでしょうか？
Ad：わしらが生まれた頃は出生届なんかなかったからね。
I：そうですね、わかりました。それじゃあ、お父さまからビーズ細工を習われたんですよね。
Ad：父から習った。
I：お父さんのお名前は何ですか？
Ad：アデトイだ。
I：アデトイ。
Ad：そうだ。
I：アデトイ、何、とおっしゃいますか？
Ad：アデトイ・オロウロだ。
I：ご出身はどちらですか？
Ad：エフォン・アラーイェだ。（アデトイは息子のマシューを呼び、マシューは返事をする）
I：エフォンのどのご一族ご出身ですか？
Ad：オロウロ家だ。
I：オロウロ家ですね。
Ad：イボ・エーグンの。
I：イボ・エーグンとは、その地域の名前ですか？
Ad：そうだ。

I：イボ・エーグンですね。

Ad：ああ、エフォン・アラーイェのね。わしの名前はアジャオ・アデトイだ。

I：アジャイ・アデトイさんですか？

Ad：アジャオだ。

I：お父さまが、お父さまのお父さま（祖父）からビーズ細工を学んだとおっしゃっていたんですか？

Ad：いや。父はよそで学んだ。

I：エフォンですか？　お父さまが学ばれた所も、ビーズ細工のご一家だったんですか？

Ad：ビーズ細工を仕事にしてる家だったよ。そんなに長くやってる家じゃなかったようだがね。アラデバジェ家だ。

I：アデトイさんはこの仕事を学ばれ、この仕事を続けていらっしゃいますよね。ある仕事を続けるのには、たくさん理由があると思います。例えば、大工仕事を学んだのに後で歌手になる人もいる。商売を学んだのに、また別の仕事に就く人もいます。その仕事が好きだから、あるいは、食べていくために必要だからといった理由で。当時の人たちの多くは農夫だったと思いますが。

Ad：父は当時興味があったものを学んだんだよ。

I：そうですか。

Ad：大工もいれば煉瓦工もいれば、ほかの色んな職人がいるだろ。でも父は自分が好きなものを学びに行ったんだ。それで、わしらも成長して、この仕事を学べる時が来た時に、父から学び始めて、この仕事をするようになったんだ。

I：え？（聞き返す）

Ad：早いうちから教えれば滅びない（諺）って言うだろ。

I：あ、はい…（アデトイはヨルバ語エキティ方言を使っているので、タヨはすべてを聴きとることができない）

Ad：若い者に教えておけば、（ビーズ細工の仕事は）廃れないだろ。

I：つまり、アデトイさんがこの仕事をするようになったのは、稼ぐためとか食べていくためではなかったということですか。

Ad：ああ。でも仕事をすれば金は入るだろ。仕事しなけりゃどうやって食べてくんだい？

I：アデトイさんはどのような人たちから仕事の依頼を受けているんですか？

Ad：え？　そりぁあ依頼を受ければ誰でもだ。どんな王でも。

I：皆さんここに（ビーズ細工をつくってほしいと）お願いにいらっしゃるんですか？

Ad：ああ、「こういうのをつくってくれ」と言いに来る。

I：ハウサランドやイボランドから依頼があっても引き受けますか？

Ad：ああ。
I：でもそういう人たちは王様ではないでしょうけれど。
Ad：彼ら用につくるものがあるんだよ。
I：王冠は（その人たちには）つくれないんですか？
Ad：人それぞれ自分に合うものがあるだろ。（写真撮影をしている緒方を気にして、）大丈夫かね？
O：はい、大丈夫です。
Ad：そうかそうか。
I：王様以外の人たちにはどんなものをつくられるんですか？
Ad：こういうのだ。
I：これは何と言いますか？
Ad：これを読めるかね？（アデトイは方言を使って言う）（緒方は微笑む）
I：「普通の帽子」というんでしょうか？
Ad：そうだ。帽子だ。（王ではなくて）伝統首長用だ。
I：はい。（ニワトリがやってきて、皆で追い払う。その後、イジシャキンはまた別の作品を指さして言う）これはペケというものですか？ 確かペケって言いますよね？
Ad：そうだ。名前が書かれてるんだ。（アデトイの）子供たちには教育を受けさせてる。その真ん中に座っているやつ（アデトイの息子）が今つくってるだろ。首長が使うものだ。
I：この帽子ですが、これにはビーズは刺繍されないんですか？ そこにビーズはありますけど。
Ad：いや、これを縫い付けるよ。（これを）二つ縫い込むよ。
I：これまでに仕事の依頼を受けた王や王室の人たちの名前を教えて頂けますか？
Ad：数えろと？ 多すぎるね。
I：覚えていらっしゃるだけでも教えて頂けますか？
Ad：そりゃ汗が出るね。
I：そうですか（笑う）
Ad：わしの一言一言は金なんだよ。二言いえばそれだけ金になるんだよ。そうだろ？
I：はい。
Ad：仕事してるわしに全部答えろと？ これがどれだけの仕事かも知らずにね。さっきからおまえさんに言ってることで、さっき食べたエコ（トウモロコシを発酵させて蒸したもの）代くらいにはなったね。
I：（笑う）
Ad：オーニ（イフェ王）はその一人だしね。
I：ほかにどのような人がいますか？
Ad：エフォンのアラーイェもそうだ。
I：今書き留めました。
Ad：オンドのオセマウェやイレモのアカリボ、ラゴスのオバのオロバもそうだ。
I：イケジャのオバですか。
Ad：アゲゲのアラゲゲ、エドのエウリもそうだし、数え切れないほどね。子供の数を数えないのと一緒だ。
I：アペトゥもでしょうか？
Ad：そうだ。
I：周辺の王たちは皆顧客ということでしょうか？
Ad：ああ、みんなわしの父（大事な顧客）だね。
I：サルー、ヤコーヨのサルーも、オルフィもですか。
Ad：ボンガンのオルフィも。オデオムのアライェグンも、皆そうだ。
I：アライェグンですか？
Ad：ああ…
I：イレーシャはどうでしょう？
Ad：イレーシャからは受けたことはないね。ほか（のビーズ細工）がやってるみたいだ。
I：イレーシャに小さな町がありますが。アジャグンシからでしょうか？
Ad：イボディだ。オバ・イボディ、ロジャだ。
I：イボディの王は確かロジャと呼ばれていますよね。
Ad：イボディのロジャもだ。イペドゥモドゥのアペトゥもそうだ。
I：王たちが作品を依頼したい場合、どうやってあなたと連絡を取られるんですか？
Ad：ここへ注文しに来るんだよ。
I：ここまで来られるんですか？
Ad：来るよ。さっききみたちが来た時ここに人がいただろ？ ちょうど注文を受けたところだったよ。
I：もしも王だったら…
Ad：王が来られた場合は、家の中にお通しするよ。値段交渉をしてうまくいけば仕事を受けるし、そうでなければ断るよ。
I：一人の王にいくつの王冠をつくられるんですか？
Ad：注文を受ける数だけ。昔と違って今は流行ってのがあるからね。
I：作品を仕上げられたら、それを保管しておく場所はあるんですか？ 売り物ではなくて、注文を受けてつくったもの（受け取りを待っているあいだの作品）を。
Ad：保管しておく部屋があるよ。受け取りに来たら渡すんだ。
I：一般の人たちが来てそれを見ることってできますか？
Ad：ああ。
I：買わないとしてもですか？
Ad：ああ、見てもいいぞ。ただ、（見るための）金は払ってもらうがね。
I：そうですか。
Ad：大きな冠もあるぞ。金を払えるなら弟子に部屋を案内させるよ。
I：おいくらでしょうか。
Ad：（金さえ払えば）自由に出入りしていいぞ。
S：金を払ってもらいましょうよ。

Ad：二〇〇〇ナイラ（約一〇〇〇円）だ。

S：四〇〇〇ナイラ（約二〇〇〇円）ですよ。四〇〇〇ナイラ払って下さい。安い方ですよ。これがもし博物館の人だったら七〇〇〇ナイラから一万ナイラ（約三五〇〇円から五〇〇〇円）払うでしょうね。

Ad：彼女（緒方）はわしの「妻」だから安くしてるんだ。

I：僕は彼女のためにここに来てるんですよ。

Ad：ああ知ってるよ。この子は先日、友達を連れて来るって言ってたからね。いい娘だからね。

I：見て下さい。こっちは僕のメモでそっちは彼女のメモ。僕が質問して、彼女がメモを取ってるんです。

Ad：いくらなら払えるかね？

I：ちょっと考えさせて下さい。彼女と相談しますので（イジシャキンは少し下がって緒方と相談する）。

O：写真撮ってもいいですか？

Ad：ああ、撮りなさい。

I：すみません、次の質問をさせて下さい。以前は王宮内にいらっしゃったようですが。どうしてここに越してこられたのか彼女が知りたいそうです。

Ad：王宮の奥は人の出入りがないだろ。

O：お疲れさまです（仕事中のアデトイにヨルバ語で挨拶して敬意を表す）。

Ad：ああ。王宮の奥にいた頃はわしらを知る人は少なかった。

I：そうですね。誰もが王宮に入れるわけじゃないですからね。街中なら色々な人たちが（ビーズ細工師を）訪れるでしょうけれど。

Ad：（王宮は）街中とは違うからね。ここならすぐ仕事が来る。でももし王宮の中だったら…

I：王宮の中に入りたくても入り口で色々聞かれて結局門前払いですものね…

Ad：…門前払いにならなかったとしても…わしらのやってることは一般の人たちが使うものじゃないからな。

I：王宮にいらっしゃった頃は、王様用のビーズ細工をつくっていらっしゃったんですか？　それとも、王は王宮内に（ほかの人からも注文を受けられる）店を与えて下さってたんですか？

Ad：ここでこうしているように働いてた。（王宮を訪れる）王は誰でもわしに注文することができた。

I：お店を持っていらっしゃったということでしょうか。

Ad：いや、店じゃないよ。こういう家でやってた。

I：どうやってその（王宮内の）家でお仕事されるようになったんですか？

B：父が前のオーニに仕えていたからだ。

I：アデレミ王（前のオーニ）に仕えていらっしゃったということですか？

Ad：ああ、父がね。当時わしはまだ小さかったが。父はのちに亡くなった。（しばらく間がある）

I：お弟子さんですが、何人いらっしゃいますか？
Ad：五人だ。もう皆独立した。
I：育てられた方々ですね。
Ad：もう独立したがね。
I：それぞれの場所で独立してこの仕事を始められたんですね。それが何人でしょうか？
Ad：五人ほどのはずだ。
I：今現在はどうでしょう？　何人のお弟子さんがいらっしゃいますか？
Ad：今わしのもとで学んでるのは、学校から帰って来てからやるよ。
I：学校にも行って、ビーズ細工も学ぶということですか？
B：そうだ。
I：何人いらっしゃいますか？
B：何人かって？　彼らが来た時に始める、それだけだ（何人かなど数えない）。
I：お弟子さん以外に、息子さんたちはこの仕事を学んでいらっしゃいますか？（弟子のサンデーは、金の話をしている）
S：師匠、
Ad：…ああ…
S：金の件はどうなりました？（これだけ話をして）金を払わないいって言ったらどうします？
I：…それは…
S：あなたがたは（師匠がこんなに質問に答えてくれて）運がよかったですよ。本当だったら、師匠に話を聞く前に、酒とコラナッツ（実）とビターコラ（実）とアリゲーター・ペペ（種）（いずれも西アフリカの植物。目上の人を訪ねる際に敬意を表するために持って行ったり、大切な客を迎える際にふるまったりする）を持って来てもらわないと師匠とは話なんてできませんよ。
Ad：「妻（緒方）」がいたから（金や手土産なしで）対応したんだ。
I：僕は彼女の手伝いをしてるんですよ。
S：彼女が初めてここに来た時、金を持ってなかったからね。
Ad：でもまぁ彼女はいい娘だから。（イジシャキンと緒方は金の件で相談している）
I：彼女は、金の件には応じるので質問させてほしいと。
Ad：あぁいいよ。
O：はい。
Ad：来てもいいぞ。きみはまた来るんだろ？
O：今日は持ち合わせがないですから、お金を持ってまた来てもいいですか？　おいくらでしょう？
Ad：いつ来るんだ？
O：明日です。
Ad：明日か…いいぞ、来なさい。

O：はい。
Ad：何時にしましょう？
O：午後はどうでしょう。
Ad：午後か。
O：でも今日は本当に持ち合わせがないんです。………
Ad：明日の五時にするかい？
I&O：五時…
I：午後五時ですね。
O：はい。明日ですね。
I：明日に。
O：わかりました。
Ad：……明日来たら、完成品を全部見せてやるからと彼女に言ってくれ。金を払ったら写真も撮っていいと…
I：写真も撮っていいんですね？
Ad：………金を持って来たらな……
I：お金を持って来たら写真を撮っていいんですね？
Ad：なんでも好きに見ればいい。
I：もう少し質問も続けさせてもらっていいですか？
Ad：ん？
I：質問をもう少しさせて頂いてもいいでしょうか？
Ad：まだあるのか？　わしは忙しいんだ。
I：もし忙しいようなら明日また質問させてほしいと彼女は言ってます。
Ad：わかった。

I：ありがとうございます。僕はタヨと申します。タヨ・イジシャキンと申します。
Ad：イフェ出身か？
I：はい。
Ad：そうか。
I：そうです。
Ad：それはそれは。
I：ありがとうございます。
Ad：ああ。
O：ありがとうございます。
Ad：明日は手土産を持って来なさい。
O：はい、わかりました。

アデオル・アデレケ（通称「デオ」）

日：二〇一一年六月三〇日
時：一五時〇〇分～一五時四五分（四四分二六秒。最後約六分間は省略）
場所：アデレケの仕事場兼店舗
状況：アデレケと筆者は向かい合いながら、アデレケの仕事机を挟んでそれぞれ椅子に座っている。イレ・イフェで最も車の往来の激しい道路のすぐ裏であるため、かなりうるさい場所である。このインタビューを始める直前に、アデレケはここから離れた場所にある家の壁塗りの仕事を終えて店に帰ってきた。インタビューの後半で、アデレケの友人であり、アーティストのワレ・オモトショ（Wale Omotoso）がこの場所を訪れ、会話に参加した。

De：デオ（アデレケ）
W：ワレ（オモトショ）
O：緒方シラベ

O：えーっと…はい。もし答えたくないことがあれば、その質問は無視して下さいね…
De：うん。
O：えー…いつ、どこで生まれましたか？
De：んー…ここイレ・イフェで生まれたよ。
O：はい…そうですか。
De：でも俺の出身地（父親の里）はイペトゥモドゥだよ。
O：イペトゥモドゥ？
De：イペトゥモドゥ。
O：そうなんですか。
De：父はここに住んでるし、母もここに住んでいるけど、ほら、ナイジェリアには…「イフェ北」地方政府があって、ここは「イフェ中央」。同じイフェだけど、そこはイペトゥモドゥ。
O：はい。
De：イフェ北地方政府のね。
O：わかりました。生まれたのは一九七〇年代か六〇年代でしょうか…？　ノーコメント…そんな感じでしょうか？
De：（微笑んだあと、声高らかに笑う）
O：はい、ありがとうございます。えーっと…でも、ここで育ったんですよね？　ここイレ・イフェで…
De：全部…俺はイレ・イフェで生まれて、イレ・イフェの小学校に通って、イレ・イフェの中学・高校に通って、高等教育はイバダンで受けたよ。
O：イバダンですか。なるほど。そして…
De：エルワ。イバダンのエルワって所。イバダン技術大学

O：のエルワ・キャンパス…サテライト・キャンパスね。アートに興味を持ったんですね。それで、どのようにして…

De：んー…▒自分自身で、その道に進もうって感じるものだろう？　子供の頃から気付くはずだよ。俺が思うに、子供の頃から▒が好きで、…マンガとか、▒、粘土で何かつくったり、絵を描いたり、▒…でも中学・高校に進学した時は、えー…ちょっとアートのことは忘れてたんだけど、…でも留年した時に、

O：技術大学で、ですか？

De：中学・高校で留年したんだ。

O：そうですか。

De：それでわかったんだ、えー…アートをやれるんだと▒▒

O：あ、ちょっと待って下さい。えっと、…中学・高校に進学した時、

De：中学・高校。

O：デオさんは…

De：俺は…俺が…フォーム・ツー（二年生）だった時▒、決めたんだ、えー…自分で発見したんだ…絵を描けるし、色を混ぜれるし、俺にはできるんだと…だからだよ。そしてフォーム・スリー（三年生）で留年してその授業をもう一度受けたんだ。

O：はい。フォーム・ツーとかフォーム・スリーって、ジェー・エス・エス（JSS）とかエス・エス・エス（SSS）とかのことですよね…

De：いや、それはもっとあとのこと▒。俺たちの時は、フォーム・ワンからフォーム・ファイブだったんだよ。

O：そうですか、フォーム・ワンからファイブまでですね。はい。

De：フォーム・ワンからファイブ。フォーム・ファイブが終わったら、フォーム・ファイブになってからなんだよ、ワエック試験を受けられるのは。フォーム・ファイブの時ワエックを受けられる。でも確か…俺たちが中学・高校を卒業した二年後だったかな、ジェー・エス・エスとかの制度に変わったのは…

O：なるほど。

De：ジェー・エス・エス制に変わる前に俺たちの代でフォーム制は終わったわけ。

O：なるほど、なるほど。

De：今はジェー・エス・エス・ワン（JSS1）からスリーまで、そしてエス・エス・エス・ワン（SSS1）からスリーまでだろ？　今は六年制になってる。俺たちの頃は五年制だったんだ。

O：そうだったんですね、わかりました。それで、デオさんはフォーム・スリー（三年生）で留年されたんですね。

De：フォーム・スリー。俺がその…アートをやれるって

思ったのはちょうどその時だったね。

O：それじゃあ、フォーム・スリーの留年っていうのは、神さまからの贈りものだったわけですね。

De：そう。それで俺はアートで活躍するようになっていった。

O：そうなんですね。ということは、フォーム…フォーム・ワン（一年生）からフォーム・ファイブ（五年生）まで、その…アートの授業があったんですね。

De：そう、アートの授業があった。

O：そうでしたか…

De：授業科目を選択する時、ほら、フォーム・フォー（四年生）になると科目を選択するんだ。基礎科目のようなものをフォーム・ワンからスリーまでやって、フォーム・フォーでは選択するんだ。だから選んだんだ…

O：選んだんですね…

De：アートを選んだんだ…ほかの科目と一緒に…

O：はい、そうだったんですね…

De：だから少しずつ、少しずつ、アートの腕を上達させていったんだ。

O：はい。

De：でも中学・高等学校を卒業したあと、両親はこの教科について理解がなくて。

O：アートという教科ですね…

De：両親は言った…何かちゃんとしたものを学んでこいって…俺に職を探してフラフラしてほしくないから…何かまともなものを身に付けてこいと。でもその当時俺はその…ラジオの修理をしたりする修理工をしてて…その仕事をしてた最中に思ったんだ、（高等教育）試験をもう一度受けたいって…それで試験を受けて、受かった。

O：どの試験ですか？

De：ワエック試験だよ。

O：ワエックですね。

De：ワエックに受かって…それで…入学願書を…ポリーに出したんだ。

O：ポリー…？

De：ポリーイバダン（イバダン技術大学）。そこでアートを専攻した。

O：はい。

De：エルワのサテライト・キャンパスね。俺たちは…その当時学生が多かったんだ。何人かはイバダンのメイン・キャンパスに残ったけど、何人かはエルワのサテライト・キャンパスへ行くことになって。俺はその、エルワに行くことになった学生の一人だったわけ。

O：エルワってどこにあるんですか？

De：オヨ州。イバダンもオヨ州。当時はイフェもオヨ州の一部だったんだ。

O：はい…それじゃあ、
De：どこも…この辺りはどこも、イレーシャもイフェも、えー…オショボ…オショボも。当時はオシュン州なんてなかったんだよ。だからみんなオヨ州の一部だった。
O：そうですか。ところでエルワってどう綴るんですか？
De：イー、
O：イー、
De：アール、
O：はい。
De：ユー、
O：はい。
De：ダブリュー、エー。
O：はい、エルワですね。
De：エルワ・キャンパス。
O：わかりました。
De：そう、それで…俺は…
O：イバダン技術大学でアートを専攻したんですよね。
De：そう。
O：そのあとデオさんは…
De：そのあと俺は…また別のことをしてたよ。エイチ・エヌ・ディー（ＨＮＤ（上級国家資格））を取ろうと思って…でもさ…この国には…ある団体があって、それは…なんて言ったらいいのかな…彼らはをするんだよ。必修科目があって、アートには五つの必修科目があったんだ。染織、彫刻、絵画、陶芸、それからえーっと…
O：グラフィック・デザイン？
De：グラフィック・デザイン。だから…エイチ・エヌ・ディーをやろうと思ったら、そのうち一つを選ぶんだよ。それで俺は染織を選んだんだ。
O：あら！（今グラフィック・デザインを専門に仕事をしているから）グラフィック・デザインじゃなかったんですか？
De：グラフィック・デザインじゃなかった。
O：絵画でもなかったんですか？
De：絵画でもなかった。
O：へえ、そうだったんですか。
De：染織をやろうと思った。当時すでに陶芸は完璧にできてたから。でも…俺は…なんでもできたというか…んー。どの科目でも、合格できないのはなかった…どの必修科目も成績は六割ちゃんととれてた。でも陶芸は完璧にできてたんだ。だけど周囲の状況を考えた時…将来を見据えると…
O：はい…
De：何をするにも、将来を見据えてやるべきだからね。だから陶芸だと、その…
O：稼げない、と。
De：稼げない。だから決めたんだ、染織にしようと…専攻科目としては……でも[redacted]面接試験があった時…面接に呼ばれたんだけど、突然、染織とそのほかいくつかの科目は（エイチ・エヌ・ディーの取得にあたって）認定されないって言われたんだよ。

O：染織とほかは？

De：認定したのは二つの科目だけ。

O：そうですか。

De：当時のイバダン技術大学ではね。絵画とあとはえっと…確か…グラフィック・デザインだったかな。受験者たち全員にそのことを告知する前に、すべてが終わってしまったんだよ。もし事前に知らされてたら[redacted]グラフィック・デザインで願書を出してたさ。

O：じゃあ、願書を出したあとに知ったんですね…

De：願書を出したあと。選択したコースで面接試験を受けたあと知ったんだ。染織を選択して。

O：染織ですよね。

De：面接で染織について色々と聞かれたよ。

O：はい。でも…

De：でも突然、結果を見に行った時、政府の方針で染織とそのほか二つか三つの必修科目は認定されないことになりましたって言われて…

O：ええ、ええ、

De：もし[redacted]もっと早く言ってくれてればほかの科目を、

O：それはそうですよね。

De：そうやって……色々と遅れたんだ。

O：そうだったんですか…

De：そうこうしてるうちに経済的な問題が生じて…仕事を探さないといけなくなった…それでラゴスへ行ったんだ。ラゴスに着いたら、[redacted]…仕事を探すか、アートをやるためにこういう場所（自分の仕事場）を探そうと思ってた。でもラゴスに着いたらすべてが変わった…つまり[redacted]…すべてが変わったんだ。あそこであいうことするなんて望んじゃいなかったけど、俺は予定を変えざるをえなくなった。俺は気が付くとパンの…パンを焼く…そこにいたんだよ。二年もね…

O：パンを焼いてたんですか？

De：ん？ そこにいたんだよ。

O：パンをこねて、釜に…

De：オーブン。オーブンだよ。

O：ああいう仕事ですね。

De：そう。焼き終わったらそれを売りに行く。それで、

O：ラゴスで？

De：ラゴスで。それで…えー…俺は…そこで父の弟と一緒いたんだ。

O：叔父さんですか？

De：叔父。でもしまいにはその人が問題を起こして。金がなかったんだよ。すべて…借金（デット）で暮らしてたんだ。

O：デッド（死）？（緒方は借金（debt）を死（dead）と聞き間違える）
De：デット（借金）。
O：あ、はい。
De：だから叔父の会社はつぶれて、俺はイフェに帰らないといけなくなった。
O：そうだったんですか。つまりラゴスにいた時、叔父さんの所に身を寄せていたということですね？
De：えー…うーん…いや、叔父が…えー…叔父があのパン工場をやってたんだよ。
O：パンの会社を？
De：だから…俺は…叔父と一緒に暮らしてたんだよ。それで俺は…
O：叔父さんに…雇われてたということですか？
De：んー…雇われてたとも言えるけど、給料はもらってなかった。
O：お給料なかったんですか？
De：ああ。俺がそこにいたのは、そもそも職探しが目的だったから。
O：なるほど…
De：でもただそこにいて仕事も見つからずに二～三週間過ぎていってさ。
O：はい…
De：それで周りの人から言われたんだ、仕事を手伝えと、
O：叔父さんの仕事をですね、なるほど。
De：何もせずぼーっとしてるうちに、俺は自分が何をしにここに来たのかってことを忘れかけてることに気付いたんだ…それで、俺はちゃんとその…自分のすべきことに向き合いたかった…でも突然問題が起こっただろ、会社の借金の。だから俺はイフェに帰らざるをえなくなった……イフェに帰ってきたら、気付けばまた違う仕事を始めてた。だって[redacted]、金がないんだから、金の入る仕事を探すだろ。でも俺にも言い訳があって、ラゴスに行った時、自分の作品をすべてそこへ持って行ったから。絵も描き続けてたんだけど…それは、今言ってるのは千九百…一九九二年頃のことなんだけど。
O：はい。作品を全部持って行った時ですね、
De：全部持って行った、俺がやった創造的なアート（絵画などの作品）のすべてをね。ラゴスに持って行ったんだ…売ろうと思って…
O：はい。
De：そしてそこで仕事場も探そうと思ってた。
O：はい。
De：でも…すべてが変わった。
O：そうですね。
De：それで俺は荷物をまとめて……イフェに帰った時、創造的なアートをやっぱり続けてた。でも生きていくた

めに、食べていくために…仕事を探さないといけなかった。そして今度はカカオの卸売店で働くことになったんだ。

O：そうですか。

De：（声高らかに笑う）

O：なんだか興味深いお話ですね。

De：だろ？　で、

O：続けて下さい。

De：（声高らかに笑う）で、俺が…俺がその仕事をしてた時…その仕事を…一九九四年から一九九六年にかけてやってたんだけど。

O：はい。カカオ卸売店というと、あのカカオストア（カカオが積み重ねられている建物）、

De：そう。

O：あの中で働いてたんですか？

De：そうだよ…俺…俺たちにはボスがいて。ある人が、俺の…姉（妹）の夫が彼の友人（カカオ卸売店のボス）を紹介してくれたんだ。

O：なるほど。

De：その人（姉の夫）は俺にこの仕事を学ばせようとして。それで俺はそのボスにつくことになったんだ。イレ・イフェの街の、ティミデレの

O：アルビディ通り沿いのですか？

De：アルビディね。

O：そこで（カカオ卸売店を）いくつか見たことがあって、

De：そう、そこだよ

O：ほとんどはもう閉店していたんですけど、いくつか左側にあったと思います。

De：そう。ティミデレに行けば、

O：はい。

D：俺が働いてた店があるよ。でも一九九七年頃そこを辞めて以来一度も行ってないから、そこが今どうなってるかはわからない…一九九六年だ。一九九六年に辞めたんだ。

O：そうですか。

De：それで、…そこで働いてた時のことだけど、輸入業者が来たんだ。

O：輸入業者ですか？

De：そう。カカオを買いに来る人たち…彼らが金を持ってきて、ボスはわずかな賃金を俺に与えて、俺は農家（カカオ農園）に行ってカカオを買って…でもある時、俺はこれじゃあ…これは俺の仕事を奪い去るんじゃないかって思った。

O：（苦笑いする）

De：ああー俺は…もし…もしカカオビジネスをすれば、色んなことに巻き込まれるんだよ…ズル・騙し（搾取）があるんだよ…くたくたになるまで働いても、ボスたちはみんな俺たちを騙すんだ。結局やつらは俺たちに

ほんのわずかな金しか渡さない。俺たちに支払うべきものを、俺たちから騙し取るんだ。

O：つまりボス（上司の方たち）に、

De：うん

O：騙されたと？

De：そうさ。輸入業者が来ると、彼らは値段を提示してくる。これが俺たちが農園でカカオを買うことになっている金額だと。それでその分量だけのカカオを買って[redacted]戻ってくると、ゲージがあって、えー…カカオを図る基準があるんだ。でもやつら（ボスたち）は、いや、こうやって図るんだと言い張るわけだ。やつらは例えば俺たちに[redacted]三kg分の金を渡すべきなんだ。当時の[redacted]。でも結局、やつらは「ノー」と言って、一t（トン）につき…六万八〇〇〇ナイラで計算する。それでいて、[redacted]六万九〇〇〇ナイラの計算だと言い張るんだ。

O：そうなんですか…

De：俺たちのために三キロずつ減らしていくんじゃなくて…だから俺はもう、[redacted]こういうことが嫌になって、俺には俺のやるべき仕事があるんだって…こういったことはもうごめんだと思った。これじゃあ俺は仕事を奪われると思った。それで俺は両親に頼んで…その時俺は自分の仕事場を探していた。でも俺は…なんと言うか…当時誇り高くて。[redacted]掘っ建て小屋で自分のアートのビジネスを始めるなんていやだって言ってた。そこでなんとかやっていくなんて…きちんとした場所で仕事を始めたかった[redacted]。でも気付けば時間ばかりが過ぎていって…一九九六年頃のこと…両親に…両親は…弟が、いや、母の弟が、母の同じ父親の（腹違いではない）弟がいて、俺は何をやっているのかと。メイフェアに彼が場所を持っているから、彼の所へ…母の弟、母のすぐ下の弟で俺の父親のような存在の人なんだけど、俺はその人（叔父）の所へ行って、叔父は俺のためにメイフェアで場所を探すべきだと（両親が）言ったんだ。俺は叔父の所へ行って[redacted]、彼は[redacted]と言った。

O：なんと？

De：[redacted]と。叔父はメイフェアで俺に場所を見つけてくれたんだ。

O：そうですか。

De：それでそこに掘っ建て小屋を建てた。

O：メイフェアのどの、どの辺ですか？

De：えー…あの…墓地の辺り。

O：ああ、あの辺ですね。

De：あの前に、[redacted]があって。

O：はい、はい。

De：が…[redacted]。[redacted]があって。

O：ナイテルの交差点の向いですね？

De：そう。そこが俺が始めた所…そこに小さな掘っ建て小屋を建てたんだ。
O：叔父さんに援助してもらったんですね？
De：えー…叔父は場所を与えてくれたんだ。
O：場所を。
De：母は金を、わずかだけど金を工面してくれた。それで（その金で）…材木店に行って木を買って来て、一緒に■。そうして俺はアートの仕事をそこで始めたんだ。
O：そうですか。最初のお店（仕事場）ですね。
De：ああ、そこでアートの仕事を始めた。
O：はい。
De：看板つくる仕事をやったり、こういったアートの作品をつくったり（絵を描いたり）、それをカドゥナに持って行って売ったり。帰って来たらまたその店で看板つくったり、家の壁塗りをしたり、■したり。三か月たったらまたカドゥナへ戻るんだ。こういうアートの作品（絵画）は、夜中につくるんだよ。こういう創造的なアートはね。夜中にやる。午後八時から夜中の二時くらいまでのあいだに。
O：ってことは、イレ・イフェでは創造的なアートを売ってなかったんですか？　ここでは売れなかったからでしょうか？
De：んー…俺はイレ・イフェで創造的なアートティストして技術を身に付けてきたわけじゃなかっただろ。だから、いや、俺はイレ・イフェで創造的なアーティストとして…何人かのアーティストたちは…イレ・イフェでも売ってたよ。
O：はい。
De：でもなんて言うか…メイフェアにいた時は、中に作品を置いてたから何人かお客さんはいたよ…
O：そのお店の中に？
De：その店の中に。だから何人かは来て…買って行ったよ。でもそれだけじゃ…やってけなかった。俺は稼がないといけなかった。だから…作品をまとめて、カドゥナへ持って行って売ったんだ…
O：カドゥナに誰か知ってる人がいたんですか？
De：初めて行った時は誰も知らなかったさ。
O：えー、一人で行くなんて、勇気があったんですね。
De：ある友人が…その人の世話になって泊めさせてもらった。友人の弟の…友人の奥さんの弟だ。泊めてもらっただけだよ。仕事が終わったらその人の家に行って、■寝る。朝になれば、俺は出かけて絵を売る場所を探す。
O：路上で…ですか？　それとも…どうやって…
De：違う、違う。ちゃんとフォルダ（ポートフォリオ）を持ってたから。
O：フォルダ？　あ、はい。

De：作品は全部フォルダに入れてた。
O：フォルダにですね。
De：朝早く、色んなオフィスを訪ねるんだよ。
O：オフィスって？　えーっと、…どういう系のオフィスですか？
De：どんなオフィスも。
O：どんなオフィスも…
De：俺がそこに行って、もし興味を持ってもらえなかったら、…でももしも興味を持ってもらえたら、「誰々を紹介しよう。あの人は…アートの作品が好きだから」って言ってもらえたりする。そしてその人の所へ着いたら、一つ作品を買ってくれる。そしてまたその人がほかの人を紹介してくれる…俺には顧客もいたんだ。神に感謝だよ、当時俺に顧客がいたことを…顧客がいたんだ。
O：でも、えー…
De：シャリーアだよ……シャリーア法問題だ。
O：シャリーア法問題？
De：知ってるだろうけど…
O：はい、少しだけですけど。
De：（キリスト教の）神だけだよ、俺を救ったのは…俺は二度も殺されそうになったんだから。俺は何も知らなかった。何も知らずに、ただ作品をフォルダに詰めて行っただけだった。そこで暴動が起こってるなんて知らなかった…カドゥナで問題が起こってたなんて。俺は荷物を持って、土曜日にカドゥナに着いて、日曜日に準備した。そして月曜日にフォルダを持って…街へ…街へ売りに行った。そこで突如気が付いた、通りには誰も…誰もいなかったんだ。
O：そうだったんですか。
De：何が起こってるんだ？　って、俺はその…一緒に住んでいた人に聞いたよ。今でもいるよ。彼はカドゥナにずっと住んでる人だったから。今でもいるよ。その人は今でもそこに住んでるよ。俺は彼に何が起こってるのか聞いた。彼は、「ここはカドゥナだよ、よくあることだよ。落ち着けばまた人びとは家から出てくるさ」と。俺は「ああ…」。それで俺が街中に着いた時、人びとが走りまわってるのを…急いでるのを見た。その時初めて、（俺が到着した前日の）金曜日に、ハウサ人がシャリーア法を推し進めるデモをしたんだと聞いたんだ。
O：彼らはシャリーア法を推し進めていたんですね？
De：シャリーア法をね。日曜日に、日曜日か土曜日だったと思うけど。イボ人とキリスト教徒が反シャリーア法のデモをしたんだ。だから月曜日に、ハウサ人はそれに対抗しようとしたんだ。確か月曜日だったはずだ。よくわからないんだけど、その月曜日の暴動の原因が正確に何であったかはよく知らないけど。たぶん、あの月曜日にイボ人とキリスト教徒が政府に異議申し立てに行ったか何かで。それで、その時にハウサ人と衝突して。そうやって暴動が起こったんだと思う[redacted]。よくわからない。でも俺も帰り道に、家になんとか辿り着こうとしたその帰り道に、ハウサ人たちに囲まれたんだ。彼らは俺を殺そうとした…俺は言った、「俺はイボ人じゃないです…」もう神だけだったよ…だって、

O：彼らは、彼らはデオさんの所に来て、殺すぞって言ったんですか？

De：そうさ！　たくさんいたんだ。想像できないだろうけど…通りにはやつらがたくさんいた…そこらじゅうのものを破壊して、人びとを殺して…でも俺は道を…道を知らなかったから…家までのほかの道を知らなかったんだ。

O：それで…どうやって…

De：それで俺は…九時頃だったんだけど、そこで一時間も[redacted]、ヨルバ人を見つけたんだ……神のみが助けてくれた。俺はハウサ人に[redacted]。色々と聞かれた。でも俺はカドゥナでそんな問題が起こってたなんて知らなかったと答えた。俺はただ三か月ごとにここに来て仕事をして（絵を売って）、また帰るだけだと。暴動が起こってたなんて知らなかったと。そのヨルバ人の男性は、ここで待てと言った。暴動がその日に沈静化したら、[redacted]と言われた。

O：その日って、月曜日ですか、それとも…

De：月曜日。

O：月曜日ですね。

De：でもはっきりとは覚えてない。もし機会があれば、図書館に行って…正確な日付を調べてみるよ。だって…俺は…

O：私も調べてみます…もしわかったら…

De：（笑う）

O：何年かわかります？

De：あれは…確か二千…確か一九九九年か二〇〇〇年…

O：わかりました

De：確か一九九九年から二〇〇〇年…

O：はい。それじゃあ…まずインターネットででも調べてみます。

De：ああ、そうか。

O：そして…わかったら連絡しますね。

De：ああ。感謝を捧げたいから。サンクスギビングをしたいんだ。

O：そうですね、サンクスギビングを…

De：そう。

O：それで、彼らがやってきて、そして…殺されそうになった時、

De：そう、その話だったね。彼らが…そのヨルバ人男性が…俺たちは二人で[redacted]その家に駆け込んだんだけど、

…俺たちは二人ともヨルバだった。それで…三時頃、暴動がおさまった時、イボ人は通りで殺されて…それで…そのヨルバ人男性が…彼の家に駆け込んできた男性がいたんだけど、その男性の家が俺が泊まってた家の近くだから、彼に付いて行くようにって言ったんだ。その男性が家の近くまで連れて行くと。俺は道がまったくわからないと言ったから。暴動がおさまってすべてが安定してるかどうかもわからなかったけど。

O：そうですか。

De：それで俺はとにかくその男性に付いて行った。その人がなんて言ってたのかわからなかった。でもたぶん「神は私の羊飼い」と言ってた（祈ってた）んだと思う。（笑う）そして彼は、俺の住んでいる地域に近付いて、この道を行けば家まで着くと教えてくれた。でもその道にはハウサ人がたくさんいたんだ…たくさんいて、教会も、えー…ホテルも破壊して、俺が…通れるような…道じゃなかった。でもその道しかなかった。だから俺は勇気をふりしぼった。ハウサ人たちの中を歩き進んで行ったんだ。

O：歩いたんですか？

De：何？　車なんて通ってなかったんだよ。すべてぐちゃぐちゃで乗り物なんてなかった。やつらは、その…車を盗んで、焼くんだ……だから俺はそこを歩きだした。そして突然、ハウサ人たちがよってきて、俺を。でも俺は逃げなかった。だって、もし恐ろしいと感じて焦って走り出すと、大変なことになるだろ？

O：はい…

De：もうどうしようもないんだよ（声高らかに笑う）。俺はそこで逃げずにじっとしてた。そして…思いついたんだ…俺は口を開いてそのリーダーに言ったんだ、俺はイボ人じゃない、と。そしてそのリーダーを抱擁した。抱擁したんだ。

O：ハウサ人を…

De：ハウサ人を。だからやつらは俺を解放したんだ。それで俺はそこを去った。恐ろしかったよ。もうどうしていいかわからなかった。（恐ろしさと疲れで）もう歩けなかった。でも立ち止まることもできなかった。

O：そうですよね…

De：でも…なんとか、なんとか、なんとか歩いた。俺はなんとか歩けてると思った。でも、どこか休む所を探さないと思った。だって、恐怖を感じると、

O：はい。

De：何もできなくなるんだ。

O：はい…

De：休むとこを探さないといけない、でもそんな場所どこにもなかった。俺はある人たちの集まりを見た。顔のトライバルマークから、ヨルバ人と思ったんだ。ヨルバ人が顔に入れる模様、知ってるだろ？　あの模様を

見た時、俺はその人たちがヨルバ人だと思った。

O：はい。

De：彼らの所まで、あと二m弱か四m弱という所まで来て、彼らがハウサ語をしゃべってることに気付いたんだ。「ああ！」……（声高らかに笑う）だから俺はすぐにターンしたよ、そっと。バレたら大変だから（声高らかに笑う）。

O：そうですか…（苦笑いする）

De：（声高らかに笑う）

O：ああ…大変でしたね…

De：それで…俺が時、えー…（場所の名前）地区のあたりまで来た。そしてホテルを崩壊してる所を見たんだ。俺はどこか深い繁みに入りたかった。でもなかった。だから、俺はによじのぼろうとした。そしてその時に、ハウサ人たちの集団が来たんだ。

O：マース（火星）に？（←緒方は「mass（集団）」と「Mars（火星）」を聞き間違える）

De：なんてこった。やつらは刀を振り上げてきたんだ。振り上げて、振り下ろそうとして、「アッラーフ・アクバル、～」って言った。そして俺も「アッラーフ・アクバル～！」って繰り返したんだ、彼らに従って…彼らが何か言えば、俺はそれを繰り返した。とにかく繰り返したんだ。

O：引き戻した？（緒方は「say back（言い返す）」と「stay back（とどまる、戻る）」を聞き間違える）

De：いや…やつらが言ったことを俺は繰り返したんだ。

O：なるほど、なるほど。

De：彼らが「アッラーフ・アクバル」と、えー…イスラーム流に言えば、俺も繰り返した「アッラーフ・アクバル…アッラーフ・アクバル！」と。「アッラーフ・アクバル」と言えば、「アッラーフ・アクバル」と…それで、

O：ちょっと待って下さい、それはなんていう意味なんですか？

De：それは…キリスト教、じゃなくて、イスラームの言葉だよ。

O：ハウサ語ですか？

De：いや。ムスリム全般が言う言葉だよ「神は偉大なり（アッラーフ・アクバル）」って、祈る時に言うんだ。「アッラーフ・アクバル」ってね。ムハンマドは彼らのリーダーのことで…キリスト教でいうイエス・キリストのようなな。彼らの場合はムハンマド。だから、やつらがこう言ってた時、俺もそう言ったんだ、そしたらやつらは…

O：デオさんも同じだと…

De：その通り。

O：ですよね。

De：もし俺が、だって…「キリストよ」って言った人がい

たら…やつらはその人を捕まえる。そして首を切るんだ。

O：そうですか…

De：だからやつらが「神は偉大なり」って言えば、俺も「神は偉大なり」って言った。「アッラーフ・アクバル」って言えば「アッラーフ・アクバル」って言う。

（声高らかに笑う）

O：（笑う）

De：それで、そこにいたハウサ人のリーダーの一人が、俺を殺すなと言ったんだ……その辺のハウサ人たちを集めて…（声高らかに笑う）

O：それは本当に大変な思いを…

De：そうだよ！

O：これは…これは絶対に…きっと人生で一番恐ろしかった経験でしょうね。

De：これ以上のことは…ほかにはないね。

O：もう怖いものはないですよね。

De：えー…というか…

O：あの経験のあとは。

De：ああ、なぜなら…あれは面と向かってだったから。面と向かってじゃない攻撃もあるだろ？　でもあれは面と向かってだったから。神のみが救ってくれたんだ。

O：それで、デオさんはやっと帰れて…

De：なんとか辿り着いた。これが…こうやってすべてめちゃめちゃになったわけ…作品を売るという仕事が。あのあと…カドゥナに戻ったんだけどね、一年後に…

O：あの危機のあとにですね。

De：暴動のあと。そう、危機のあとに。でも戻ってみると、すべてぐちゃぐちゃのままだった。ブリティッシュ・カウンシルはなくなっていた…俺はそこに…ブリティッシュ・カウンシルは俺の…俺の作品を買ってくれてた。彼らは…彼らは展覧会さえ開こうとしてたんだ。俺の展覧会を開く計画を立ててた。それに俺には…俺の展覧会を開いてくれるというアブジャの官僚を紹介すると言ってくれた顧客もいたんだ。でもあの暴動ですべてが壊れた。顧客のオフィスはもうそこにはなかった。オフィスというオフィスはすべてなくなっていた。

O：そうですか。

De：かと言って…俺はまた最初っからやり直すなんてことはできなかった。

O：そうでしょうね。

De：新しい顧客を…また一から探すなんて。

O：そうですよね。

De：それに、その時（カドゥナを再訪した時）俺は体調が悪かった。だから、三日後にはイフェに帰らないといけなくなった。それでもうカドゥナのことは忘れることにしたんだ。そのあと、もはやどう再開したらいいのかわからなくって。ラゴスに行くという手もあったけど、どこもわからない。ラゴスに顧客はいなかったし…だから俺はもうこれをするしかないって…この、えー…アートの…家を塗ったり、…看板を描いたりっていう…

O：グラフィック・デザインの仕事ですね。

De：そう、グラフィック・デザインの仕事。もし創造的なアートのお客さんが来れば、新しい客が来れば、作品をつくるよ…ある女性の顧客がいたし…やるよ。これが 俺の創造的なアートの活動が上手くいっていないおもな原因（問題）だよ、（笑う）

O：それで、今に至ると。

De：今に至るわけ。

O：あの時以来、イレ・イフェに戻って、ここに落ち着こうと思ったんですね。

De：ああ、イレ・イフェにね。

O：落ち着くっていうか…もう遠方で作品を…

De：そう、カドゥナへはもう行かないことにした。

O：そうなんですね。

De：でも…俺がまだ考えてることは、

O：はい。

De：もし神がそうさせてくれるなら…

O：はい。

De：俺はまた創造的なアートに戻りたいと思ってる…でもここで問題は…えー…その…弟子がいないんだよ。弟子がいないんだ。最近の人たちはアートを学ぼうとしない。もし弟子がいたら…今日俺がやってきた仕事（家の壁塗り）なんて全部弟子たちがやってたはずだよ。

O：そうなんですね。

De：俺たちはこういう仕事をやってる場合じゃ…（ここで、ワレ・オモトショが入ってくる）

O：ワレさん、こんにちは。

W：こんにちは。元気かい？

De：（微笑む）こういうのは俺たちの仕事じゃ…

W：元気？

O：はい、元気です。

W：それはよかった。

De：だから、こういうのは…弟子がやることなんだよ。でも弟子がいない。もしも弟子がいたら、この問題は…この…ワレだって抱えてることなんだけどね。

O：そうなんですね。

De：そうだよ、だってもし弟子がいたら、家を塗るような仕事なんかは彼らがして、俺たちは創造的なアートに専念できるんだから。そして俺たちは何をすべきか考えることができる。 展覧会だって開けるさ。売るためじゃないよ…俺たちはこんなことやってるんだって、人びとに知ってもらうために。大学（オバフェミ・アウォロウォ大学）では展覧会をやってるけどね。

彼らは学生だから。でも俺たちは学生じゃないから参加できない。それに、大学の連中は、俺らのような街のアーティストの作品と自分たちの作品を全部ごちゃまぜにされるのが嫌だろうし。大学の連中は、彼らの基準を持ってる。俺たちとは違うと思ってるんだ。だからさ。これが、俺の創造的なアートの活動が上手く進まないおもな、そしてまた別の理由なんだ。もしほんの数人でも…弟子がいたら、彼らにこれをしろ、あれをしろと言って、俺は…創造的なアートに…集中する時間を持てる。アーティストには、俺たちには…俺たちには考える時間が…何を創造するのか考えないといけないんだ。でももし生きる（金を稼ぐ）ために忙し過ぎたり、労働し過ぎたりして…朝から晩までそうだと、もう考えることなんてできないんだよ。（笑う）できないよ。アーティストは…アーティストが仕事するのに一番いい時間は早朝なんだ…朝早く。鉛筆を握って、スケッチを始める。でも寝る前から、明日の朝あの客の仕事をして、それから五人の客の仕事が、なんて明日やらないといけない仕事のことを考えてたら、翌朝はバタバタしてさ。それが問題なんだ。

O：そうでしょうね。でも…現実は、

De：うん。

O：なかなか創造的なアートに集中することができないんですね…

De：うん…でも…だから俺が言いたいのは…それでも俺は創造的なアートをやめる気はないってこと。

O：はい。

De：ないね。やめるつもりはない。

O：やめられないんですね。

De：やめられないよ。今俺にやれることは、量産はできないけど…本当だったら週四つか五つの作品をつくれるところが、たぶん二つしかつくれないと思う。例えば毎週四か五週、じゃなくて、四つか五つの作品をつくれるとして、例えばの話だよ。でも今の俺はしかつくれないってこと。でもだからと言って…やめることはできない。

O：だからあの機械（熱転写機）を探してほしいって言ってたんですか？　そしたら…

De：だから…

O：機械があれば…機械は人手になってくれるから。

De：そう、そうなんだよ。少しでも仕事を減らすため。機械があれば仕事が早く済んで、頭がすっきりする。いつも頭を抱えてなくて済むんだ。こんなことに頭を抱えてたら、深夜には何ができるっていうんだ？　何にもできないだろ。ただくたくたになって休むことしかできないよ…でももしもあれが…することができるエンジン（機械）があるか、弟子がいれば、頭がすっきりしたままで創造的なアートのことを考えれる…

O：そうですか…これがデオさんの人生のお話ですね…

De：これが俺の人生話…それは…

O：アートについてのですね。

De：アートについてのね。

O：ありがとうございました。

De：（声高らかに笑う）

O：楽しかったです…「楽しい」なんて言ってごめんなさい、でも…お話はすごく豊かで、その、豊かだったなと。

De：（声高らかに笑う）

O：ワレさん、デオさんがですね、たくさん…人生の話を…聞かせて下さったんです。（デオの方を向いて）こういう話って…誰かにお話しする機会ほとんどないですよね。

W：（笑う）

De：うん…話す機会があれば話すよ、冗談言うみたいな感じでさ。今日言ったこととか、誰に対してでも、ジョークにして話すよ。あの経験も交えたりしてね。「俺もそういう目に遭った！　暴動の時。（声高らかに笑う）神のみが救ってくれたんだ。おまえもそうだったんだね」みたいにね。（声高らかに笑う）だから…

O：ハウサの人たちが振り上げてたんですよね…

De：刀をね。

O：刀？

De：そうだよ。

O：それって…ナイフみたいなのですよね？

D：そう。長いナイフ。

O：こんなのですか？（緒方は刀の長さを想像して手で示してみる）

De：そう。

W：（笑う）

O：夢じゃないですよね？

De：夢じゃないよ！

W：夢じゃない。

De：面と向かってだ。

O：こんなふうに？（緒方は刀を振り上げる真似をして見せる）

De：（声高らかに笑う）

W：（声高らかに笑う）

De：面と向かってだよ……ほんとにもう…（声高らかに笑う）

O：（微笑む）

W：（声高らかに笑う）びっくりだろ？

O：びっくりです。

W：だよね。

O：ちょっとすごすぎます。

D：だろう？
De：（俺が助かったと聞いて）呪術を使ったんじゃないかなんて言われることもあるけど。どこに呪術があるわけ？　神のみだよ。神だけが…
W：（笑う）
De：神が救ってくれたんだ。呪術じゃない。
O：はい…
De：呪術を使うっていうのは、勇敢に立ち向かうってことなんだよ。勇気があるってこと。武器に対して素手で立ち向かう勇気がある。でもそれじゃ殺されてしまう。
O：はい。
De：けど呪術を使わなければ逃げるしかない。逃げないと殺される。でももしそれが突然起こったら、神が救ってくれるんだ。俺が呪術使って刀に向かっていくなんてありえないね。
O：（笑う）
D：刀だよ。呪術だって？
W：（笑う）
De：…（声高らかに笑う）あれは…突然起こったこと。
De：気付けば、俺がいるはずじゃない所にいたんだから。
O：そうですね。
De：（声高らかに笑う）だから、…
O：わかりました…それじゃあ、ちょっとだけ質問してもいいですか？　えー…デオさんはご自分のことを…イフェのアーティストだと思ってますか？　…それとも…ヨルバのアーティストでしょうか？　それか、ナイジェリアのアーティストですか？　国際的アーティストですか？　あるいは…アーティスト、デオなのでしょうか。それともほかに？　ご自分をアイデンティファイするものって、何ですか？
De：うーん…
O：どれもあてはまるのかもしれませんが…
De：俺は、
O：選ぶとしたらどれでしょう？
De：俺は…国際的なアーティストになりたいと思ってる。現代アーティストだ。
O：そうなんですね。
De：そうなりたいね。[redacted]そうなれるよう、神に祈ってる。
O：そうですか。
De：それが今俺が…やろうとしてること。だからやめられないって言ったんだ…創造的なアートを。創造的なアートをやってなきゃ…もしもグラフィック・デザインをやってたければ、ただエンジンつくって、エンジン使ってやれることをしてればいい…でも創造的なアートなら、それはエンジンがつくりだせるものじゃないから。[redacted]。
O：なるほど、なるほど。
De：そこには独創性があるんだ。

O：そうですね、独創性が…

De：そうなんだ。独創性がある。だから…だから国際的なアーティストに、現代アーティストになれるんだ。

O：そうですね…はい。ところで…

残り約六分間は省略

クンレ・アキンティブボ

日：二〇一一年六月一四日

時：一三時三〇分〜一四時一〇分（0時間四〇分四六秒）

場所：オバフェミ・アウォロウォ大学キャンパス内の国際会議場ロビー

状況：アキンティブボと緒方はプラスチック製の椅子に座っている。目の前に、アキンティブボの作品が床に並べて販売してある。アキンティブボと同じ場所でランプシェードなどの商品を売っている人で、緒方の知人でもあるババ・ミリーキがすぐ近くにいて、話を聞いていたり聞いていなかったりする。会議場を訪れるほかの人たちも辺りにいる。

Ak：アキンティブボ

B：ババ・ミリーキ

O：緒方シラベ

O：えーっと…ごめんなさい、もし、前にもお尋ねしたことをまたここで質問したら。

Ak：ああ。

O：前にお宅へお邪魔した時にすでに話して頂いたことの記録はあるんですが。

Ak：ああ。
O：はい。それでは、いつ、どこでお生まれになったか教えて頂けますか？
Ak：一九五八年の一二月。一九五八年だ。
O：一二月ですか？ …日にちも教えて頂けますか？ お生まれになった日は、一二月のいつでしょうか？（アキンティブボの声は小さすぎて緒方によく聞こえない）
Ak：ああ、一二月一九日だ。
O：一九日ですか、はい…もう過ぎてしまいましたね…わかりました、イレ・イフェですよね？
Ak：その通り、イレ・イフェだよ。イレ・イフェの王家に生まれたよ、ラミ・コンパウンド（屋敷）。
O：あの、すみませんがもう少し大きな声で話して頂けますか？ ちょっと聞こえなくて。
Ak：ああ、私は、
O：はい。
Ak：王家に生まれたよ、
O：王家ですか？
Ak：ああ、イロデ地区のラミ・コンパウンドだ。
O：ラミ・コンパウンドですか？
Ak：ああ。
O：エル（L）、エー（A）、エム（M）、アイ（I）ですか？
Ak：そう。
O：イロデ地区のラミ・コンパウンドですね、はい…はい…えーっと、…ご両親は何をされていたんですか？
Ak：父は立派な農夫だった。立派な農夫だったよ。カカオ農場を持ってた。それはもう立派な農夫だったよ。
O：そうですか…
Ak：当時ね。
O：そうでしたか…では…
Ak：母は商売をしてた。
O：お母さんは…
Ak：母は商売をしてた。
O：そうですか。食料品か何かを売ってらっしゃったんですか？
Ak：いや、母は…その、「アラパジャ」だった。トウモロコシやヤム芋を買って売る仕事を…
O：ああ、市場の…はい、わかりました…それで、アキンティブボさんはどのようにしてアートに興味を持たれたんですか？
Ak：ああ、最初は、私はエレイェレ地区でアーティストたちと一緒に住んでてね。私たちは仲間で、よく色んなことを一緒にやってて。それで、時々、アーティストの友人たちはアメリカ合衆国の大使がエレイェレに来るとか言ってて。私たち（アキンティブボ含めアーティストではない友人たち）は、そんな、アメリカ大使館が、大使がこんなエレイェレみたいな「田舎」に来るわけないじゃないかって思ってたんだ。でも実際に来て驚いたよ。それで私たちは、この仕事はすごいビッグな人たちを魅了するってことに興味を持って、好きになった。それがアートに興味を持ったきっかけだよ。

O：その時おいくつだったんですか？

Ak：え？

O：アートに興味を持たれたその時、おいくつだったんですか…？

Ak：あの時は…ほら、私は一九五八年に生まれたから。あれは八〇年代だったと思う。

O：八〇年代ですか…。

Ak：ああ、正確な年は覚えてないけど、八〇年頃だったと思う。

O：まだ…一〇代だった頃でしょうか？

Ak：三十いくつだよ、三十いくつ、三十いくつ。八〇年頃だから。エレイエレに住んでたのは八〇年頃だから。

O：そうですか…八〇年頃ですね。それで…すみません、混乱してしまって、その時アキンティブボさんは一〇代だったんですか（緒方はアキンティブボが生まれた年を勘違いしている）？

Ak：一〇代なんかじゃないってば。三〇歳かもう少し上だったと思う。

O：はい、三〇歳かそれより少し上ですね。ということは、その時は働いてらっしゃったんですか？

Ak：働いてた。

O：確か、保険会社にお勤めだったっておっしゃってましたよね…

Ak：保険会社で働いてた。

O：保険会社ですか？

Ak：ああ。保険会社で働いてたんだ。でも当時、周りのみんな（アーティストたち）は自分たちでやってて、私たちは一緒に住んでたんだけど、で、みんな（アメリカ）大使が来るって言って、本当に大使は来て。実際、それに一番惹かれたね。

O：そうだったんですね…

Ak：それで、仲間の一人に言ったんだ…アーティストの、それがウォレ・オイェイェミっていう人で、彼に、自分はアートに興味があるって話した。ネクタイしめて仕事に行くような保険会社員だったけど、アートに興味があると。彼（オイェイェミ）はすぐにオーケーを出してくれて、もし興味があるなら彼の所で学べばいいって言ってくれたよ。で、ほんの三か月ほどだったけど彼の所で学んだ。別に何か契約書にサインしたわけじゃなくて…彼がやってたのはトランスファー技法だった。彼からトランスファー技法を学んだんだけど、今じゃ私はそこからもうレベルアップして…

O：はい、じゃあ、前のお仕事は辞められたんですね。

Ak：ああ、のちにね…

O：保険の…

Ak：八四年頃辞めた。

O：八四年ですか。

Ak：辞めてアートを始めた。

O：そうですか。

Ak：ああ…

O：はい…。

Ak：当時、まだ少しばかりの金（給料）をもらってたから。

O：はい。

Ak：それでやっていってて、材料（道具）を買って…アートのための画材を買って。

O：そうでしたか。

Ak：そうやって続けてた…

O：はい…

Ak：完全に独立したのは、それは、えっと……八六年…八六年だったかな、完全に…

O：そうですか…

Ak：保険会社を辞めたのは八四年だったから。

O：はい。

Ak：アートを始めたのは八四年だったから、一人でやるようになったのは八六年だと思う。

O：なるほど、そうですか…ということは、アキンティブボさんが独立されたのは、

Ak：八六年。

O：一九八六年からアーティストとして活動されているということですね。

Ak：その通り。

O：今日まで。

Ak：そう。

O：わかりました。でも、前の仕事に、保険会社に戻ろうと思われたことはなかったんですか？

Ak：いや、なかったねその必要は。保険会社に戻る必要なんてないよ…まあ、実際、もし今もう少し金があったら、何か別のビジネスをやればいいんだけど、でも保険じゃないね、たぶん商人、アートの足しとして。もう…月給もらうような仕事には戻れないよ、誰かの下で働くなんてね。もうこの仕事のスタイルに慣れたからさ。

O：そうですか。

Ak：自分でやってってるから…

O：そうですね、はい。

Ak：誰かの下で働くつもりはないね。

O：わかりました…エレイェレにいたアーティストたちですが、

Ak：ああ。

O：その人たちの名前を何人か教えて頂けますか？

Ak：えーっと…ルーファス・オグンデレ、今は亡きルーファス・オグンデレがいて、それからバヨ・オグン

デレはまだいるし、それからえーっと…ファブンミ、ファブ兄さんがいたな、

O：ファブンミさん？

Ak：ファブンミ、ファブ兄さんだ。

S：ファブ…

Ak：ファブ兄さん……えーっと…バデ…バデ・アキン……バデもいた。彼はもう…亡くなったけどね、去年……だったと思うけど…それからまだ何人かいたけど、全員は覚えてないよ。

O：はい。

Ak：ああ、フンショ…アデジニ…アカンム・アデイェミ、そうそう。彼は…トゥンジ（大学の国際会議場で絵を売っている仲間の一人）の父親だよ。アカンム・アデイェミ（アデニジ・アデイェミ）。でもそのもう一人の兄弟、今はアメリカ合衆国に住んでるお兄さんもいたな。当時のビッグなアーティストだよ。オショボのツインズ・セブン・セブンとかジモ・ブライモの仲間で…インカ・アデニジっていう。アデイェミ（インカ・アデイェミ）がトゥンジの父親（アデニジ・アデイェミ）を教えたんだよ、お兄さんだったからね。

O：はい、インカ・アデイェミさんですね。

Ak：今はアメリカ合衆国にいるけどね。

O：はい、わかりました。

Ak：もうかなり年だと思うよ。

O：それで皆さん、みんな、エレイェレに住んでたんですか？

Ak：そう。

O：みんな…お店を持ってたんですか？　それとも、ただそこに住んでただけですか？

Ak：んー…みんなそこでやってたんだよ、家で描いてたんだ。家はそれぞれ違ってたけど。

O：なるほど…

Ak：でもみんなが一緒にやってたのは…オグティメイン。オンド・ロード沿いにオグティメインって所があって。確かウリ・バイアーが開いたとこだと思う。今は亡きウリ・バイアーね、ドイツ人の。

O：はい、はい。

Ak：彼がこの人たちをみんな教えたんだからね。

O：はい、知ってます。

Ak：そう。オンド・ロード沿いにそういう場所があってね。そこのことをオグティメインって呼んでたよ。オグティメインっていう男性がカカオのビジネスをやってて、その人がカカオの倉庫を持ってたから。そこを作品制作の場所として（アーティストたちは）使ってたんだよ。

O：はい、でももうそこは使ってないですよね。

Ak：そこをみんなが使ってた、え？

O：はい、でももうそこは使われてないんですよね？

Ak：ああ。
O：はい、でも、そこはどのくらい使われてたんですか？
その、カカオの倉庫は。
Ak：えーっと…何年かは使ってたと思うけど▒、正確なことはわからない。
O：そうですか、はい…それで…確か、私の記憶が正しければ、アキンティブボさんはアルビディでオリ・オロクン・ワークショップを見られたんですよね？
Ak：いやいや、それは私を教えたウォレ・オイェイェミだよ。彼はオリ・オロクンの、
O：メンバーだったんですか？
Ak：ああ、彼はウォレ・ショインカやアキン・ユーバとか▒、確か彼らと一緒にやってたからね、はっきり覚えてないけど…。だからそれは（オリ・オロクン・ワークショップに参加してたのは）私を教えたウォレ・オイェイェミの方で、私自身じゃないよ。
O：そうですか。でも確か、オリ・オロクン・ワークショップが開かれてた頃、アキンティブボさんは小学生だったっておっしゃってませんでしたっけ…
Ak：いや、中学生だったよ。
O：中学生ですか。
Ak：だって、だってあれは六〇年代だったでしょ。私が中学に通い始めたのは一九七〇年だから。アルビディでオリ・オロクンがあったのは一九六〇年代（の末）▒▒から七〇年代だったから。中学がそこにあって。
O：そうでしたか。オリ・オロクンのメンバーをそこで見ましたか？
Ak：ああ、見たよ。
O：でも…
Ak：彼らがやってたのは…当時彼らがやってたのは、その、演劇だったからね。劇。
O：はい。
Ak：彼らは…▒、ジミ・ショランケもいたし、ウォレ…ウォレ・ショインカも、アキン・ユーバ▒も、えーっと…今は亡き教授の…ロティミ教授（オラ・ロティミ）。
O：ロティミ教授、はい、わかります。そうすると、
Ak：ああいった人たちが当時（オリ・オロクン・ワークショップの）中心になってやっていたからね。
O：はい、そうですね。そうするとアキンティブボさんは…中学生で、
Ak：ああ。
O：その頃アートに興味を持ってらっしゃったんですか？
Ak：うーん…当時はまだ…それほどアートに関わってなかったよ。エレイェレでアーティストたちと一緒に住むまではね。それからだから、彼らのそばでアートやってるところ見たのは。
O：そうですか…

Ak：特に、アルビディ（のオリ・オロクン・ワークショップ）の人たちは舞台俳優だったから。
O：はい…そうですね。
Ak：そう、絵描きとかだけじゃなかったから…
O：そうですね。
Ak：アーティスト（絵描き）たちと一緒に住んでた時はもっと彼らと交流できたしね、家に行ったり。
O：はい。
Ak：中学生だった頃よりも私は大人だったし…
O：はい、そうですよね。
Ak：それに、私が一番惹かれたことは、エレイェレにすごい人たちがアートを買いに来てたってこと。ほら、当時、私たちがまだ学生だった頃はその…劇をやる人たちとか、シアター（演劇）とか、私たちはシアターって言ってたんだけど、そういう人たちには興味なかったんだよ、それをやるようには勧められなかったからね。親たちはそういうのは…好きじゃなかったんだよ。そういうの（演劇）をやってる人たちのほとんどはその、…親に気付かれないようにやってるんだよ。親はそういうのを好まないから。親たちは、そういうのをやる人たちは不真面目だとか怠け者だとかって思うから…。
O：わかります。
Ak：そうだろ。
O：親は子供に弁護士とか医者になってほしいと思うものなんですよね。
Ak：そうそう。
O：それで、アキンティブボさんのご両親はどうだったんですか？　何ておっしゃってたんですか？　アートをやることになった時のご両親の反応はどうでしたか…？
Ak：いや、私はもう大人だったから。もう成人してたから。父は一九六九年に亡くなってたし。母も千九百…九十三年（一九九三年）に亡くなったから。私はすでに大人だったから。誰も…特に何も言わなかったよ…
O：はい、そうですよね…はい。
Ak：私は中学生でアートを始めたわけじゃなかったでしょ？　もし中学生の時に始めてたとしたら、両親は…
O：（微笑む）
Ak：私の母もきっと…そう…
O：そうでしょうね。ところで、ご兄弟は何人いらっしゃるんですか？
Ak：え？
O：兄弟です。お兄さんとか妹さんとか。
Ak：ああ、え？　子供？
O：いえ、ご自身のお兄さんとか妹さんとかです。
Ak：私自身の、兄じゃなくて、産みの（母親の）兄弟のこ

と？　そうでしょ？　父は、

O：いえ、つまりアキンティブボさんのご家族のことです。今のご家族じゃないですよ。ご兄弟。

Ak：親戚のこと？

O：いえ、そうじゃなくて。アキンティブボさんのお兄さんとか妹さんとかのことです…ご両親のお子さんです。一人っ子だったわけじゃなくて、ご兄弟がいらっしゃったんですよね？

Ak：そうだよ。父の方の（腹違いの）？　それとも母の方の（産みの）？　だって、私の父には妻が三人いたから。

O：ああ、そうでしたか…

Ak：同じ母親からの兄弟は三人だよ。

O：はい。

Ak：もうみんな…みんな亡くなってるけどね。

O：そうですか。

Ak：私は両親の末息子だった。

O：末っ子さんなんですね。

Ak：私が生まれる前から父はすでに年だったからね、母も。私は二人の最後の子供だった。父は一〇〇歳で亡くなったよ。一九六九年に亡くなった時すでに一〇〇歳を超えてたよ。

O：そうですか…一〇〇歳を超えられてたんですね…奥さんの方は、

Ak：母は父の最後の妻だった。

O：つまり、最後の奥さんの、最後の最後の子供さんだったんですね。

Ak：そう、最後の子供だったよ、父と…（母の）

O：はい。

Ak：私たちは…九人だった。

O：合計で？　みんなで…

Ak：ああ、そうだよ。

O：それで…ご家族の中にほかにアーティストはいらっしゃったんですか？

Ak：いや、いなかった…

O：アキンティブボさんのような？

Ak：まあ…一人、兄の一人が仕立屋をやってたけど。アーティストじゃなくて仕立屋だからね。

O：仕立屋さんですか。広い意味では仕立屋もアーティストかもですが、この種のアーティストじゃないですもんね…

Ak：ああ、違うね。家族にアーティストは誰もいなかった。

O：そうですか。じゃあ、アキンティブボさんだけだったんですね。

Ak：私だけだよ。

O：そして…もちろん、お父さんも農夫さんで、アーティストじゃなかったですもんね。

Ak：でももしかすると…昔、先祖たちの中にはアーティストがいたかもしれないね。

O：そうかもしれませんね。

Ak：それは知るすべがないけど。

O：そうですね。

Ak：ああ、それはわからないから…

O：わかりました。それでは、アキンティブボさんはアーティストになられてからの人生を…どのように思っていらっしゃいますか？

Ak：うーん…そんなに良くはないかな、というのもその…自分がやってることは好きだけど、でもこの国じゃやりがいがないから。自分が正しいことをやってるってわかってるし、きっと、でも、やりがいのない場所でやれない。そう思ってる。だって、自分の手仕事（描く絵）に対して、「わぁ！　これいいね、美しいね」って言ってもらったら、それがアートをやる喜びってもんだろ。手仕事して、人がそれを評価してくれたら、「ああ、これはいいね、素晴らしい」とか言って。そうだったらいいんだけど。そうだったらいいね。でも…まだ私はそこに行き着いてなくて、けど神のご加護によってきっとそこに行き着くよ。

O：そうなんですね…

Ak：あきらめずにやってみせるよ。

O：はい、わかりました。ところでこの国際会議場で作品を売り始められたのはいつでしょうか？　いつ頃始められたんですか？

Ak：えーっと…ずいぶん前だよ…たぶん……かなり前だよ…少なくとも一五年は前のこと。

O：一五年もここにいらっしゃるんですか？

Ak：少なくともね。

O：少なくともですか。

Ak：イバダンに行って、帰ってきてからずっとここにいるよ。

O：イバダンに行ったんですか。

Ak：ここに戻ってくるまでイバダンには八年もいたよ。

O：何年ですか？

Ak：八年。

O：八年もですか。イバダンにお店を持ってらっしゃったんですか？

Ak：ああ…そうなの？（アキンティブボは、緒方が「イバダンに店を持ってた」と言ったかと聞き間違える）

O：へぇ、イバダンのどちらですか？

Ak：リング・ロードに住んでた。

O：リング・ロードですか。

Ak：リング・ロードの、フェミ・ジャンクション・ハウスだよ。

O：そうですか…でも、どうしてイフェからイバダンに行かれたんですか？

Ak：それは…当時の顧客の一人が…ジャン・ポール、ジャン・クレロン・ポールっていう…フランス人だったんだけど。

O：はい。

Ak：その人が、イフェよりイバダンの方が商売になるし、部屋はあるからイバダンに来るべきだって言ってきたんだ。私はそれは良い話だと思ってね。それで彼の所に行った。彼は自炊できる部屋を与えてくれた。

O：そうだったんですか。

Ak：自炊できる部屋で、。その建物はフェミっていう金持ちが所有してて。フェミって、グラス・ハウスのオーナーだよ。ほら、カカオ・ハウスの次に高い（最も高層な）ビルだよ、

O：へぇ…

Ak：それがグラス・ハウス。だから、私たちはもと「ブローカー・ハウス」に住んでたんだよ。フェミは保険のブローカー、保険ブローカーだったんだ。だから私たちはそこを「ブローカー・ハウス」って呼んでて、そこはエステート（隔離された（高級）住宅地）だった…だからイバダンに住んでたんだよ。イバダンのそこで次男が生まれたんだよ。ダレの弟だ。次男が生まれた所だよ。

O：そうですか…ご長男さんですね。（「次男」を聴き取れなかった緒方は、長男ダレが、二人いる息子のうちの次男だと勘違いしている）

Ak：ああ、私たちがイフェに帰って来たのは、妻がオシュン州立病院で職を得た時で…

O：そうですか、それでイフェに帰って来られたんですね？

Ak：そう…

O：そうですか、はい…でも、もしも奥さんが…奥さんがイバダンでお仕事をされていたら、イバダンにまだいたと思いますか？

Ak：ああ、もちろん。イバダンは好きだから。イバダンはすごくいいよ。それに、今も別にイバダンから遠のいたわけじゃないし…事故にあってこの足になってしまったけど、でもイバダンに行けば親しい人たちもいるから。イバダンに行っても寝る所はある…だからイバダンに行けないわけじゃ全然ないよ。ただ、家族からそんなに遠く離れるわけにはいかないからね。でも時々、二週間とか三週間とかイバダンにいることはあるよ…それでまたイフェに帰ってくる…

O：でもその…そのフランス人の人から住む場所をもらったんですよね？

Ak：ああ。

O：その、自炊できる部屋を。そこでお店を持ってらっしゃったんですか？　それとも…

Ak：ああ、その敷地内にね。

O：そうですか、お店を持ってらっしゃったんですね。

Ak：そう、あと、時々カカオ・ハウスの「ココンドー」っていう所に行って…そこは…「ココンドー」って呼ばれてたんだけど、「ココンドー」はここみたいな所で、レストランだよ、でも宿泊施設はなかった。スイミング・プールとか、食べる所とかがあって、

O：はい。

Ak：そこは「ココンドー」ってとこだったんだけど、カカオ・ハウスの敷地内にあったんだよ。

O：ドゥーベ（イバダンの繁華街）のですか？

Ak：そう。

O：ドゥーベの？

Ak：カカオ・ハウスの敷地内だよ。

O：はい、なるほど。

Ak：それで、そこのオーナーはレバノン人だったんだけど[redacted]、作品を展示する場所を与えてくれてね、正面の良い場所を…イバダンにいた時はそこで作品を売ってたよ。

O：そうですか、ちょうどここみたいな所（国際会議場のロビーのような場所）ですか？

Ak：そう。

O：そうですか…そこにはたくさん人がいたんですか？

Ak：ああ、そりぁね…

O：作品を見たり、買ったり？

Ak：たくさんいるよ…白人とか…黒人も白人もいるよ…そこに行ったらわかるよ、たくさん人がいるから。

S：そうですか…じゃあ、そこにいられた方が良かったんですね、もし（イフェに帰ってこなくて済んでいたら）…

Ak：そりぁそうだよ。慣れてたし、イバダンの方がいいね。イバダンの方がいい。ここよりもっと売れる所だから。

O：そうですね…

Ak：ほかにも作品を展示する所があって、イバダンの国際熱帯農業研究所とか。

O：はい。

Ak：国際熱帯農業研究所では毎週色んなアーティストの展示をするっていう企画があってて、私も二〜三回展示したよ。

O：へぇ、毎週ですか？

Ak：いや…二週間ごとだったかな、各アーティスト。インターナショナル・ハウス（国際宿泊施設）では毎週必ずアーティストが展示をしてたんだよ。

O：はい、国際熱帯農業研究所のインターナショナル・ハウスですね。

Ak：そう、インターナショナル・ハウス。

O：で、その時は誰が責任者だったんですか？

Ak：んー…？

O：つまり、その企画をやってたのは誰だったんでしょう

か？

Ak：ああ、あれは…ラッキー・ファザー財団だよ。あそこを持ってたのはそれだよ…それが、

O：ラッキー…ファザー？

Ak：ロックフェラー財団、アメリカ合衆国の。

O：じゃあ、国際熱帯農業研究所じゃなかったということですか？

Ak：いや、フォード財団だ。

O：フォード財団ですね。

Ak：そう。

O：つまり、アーティストを支援してたのは国際熱帯農業研究所そのものじゃなくって、

Ak：いや、国際熱帯農業研究所だよ。つまり、国際熱帯農業研究所はフォード財団によって設立された（支えられていた？）ってこと。

O：え、そうなんですか？

Ak：そうだよ。

O：そうですか…

Ak：意味わかる？　フォード財団だよ。

O：国際熱帯農業研究所全体がそうだったんですか？

Ak：ああ。

O：インターナショナル・ハウスだけじゃなくて？

Ak：そうじゃないよ。ほら、インターナショナル・ハウスはここでいう国際会議場みたいなものだろ、

O：はい。

Ak：オバフェミ・アウォロウォ大学の中の。

O：はい。

Ak：だから、インターナショナル・ハウスっていうのは（国際熱帯農業研究所の中の）宿泊施設で、わかる？人が泊まる所。そう…

O：はい。

Ak：ちょうどこの国際会議場がオバフェミ・アウォロウォ大学の敷地内にあるように、インターナショナル・ハウスも国際熱帯農業研究所の敷地内にあって、

O：はい…そうですね、だから、

Ak：そこには支配人もいて…えーっと…アメリカ人だったかな、秘書がいて、その人が展示の企画を担当してた[redacted]…国際熱帯農業研究所はアーティストを支援してたんだよ。

O：はい。

Ak：そこに行けばわかるよ、アーティストの展示をやってるはずだから。

O：はい、でもその人たちは、国際熱帯農業研究所はどうやってアーティストたちのことを知るんですか？

Ak：それは…実際、私の場合は、[redacted]確かある人を通して、ココンドーで会った人でもう名前は覚えてないけど、彼が国際熱帯農業研究所で働いてたんだ。国際熱帯農業研究所ではアーティストの展示をしてるから来るべ

きだって言ったのは彼だった。それで私はそこに行って、秘書に会った。秘書は先生で、ほら、国際熱帯農業研究所の中に学校があるでしょ。スタッフの家族のための学校。私はそこに行った。彼（秘書）は私の作品を見て、「ああ、美しい作品ですね、展示をしましょう」って言って、手帳を広げて…手帳で日程を調べて、展示の日（週）を教えてくれた。

O：そうでしたか…でも、もう今はやってませんよね。

Ak：そこに行ったら、やってるはずだよ。

O：そうですか。それで、

Ak：誰かしらアーティストが展示してるはずだよ。

O：わかりました。それで、アキンティブボさんが国際熱帯農業研究所で展示されていたのはいつ頃ですか？　一九九〇年頃ですか、それとも…

Ak：ああ、千九百…えーっと…確か一回は…八十何年で…最後のは…九十…四年（九四年）。最後にやったのは九四年だったと思う。

O：九四年ですか。

Ak：ああ。

O：わかりました。

Ak：ずいぶん前だけどね…

O：はい。アキンティブボさんはアーティストとしてのご自身の暮らしがお好きだけど、でもそれは楽じゃなくて、特に、

Ak：その通りだよ、そう…

O：政府や地域、あるいは国際熱帯農業研究所のような機関からの支援をあまり受けられなくて…支援とか作品の依頼とか。それが問題。それが問題なんですよね。

Ak：ああ、それが問題。

O：はい…でも、それが問題だとすれば、どう解決されようとしていらっしゃるんですか？　イレ・イフェでアーティストとしてやっていくのは楽なことじゃないと想像しますが。その…どうされてるんですか？

Ak：ああ、それは、少しの収入でもなんとかやってってる
[redacted]…それで…

O：それから、奥さんのご理解もあるんでしょうね…

Ak：協力がね。

O：ご理解とご協力ですね、はい…そして、息子さんのダレくんもアーティストになりたいと思ってるんですよね？

Ak：いや、あいつは今すぐアーティストになりたいと思ってるわけじゃないよ。ただ[redacted]なだけだよ。

O：そうですか（微笑む）。

Ak：（笑う）

O：それで…ダレは何になりたいんでしょう？

Ak：あいつは法学をやりたいって言ってた。

O：法学ですか…

Ak：それか、メディアって言ってたな。

O：オバフェミ・アウォロウォ大学でですか？
Ak：ああ、第一志望はね。
O：そうですか…じゃあ…ご長男さんの方は？
Ak：ん？
O：その…ご長男さんです、ダレのお兄さん。
Ak：ダレは長男だよ。
O：はい、彼の方は？　もう一人の息子さんは何になりたいんですか？
Ak：えー…あいつの方は、会計士になりたいらしい。
O：会計士ですか。
Ak：メディアか会計を勉強したいって言ってた。
O：おいくつですか？
Ak：あいつの方は、一七歳。
O：じゃあ、ジャム試験を受ける頃ですか？
Ak：ああ…いや、あいつはまだ…ワエック試験を受けてる。
O：そうですか、まだ中学三年生ですか？
Ak：ジャム（大学入学統一試験）を受けるのはダレの方だよ。ダレの方が年上だからね。ダレが兄だから。
O：そうですか…
Ak：（笑う）
O：え？　あれ、ダレはご長男じゃないですよね？
Ak：長男だよ。
O：え、ダレが長男なんですか？
Ak：さっきからそう言ってるじゃないか。でも次男の方がダレより背が高いからね。
O：（微笑む）
Ak：ほかの人たちもたまにそう思うみたいだよ、
O：次男さんの方が長男じゃないかと。
Ak：（笑う）
O：なるほど、わかりました…じゃあ、ダレがジャムの受験生なんですね。
Ak：ああ、そうだよ。
O：ジャムは確か…土曜日、来週の土曜日ですよね。
Ak：今週だよ。
O：今週ですか。
Ak：本当なら先週だったんだけど、延期されたからね。
O：延期されましたよね。
Ak：イフェ中央地方政府会場のも延期されたからね。
O：はい…
Ak：ダレの受験会場は…中央地方政府だから。
O：そうですよね、聞きました。はい、…じゃあ、アキンティブボさんには二人の子供さんがいらっしゃって…
Ak：三人、娘が一人いるよ。
O：息子さんが三人ですか？
Ak：いや、息子が二人に娘が一人。
O：息子さんが二人に娘さんがお一人ですか？
Ak：ああ、娘の方はアブジャにいる。

O：あら、娘さんはアブジャにいらっしゃるんですか？

Ak：ああ、アブジャにいる。

O：アブジャで何してらっしゃるんですか？

Ak：学校に通ってるんだよ。ほら、妻の妹がアブジャで弁護士をやってるから、そこで。

O：弁護士さんですか。はい…じゃあ、お子さんたちは誰もアーティストに、プロのアーティストにはならないんでしょうかね？

Ak：ああ、誰もね。誰も…ダレにアートをやっておけと言ったのは私だよ。それであいつは始めた[redacted]。今やっとくと有利だからって言ってね[redacted]。学生のうちも、アートが何かの足しになるかもしれないから[redacted]。絵が描けたら、その金を何かの足しにできるから[redacted]。だから…

O：アートをやっておくと、何と？

Ak：絵が描けたら、学生でもそれでちょっと稼いで、それを何かの足しにできるってこと。

O：はい…

Ak：だからあいつにアートをさせようとしてるんだ[redacted]。それで、本気じゃないけどあいつもやるようになってる[redacted]…でも今じゃあいつもちょっとずつだけど稼いでるからな。前より興味が湧いてきてるみたいだよ。

O：アートにですね。

Ak：そう。

O：でもプロの、本格的なアーティストになることはお勧めにならないんですよね？

Ak：子供たちが本当にやりたいならもちろんいいと思うよ。

O：みんなが本当にやりたかったらですね。でも、もしそうじゃなければ、無理には勧めないんですね。

Ak：ああ、勧めないよ。無理強いはできない…でもダレはうまくいくと思うよ。いいアーティストになると思う。なると思うよ[redacted]。言っただろ、先週あいつの絵は四〇〇〇ナイラで売れたんだ。

O：…私、五〇〇ナイラしか払えなくてごめんなさい…

Ak：ああ…（笑う）

O：あの…ダレの最初の作品に…でも私にとっては本当に良い思い出ですよ…本当に…

Ak：ああ…

O：今度私がイレ・イフェに帰ってくる頃には、ダレはきっともっと絵がうまくなってるでしょうね。

Ak：ああ、そうだろうね、今よりもっとね。間違いないね[redacted]。

O：そうですね…それじゃあ、私から最後の質問ですが、アキンティブボさんは、残りの人生でどんなことをされたいですか？

Ak：ん？

O：残りの人生、将来です。アーティストとして、どんなことを成し遂げたいと思っていらっしゃいますか？

Ak：えーっと…私はその、著名なアーティストになりたいね。実際、今もそこへ向かおうとしてるし、できるだけのことをやってるし。新しい技法を探しながらね。誰もやったことのない技法を。だからあれはもうやってないんだよ、その、（師匠から）教わったトランスファー技法は。だからそうやって、著名なアーティストになるためにできるだけのことをやってる…そう…そうすれば私は秀でるから…それで、神に願ってるよ[redacted]、新しい技法を発見して、その発明者として、著名なアーティストになれるように。そういうつもりでいるよ…

O：イフェでですか？

Ak：ああ。

O：そうですか。

Ak：いや、イフェじゃなくて、世界で。

O：それはそうですよね。

Ak：国際的なアーティストになりたいね。

O：はい、そうですよね。

Ak：地元アーティストじゃなくて。

O：はい、そうですね…でも、国際的になるには、

Ak：国際的アーティストね。

O：国際的なアーティストになるためには一体…どんな、どんなことをしようと思っていますか、国際的なアーティストになるために。

Ak：んー…実際色々やってるよ、例えば今は、二週間くらい前だったかな、グーグルで検索していくつかアートギャラリーを見つけて[redacted]、連絡したし…アフリカン・アートギャラリー。いくつか見つけて連絡したよ。

O：どこですか？　どこのアートギャラリーですか？

Ak：えーっと、アメリカ合衆国。

O：アメリカ合衆国ですか。

Ak：ああ、アメリカの…自分はイフェのアーティストで、技法は何だとか書いて…

O：イーメールを送ったんですか？

Ak：ああ。

O：アートギャラリーへ？

Ak：ああ。

O：じゃあ、今返事待ちですか…

Ak：返信をね…

O：返信を…

Ak：だってもう時間が、ほら、私はこの仕事を千九百八十六年（一九八六年）からやってるだろ。

O：はい。

Ak：私の作品はもう色んな所へ行ったんだよ。

O：はい。

Ak：まだ私が行ったことないような所へね、ヨーロッパとか、アメリカ合衆国とか…そのほかの所へも…私の作品を家や事務所に持ってる人たちはいるけど、私

（アーティスト）にはまだ会ったことがないんだよ。

O：そうですね。

Ak：だから、こういったアートギャラリーが…私の作品を展示してくれれば、お客さんたちがそれを見て[redacted]、それで…それによって、名が知れ渡ったら、個展を開くかって声がかかるかもしれないし…実際、…一九九三年に、ガゴケっていう医者[redacted]、ほら、「ユニセフ10」[redacted]の責任者だった人[redacted]、あの人は良かったよ。彼はスペインで私の作品の展示をやってくれたんだ。コロンビアの人でね。客のために、私の経歴（アーティスト紹介）をポルトガル語と英語の両方で書いて展示したって。でもそれが唯一の海外での展示だったかな、私自身はそこに行けなかったけど。

O：はい、アキンティブボさんは行けなかったんですね…スペインまで行けなかったんですね。

Ak：ああ。

O：はい…

Ak：その人（ガゴケ）が展示を代わりにしてくれたんだ。

O：そうですか…

Ak：でも、国内展示は何度もやったよ、国際熱帯農業研究所とか、アリアンス・フランセーズとか、えーっと…フランス文化会館とか、それから、アメリカ大使館で。まだラゴスのレッキー・クレセント[redacted]にあった時ね、今はアブジャにあるけど。もうずいぶん前のことだ。

O：はい…もっとたくさんの展示をされたいんですね…

Ak：その通り、海外での展示をね。

O：そうですか……わかりました…そんな人生を送られてるんですね…

Ak：ああ。

O：（微笑む）…ありがとうございました。

Ak：……ありがとう。

O：（微笑む）本当にありがとうございました。

Ak：……それからきみのような人はさ、日本に帰ったら、私の作品を見せて、このアーティストを日本に呼ぶこともできるって人に言えるんだからさ。（笑う）

O：そうですね…展示のために、はい……まずは、

Ak：やってみてよ、やれるだろ、きみにも私たちのためにできることがあるよ…

O：はい、でもまず博士号を取ります。博士号がなければ何もできませんから。でも博士号があれば、もしも博士になれば、色んなことをやる免許を持てるようなものですから。

Ak：ああ。

O：展示とかプロジェクトとか。今はまだただの学生、

Ak：ああ、わかってるよ。

O：はい、でも少しずつ、だんだんと、

Ak：神さまがついてるからね。

O：はい。日本の人たちもアフリカン・アートは好きです

からね。

Ak：そうかい。

O：はい…だから…これからもよろしくお願いします。

Ak：ああ。

O：はい…それから足の方はいかがですか？

Ak：ああ、まずまずだよ。

O：二〇〇九年の…二月か三月でしたよね？

Ak：二〇〇九年の二月だ。

O：二月でしたね。覚えてます。アキンティブボさんが事故に遭われたとババ・ミリーキから聞いたあと、私もバイクの事故に遭ったんです。

Ak：バイク事故にね。

O：でも私のは、

Ak：軽かったんだよね。

O：軽かったですね、アキンティブボさんのに比べれば。二月でしたね、覚えてます…はい…アキンティブボさんはバイクに乗ってたわけでもなく、ただ歩いてらっしゃったんですよね…

Ak：歩いてただけだよ。バイク運転手のやつらはヘッドライトをつけてなかったんだ。危険な運転手だ。人殺しだよ。私は裁判まで持って行きたくなかっただけで、本当ならあいつは刑務所入りだったよ。なぜなら、医者は私の足をよく調べて、運転手を訴えるべきだと言ったから。私はするために、自分に一体何が起こったのかを書いた。もし、夜間にライトなしで走ってたらそいつは人殺し同然だろ。私は通りの右側を歩いてて、そいつは私の足につっこんできた…まあ、命が助かったことを神に感謝してるよ。

O：助かったんですものね。

Ak：ああ。

O：事故に遭われたのはいつでしたっけ？　いえ、どこでしたっけ？

Ak：イラレ地区の…王宮の近く…ＦＭオリスンの所。

O：あそこですね。ご自宅に向かって歩かれてたんですね。

Ak：ああ、そう。

O：大変でしたね…今は杖がないと歩けませんか？

Ak：ちゃんとは歩けないね。でも杖は一本でいい。杖で歩けるようになって神に感謝だよ。そしてこれから…

O：はい、徐々に…

Ak：私の怪我はだったんだ。ここ（足のある部分を指さして言う）が一番の問題だと思ってんだよ。もしここだけだったら、今頃誰も私が怪我したなんて気付かなかったはずなんだけど、でも実際はこれが入り込んで、潰したんだ。私はそれをこの目で見たよ。ここが問題だと思ってたんだけど、レントゲンを撮って初めてわかったんだ。レントゲンで見た…が実は大問題で。もしこっち（足のある部分を指さして言う）

だけだったら、誰も私が事故に遭ったなんて気付かなかったはずなのに。ほら…もう年だからね。足を悪くしたら、もう成長期じゃないから、なかなか骨が▒だろ。それに、もしこの骨だけだったらまだ良かったんだけど▒、実はあとでこの問題がわかったんだけど▒、ほら、▒。

O：そうでしたか…それはそれは…大変でしたね…でも、今ここまで良くなられて本当に良かったです。

Ak：ああ。

O：ありがとうございました。

Ak：どうもありがとう。

O：ババ・ミリーキ、

B：なんだい？

O：お仕事お疲れさまです。（緒方は、そばで座って仕事をしているババ・ミリーキに声をかける。ババ・ミリーキは植物の繊維でランプシェードを編んでいる）

B：おお、ありがとう。

Ak：おいで、最新作を見せてあげるよ。私がしようとしていることがわかるよ▒。（アキンティブボは立ち上がり、作品を販売している所へ向かう。緒方も付いて行く）

O：はい…

Ak：（緒方が手に持っていたレコーダーは、床一面に並べられた絵の向こう側にいるアキンティブボからは遠すぎたため、ここから一六秒間はアキンティブボの声はほとんど聴き取れない）

O：一緒に？

Ak：頭を一緒に寄せてるんだ。▒

O：はい、はい…

Ak：（アキンティブボは、一面に広げてあるいくつもの作品の向こう側に立っているため、こちら側の緒方が手に持つレコーダーにアキンティブボの声はほとんど録音されていない）

O：はい、何を一緒にするんですか？

Ak：ん？ ヘッズ（頭）だよ。

O：ヘルス（健康）？ ヘルス（健康）ですか？

Ak：ヘッズ（頭）。

O：ヘッズ（頭）、なるほど、オリ（ヨルバ語で「頭」の意）ですね。

Ak：フォリコリ。フォリコリって言うんだ。話し合うってこと…何かについて。例えば、「フォリコリがいいよ」って言うと、頭（知恵）を寄せ合って、何かについてみんなで話し合うってこと。ヨルバは、ほら、ヨルバには慣用句があるだろ。だから、「フォリコリだ」って言うと、みんなで話し合うこと…そっちのは…何だと思う？

O：えーっと…家ですかね。

Ak：背景には家があるね。

O：えーっと…

Ak：これは何かわかる？　見える？

O：王様ですか？

Ak：そう。王室の話の絵だよ。

O：はい、王宮ですね。

Ak：ああ。（アキンティブボはレコーダーから遠く、ここから二三秒間はほとんど聴きとれない。アキンティブボは、王室の話の絵について詳細を説明している）

O：はい…太鼓奏者もいますね。

Ak：（何か応答したが、聴きとれない）

O：はい。

Ak：（聴きとれないが、おそらく、また別の絵を指さして、「これは何かわかる？」と緒方に尋ねた）

O：ヤム芋をついてるところですか？　それから洗濯してる所ですかね？　…違います？

Ak：布をつくる場所だよ。

O：ああ、染めてる所ですね…

Ak：（聴き取れないが、布を染めている絵の詳細を緒方に説明している）

O：はい、アディレ・エレコ（藍染め）ですね…

Ak：そう…

O：はい、それから、

Ak：アラロ（藍染めをする人たち=中高年の女性）は、もういなくなっちゃったからね。昔はたくさんいたのに　。アラロのおばさんって呼ばれてた人たちだよ。布をつくる人たち。敷地内で染めをやってた　…もういなくなっちゃったけどね。

O：実は昨日オショボとエデに行って、こういう人たちを見に行ってきたんです…

Ak：そうかい…

O：でも一か所か二か所しか見つけられなくて…

Ak：それは…旧式のだった？　それとも…ほかの…

O：旧式、旧式の…いえ、何て言うか、

Ak：藍を、藍を使ってた？

O：藍です、そう、藍を使ってました…そうですか、昔はもっと…

Ak：イフェにはもうないね。イレモ・ロード（イレ・イフェの主要道路の一つ）沿いにたくさんいたんだけどね。イロデのどこかの道沿いにもあったし、イレモと…その…

O：へぇ、イフェにもたくさんいたんですか？

Ak：もちろん！

O：こういう人たちが…

Ak：もういなくなっちゃったけど。さっきからそう言ってるじゃないか。

O：はい…でも、どうして、どうしてですか？

Ak：ほら、…その、人びとはさ…

O：こういう服を（緒方が着ているプリント布の服を指さして言う）着るようになってきたからですか？

Ak：そう。それにさ、ナイジェリア人だから自分の国のことは良くわかるんだけど、私たちは自分たちの文化を捨てて、外国志向になってるからさ…

O：アメリカ合衆国のものとか…

Ak：ん？

O：アメリカ製のものとか、中国製のものとか…

Ak：そう…日本製とかね…

O：（微笑む）

Ak：（笑う）それとか、中国製とか、そういう……これは織師だよ。（また別の作品を指さして、）織り機だ。昔の織り機だよ。

O：…はい、そうですね、織師さんですね…

Ak：村で織ってるところだ。

O：はい…

Ak：だからこれを女性の仕事、アフリカの女性の仕事って呼んでるんだ。こういった仕事は、ここではすべて女性がやることだからね。

O：そうですか…

Ak：こういうのをするのは女性で、男性じゃないからね。

O：…（ここから五秒間、聴き取れない）はい、そうですね…これらが最新作ですか？

Ak：（聴き取れないが、おそらく、「ああ」と言った）

O：そうですか、いつ頃描かれたんですか？

Ak：えーっと…週末だったかな？　いや、週末…

O：週末ですか…

Ak：金曜か土曜か、その辺りだったかな…

O：先週私がお会いしたあとですか？

Ak：そう。

O：先週ですね。ご自宅で描かれてるんですか？

Ak：（うなづく）

O：私が以前おうかがいした所ですよね？

Ak：そう。

O：これはその（作品を指さして言う）…えーっと…ペンですか？

Ak：ああ、ペンとインクだ。

O：ペンとインクで…

Ak：布に。

O：布ですね…はい、トランスファー技法の作品はありますか？

Ak：いいや、ないよ。

O：あの技法はもう使ってらっしゃらないんですね。

Ak：ああ…あれはもうやってないよ。

O：そうですか……作品は素晴らしいですね……ありがとうございました。お話面白かったです。

コラウォレ・オラインカ（通称「パパケイ」）

日：二〇一一年七月五日
時：一〇時二〇分～一一時三〇分（一時間一一分三六秒）
場所：緒方の下宿の部屋
状況：オラインカと彼の一七歳の長男のクンレが、緒方に向かい合うかたちで、ベッドの側面に背をもたれかけ、少しだけ距離を置いて並んで床に座っている。クンレは以前から緒方の下宿に遊びに来てみたいと言っていたので、緒方はオラインカに、良ければインタビュー時にクンレも誘ってはどうかと伝えていた。

Pa：パパケイ（オラインカ）
K：クンレ
O：緒方シラベ

O：…こういう録音機、欲しいですか？　でもカメラが、いや、ビデオカメラが欲しいんですよね？　こういうタイプの（ICレコーダー）じゃなくて。
Pa：うん、ビデオカメラね。…デジタルカメラか。
O：そう、パパケイの、壊れちゃいましたもんね。…さて、
Pa：そう、ビデオカメラ…ビデオカメラ…、あ、つまりきみが言おうとしてるのって、
O：いえいえ、別に、
Pa：ビデオカメラはこの録音機よりいいんじゃないかってこと？　ビデオだと…
O：画像も記録できるから。
Pa：画像を記録できて、静止画も撮れる。
O：そう、特にパパケイにはいいですよね（絵を描くから）。
Pa：そうだね。
O：さて（笑う）…パパケイが生まれたのは千九百…
Pa：六四年
O：六四年、イバダンで、ですよね。
Pa：そう。
O：はい。それでは…どんなふうにしてアートに興味を持ったのか教えてもらえますか？
Pa：それは前にも言ったけど（咳ばらいする）、
O：（笑う）
Pa：僕がアートに興味を持ったのは…最初に興味を持ったのは、兄が、僕のすぐ上の兄ね、彼が学校から帰ってきた時だった…兄は当時、オドゥドゥワ中学・高校（オドゥドゥワ・カレッジ）の生徒だったんだけど。
O：イフェのですか？
Pa：そう、ここイフェの。兄が家に帰って来てスケッチブックを取り出して、僕はその中を見たんだ…学校の建物の一部を描くっていう課題みたいなのがあって、わかる？　兄が描いた「子供っぽい」絵を見たんだ。

教室があって、階段があって、植木があって、みたいな、お絵描きふうの絵。兄が子供だったってわけじゃないよ、彼はすでに中学生だったんだし。ただ、描き方はまだ子供っぽかったってこと。

O：わかります。

Pa：僕はその絵を子供っぽいとか思わなくて。当時の僕にはすごく素敵に思えたんだ。

O：はい。

Pa：その時から…「僕もこんなふうに描きたい、いや、もっと上手く描きたい」って思った。そしてそれから僕は描くようになった。…うん、あれは小学生の時だった。…確か小学二年生だったな。

O：そうだったんですね。

Pa：そう。それで…僕の興味を引くものを見れば、いつでも描くようになった。

O：小学二年生ってことは、何歳でした？

Pa：えーっと…一九七二年だから、八歳かな…うん、八歳か九歳。

O：はい。

Pa：いや、うん、八歳だな。そう、それで、興味深いものを見たらいつでも描いてた。僕が通っていた小学校では、こういう絵画とかって教えてなかったんだよ。「手工芸（ハンディ・クラフト）」の授業はあったんだけどね。でも、絵画はただ自分一人でやってたな。

O：そうですか。

Pa：僕はね、えー…広告看板を見てさ…宣伝・広告に使う、通りにあるあの大きな看板ね、

O：イバダンの？

Pa：そう、イバダンの…当時まだイバダンに住んでたから…広告看板にある絵を見ると、僕は練習帳を取り出してそれを描いてたわけ。車が通ったら…いいな、と思う車を見たらそれを描くんだ…これは車の絵を見て描くんじゃなくて、動いてる車を見るんだ。その車の一部分を描く、そしてその車が通り過ぎて行ってしまったら、また似たような車が通るのを待って、さっきの一部分を見て、描き加えるんだ。

O：ってことは、通りや道路の横にずっと座ってたんですか？

Pa：そうだよ。母の店が道路沿いにあったからね。

O：そうですか。

Pa：母の店に座って、その前を通る車をよく見ていたものだよ。

O：ペンと紙はどうしたんですか？

Pa：自分で買った…食べもの買うようにってもらった金や小遣いで。

Pa：画材はすべて自分で買ったよ。でも練習帳あるでしょ、学校で使うの、あれは絵を描く用にとっておいたりしたな。そして一枚も破らずに、練習帳の全ページを絵

で埋め尽くしたよ。最初から最後のページまで。

O：へぇ、そうだったんですか。

Pa：でも動いている車じゃ、えー…一度にすべては描けないでしょ。だから、一台来たら一部分描くわけ、まずはアウトライン（全体像）とか。そして次のが来たら、その車を見て次の段階を描いて、車一台描き終わるまでこれを続ける…そしてまた次の車を描いて…また描く。こういうことをしたあとで、今度は看板の絵を描くようになったんだ。看板を見て、その中の一つの像やすべてを描いた…わかる？　そしてそのうち、雑誌も見るようになった。そこに興味を引く絵があれば、それを描く。そのあとは…マンガにも興味を持つようになったよ。マンガの中の絵を見て、それを描くんだ。

O：それは…中学生の時のことですか？　小学生の頃？

Pa：いやいや、まだ小学生だった時のことだよ。

O：そうですか。

Pa：描き始めたのは…小学二年生の時。小学六年生になるまでにかなり上達してたと思う…かな。それから今度は新しい描き方を始めた。ただ描くだけじゃなくて、陰影（明暗）を付け始めたんだ。

O：陰影？

Pa：陰影。光と影を鉛筆で描くってこと。ただ描くのと陰影を付けることは違うでしょ。描いたあとに、影を付ける。暗い部分と明るい部分をつくるんだ。

O：立体表現の始まりのような…

Pa：そう、立体表現の始まり…紙の上での、わかるよね？　僕はまだ小さかった頃からそれを始めたから…というか、とにかく、面白かったからやってたわけで、アーティストになるための訓練だとか思ってたわけじゃなかった、わかる？　ただ好きでやってた。小さい時に始めたから、僕は陰影とかキアロスクーロ（明暗法）とかそういう絵の理論なんてまるで知らなかった。ただ目で見たことを描いてただけだった。

O：なるほど。

Pa：そして、やればやるほど上達していった。だから…陰影を付けたら、本物の写真みたいに見えるようになった。もちろん鉛筆で描くから本物とは違うけど、でも僕が描く人が実際にどの人かって、すぐにみんなわかったよ。

O：それは…まだ小学生だった時のことなんですよね。

Pa：小学生の頃…卒業して中学生に進学して

O：はい…ところで当時誰か絵のことを応援してくれる人っていたんですか？　それともただ自分一人、好きでやってたんですか？

Pa：僕は…

O：「コラは絵がうまいね。アーティストになるべきだよ」なんて言ってくれる人とか。

Pa：うーん…そういう人は誰もいなかったかな。

O：そうですか。

Pa：僕はただ描いてて…

O：はい。

Pa：友達とかクラスメートとかには絵を見せてたよ…こんなの描けるよ、って見せる感じで…ほとんどのみんなが「おお！　うまいね、それいいね、これいいね」って言ってくれたかな。でも応援してもらったってことはなかった…というか…応援なんて別にいらなかった。僕は自分がまだまだだと思ってたから。応援は　。僕はただ描き続けた。

O：そうだったんですね。

Pa：わかるよね？

O：はい。ところで中学校でも、確かアートの授業はなかったって言ってましたよね…どうやって描くことを続けたんですか？

Pa：んー…小学校の時と同じような感じだったと思う。描きたいっていう気持ちは増していってたし…でもまだ誰かに応援してもらってはいなかったかな…でも中学二年生になった時…いや、それより前…小学六年生になった時…お金に余裕がありさえすれば本屋に行ってた…アートに関する本を見つけたら、買える範囲で買ってたな。そして大事にしてた…使いながらね。中学生になっても変わらず描いてたけど、その頃には、車を描くことから一歩進んで…看板や雑誌の中の絵を描くようになってた。それで、その時、アートに興味を持っている年上の友人（先輩）がいて、彼は僕を応援してくれてた…「絵が上手いじゃないか。アートの授業がある学校へ転校したら？」って言ってくれて。僕もそうしようかと思ったんだけど、それはできなかった。だからそのことは忘れることにした。

O：その先輩って、同じ中学校の？

Pa：うん、同じ中学校の。ピーター先輩。そう呼んでた。彼がくれた本の一つ、アートの本、まだ持ってるよ。

O：まだ持ってるんですか？

Pa：ああ、持ってるよ。『何を描こうか』みたいな題だったかな。まだ持ってる。ピーター先輩は僕の絵を応援してくれてたな…僕は描き続けた…そして中学六年生になった時、中学は当時六年制だったんだけど、色を使うようになった。当時使っていた絵具は…えーっと…ポスターカラーの上等なのみたいなやつ。グワッシュとかって呼んでた。なんて言うのか忘れちゃったな…グワッシュ、わかる？　すごく滑らかで、いい絵具。えー…透明感のある水彩絵具とは違って、不透明の、わかる？　その、グワッシュで色を塗るようになった……鉛筆で描いてた時のように…色を塗ることを試すようになった…それで色を塗って、　写実的に…描けるようになるまでね。この時期の絵、家にあるよ。ポスターカラー、じゃなくてグワッシュをつかって描いた絵。
O：グワッシュって、どう綴るんですか？
Pa：えーっと…キュー、ユー、…エイ…
Pa&O：キュー、ユー、エイ
Pa：シー、エイチ…
O：はい。
Pa：エイ。（実際にはgouacheと綴る）
O：はい、わかりました。
Pa：そう、それね。でもちゃんと覚えてないや。
O：水彩絵具でも油絵具でもないんですよね？
Pa：油絵具でもないし、水彩絵具でもない。なんて言うか、…こう…
O：アクリルみたいな？
Pa：違う、ポスターカラーの上等なの。
O：はい。
Pa：ポスターカラーはチョークっぽい粗い感じだけど、これは[redacted]。
O：なるほど、わかりました。
Pa：そしてその時も…本をたくさん買ってた…アートに関する色々な本ね…ただそれを読んでた…先生や誰かからこれはアートに関するものだって教えてもらったんじゃなくて自分で本屋に行って、アート関係の棚の所へ行って…それで面白そうなものを探すんだ。２Bや４Bや６Bの鉛筆…それから画用紙、カートリッジ紙（薬莢紙）とか…水彩画用の上質の紙ね。
O：カートリッジ紙？
Pa：カートリッジ紙。カートリッジ紙っていう…質感のいい紙。[redacted]と混ぜてある…雑誌を見つけて、その、アートのことが載ってる雑誌を見つけたら、その時もしお金があったら買ってた。
O：そうですか。
Pa：わかるよね？ んー…色々な画材を、えー…持ち金で買うっていう。誰かに買ってもらうんじゃなくて。
O：はい。
Pa：中学を卒業するまで、そうやって上達していった。
O：じゃあ、前に見せて下さったあの二冊の本は…
Pa：うん。
O：クンレもいたよね、あの時…（クンレの方を見て言う）
Pa：ああ、あの練習帳ね。
O：これくらいのサイズだったかな…はい、あれも中学時代のものですか？
Pa：うーん…確か…
Pa：モズレム中学校ね。
O：そうです。
Pa：そのうちいくつかは…確か三冊見せたと思うんだけど。そのうち二冊は…とにかく、二冊のうち…たぶん一冊は小学校の時ので…ほか二冊は中学校の時の…ほとんどの練習帳は、描き終わったら誰かにあげたりしてた…それで稼ごうとか思ってなかったし…

O：(笑う)

Pa：ただ…あげてたな…

O：そうですか。じゃあ、中学・高校を卒業したあとは…ワエック（WAEC）試験とかネコ（NECO）試験とかジャム試験を受けたんですか？

Pa：えーっと、そうだね、そうそう…

O：そしてそのあと、大学の美術学科に進学することを決めたんですか？

Pa：うん。それはね、じゃあまずその背景を話そうか。中学・高校を卒業したあと二年間働いていたんだよ…きつい仕事をしてた。

O：今のクンレの歳だった頃ですよね？

Pa：ああ、クンレの歳の頃。きつい仕事してたよ…ジー・シー・イー（GCE）試験とかワエック試験とか受けるために。

O：受験するために自分でお金を貯めてたんですか？

Pa：そう、受験のために受験料を貯めてた。

O：何してたんですか？

Pa：肉体労働…あれ、なんて言うんだっけ？ えーっと…なんだっけ？ レビラ、レビラっていう。

O：デボラル？

Pa：レビラ。レイバラー、レイバラーっていうでしょ…

O：レイバラー、日雇いの…

Pa：日雇いのなんとか、みたいな。

O：日雇い労働者。

Pa：そうそう。

O：サーボーにいる…ハウサの人たちみたいな？

Pa：その通り。お金がいる時に、彼らはやって来て…つまり建設現場で働きたいとして…彼らはそういう現場に呼ばれて、溝を掘ったり、建設の基礎づくりね…時には…ティッパー（ダンプカー）と一緒に…歩きまわったり。

O：ティッパー？

Pa：そう、ティッパー。ブロックとか…土砂とかを運ぶトラック。

O：ああ、はい。

Pa：そう、それがティッパー。ブロックを集めて、それをティッパーの所まで運んで、またブロックを広げる。今度は（ダンプカーがブロックを集める場所に移動したあと）そのブロックを一か所に集める。そして。これは溝を掘ったり、天井をつくるために濡れた（固まる前の）セメントを運んだりすることとは別にやる仕事。えーっと…床をつくる時とか、わかる？ それから、材木所で働いてた時期もあった。

O：そうですか。

Pa：材木を大きな機械で切断する場所…そこで木を切って、切られた木を別の場所へ移動する。そういう色んな仕事。それから…えっと、確かあれは…印刷工場で働いてたこともあったな。

O：そうなんですか。

Pa：（笑う）そう。僕は…えーっと…トイレットペーパーをつくる機械を動かしてた。そのあとは…そう、そうやって…えーっと…そのあとで印刷工場へ行ったんだ。そこで本のページを順にそろえる作業をしてた。印刷工場ってわかるよね？　書物を印刷する所…

O：はい。

Pa：ページをつくっていくんだ。

O：はい。

Pa：そこには…本を…ページのかたまりを折りたたむ機械があって。僕たちの仕事は、そこでそれを、つまり本の一部分（ページのかたまり）をとって、コレートする（ページ順にそろえる）んだ。

O：コレートってどう綴るんですか？

Pa：コレート。シー、オー、エル、エル、エイ、ティー、イー

O：はい、コレートですね。

Pa：そう。わかった？　こう、何人かがいてね、わかるかな？　彼らが僕の前に本の一部分（セクション）を置いていくわけ。例えば一ページ、四ページ、五ページ、一〇ページとか。その続きのページはまた別の人の所にあって、確かそこには五〜六人いる。で、一冊の本を完成させるために、それぞれを重ねていく。一つにしたら、今度はそれを機械へ持って行って、切る…

O：一つに束ねる？

Pa：切るんだ。この機械…なんて言うんだっけ…ギロチン（裁断機）！　その機械のことギロチンって呼んでるんだけど、知ってる？　それで、この機械で仕上がりの形に…本の余白を切っていくんだ、一冊に束ねる前にね。

O：はい。

Pa：その仕事をしたあと、印刷工場を辞めた。そして…本屋の店番を始めた。

O：店番？　あ、はい。

Pa：うん。本屋で。

O：ずいぶん色んなことしてきたんですね。

Pa：たくさんのことをね…

O：（笑う）

Pa：今話したのは…えーっと…今思い出せるものだけ。それから…代父母（ゴッド・ペアレンツ）と呼べる人たちがいたんだけど…いや、というか、すごく親しい友達がいて、その両親を僕は自分の親のように思ってたんだ。彼らはムスリムだったんだけど。

O：そうですか。

Pa：僕は…本屋の店番を辞めたあと、このお父さん（代父）の所で…この人はエンジニアだったんだけど…こ

の人の所で働くことになったんだ…[redacted]。そして…大学に受かったのはその時だった。それで、

O：エンジニアっていうと…

Pa：ブロークン・カスト（自動車の修理工）だよ。

O：「ブロークン・カスト」？

Pa：「カー（車）」…えーっと、メカニックのこと。

O：車？　ああ、メカニックですね。

Pa：そう、彼はイギリスで[redacted]

O：はい。

Pa：つまり…そうやって金を稼いでいたんだ。

O：二年間…

Pa：二年以上だったと思う。

O：二年以上もですか…

Pa：二年以上、あるいは四年間かな…一九八二年から…一九八六年まで。

O：それってけっこう長い期間ですよね。

Pa：ああ、四年間。

O：でもさ、クンレは今までお父さんからこういう仕事しなさいって言われたことあった？

K：（笑う）はい。

O：言われたの？

Pa：いいや、言ってないよ。でも教師をやりなさいとは言った。

O：そうですか。

Pa：でもこいつは…嫌だって言ったけど、でも僕はさせたよ。

O：ああ、エスターの学校（オラインカの長女エスターの通う小学校）で？

Pa：そう、エスターの学校で。でも僕は一度だってこいつに労働しろ[redacted]と言ったことはないよ。もしやっていたとすれば、それは彼がやりたくてやったはず。やれと言ったことはないね。

O：どうしてですか？

P：んー…もしやりたいっていうのなら、やればいいよ…でも…んー…僕はただ、ただ僕は、えーっと…もっとましな仕事を息子に勧めたいっていうか…。でももし彼がああいった仕事に個人的に興味を持ってるんなら、注意深く仕事する限り反対はしない……あれは僕が金を稼ぐために…やってきたこと。

O：わかりました。

Pa：個人的なことのためのお金は…画材買ったり本を買ったり…僕はたくさん読んだよ…色々な種類の本。科学、フィクション、文学、スリル物とか…わかるよね？　でもやっぱり進学のことを気にしてた。大学へ行きたかった。だから僕の第一の目標は…えー…そう、僕の第一目標は…その…つまりメディア関係の仕事に就くこと…リポーターでも、アナウンサー（ニュースキャスター）でも何でもいい、メディアの勉強をしたかっ

た。だから…僕の最初の[redacted]は一九八四年だったと思う…ワエック試験を受けて、クレジット四つで合格した。そしてワエックを受けて…じゃなくて、外部試験のジー・シー・イーね。それで…最初に受けたのと合わせて七つの科目を受けて、クレジット七つで合格したんだけど…その中に英語はなかったんだよね…。

O：でもパパケイさんは英語得意じゃないですか。

Pa：んー…（笑う）

O：たまたまその試験では上手くいかなかったってことですよね？

Pa：うん、その試験では上手くやれなかった。ワエックでも、ジー・シー・イーでも。でも僕は…ジー・シー・イーを受けた時さ…一九八四年のことだけど、ジャム（JAMB）もその年に受けたんだけど…その時はメディア関係の勉強したかったからこういった科目を選択して試験を受けたんだ[redacted]…ジャムには受かって、大学の合格通知ももらったよ。でもジー・シー・イーでは英語を合格してなくて…そしてアートは受験科目として考えてなかったから[redacted]、ワエックにもジー・シー・イーにも、どの試験でもアートは選択しなかったんだ。アートの試験を受けようなんて思ってもいなかった…アートを何かに使おうだなんて。アートは僕にとって…まったくそういう存在ではなかったからね。それで、ワエック（の英語）が不合格で…ジー・シー・イーと…ジャム試験をもう一度受けるためにも僕はまた働くことにした。その時僕が住んでいた家の大家さんの息子さんが…えー…アデイェミ教育大学の美術学科の学生だったんだ。それで、

O：あのムスリムの家族の家ですか？

Pa：いや、全然違う家。これはまた別の家。

O：あのムスリムの家族の家から引っ越したんですね…

Pa：ああ、あの家からまた別の家に…いや、違う違う…きみの言ってるあのムスリムの家族の家って、あの家には僕は住んでないよ。あそこは僕が仕事した所で…あの家の…

O：お父さん…

Pa：そう、エンジニアだったお父さんの所で。でもそこには住んではいないよ。住んでたわけじゃない。そう、で、僕の住んでたその家の大家さんの息子さんが美術学科にいて…アーティストだったわけ、まだ学生だったんだけど。それで彼はよく僕の絵を見ていて…僕がジャムには合格したけどワエックは不合格で、英語の試験をもう一度受けようとしてるって言ったら、「なんでだよ？　何が問題なわけ？　きみにはやれることがあるじゃないか。でもやっていない。アートでただ遊んでるだけじゃないか。きみはひょっとすると僕よりも絵が上手い。なのに一体何をぐずぐずしてんだ？」って言われた。

O：（笑う）

Pa：（笑う） 僕は彼に言ったよ、「アートは趣味だと思ってます」って。でも彼は、もし僕がアートの試験を受けたら合格するだろうって言った。僕はアートの教育をちゃんと受けたことなんてないから…って言った。アートの試験を受けるだなんて怖かった。それに、受けたいとも思わなかった。何か問われてもどう答えればいいのかわからないし。僕に関する限り、僕はアートにおいては「無学（教養がない）」だから。そしたら彼は、教材を貸してくれると言ってくれて、きっと僕は合格するって言ってくれた。僕は、「実技の方はどうしたらいい？ 試験でどんな実技をさせられるのかわからない」って言った。彼は、僕なら大丈夫だし、彼も教えてくれると言ってくれた。それで僕は「わかった。やってみるよ」って言った。あと、例のムスリムの家族いたでしょ、あの家族の娘さんの一人がオスカスの生徒だったんだ。オスカスって、当時のオスカス、オシュン州立科学芸術中学・高校のことね。じゃない、オヨ州立科学芸術中学・高校だ。そこの先生が親しくしている先生がいて、その先生を僕に紹介してくれると言ってくれて。で、紹介してもらって、その先生は僕がアートの理論の試験に合格できるように教科書（教材）をくれたんだ。

O：試験に合格できるように、ですね。

Pa：そう、そういうこと。そうして僕は美術学科への進学をめざすようになった。理論も実技も勉強するようになった…そしてワエックの時期になったら、僕は受験料を払って…教材を読んで勉強した…幸運なことに、ワエック（でのアートの試験）ではできる限りのことをやれた…周りの受験者たちの方が僕よりも良くできるってわかってたけど。だって…彼らはすでに中学で勉強してきたし、何をどう答えればいいのかわかってるから。だから僕は僕にできることをただやって、そして試験会場をあとにした。ジャムの時期が来た時も、アートを選択して、試験当日はできる限りのことをやった。ワエックの結果、じゃなくてジー・シー・イーの結果が出た時、それを受け取った時、幸運なことにやっと英語がクレジットで、合格してた。そしてアートも合格してた。確か、英語の点数よりもアートの点数の方が良かったと思う。でも僕は、「別に大したことじゃない、受かると思ってたし」って思った。そしてそのあとすぐ…いや、その前にイバダンからイフェに移ったんだ。

O：それはいつのことですか？ 当時おいくつでした？

Pa：一九八六年。

O：そうですか。じゃあ…

Pa：一九八六年ね。

O：二二歳の時？

Pa：そう。二二歳でイフェに移った…イバダンに住むのはちょっと飽きてきた頃だったし。生まれてから一九歳…いや二二歳までずっといたからさ。で、一九八六年にイフェに移った時、伯父の所へ行ったんだ。モダケの伯父と一緒に住むことになった。それで、

O：お母さん方の…伯父さん？

Pa：母の兄。彼の所で世話になった。伯父はある場所で…仕立て師で。伯父はそこで雇われてたと思う。仕立て師として働いてた。そして…その場所を管理してた人の一人がアーティストだったんだ。バヨ・オグンデレっていう…知ってるよね。伯父がオグンデレのことを話してくれた時、「その人の所で働きたい。大学に入学するために少し稼げるかもしれないし」と僕は言った。あ、何か聞きたいことある？

O：はい。伯父さんは仕立て師として働いてたんですか？それとも、仕立て師の所で働いていたんですか？

Pa：仕立て師として働いてた。

O：仕立て師として。

Pa：伯父はすでに…すでにフリーランスだったんだ。

O：フリーランス。

Pa：だから彼はジャーニーマンとして働いてたんだ。

O：ジャーニーマンってなんですか？

Pa：えー…雇われ人（仕える人）で、雇い主からきちんと給料をもらう人。仕立て師なんだけど…えー…

O：ジャーニーマンって、どう綴るんですか？

O：えー…ジャーニーマン…旅、みたいな。どこかへ出かける、あの旅、ね。

O：はい。

Pa：ここではフリーランスの人たちのことをそう呼んでる。多分どこでもそう呼ぶわけじゃないと思うけど…

O：はい…でもそういえば友人が言ってました。ジャーニーマンになる前に、たくさんの段階があるんですよね？　玄関掃きの仕事から始まって…

Pa：んー…いや、そうではなくて。プロの仕事人または職人だったら、ジャーニーマンになる前は、弟子として働くんだ。

O：はい。

Pa：そして…弟子を卒業したあと、フリーになるんだ。フリーとして認められるんだ。フリーになったら誰からでも雇われるようになって、仕事をすれば報酬をもらう。だって、フリーになったって、材料費とか店をつくるお金とかいるでしょ。つまり、誰かについて仕事をして、報酬をもらって…自分自身のために稼ぐってこと。もし必要だと言われれば…卒業した先の、自分の師匠の所で働いてもいいし。でも弟子の時代と違って、きちんと報酬をもらえるんだ。

O：なるほど。

Pa：その職を持つ…誰か別の人の所で働いてもいいんだよ。

そこで報酬をもらって、それは自分自身のためにそれを使う。
O：自分自身の店を持つ前の話ですよね。
Pa：そう、自分自身の店を持つ前。
O：伯父さんは、その、ジャーニーマンだったんですよね。
Pa：そう。
O：そこの仕立て屋で。
Pa：そう。
O：それで、バヨ・オグンデレさんは…
Pa：アーティスト。そこにいたアーティスト。その建物の中に彼は店を持ってたんだ。
O：なるほど、同じビルに…そこには…
Pa：僕の伯父もいた。
O：伯父さんが働いていた所。
Pa：うん。彼らはお互いよく知ってたみたい。
O：そうですか。
Pa：実際、伯父を雇ってた人、仕立て屋の主人もアーティストだったんだよね。服を縫って、それを染めたりするんだ、藍染とか色々な色に染めて…
O：バティック布も？
Pa：バティック布のでも、何でも、それを売りに行ってた…色々な場所で。
O：じゃあ、伯父さんを雇っていた人とオグンデレさんは…
Pa：ああ、親しかったよ。二人ともアーティストで。
O：なるほど、わかりました。
Pa：それで、伯父はバヨ・オグンデレを紹介してくれたんだ。バヨ・オグンデレは…オーケーを出してくれて、僕は彼の最初の弟子になった。そして彼の所で働くようになったわけ。それはまだ大学に入学する前のこと。その時僕はまだ…合格通知も受け取ってなかった。だから、オグンデレの所で働きながら、「どんどん時間が過ぎてってる…神様、どうか僕をジャム試験に受からせて下さい」って、心配してた。わかるよね？でも師匠は…バヨ・オグンデレには「大学なんてもういいじゃないか。今おまえがやってることで成功するぞ。大学のことは忘れなさい」とか色々言われた…でも僕は「大学へ行きたいです」って言ってた。とにかくまあ、僕は彼の所で働いた。働き始めて一週間で、僕は彼がやっていることと同じことをやってた。僕が初めてそこで見たのは、彼がトランスファー技法を使ってるところ…絵画もたまにやってたかな。通い始めて二週目に、彼はラゴスへ絵を売りに行った。それで僕は一人で彼の仕事場へ行って、彼の作品の模写を始めた。彼がラゴスから帰ってくるまでに、トランスファー技法を使った作品を二つ完成させたよ。彼が帰ってきた時、僕の模写を見て驚いてた。そしてその時から、彼はトランスファー技法を使った作品をつくる時はいつでも僕にさせたわけ。でも僕は彼のために絵画はやらなかったよ。だってそれは、僕にとって個人的なことだから。でも、模写すればいいような仕事は全部、彼のためにやった。僕は完璧にやったよ。彼の作品よりも上手くできちゃう場合さえあったよ。そして作品は彼が（彼の作品と）一緒にラゴスへ持って行って売ったり…。あとから、自分自身の絵画の試作をしたりもした。それも彼に渡してたよ、売るために。彼の所へ通うようになって三か月たった時、大学の…合格通知を受け取った。ジャムに合格したんだ。僕は大学に無事に入学することができた。これが…こうして僕は…アーティストへの道のりを歩み出したんだ。

O：なるほど。それで、大学でますます技術を磨いたってことですね？

Pa：うん。磨いてったよ。でも、実は、大学を卒業するまでバヨ・オグンデレの所にも通ってたんだよね。

O：彼のために働いてたってことですか？

Pa：そう、彼のために働いてた。

O：報酬はもらってたんですか？

Pa：いいや。もらってなかった。

O：そうですか、じゃあただ…

Pa：彼の所で働いてたよ、僕はそこで学べることを学んでた。なぜなら…僕は…何かをやる時、たとえ自分自身が与えているだけであったとしても、その過程で必ず自分は学んでるんだって信じてるから。

O：控えめでいるってことですか？

Pa：んー…辛抱するってこと。ある状況において苦しい時、我慢しなくちゃならないってこと…僕は苦しんだから。

O：どういう意味で？

Pa：彼のために働くし、彼が売る作品を描く。時々報酬をもらうけど、時々もらえない。もらえたとしても、そのほとんどを大学でサバイブするために使ってた。僕の両親は、特に父親は大学生活を支援してくれなかったから。中学・高校を卒業した時父は言った…これでもう自分はやれることをすべてやったと。だから、僕が大学に入学するためにやってたこと、ずっとやってたこと…それは…すべて僕が自分一人で生きてくためにやってたんだ。大学に入学した時、オグンデレのために働いて、彼からもらえる金でなんとか生活してた。報酬って、それはつまり僕がした仕事のだよ、僕の絵の（オグンデレの作品の模写であっても）。オグンデレからもらえる金は、どんな額でも…教材とか画材とか買うのに使ってた、わかるよね？　時々…自分自身の絵も売れた。でも彼は僕に何も支払ってくれなかった…わかる？　時には僕も言ったよ、僕の作品を売った金を下さいって。でも彼はそれでもくれなかった。だからもう仕方ないだろ？　それでも僕は…できるだけのことをしてできるだけの金を稼ぐしかなかった[redacted]。だから、つまりそうやって…オグンデレとやってきたわけ。そこを離れるまで僕は彼と一緒にいて、彼のために働いて、そこで学んだよ。そして大学の方も辛抱しながらやってた。つまり、大学っていう環境ね。大学では、困難がたくさんあった…わかるよね？　えー…入学してすぐの頃は、僕は周りの学生たちに対してすっかり、もうすっかり、劣等感を抱いてた…アートの正式な教育を受けてなかったから。だから僕はできるだけのことをした…だって、周りの人たちはみんなきっと…中学・高校でずっとアートを勉強してきたわけで。何人かは、教育大学を出て（アートを専攻して）ダイレクト・エントリー（大学三年次に編入）で入って来てたし、「ジャム・バイト」で（ジャム試験をストレートで合格して）入って来た人たちもいたからさ。そういう感じで…。だからこういう人たちのあいだで僕は劣等感を持ってた。けどだからって、それでやる気がなくなったわけじゃない。それでもただ僕は僕にやれることを続けた…大学三年生になるまでは…そんな感じだった。でもある時、僕は自信を持つようになったっていうか…僕はアーティストとしてぐんと成長していった時期があった。周りのみんなに追い付いてきたっていう自信を持ち始めたんだ。それに、三年生の中で、その何人かよりも自分が上達してることにさえ気付いたんだ。自信を持ったことによって、腕もまた上がっていった…こうやって…そして四年生になる頃には成績も上がっていった…僕は落第や留年することなく大学を無事に卒業することができたんだ、四年間でね。

O：何年に大学を卒業したんですか？

Pa：一九九〇年。

O：一九九〇ですか。

Pa：そう。

O：バヨ・オグンデレさんの所は…

Pa：一九八六年…同じ年の一九八六年に…いや、違う違う…違う違う、大学を卒業してからも…まだオグンデレの所にいたんだよ…でも…

O：そうなんですか。じゃあ、彼の所で働くのをやめたのはいつですか？

Pa：完全に？　仕事を辞めた時？　それか、いや…この話をしよう。僕は大学を卒業しても彼の仕事場へまだ行ってた。時々彼は大作の話を持って来て…僕にやってくれって頼むんだ…えー…パートナーとしてやろうって言って。でも結局…作品が仕上がったら…僕はその仕事を引き受けて、作品をつくって、彼はそれを売って、そして僕には何の報酬もない。僕はそのことについて文句を言うんだけど、彼はノーって言う…彼は何だかんだ言うんだけど、僕はもう忘れるしかなくて。[redacted]でも仕方がなかった。当時ほかに行く所なんてなかったから。仕事なんてないし、何も…わかるよね？　僕はまだ生きることで精一杯だったから、彼の所にいざるをえなかった。でもある時…あることが起こったんだ。彼（オグンデレ）はある作品を…ドイツに（売るために）送ったんだ。それで、ドイツの人たち（顧客）はその作品代をオグンデレに送金した。でもそれは、誤って、彼の兄、ルーファス・オグンデレの所へ送られてしまったんだ。ルーファスはそれを受け取って、彼はその金が本当は自分のものではないってことを知っていたけど、使い切ったんだ…わかるよね？　あとから、そのドイツの人たちはバヨ・オグンデレに送金したけど、何も返事がありませんけどって手紙を書いたわけ、つまり、ここでいう、金を受け取るべき正式な人へ、ね。それでバヨは、「え？　送金って？　お金なんて受け取ってませんよ。何も。一体、誰に送ったんですか？」って答えた。すると彼らは送金の記録を見て、誰に金を送ったかわかったんだ。それでオグンデレは、どうしたらいいんだ、金はちゃんと払ってもらわないと困ると言った。先方は、ちゃんともう一度送金するから心配しないようにと言った。バヨはもちろんルーファスの所へも行って、金を返してくれと言った…でもルーファスは返さなかった。バヨはそのこともドイツの人たちに言ったんだ、ルーファスは金を返してくれない、一体どうすればいいんだ、と。先方は、心配しないように、バヨの銀行口座か何か（送金先）を連絡するように、そうすれば支払うから、と言った。それでバヨは僕の所へ話をしに来た…どういうことが起こってるかを。僕は彼に言ったんだ、「あなたが先方にもう一度送金してくれと言えば、送金してくれるでしょう。でも、彼らはもう二度とあなたの作品を買わないでしょう。これであなたの名声も、彼らとの関係も最後になるでしょう」。彼は言った、「じゃあどうすればいいんだ」って。僕は答えた、「先方に、もうお金のことはいいですって言うべきでしょう。そしてあなた自身も、もうこのことは忘れるべきでしょう」と。そして彼はそうした。僕の言った通りにした。そして千九百…九三年、僕はひどく体調を壊していたんだけど、実際、死にそうだったんだけど神に救われて、まぁそれはいいんだけど。病気から回復した時に彼は僕の所へ来たんだ。

O：ちょっと待って下さい。それって、どうしたんですか？　マラリア？　チフス？

Pa：ああ…黄熱病。

O：黄熱病？

Pa：うん…でもちゃんと治ったから。それで、オグンデレは僕の所に来て色々と[redacted]…こういう話が来たぞって言ってきた。あのドイツの人たちが、ドイツで絵画のコンペティションがあると連絡してきたんだけど、応募資格の年齢制限に彼（オグンデレ）はひっかかってしまうので、僕に応募してみないかと。僕は「いいですよ、やってみます」と言った。それで、彼にコンペに関する具体的なことを聞いた。彼は、ドイツの人たちによるとこういうコンペだって、その内容を僕に話した…もっとも…この話が来たのは、彼（オグンデレ）が彼らの送金先の間違いの件で（オグンデレが結局金を受け取らなかったから）来たわけなんだけど…、それは…応募するには宗教画を、聖書に関する絵を二つ送るってことだった…もしもコンペに勝ったら、受賞者（勝者）はドイツに行けて、そこで月々…約四か月分の生活費をもらえるのだと…。生活費というのは、もちろん食費とか、そういう暮らしに必要な額のことね。僕は、いいですね、やります、と言った。オグンデレは僕にその募集要項を渡した。そして僕は絵を描いて、彼に渡した。彼はそれをＤＨＬでドイツに送った。それで僕はもうそのことをいったん忘れてた。なぜかって、コンペに参加するなんて初めてだったし、自分が実際に勝てるとは思ってなかったから。ただやってみただけだったんだよね。だから送ったあとはもう忘れてた。で、そのことを完璧に忘れてた八月に、いや、七月だったかな…オグンデレはまた手紙を受け取って、僕の所へ来て言った、コンペに勝ったぞって。すごく驚いた…僕が勝ったなんて…「あぁ、素晴らしい」、そう思った。それで彼は言った…これから渡航の準備を、つまりドイツへ行く準備をしなくては、と。僕は言った、「ご存知の通り、僕には何もありません…つまり…僕には一銭もありません。パスポートもないし、どうやって渡航したらいいかもわからないです」と。彼は、心配しなくていいと言った。そしてパスポートをつくる準備に取り掛かってくれた…でもその途中で、オグンデレは僕を彼の部屋に呼んでこんなことを言った、僕がドイツに行っているあいだに得る金は彼と二人で半分半分に分けるべきだと。

O：（くしゃみをする）失礼しました。

Pa：（緒方のくしゃみに対して）大丈夫？　それで僕は言った、「実際に向こうでいくらもらえるのか知りません。ここに書いてあるのは、生活費と交通費の支給ということだけです。僕はそれで問題ないです。生活費というのがいくらなのかは知りませんが。でも、それ以上の金を支給するとは書いてありません。生活費というのは、そこで食べてくためのものです。僕は餓死するつもりはありませんから」そして言ったよ、「わかりました、結構です。帰国するまで待って下さい。答えはその時わかるでしょう。今僕はここで約束はできません」と。彼が僕にしてほしいと言ったことに対して、僕は「それはできない」と言ったわけだ。そしてそれ以降、彼は変わった。すでにパスポートは出来ていたんだけど、それから大使館に行ってビザを取得しないといけなかった。彼はそれを助けてくれるはずの人だった。僕はそういう所には行ったこともなかった。まったく無知だった…全然見知らぬ場所だった。でも彼は突然何もしてくれなくなった。もう手伝ってくれようとはしなかった。僕が（ドイツで得る）金を渡さないと思ったからだろうね。彼の所へ行くと、もう僕を相手にしようとしなくなった。それでもう、彼がそうしたいのなら、僕はもういい、この人のことは忘れようと思った。僕は（友人のアーティストの）シェグン・アデクの所へ行って、こういうことなんだけど、と事情を話して助言を求めた。大使館に行くこと、ドイツの先方にも手紙を書き、彼らや大使館と綿密に連絡を取り合うことをアデクは助言してくれた。そうすれば先方が大使館と交渉してくれるだろうし、また、僕自身も大使館に足を運ぶべきだと言われて、実際にそうした。綿密な連絡を取って、交渉して、大使館に行った。それでようやくビザを取得することができた。そしてバヨ・オグンデレの所へビザ取得の報告に行った。彼はびっくりしていたよ。でも、ビザ取得に時間がかかって、つまり、彼が何も助けてくれなかったから、予定通りの日程でドイツへ行くことができなかった。八月？　だったかな…八月…八月末までにはドイツに到着していたはずが、結局…八月…じゃなくて、九月二八日あたりに行ったんだ。今全部言えないけど…詳細はすべて、大使館や先方とのやりとりも含め、家に保管してあるよ…もし見たければ。それで、えー…やっと渡航できたってわけ。ビザが取れるまではラゴスの友人の所に居候させてもらってた。そして二八日に出発したんだ。

O：そうですか。ところでその時、もう結婚してたんですよね？

Pa：うん、結婚してた。

O：確か、クンレは…その年の九月に、

Pa：んーっと。

O：クンレは生まれたんですよね。

Pa：九月二三日に。

K：一一日だよ。

Pa：違う、そうそう…九月一一日に生まれたんだ。

O：はい。

Pa：こいつが生まれた時、僕はまだラゴスにいたんだ。それで帰って来て…イフェに帰って来て…いつだったかな…そうだ、命名式の三日前だ、それは…何日だっけ？

K：一四日。

Pa：一四日…一四日だっけ？

K：いや、三日って、三日前ってこと？

Pa：前…おまえの命名式の…あるいはその一日前

K：一五日。

Pa：一五日だ、帰ったのは。それで、命名式の直後、帰って二日目にまたさっとラゴスに戻ったんだ。

O：そうですか。クンレはその時のこと覚えてる？

K：（笑う）

Pa：覚えてるわけないよ、こいつはまだ…

K：すごいちっちゃかったから（笑う）

Pa：（笑う）まだ小さな赤ん坊だったもんな。

O：（笑う）

Pa：クンレは…僕はクンレをほんの三日間だけ見てラゴスへとんぼ帰りして、そしてラゴスからドイツへ行った。三月までいて…三月…三月だっけ、二月だっけ？一九九四年の二月だ。

O：半年も？

Pa：いやいや、九月に行ったから、

O：一〇月、一一月、一二月、一月、二月、三月…半年間？

Pa：違う違う、三月、じゃなくて二月まで。八日だったかな、確か二月八日に帰ってきた。

O：じゃあ、五か月くらい行ってたんですね。

Pa：四。四か月ね。

O：四か月ですね。じゃあ…クンレは四か月もお父さんに会えなかったんだね。

K：（微笑む）

Pa：（笑う）そうだね。

O：それ以来、パパケイは…

Pa：そう…

O：独立した（フリーの）…

Pa：アーティスト

O：アーティストなんですね。

Pa：うん…[redacted]に苦しみながらね。なんてね。（笑う）

O：そうですね。お話して下さってありがとうございました。もう二、三…私から質問してもいいですか？

Pa：いいよ。

O：えっと…えー…パパケイは、自分自身のことを、イフェのアーティストだと認識していますか？　それともヨルバのアーティスト、アフリ…ナイジェリアのアーティスト、アフリカのアーティスト、国際的アーティスト、または…コラウォレ・オラインカ？

Pa：んー…自分自身が何であるかなんてわかんないな。

O：そうですか。

Pa：その理由は…いや、…現時点では、僕はコラウォレだな。アーティスト、コラウォレ。僕はまだ実際に世に知られていないから。ドイツには行ったけど、あれは…えー…人生におけるただの過程だし。周りの人が決めたらいいと思うな、僕がどういうアーティストかってことは。イフェのアーティストとか、アフリカのアーティストとか、どんなでも。僕自身はまだわから

ないから。（笑う）

O：わかりました。ありがとうございます。あと…パパケイにとって最高の作品、一番好きな作品って何ですか？　…まだ持っていても、売ったものでもいいんですけど…もし覚えてたら。

Pa：んー…

O：クンレ、ベッドの上で自由にしてていいんだよ。

K：ああ…うん。

Pa：えー…うーん…一番の作品か…

O：難しい質問ですよね。

Pa：そんなに難しくはないよ。ただ、もし一つ選ぶとしたらきっと…僕は模写の作品を選ぶな。今思いつくのは、模写…人は言うだろうけど、「何それ？　オリジナルの作品じゃないじゃないか」って。でもこれは僕がまだ…自分のことをアーティストだなんて思ってなかった時の作品なんだ。あるいは、まだ…アーティストとしてやっていこうなんて思ってなかった時の作品なんだ。その絵にはグワッシュを使ったよ。そう、つまり…ロビンフッドの絵。

O：ロビンフッド？

Pa：そう、ロビンフッド。家にあるあれ。

O：あの、居間に飾ってある？

Pa：そう。

O：へぇ…あれが好きなんですか？

Pa：好きだよ。もし好きじゃなかったら、わざわざあそこに飾ってないよ。

O：そうですか。でもなんでまたあの作品なんですか？

Pa：それは…かなり技術が必要だったんだよ…あの絵具、グワッシュを使うには。水と…何かを混ぜるんだ。混ぜるのはけっこう難しいんだ。

O：そうなんですか。

Pa：あの当時はまだ未熟だったし…あの絵を描いた時ね。

O：おいくつだったんですか？

Pa：ん？

O：お歳。

Pa：ああ、あの時は…ん？　日付書いておいたっけ？　…でもあれはまだ大学に入る前だったから。いや、確か…一九八二年に描いた。確か当時一八歳だったと思う。

O：えっと…イバダンで？

Pa：そう、イバダンで。

O：イバダンから持ってきたんですか？

Pa：うん、イバダンから持ってきたよ。何か特別なことをやってたわけじゃなくて…ただ描いてたんだ…色を混ぜて。そして気が付いたらいいものが出来上がってたってわけ。それは…オリジナル作品って話になると、別に僕にオリジナル作品がないわけじゃもちろんないよ。ただ、あの作品は…その…ある一定の技術によってつくられて、そしてまた…アーティストになるっていう意識がまだない時につくられた…だから好きなんだ。

O：なるほど。

Pa：ああいう作品はたくさんあって、模写はたくさんしたよ…どれも上手く出来てた、本物と同じに見えるくらいにね。僕はそのほとんどを人にあげたりしてた。でもあの作品だけはとっておいたんだ。カートリッジ紙にも描いたよ…で、その作品もまだ残してる。

O：なるほど、なるほど…

Pa：色留め剤すらも使ったんだよ。色留め剤ってわかる？鉛筆画とか水彩画とか…いや、水彩画には使わないか、ポスターカラーとかグワッシュの作品にスプレーで振りかける液体。そうすると…

O：コーティングするみたいに？

Pa：そう、作品をより良くするためにコーティングするんだ。

O：なるほど…そうですか。マンガから模写したんですか？

Pa：いや、違うよ、マンガからじゃない。あれは…えー…本から。本の裏表紙から。

O：ロビンフッド物語ですね。

Pa：そう、ロビンフッド。

O：その本知ってる（クンレに尋ねる）？

Pa：ああ、こいつも読んだはず、だよね？

K：（微笑む）

O：（ロビンフッドの絵を選ぶとは）なかなか面白いですね。

Pa：その本まだ持ってるよ。ずっと前から…たくさんの本を買って、まだ持ってる。小学生の時に買った本だってまだ持ってるし。

O：そうなんですね。

Pa：本はたくさん持ってるよ。

O：そうですか。ありがとうございました。

Pa：どういたしまして。

O：それから、えっと…一人のアーティストとして、将来のどんな目標を持っていますか？　将来、どんなことを成し遂げたいと思っていますか？

Pa：将来？

O：はい。

Pa：アーティストとして成功したい。家族を…支えたい。

O：そうですか。

Pa：家族をちゃんと養いたい。

O：はい。

Pa：助けを必要としてる人たちの力になりたい。

O：はい。

Pa：わかるよね？

O：はい。

Pa：それから、キリスト教信者としての役割をきちんと果たしたい。神に仕えるべきことすべてをやれるようになりたい。どういうことかわかるよね？　たまに、信者に何かを強制させる教会があるんだけど、強制させることと、自ら進んでやることは違う。僕は、神のためにすることはなんでも容易にしたい。いや、容易って言葉は適切じゃないかも…何事も決して容易ではないから。ただ僕たちはそう努めるべきなんだ…でも僕は…不便なく神に仕えたい、なんて言うか、こう…僕のやり方で…わかるよね？　そしてそれとは別に、両親の世話をしたい…今はまだこういうことができてなくて、ちゃんとできるよう神に祈ることしかできてないんだけど。

O：わかります…話して下さってありがとうございます。

Pa：どういたしまして。

O：ところで…クンレ、

K：（微笑む）

O：（笑う）お父さんの話を聞いて…その…何か言いたいことってある？　どんなことでもいいんだけど、何かあるかな？

K：うーん（微笑む）

O：（微笑む）

K：（咳払いする）色々聞いたけど…（咳払いする）……■■でも……■

Pa：何も言えないのか？　言うことないのか？　なんてこった。

O：（笑う）

Pa：（笑う）

O：話の一部は知ってた？　今日初めて聞くこともあったかな？

K：はい、ほとんど初めて聞きました。

O：ほとんど？

K：（微笑む）

O：お子さんたちにはあまりこういう話はしないんですか？

Pa：話してきたよ。たいていは、子供たちが悪いことした時にね。

K&O：（微笑む）

Pa：そして僕は言って聞かせるんだ…なぜこうして怒っているのか、なぜおしおきをしているのかっていうのは、「困難」の大切さ。だって僕が子供だった頃……僕がまだ子供たちに言ってないことがあって。それは、僕は中学校に入った時…いや、入る前から自炊してたってこと。

O：何を…？

Pa：自炊。

O：自炊？

Pa：自分一人でやっていってたってこと。

O：そうなんですか。

Pa：中学生になった最初っから。小学校を卒業したら僕は一人で住むようになった。両親は僕に部屋を借りてくれた。僕はそこから一人で学校に通ってた。
O：へぇ、イバダンでですか？
Pa：そう、イバダンで。
O：どうしてまた家族と離れないといけなかったんですか？
Pa：僕が住んでた場所から遠く離れた所に両親は住んでたから。だから僕は一人で住まないといけなくて、両親は両親で彼らの家に住んでた。僕は一人だった、自炊してた…そういうこと。そこから一人で学校に行って。ほら、誰も僕に何も言わなかったよ。僕は自炊してた。
…
O：自分でご飯つくってたんですか？
Pa：そうだよ、自分で。
O：え？ ちょっとよくわからないんですけど。どうしてご両親は…あ、そうか、中学校が…
Pa：そう。中学校の場所のせい。遠かったから。
O：場所がね…でも、それならどうして、その…ご両親の家の近くの中学校に通わなかったんですか？
Pa：それは…
O：良い学校がなかったとか？
Pa：いや、その時僕はすでに…両親が引っ越しする前にすでにその中学校に通い始めてたんだよ。僕はもう…
O：ご両親は引っ越しされたんですか？
Pa：引っ越ししたんだ…つまりこういうこと。僕がまだ小学生だった頃は、まだみんな一緒に住んでたわけ。
O：パパケイと誰が？ 何人で…
Pa：僕と、僕と母と、えー…姉たち。
O：そうですか。
Pa：三人の姉たちね…それから兄もね。
O：全員で何人ですか？
Pa：六人ほど。でも運転手だった父が遠距離の仕事を終えて帰って来ると、七人になったけど。
O：お父さんには奥さんが何人いるんですか？ いたんですか？
Pa：父には…当時二人の妻がいたよ。でも二人目の奥さんは僕たちと一緒に住んでなかった。
O：そうですか、じゃあ、その家には血縁の…
Pa：そうそう、僕たちはみんな同じ…
O：腹違いの兄妹は一緒に住んでいなかったんですね。
Pa：一緒じゃなかったよ。
O：それで、全員で七人だったんですね。
Pa：七人だった。それである時…えー…僕はすでに中学校からの入学許可をもらっていた時に…僕が住んでいた所というのが…つまり父が借りていた家は、その地域の名前はイバダンのボデっていう所、知ってる？ ボデっていうのは、英語で「入り口」っていう意味。町に入ってくる時入り口があるでしょ。境界線みたいな…えー…境界線…その…あの人たちがいる所、彼ら何て言うんだっけ？　…えー…税関にいる人（カスタム・オフィサー）たち。ほかの国からナイジェリアへの入り口もボデって言うんだ。

O：はい。

Pa：昔はね…どの町にもボデがあったんだ、つまり、境界線（入り口）がね。でもこの（僕の住んでた）ボデはすでに町の中心にあった。で、とにかく僕の両親が家を借りてたその地域はボデって呼ばれてた。そして母は母で、そこからかなり遠く離れた場所に店を借りることになって。母はそこに掘っ建て小屋の店をつくらないといけなくて。母はそこに住むことになったんだ。でも僕は母と一緒に行けなかった。だからそのボデの家に残ることに決めて、そこから中学校に通った。ボデと、中学校と、母の店はこんな感じで、その位置は三角形をつくってたんだ。すごく遠かった。

O：そうですか。お母さんはお店に住んでいらっしゃったんですね。

Pa：そう、店に。

O：そしてパパケイは…

Pa：ボデに。

O：ボデに。

Pa：その通り。

O：そして新しい家は？

Pa：新しい家は（床に指で地図を描き、そこを指差しながら）ここ。中学校はこの辺ね。

O：中学校はその辺。じゃあ、お姉さんたちはどこに住んでたんですか？

Pa：姉たちは母と一緒に住んでた。

O：なるほど…そうだったんですね…わかりました。

Pa：兄もね（母と姉と一緒に住んでた）。

O：そうですか、それでパパケイは一人でその家に住んでたんですね。

Pa：そう、一人で住んでた。

O：でも、まだ一二、三歳の頃ですよね？

Pa：んー…そうだね…一九歳…いや、…えー…一九八七年だったから。そう、一九八七年。一五歳、一四歳…一三歳だよね？

O：えーっと…

Pa：いや、一五歳だ。

O：そうですね…

Pa：一五歳。そう。その時僕は一人で住んで自炊してた。

O：そうなんですね。

Pa：でもさ、そういう時って、何しても自由でしょ、誰も何も言わないんだから。女の子だって連れて来れるわけで。

O：連れて来れる？

Pa：女性を。

O：ああ…連れて来てたんですか？

Pa：いいや、連れて来てないよ。

O：(微笑む)

Pa：連れて来なかったよ。連れて来れなかった。どうしてかな…僕はただ…

O：でも、女性を連れて来るにはちょっと若すぎません？

Pa：若すぎないよ。すでに多感な時だったからね。

O：(笑う) そうですね、ティーンエイジャーですもんね。

Pa：そう。すっごく多感な時。僕はそこから一人で学校に通ってたんだけど、学校でも、女の子と…つまりその、彼女とかいなかった。女の子の友達はいたよ、相談にのったり、話したり、一緒に勉強したりするような。でも誰ともつきあってなかった。つきあわなかった、わかるよね？ 僕たちは…彼女たちは家に来たし、そこで話をしたし、僕も彼女たちの家へ行って話をしたりはした。でもそれ以上のことは…なかったよ。

O：わかります。

Pa：僕はそういうことに関わらないようにした。なぜだと思う？

O：なぜですか？

Pa：それは…両親のせい。父が一夫多妻主義だったから。父には女性がたくさんいた。僕は当時、父親の生き方が僕たち家族の人生に(悪い)影響を与えてるって気付いてた。だから、僕は父のようになりたくないと思った。

O：そうだったんですか。

Pa：わかるだろ？ だから僕は、学業に支障をきたすものには、自分の将来に悪い影響を及ぼすものには一切関わらないって決めた…(多感な時だったから) 僕にも強い衝動はあった、でも自分でそれをコントロールしたんだ。そういうものを一切捨てたんだ…そして勉強に専念した。家ではたった一人だったけど。

O：そうだったんですね。

Pa：それで…

O：クンレ、今の話聞いた？

Pa：(笑う) こいつにはよく話してきたよ。

K：(笑う)

Pa：こいつが悪いことをするたびに…言って聞かせたよ、「こういうことは絶対に許さない、ああいうことは絶対に許さない。僕はこうしておまえをコントロール(制御) してるんだよ。僕にはこうやってコントロールしてくれる人はいなかったけど、でも僕がおまえにやるなと言っているようなことは決してやらなかった。言い訳は無用だぞ」って。

O：そうですか。

Pa：キリストが僕たちに言ってるようなことだよ…えー…キリストはもちろん例外なんだけど…えー…わかるよね？ 生身の人間は、肉体に縛られている。だからもしその肉体をコントロールできたら、人は…つまりキリストは信者たちにこう言うんだ、少なくとも僕たちはコントロールしようと努力することはできるんだと。わかるよね？　だから[redacted]。だからキリスト教徒として、僕たちはそうすべきで[redacted]、つまり、僕たちは自分たちをコントロールできるはずなんだ[redacted]。

O：なるほど。

Pa：だからこいつに、なぜ僕が叱っているのか、そしてこいつ自身が努力しないといけないってことを言って聞かせるんだ…だって僕は彼に自由にさせてるつもりだから…彼に強制はしない。あれこれ言ったりしない、でも大事なことは真剣に伝えるんだ。

O：そうなんですね。

Pa：そうやってこいつにちゃんとした「道」を歩んでもらうんだ。

O：そうなんですね。えーっと、…クンレ、何か…今聞いた話で、何か…

Pa：反対意見は？

O：いえ、そういうわけじゃないんだけど…

Pa：（笑う）

O：そうですね、反対意見はある？　あるいはいいなと思う所とか。または…何か…面白いなって思ったこととか。

K：うん…父が生きてきた道だから…素晴らしいと思います。特に、よく勉強してきたこととか[redacted]。そこはすごいなって思いました。

O：そう。

K：それはぼくにとっても…えーっと…えーっ…参考になるし[redacted]。とにかく父はそうやって生きてきましたから。父の生き方ですからね。

O：そうね。

K：だから、ぼくもそうやって父のようになりたいな、と（笑う）。

O：（笑う）

K：それだけです。

O：そう。

K：ほかにも色々言いたいことはありますけど…

O：そうなの？

K：とにかく、話はすごく面白かったです（笑う）

O：面白かった？　それなら良かった。それから…勉強のこと以外で、お父さんのどんなところが好き？　今日の人生話の中からじゃなくてもいいよ…お父さんのこと、人としてどう思う？　お父さんの性格とか、どんなところが好き？

Pa：それからどういうところが嫌い？　僕も性格悪いところあるからね。

O：そうですね（笑う）。じゃあ、両方教えてもらえる？

Pa&K：（笑う）

K：はい。父が独りの空間を大事にしてるところ。そこが好きです。
O：独り…？
K：父は独りでいることが好きなんです。
O：なるほど。
K：本読んだりとか、ほかにも、一人で何かしてる。ぼくも。そこはぼくも似たと思います。
O：そうなんだ。（微笑む）
K：それから悪いところもだよね？（笑う）そうですね、父は…父の物をしまっていてぼくに使わせてくれないんです。父はぼくたちがそれを壊すんじゃないかって思ってて。
O：そうなんだ。
K：父がずっと大事に持ってる物ありますよね、若い時から。父はそれをずっとしまっていて、なかなか見せてくれないんです。
O：そうなんだ。
K：もしも妹たちがそれを触ったらって（壊したらって）、父はそれを恐れてるわけだけど、でも…
P：娘たちはね…
K：父の考えによると、ぼくたちはそれを雑に扱うから。
O：そうか、でも…
K：だから、（笑う）…
O：でもクンレはそうは思わないんだよね？

K：ぼくはもう父のものをちゃんと管理できると思うんです。（微笑む）
Pa：今はってこと？　それとも前から？
K：（微笑む）
O：つまり、お父さんの物をもっと自由に使いたい、と。
K：そうです。
O：お父さんが大事に取ってる物をもっと見たいし、もっと読みたいわけだよね…
Pa：自由に使いたい、ね…
O：お父さんの物をね…
Pa：無制限に使いたい、と。
K&Pa：（笑う）
O：お父さんの大事な物、それをだよね？
K：えー…そう、そうです。
O：わかった。で、お父さん、どう思います？
Pa：そうだな…僕はやっぱり…僕だって子供たちに僕の物を使ってほしいって思うよ、わかる？　でもこいつは…クンレは…もう大丈夫だって言ったけど。でも僕が把握してる限りでは、こいつはまだ大丈夫じゃないね。
K&O：（笑う）
Pa：そうだよ。それはこいつだって知ってるよ。
K：そんなことないよ。
Pa：おまえは僕から何か借りたら、その辺に置きっぱなしにするじゃないか。それで僕は、おまえの妹たちの手に届いて壊されてしまう場所からそれを移動させろって叱らないといけないじゃないか。

O：本のことですか？

Pa：そう。

O：本のことを言ってるんですよね？

Pa：そう、本のことを言ってるんだ。おまえはやっぱりまだ…出かける時に、またそれをどこかその辺に置きっぱなしで行くだろうね。

K：（笑う）

Pa：いや、…こいつもだいぶ変わったよ、前と比べたら。前は大事な物を良く壊してた、本当に。でもこいつも変わって、最近では…えー…ちゃんと管理するようになってきたけど。でもやっぱりまだ十分じゃないね。

K：それは妹たちが…

Pa：僕はそれでもこいつに本を…そう、そうなんだよ。こいつは僕の大事な本を、妹たちがどこかへ持って行ってぐちゃぐちゃにするような所に置きっぱなしにするんだ。

O：妹さんたちが持って行っちゃうもんね…

K：だってぼくたち五人は一つの部屋で…

Pa：いいや、それは関係ないね。

K：妹たちも…

Pa：どうでもいいこった！

K：ぼくが父の物を知りたいって思うように、（笑う）

Pa：うん。

K：弟や妹たちも、父の物に興味があるんだよ。

Pa&O：うん、そりゃそうだよね。

K：ぼくには…その…なんて言うか…

O：プライバシーがないんだよね。

K：プライバシーがないんです。

Pa：確かにプライバシーはないね。まあとにかく…

O：（笑う）たぶん、パパケイがもう少しだけクンレに自由に（パパケイの物を）使わせてあげるっていうのはどうでしょう。

Pa：ああ、もちろん僕はこいつに本を貸してるよ。

S：例えば…ああいう高い所に（緒方の部屋の高い場所を見て）…クンレだけが届くような所に保管しておくとか…

K：（微笑む）

Pa：いやいや、そうじゃなくて。僕はこいつに本を渡すよ。

O：そうですか。

Pa：図書室みたいにね、一度に一冊。一冊以上は渡せないよ…無理だね、一冊以上は。こいつが管理できるわけがないから。わかるだろ？ それが一つ。そして二つに、こいつに鍵は渡せないね。

O：そうなんですか。

Pa：本棚の鍵。前もそうだったように、こいつが不注意だってわかってるから。こいつは…とにかく、一度に一冊貸すよ。こういうのを、「コントロール」っていうんだ。

K：一度に一冊渡してもらうんじゃなくて、一度に一冊、自分で取るよ。

Pa：こういうことを、「コントロール」っていうの。こいつが大人になったら…えー…とにかく、図書室を置けるだけの家をいつか僕が建てたらね。子供たちは自由に図書室に入れるけど、何を借りたかちゃんと記録をつけないといけない。そしてちゃんと返すこと。

O：（笑う）図書カードがいるんですね。

Pa：そうだよ。そういうこと。

O：ってことは、…借りる時はいつでもサインして…

Pa&K：（笑う）

Pa：ああ、そりぁそうだよ。

O：貸出日とか…

Pa：そう。

K：（笑う）

O：なるほど…

Pa：（笑う）

O：ありがとうございました。面白かったです。クンレも、ありがとうね。

K：ありがとうございました。

O：あら、…もう一時間一一分三五秒もたったんだ。

Pa：そうだね。

あとがき

本書のデータは、基本的に二〇〇三年から二〇一二年までに収集したものである。当然ながら、イレ・イフェの人たちの生活には、二〇一三年から本書が刊行される二〇一七年までのあいだに大小いくつもの変化が生じている。アーティストやその家族・友人・顧客の中には、すでに永眠した方々もいる。家族が増えた人、家を建てた人や建て始めた人、店を増やした人、店を閉めた人、困難な生活でげっそり痩せた人、作品販売に成功してますますふくよかになった人もいる。

様々な変化の中でも、二〇一五年末から二〇一六年初めにかけての石油価格の暴落に伴うナイジェリアの経済危機は、二〇一六年以降、地方政府や州政府の公務員や年金生活者の暮らしをはじめ、公務員や年金生活者も大事な顧客とする「自営」のアーティストの生活にも多大な影響を与えている。食品や燃料の価格は二倍以上高騰し、一部の州政府は年金の支払いと公務員への給料支払いを延期する事態に陥った。二〇一五年六月に私が調査を行った時点でもすでに不況の影は忍び寄っていた。それまで一二年間、私が訪ねた時はいつも忙しく作業していたアーティストの一人が、「新しい大統領（ブハリ政権）が誕生したばかりだからね、きっとこれから良くなっていくはず」と期待を込めて言った。彼はいつになくひまそうに、店のベンチにだらりと座っていた。あの乾ききった状況においてアーティストが作品を制作し、販売し、生活していることについても、今後考えていかなければならない。こうした二〇一三年以降のイレ・イフェおよびナイジェリアの状況を反映した芸術の人類学の論考は、稿を改めて書いていきたい。

私がアフリカ美術に興味を持ち始めたのは一九九〇年代後半、高校生の時だった。母の高校時代の同級生で、アジアとアフリカの手工芸品を輸入されたり、布を用いてデザインした洋服や雑貨などを販売していらっしゃる小川弘さんと奥様の小川圭さん（株式会社東京かんかん）が、時々母に商品をプレゼントして下さっていた。この布素敵だなという感覚や着てみたいなという楽しみは、大学へ進学する頃には、こういう（アフリカの）ものはどんな人たちがどんな場所でつくっているのだろう、という好奇心へと変わっていった。

ところが二〇〇三年、ふくれあがった好奇心はナイジェリアで割れてなくなった。想像していたアフリカ美術となんだか違うし、はっきり言って、調査より何よりこのままじゃ飢え死にする。せっかく買いに行った食べ物は下宿のみんなが食べてしまうし、隠しておけば虫や巨大なネズミに持って行かれる。トイレはどこにもなくて六時間も八時間も我慢しなくちゃいけない。こっちは調査で忙しいのに、どこそこへ行こう、これ手伝ってと予告なしに急に巻き込まれる。町を歩けば（女性であることの目印であるピアスの穴を開けていない）おまえは男か女か？　と平然と聞かれたり、「チンチョン」「チャンチョン」「チンチン」と（彼らにとっての）中国人の真似をして大声で呼びかけてくる。初めてのナイジェリアでのフィールドワークは辛かった。

「もう二度とナイジェリアには来ないし、アフリカ美術の勉強もやめる」と、下宿のベッドの上で日本にかけた姉への電話で泣きじゃくった二〇〇三年八月。あれから一三年が過ぎた。私は今、大阪の駅のプラットホームで停車直前の電車のエンジン音に強く反応してしまう。ナイジェリアの都市の家々で鳴り響くジェネレーター（小型の自家発電機）の音が聞こえてきたようで、切なくなる。みんな今日もどうしてるだろうか。

あんなに嫌いになったナイジェリアにその後何度も通うようになったのは、二一歳の夏に出会ったかけがえのない友人たちの存在があったからだった。とりわけ、同世代の女友達（My dear sisters; Amina Yakubu-Bello, Omena Ojighoro and Toyin Ndidi Taiwo-Ojo）と過ごした日常はとびきり濃密な時間であった——家族で助け合い、家族に苦しむ。カネを求め、分かち合う。死にもの狂いで就学し、ステイタスを堪能する。恋に破れて友と泣く。どんな人生であろうとも、ナイジャ・ウーマン（ナイジェリア人女性）としてたくましく生きていく——彼女たちと過ごした日々の中で初めて、アフリカ美術というトピックに注目したこの調査が実行可能であったことをここに記しておきたい。それは、ナイジェリアという固有の国家・土地で、私たちと同じ時代を生きる人びとの営みにもまれて行ったフィールドワークであった。

本書の執筆と制作、および本研究を遂行するにあたり、たくさんの方々に助けていただいた。アーティストをはじめとするイレ・イフェの皆さん（artists and all the people I met in Ile-Ife）、オバフェミ・アウォロウォ大学美術学部の教員と学生の皆さん（staff and students of Department of Fine and Applied Arts, Obafemi Awolowo University）、そしてナイジェリアで出会ったすべての人たち（all the people I met in Nigeria）は、本書のデータの大部分を提供して下さったことはもちろん、私のナイジェリアでの生活を支えて下さった。

総合研究大学院大学での主指導教員・吉田憲司先生は、七年間、納得がいくまで議論を続けて下さった。細かな所の曖昧さも見逃さない吉田先生のご姿勢に多くを学んだ。副指導教員の池谷和信先生には、博士論文の提出に向けて勢いを与えていただき、ご指導していただいた。元副指導教員で博士論文の審査にも加わって下さった川口幸也先生（立教大学）は、日本におけるアフリカ同時代美術研究のパイオニアとしてご助言下さり、支えて下さった。

博士論文の主査を務めて下さった竹沢尚一郎先生には、人類学的に思考することや民族誌を書くことについて、総合研究大学院大学でのゼミや読書会を通して教えていただいた。審査に加わって下さった国立民族学博物館名誉教授の和田正平先生は、アフリカでのフィールドワークのご体験やご著書、数々の文献資料を通してご助言して下さり、激励のお言葉を下さった。博士論文の審査にあたっては、中京大学の亀井哲也先生と総合研究大学院大学の飯田卓先生にも大変お世話になり、多くのご助言をいただいた。

大阪大学の大村敬一先生は、大阪大学大学院の講義やゼミに参加させて下さり、博士論文執筆のための理論的なアドバイスをたくさん与えて下さった。奥様で画家の加藤安佐子さんには、アーティストというお立場からヒントとご助言をいただいた。大阪大学の小森淳子先生と塩田勝彦先生は、ヨルバ語の言語学的解釈および日本語表記について快くご相談にのって下さり、ご助言下さった。文京大学の中村博一先生は、私がほとんど体験していないナイジェリア北部の様々な状況についてご教示下さった。神戸大学の窪田幸子先生には、研究発表の場や研究会への参加を通してご助言をいただいた。日本学術振興会特別研究員PDとして私を二〇一五年から受け入れて下さっている九州大学の古谷嘉章先生は、様々なおりに鋭いコメントを下さり、激励して下さった。

ロンドン大学東洋アフリカ学院（SOAS）のエルスベス・コート（Elsbeth Court）先生は、英国大学予備コースで私に初めてアフリカ美術を学問として教えて下さり、この道を歩むきっかけを与えて下さった。同学院名誉教授のジョン・ピクトン（John Picton）先生は、当時大学一年生だった私を初めてのナイジェリアへ送り出して下さり、卒業論文から本書執筆に至るまでご助言を与え続けて下さった。同学院のチャールズ・ゴア（Charles Gore）先生は、学術的好奇心で私の（初めてのナイジェリアで味わった）苦しみを吹き飛ばして下さり、同時代のイレ・イフェのアートについての学士論文と修士論文を指導して下さった。同学院のアキン・オイェタデ（Akin Oyetade）先生にはヨルバ語を教えていただき、ナイジェリアでの生活についてもご助言いただいた。

総合研究大学院大学の学生として、また、外来研究員として、合計九年間在籍した国立民族学博物館では、先生方に加えて職員の皆さんにも大変お世話になった。特に図書室のスタッフの方々には、論文執筆や資料収集のための図書室の利用に際し非常にお世話になった。本書の草稿にアドバイス与えてくれた同期のヨトヴァ・マリアさん、辻本香子さん、議貝日月さんをはじめ、総合研究大学院大学の在学生・修了生の方々にも、様々な局面でお世話になった。

アフリカ文学研究者の粟飯原文子さん（法政大学）、医療人類学者の浜田明範さん（関西大学）、芸能の人類学者の吉田ゆか子さん（東京外国語大学アジア・アフリカ言語文化研究所）は、本書執筆中も常に鋭い洞察と刺激を与えて下さった。

本書における筆者撮影以外の画像の許諾申請に際しては、クレジットラインに表記した方々以外に、アーティストのシェグン・アデク（Segun Adeku）さんとコラウォレ・オラインカ（Kolawole Olayinka）さん、オバフェミ・アウォロウォ大学のスティーブン・フォラランミ（Stephen Folaranmi）さん、ナイジェリア大学のオズィオマ・オヌズリケ（Ozioma Onuzulike）さん、イバダン大学のパット・オイェロラ（Pat Oyelola）さん、ナイジェリア国立美術館のウチェ・ンナドズィエ（Uche Nadozie）さん、バイロイト大学イワレワハウス（Iwalewahaus）のナディーン・シーゲルト（Nadine Siegert）さんとスィグリッド・ハルシュ＝アルベルト（Sigrid Horsch-Albert）さん、ワシントンＤＣの国立アフリカ美術館付属図書館のジャネット・スタンリー（Janet Stanley）さん、ロンドンのオクトーバー・ギャラリー（October Gallery）とホワイトチャペル・アートギャラリー（Whitechapel Art Gallery）、ロンドン大学東洋アフリカ学院のブルネイ・ギャラリー（Brunei Gallery）にご協力いただいた。

本書の外国語の校閲は、ヨルバ語表現についてはイレ・イフェのアーティストのコラウォレ・オラインカさんが、英語表現についてはマイク・クリアリー（Mike Cleary）さんとマーティン・ウィークス（Martyn Weeks）さんが引き受けて下さった。本書の装丁は安藤次朗さんが手掛けて下さった。安藤さんには私のこれまでの活動でアーティ
レクションを担当していただき、博士論文の図表の作成にも手を貸していただいた。

上記の方々をはじめ、ここでお名前を挙げることができなかったすべての方々に心からお礼を申し上げたい。

なお、本研究を遂行するにあたり、ロンドン大学東洋アフリカ学院より（二〇〇三年テッサ・ブレナンド・メモリアルアワード）、独立行政法人日本学術振興会より（二〇〇九年度 - 二〇一〇年度特別研究員ＤＣ２〔課題番号 211523〕）、二〇一〇年度若手研究者海外派遣事業）、総合研究大学院大学より（二〇〇七年度リサーチトレーニング、二〇一一年度海外学生派遣事業）、それぞれ研究助成を与えていただいた。記して謝意を示したい。

本書の出版は、独立行政法人日本学術振興会による平成二八年度科学研究費補助金（研究成果公開促進費〔課題番号 16HP5124〕）の交付を受けて可能となった。清水弘文堂書房の礒貝日月さんと中里修作さんにも大変お世話になった。礒貝さんは、博士課程から本書出版に至るまで私の執筆を応援して下さった。

そして、いつも温かく見守ってくれた東京の両親、博士課程まで私を進学させてくれた福岡の両親、応援してく

れた二人の姉、そばで支えてくれた家族の明範に感謝の気持ちを伝えたい。
最後に、闘病中も私の博士論文執筆を励まし続けてくれ、二〇一四年八月三日に永眠したマヤ語研究者の永島（旧姓：大森）裕巳さんに、本書を捧げます。

二〇一六年八月

緒方しらべ

索引

かな

あ

アカデミズム 32, 37-39, 51, 65, 86, 90, 93, 95-97, 101-103, 170-171, 173, 184, 198, 207, 229, 233-234, 268, 270, 279-280, 282.
アカデミック・アーティスト 135, 155, 169-171, 177, 186-187, 198, 222, 262, 282.
アートギャラリー 5, 134, 138, 148, 152-153, 155, 177, 179, 183-185, 274, 287, 292, 299-300, 303-306, 310-311, 313-314, 317-318, 320, 362-363, 400.
アートワールド 9, 26, 31, 37-41, 49, 94-95, 102-104, 171, 173, 185, 234, 270, 280, 282-286, 288.
アブジャ 43, 52, 90, 120, 143, 145, 147-149, 176-177, 187-189, 204-205, 208, 315, 342, 360-361, 363.
―― 志向のアーティスト 115, 142-143, 147, 150, 170, 178, 187, 197, 217.
アフマド・ベロ大学 72-74, 107, 139, 156, 185.
アフリカ美術 4-5, 8-10, 26-28, 31, 33-34, 37-39, 48, 50-51, 62, 64-65, 103, 137, 173, 178, 183, 205, 210, 283, 285-288, 290, 397-400.
―― 史 27, 40, 48, 64-65.
アール・ネーグル 28, 30, 68.

い

イスラーム 60-61, 93, 105, 137, 148, 188-190, 263, 341.
イバダン 43, 52, 58, 60, 69, 72, 78-79, 99, 105, 107, 109, 111, 138-139, 141-142, 146, 148-149, 156, 159-160, 162, 164, 167, 185, 192, 201, 206, 209, 224, 227-230, 269, 312, 318, 329, 331-333, 355-357, 368-369, 377-378, 386, 389, 400.
イフェ＝モダケケ紛争 52, 62, 106, 207, 214-215.

え

エージェンシー論 35-38, 286-287.
お
オショボ派 78-86, 95, 104, 109, 142-145, 149-150, 166, 168, 170, 178-179, 185, 187-189, 197, 199-200, 203, 205-210, 212, 214, 217, 221, 228-230, 233, 235, 241-242, 264, 270, 278-279, 282, 284.
オナ 77-78, 99-102, 108, 111, 174, 184.
―― イズム 53, 71, 77-78, 101-102, 108, 136, 233-234, 278.
オニシェ
――・オウォ 98-99, 101-103, 279.
――・オナ 98-103, 111, 184, 279.
オバフェミ・アウォロウォ大学 43, 46, 48, 52, 70-73, 77-78, 83, 86, 103, 107, 110, 134-136, 139, 142, 153, 156, 162, 168, 178, 183, 186, 201, 204, 216, 228, 230, 232, 250, 274, 318, 343, 347, 358, 360, 398, 400.
オヨ 60-61, 93, 138-139, 247, 276, 278, 331-332, 377.
―― 中心主義 60-61, 278.
―― 帝国 57-58, 60-62, 105.
―― 方言 45, 59.
オリ・オロクン 63, 85, 110, 352.
―― 文化センター 83-84, 86, 110.
――・ワークショップ 83-86, 95, 103, 156, 186, 224, 278, 352-353.

か

学歴 186, 189, 191, 221-222, 281.
カタログ 5, 8, 27, 33, 51, 122, 129, 154, 191.
価値 8-9, 29, 32, 38-39, 42, 51, 65, 148, 215, 222, 237, 240, 253, 268, 271, 281.
―― 観 5, 8, 27, 29-30, 34, 36, 42, 221.
カテゴリー 31, 33, 172, 284.
カドゥナ 90, 149, 162, 180, 196-197, 337-339, 342-343.

神　43, 52, 56, 58, 64, 77, 82, 85, 117, 123, 125, 129, 137, 141, 143-144, 174, 189-190, 215, 217, 272, 275, 309, 315-316, 320, 331, 338-340, 342-343, 345-346, 355, 362-364, 379, 382, 387-388.
仮面　4, 28, 51, 53, 68, 117, 133, 148, 189, 197, 230, 233, 274.
カリキュラム　70, 95, 97, 233.
冠婚葬祭　136, 157-158, 170-171, 206, 261, 283.
鑑賞　5, 95, 114, 171, 289.
　「――中心」の需要　114, 134-135, 163, 169-173, 182, 221, 280, 282-283.

き

技術　29, 51, 62-64, 68, 72, 74, 99, 101-103, 120, 133, 142, 150, 156, 167, 170, 185, 191, 202, 207, 216, 220, 222, 229, 231-234, 238-240, 294, 337, 380, 386.
　――大学　72-74, 92, 107, 138-139, 148-149, 159-160, 162, 170, 177, 185, 198, 201, 216, 233, 269, 329-333.
基準　5, 9, 27, 32, 115, 182, 221-222, 281, 285, 336, 344.
義務教育　45, 272-273.
キュビスム　28, 142, 166.
キュレーター　26, 33, 37, 39-40, 286.
教育　44-45, 59, 64-65, 69-70, 72, 77, 85, 92, 94, 97, 102, 133, 136, 177, 184, 186, 198, 200, 222, 226, 232, 272-273, 282, 324, 377, 381.
義務――. → 義務教育 .
　高等――. → 高等教育 .
　初等――. → 初等教育 .
　――大学　73, 138, 160, 168, 170, 198, 201-202, 228, 233, 376, 381.
　中等――. → 中等教育 .
　美術――. → 美術教育 .
教会　44, 46, 59, 71, 117, 119, 121, 124, 130, 138, 157, 159-160, 166-169, 180, 199, 211, 213-215, 218-219, 239-240, 242-243, 245-249, 251, 254, 256, 258-264, 266, 268, 270, 274-276, 284-285, 340, 388.
キリスト教　44, 57-62, 66, 93, 137, 141, 157, 167, 169-170, 189-190, 213, 215, 217-218, 239, 242, 249, 263, 338, 341, 387.
　――徒　43, 46, 57, 61, 132, 170, 180, 191, 263, 272, 338, 392.
近代　34, 38, 41, 50-51, 56, 58, 61-62, 66-67, 69, 98-99, 115, 274. モダン も参照 .
　西洋――. → 西洋近代 .
近代美術　4, 28, 32, 67, 69, 72, 74, 78, 86-87, 103, 178, 200, 274.

く

組合　85, 158, 180, 198, 264-265, 269-270, 284.

け

芸術＝文化システム　32, 36-40, 51, 87, 286-287.
兼業　203, 205, 210.
現金収入　9, 49, 53, 87, 131, 182, 218, 249, 256, 271, 275, 279-280, 283-284.
言説　38-39, 58, 62, 66-68, 78, 86, 104, 174, 279.
　――空間　102, 104.

こ

広告・宣伝　156, 159, 162, 227, 229.
高等教育　66, 69-73, 78, 97, 104, 107, 134-135, 138, 150, 177, 184, 186, 198, 201-202, 221-222, 232, 269-270, 272, 284, 329, 331.
購入　40, 47, 65, 94, 111, 114, 120, 132, 134, 145, 152, 168, 171, 175, 187-188, 193, 198, 209, 224, 243-245, 251, 256-257, 259, 265, 269, 284, 289.
「古典的」な需要　114-115, 163, 169-171, 173, 182, 221, 280.

さ

才能　101, 141, 168, 201-202, 211-212, 221-222, 254, 281.
ザリア　72-74, 76, 85, 107, 185.

—— の反逆児たち 74-77, 85, 107-108, 282.
—— 美術協会 74, 185.
参与観察 8, 275.

し

師匠 120-122, 127, 149, 187, 194-195, 204-205, 213, 224, 230-231, 234-236, 238, 268, 327, 362, 378-379.
自称 8, 56, 87-90, 94-98, 101-103, 111, 115, 177-178, 279.
支配 38-39, 58, 115, 173, 231, 271, 286, 358.
植民地 ——. → 植民地支配 .
シャリーア 162, 180, 196, 338.
ジャンル 4, 39, 114, 280.
主題 33, 66, 70, 75, 80-81, 83-84, 136-137, 142-144, 147, 155, 169-171, 179, 185, 197, 207, 213, 230, 234, 242, 278, 280, 282-283.
シュルレアリスム 28, 30, 108.
肖像画 8, 68-69, 137-138, 157, 166, 218, 240-241, 284.
植民地 28, 31, 58, 61, 67, 69-70, 97, 105, 107, 115-116, 173, 189, 212, 261, 278.
—— 時代 4, 44, 77, 89-90, 93-95, 97, 114-115, 134.
—— 支配 28, 62.
—— 主義 27-28, 41, 66, 108.
新 ——. → ネオ・コロニアリズム .
初等教育 70, 90, 97, 273-274.
神
—— 像 125, 129, 133.
—— 父 213, 245, 247, 249, 285.
—— 話 56-58, 60-62, 80-81, 84-85, 101, 105, 142, 144, 174, 278.
進化主義 29.
新神聖美術 82-83.
真鍮 6, 26, 57, 62-63, 85, 130-133, 176, 267.
—— 彫刻 90, 117, 132, 267.
—— 師 117, 130, 170, 266.
人類学 8-9, 27-32, 34-42, 46, 50-51, 63-65, 280, 285-289, 396, 398-399.

す

スタジオ・アーティスト 150, 179, 183-185, 197, 318-319.

せ

生活世界 5, 8, 173, 223, 270, 282, 285, 287-288.
制度 26, 30-32, 36-40, 51, 87, 162, 185, 222, 226, 233, 270-272, 282, 286, 288, 330.
伝統首長 ——. → 伝統首長制度 .
—— 論 31, 51, 287.
西洋
—— 近代 26, 30, 32, 35, 37-41, 96, 102-104, 173, 182, 185, 270-271, 279-286, 288. 近代 も参照 , モダン も参照 .
—— 美学 32, 34-35, 286.
—— 美術 27-28, 30, 33, 35-36, 50, 66, 68, 74, 77, 95, 102, 138, 171, 173, 242, 273-274, 282, 286-287.
—— 界 29, 50, 110.
—— 教育 67, 69, 102-103, 114, 134, 233, 274, 282.
—— 史 64, 166.

そ

相互扶助 260-262, 288.
創造 29, 56, 60, 101, 109, 120, 217, 238, 273, 298, 306, 344.
—— 性 101, 186, 212, 217, 221-222, 252, 281, 298.
—— 的 101, 197-199, 207, 217, 221, 283, 300, 334, 337, 343-344, 346.
相対
—— 化 27, 29, 34-37, 285-286.
—— 主義 29, 34.

た

頼母子講 122, 153, 160, 165, 175, 192, 223, 264-265, 276, 284.

ち

地域社会 26, 40, 264, 270, 283-285, 288.
鋳造 63, 130, 132-133, 166-167, 176-177, 240, 242, 246, 248-249, 251, 254, 266-267.
中等教育 69-70, 90, 97, 229, 272-274.
彫刻 4, 8, 28, 31, 34, 39, 48, 57, 62-65, 69, 71-75, 80, 82, 88-90, 99-100, 114, 127, 130, 132-133, 135, 162, 167, 170, 176-177, 218-219, 224, 232, 239-240, 242-243, 245-247, 249-251, 254, 268, 273-274, 280, 284, 302, 332.
真鍮 ――. → 真鍮彫刻 .
調査者 26, 38, 41-42, 46, 49, 115, 172, 222, 287.
貯金 122, 153, 223, 260, 264-265, 284, 319.

つ

妻 6, 79, 85, 92, 117-118, 121, 127, 130-133, 140-142, 145-146, 150, 156, 160, 162-166, 169, 175, 183, 186, 200, 206, 209, 211, 215-219, 223, 234-235, 245, 253-261, 264, 270-271, 284, 292, 303, 317, 326-327, 354, 356, 361, 389, 391.

て

弟子 81, 83, 94, 109, 118-121, 123-124, 127, 130, 133, 145, 147, 149-151, 154, 159, 168, 188, 191-193, 195, 197, 204, 207, 209, 213, 216, 226, 229-231, 234, 238, 246, 259, 292, 305, 310-311, 321-322, 325, 327, 343-344, 378-379.
展示 4-5, 8, 26, 28, 31-34, 36-37, 39-40, 51-52, 56, 62, 67, 69, 78, 80-81, 84, 87, 106, 120, 134-135, 138, 141, 146, 148-149, 153, 155, 167, 169, 171, 177, 179, 183, 185, 191, 194, 202-203, 206, 208-209, 212, 214-215, 217-218, 230-231, 235-236, 268, 278, 285-287, 301, 303, 306-307, 357-359, 363.
伝統 31, 33, 74, 76, 82, 94, 122, 125, 142-144, 147, 149, 155, 169, 244, 261, 273.
―― 工芸 70, 273-274.
―― 宗教 53, 64, 74, 77, 82, 89, 109, 114-115, 117, 129-130, 132-133, 137, 163, 189-191, 212-213, 233, 263.
―― 首長 43, 88, 90, 94, 97, 103-104, 111, 115-117, 123, 130, 132-133, 170-171, 173-174, 189, 191-194, 279-280, 324.
―― 制度 114-116, 169, 173, 189-190.
―― 的 26-27, 47, 51, 77, 84, 115, 117, 165, 171, 176, 184, 212, 217, 247, 274, 283.
―― 文化 69, 77-78, 81, 125, 137, 143, 151, 171, 189, 264.
伝播主義 29, 64.
展覧会 5, 27-28, 32-33, 51, 69, 108, 122, 134, 137, 149, 154-156, 177, 186, 194, 198-199, 208, 233, 235, 298, 304, 307, 317, 342-343.

と

陶芸 71, 135, 162, 164-165, 184, 216-217, 232, 242, 273, 332.
―― 家 88, 90, 163-164, 170, 215, 217. 土器づくり師 も参照 .
同時代 4, 33, 51, 66, 77, 278, 287, 399.
―― 美術 27, 33-34, 48, 398.
土器 26, 57, 62, 89-90, 106, 133, 163-165, 167, 217, 219, 235, 243, 273.
―― づくり師 88-90, 94, 97, 163-164, 170, 215, 217, 266. 陶芸家 も参照 .
独学 68, 92, 128, 150, 155-156, 159, 170, 185-186, 191, 226-227, 229, 234, 282, 284.
独創
―― 性 186, 188-189, 191, 200, 221-222, 238, 240, 281, 346-347.
―― 的 188-189, 199-200, 220-221, 238.
徒弟制 92, 150, 170, 226, 230.

な

ナイジェリア
――・アーティスト協会 135, 137, 156, 177, 186.
――・ピジン 45, 52.

に

「日常的」な需要 114, 156-157, 165, 170-173, 182, 221, 280, 283.

ね

ネオ
——・コロニアリズム 33-34.
——・トラディショナル 213.

は

バイヤー 111, 213.
ハウサ 50, 57, 323, 345, 373.
—— 語 58, 105, 341.
—— 人 163, 211, 263, 338-342.
博物館 5-6, 9, 26, 30-34, 37-38, 40, 43, 51, 63-65, 74, 78, 92, 111, 114, 124, 129, 133-134, 138, 166, 171, 175-177, 194, 203, 213, 215, 219, 236, 254, 274, 283, 286-287, 326, 412.
販売 5, 9, 40, 49, 53, 65, 67, 81-82, 87-88, 90, 92, 94-95, 103-104, 114, 121, 127, 131, 134-135, 137, 139, 142-143, 145-150, 152-153, 155, 157, 159-160, 162, 167, 169-171, 173, 179, 182-185, 187, 189, 191, 193-196, 198-200, 202-206, 208-212, 215, 217, 219, 221-224, 226, 231, 234, 236-240, 242-243, 245, 256, 265, 267-268, 270-271, 275, 279-284, 303, 347, 396-397.
販路 182-184, 188-189, 191, 193-196, 203, 207, 209, 215, 218, 220, 281, 283, 286.

ひ

美学 28, 30-32, 34-36, 51, 64, 106.
西洋 ——. → 西洋美学 .
美術
—— 学科 46, 48, 50, 53, 70-74, 76-78, 85-86, 101-102, 106-108, 110, 133-137, 139-143, 153, 156, 159, 168, 177-178, 183-186, 198-202, 216, 222, 228, 230-233, 242, 250-251, 265, 268, 278-279, 282, 321, 373, 376-377.
—— 館 4-5, 9, 26, 28, 31-34, 37-38, 40, 50-52, 63, 65, 107, 114, 134, 138, 171, 177, 194, 233, 235-236, 283, 286-287, 400.
—— 教育 33, 67, 69-75, 78, 95, 97, 102-103, 114, 134, 139, 171, 184, 191, 198, 200, 208, 221, 228-229, 233-234, 270-271, 273-274, 282, 286, 288.
—— 史 5, 27, 30-31, 33, 39-40, 46, 48, 50, 64-65, 67, 71, 78-79, 86, 103, 135, 166, 232, 273, 280, 286.
—— 市場 4-5, 9, 65, 90, 93-94, 96, 103, 111, 114, 134, 142, 150, 171, 173, 182, 184-185, 198-200, 205, 207-208, 217, 220-221, 226, 268, 270-271, 280, 282-284, 287-288.
—— 批評 30, 34, 286.
ピジン英語 . → ナイジェリア・ピジン .
ビーズ 6, 80, 88, 118-120, 122, 141-142, 174, 192, 194-195, 267, 321, 324.
—— 細工 8, 89-90, 94, 104, 111, 117-118, 120-123, 141, 171, 175, 189, 191-195, 233, 247, 279, 321-323, 325-327.
—— 師 88-90, 94, 97, 117-118, 120-121, 123, 141, 170-171, 175, 178, 191-194, 265, 267-268, 279, 283, 322, 326.
評価 4-5, 29, 31, 33, 35, 39, 42, 65, 76, 173, 182, 200, 209-210, 212, 219, 237, 240, 245, 249-250, 254, 268, 270-271, 281, 283-285, 355.

ふ

フィールドワーク 5, 8, 27, 30, 40-42, 44, 47, 50, 105, 135, 278, 289, 397-398.
普遍
—— 性 29, 32.
—— 的 32, 285.
富裕層 88, 90, 94-97, 103, 110-111, 130, 134, 143, 146, 162, 170-171, 183, 185, 188, 193, 196-197, 199-200, 202, 204, 207, 209-210, 212-213, 217, 219, 252, 275-276, 279, 283.
プリミティヴ
—— アート 28-30, 68.

—— ィズム 27-28, 32.
フルベ 58, 60-61.
分類 9, 32, 39, 41, 51, 77, 114, 170, 172, 280.

ほ

牧師 59-60, 260-261, 263, 275.
ポートハーコート 199-200.

ま

真似 27, 133, 188, 220, 231, 238, 240, 306-307, 311, 318, 345, 397.

み

未開人 28-29.
身近なアーティスト 115, 157-159, 165, 170-171, 180, 185, 188, 196, 198-199, 201, 205, 218, 220, 222, 252, 262, 265, 269, 284.
土産物 5, 129, 134, 148, 152, 175, 185, 187, 213, 287.
民族 26, 31, 35, 41, 50, 56, 58, 61, 63-65, 93, 130, 136-137, 180, 185, 199, 278.
—— 衣装 121, 124, 128, 131, 136, 139, 143-144, 154, 158.
—— 学博物館 4, 33-34, 51-52, 120, 122, 174, 398-399.
—— 誌 26, 40-42, 49, 398.

も

木彫 8, 64, 76, 90, 94, 100, 104, 117, 123-128, 130, 133, 154, 169, 175, 189-191, 199-200, 212-215, 224, 266-268, 276, 279.
—— 師 88-90, 94, 97-99, 101, 117, 123-124, 127-128, 130-131, 170, 175, 189-191, 203, 212-215, 224, 249, 262, 267-268, 279.
模写 68, 138, 166-168, 220, 227, 229, 231, 238-240, 254, 305-306, 379-380, 386-387.
モダン 26, 32-33. 近代 も参照 .

よ

様式 29, 63-65, 75, 81-82, 114, 122, 125, 128-129, 132, 144, 149, 166-167, 173, 175, 179, 189, 191, 210, 212-213, 224, 242, 249, 280, 282, 306-307.
—— 化 62, 125, 132, 137, 144, 151, 166, 197, 200.
ヨルバ 26-27, 40, 43, 45, 50, 53, 56-58, 60-62, 64-67, 71, 77-78, 80-87, 93-94, 101-102, 104-107, 109, 117, 120, 123, 125, 129-130, 136-138, 142-145, 147-149, 155, 165, 169-171, 174, 179-180, 189-191, 197, 199, 207, 212, 214, 217, 230, 233, 244, 261-262, 278, 283, 339-341, 346, 365, 385.
—— アート 8, 26-27, 56, 62-64, 66-67, 86, 103-104, 278, 288.
—— 語 8, 44-45, 47, 59, 85, 87-89, 94, 97-100, 102-103, 105, 109, 111, 184, 264-265, 275, 279, 292-294, 317, 321-323, 326, 365, 399-400.
—— 発祥 43, 56-58, 60-62, 66-67, 70, 85-86, 103-104, 134, 174, 199, 278-279.
—— 美術 . → ヨルバアート .
—— ランド 27, 43, 52, 56-59, 61, 65-66, 70, 89-90, 105, 111, 115-117, 138, 141, 143, 174, 190, 192, 212, 262-263, 275-276, 288.

ら

ライフヒストリー（ライフストーリー）9, 41, 186, 226, 270, 282.
ラゴス 43, 52, 59, 69, 72, 78, 90, 93, 107, 136, 138-139, 141-142, 148, 152-153, 155, 160, 162, 177-178, 183-185, 188, 200, 203-204, 206, 208, 211, 214, 216, 223, 228, 230-231, 233, 236, 262, 268-269, 293, 296, 299-303, 310-312, 314-315, 317-318, 324, 333-334, 343, 363, 379-380, 384-385.

ろ

ローカル 122, 233, 265, 270-271, 283-284.

路上のアーティスト 101, 198-199, 222.

わ

ワークショップ 74, 78-79, 82-83, 85-86, 103, 108-110, 138, 141-142, 149, 154, 156, 177-178, 186, 202, 226, 230, 278, 282.
オリ・オロクン・――. → オリ・オロクン・ワークショップ.

ん

ンスカ 72-73, 75, 77, 107.

人名

會田雄亮 217.
アウォイェラ（Tayo Awoyera）93, 143, 195, 203-205, 212.
アウォイェル（Ayo Awoyelu）93, 163-165, 170, 208, 215-217, 221-222, 266.
アウォクンレ（Kolawole Awokunle）93, 148, 182, 187-189, 221-222.
アキンティブボ（Kunle Akintibubo）6, 93, 110, 143-145, 170, 178, 208-212, 221, 223, 230, 292, 347-350, 352-355, 359-361, 363-366.
アキンボデ（Bukola Akinbode）93, 124, 267-268.
アキンヤンジュ（Babatunde Akinyanju）93.
アグンソイェ（Segun Agunsoye）93, 143, 146-149, 170, 178-179, 204.
アーチボン（Fred Archibong）138, 178.
アデイェニ（Mathew Adeyeni）93, 158-160, 170, 252, 255, 262, 265.
アデイェミ、アデニジ（Adeniji Adeyemi）80-81, 85, 93, 210, 230, 233, 351.
アデイェミ、インカ（Yinka Adeyemi）80-81, 84-85, 109, 149, 351.
アデク（Segun Adeku）6, 93, 110, 118, 150, 153-156, 170, 182, 185-187, 221-222, 234, 236, 259, 267, 384, 400.
アデトイ（Ajao Adetoyi）6, 93-94, 111, 118-123, 170, 175, 178, 182, 191-195, 223, 265, 268, 292, 321-324, 326.
アデフォリジ（Soji Adeforiji）187.
アデムレヤ（Babasehinde Ademuleya）250-251.
アデレケ（Adeolu Adeleke）93, 158, 161-162, 170-171, 195-199, 221, 223, 269-270, 283, 292, 329.
アナツイ（El Anatsui）4-6, 34, 76, 287.
アフォラビ（Jacob Afolabi）79, 109.
アフォラヤン（Gabriel Aforayan）89, 93, 123-128, 170, 175, 208, 212-215, 224, 249, 262, 267-268.
アヨデレ（Lawrence Ayodele）93, 118, 213, 267.
アラーイェ（Lawrence Alaaye）127, 213, 224.
イジシャキン（Tayo Ijisakin）93, 135, 139-141, 170-171, 178, 265, 268, 292, 321-322, 324, 326-328.
イジョー（Jonathan Ijor）89, 93, 123-124, 127-130, 170, 182, 189-191, 213, 268.
イドゥボー（Felix Idubor）72.
イロリ（Mayowa Ilori）93.
ウィリアムズ、アデモラ（Ademola Williams）85, 156.
ウィリアムズ、デニス（Denis Williams）79.
ウィレット（Frank Willett）65-66.
ウェンガー（Suzanne Wenger）82-83.
ウォーホール（Andy Warhol）31.
エゼンワ（Njideka Ezenwa）139, 178.
エニンダ（Ikechukwu Enyindah）93, 96, 195, 199-200, 222.
エモパエ（Erhabor Emokpae）72, 108, 178.
エルイェラ（Kolawole Eluyera）6, 93, 195, 201-202, 222, 262-263.
エンウォンウ（Ben Enwonwu）69-70, 177, 200.
オイェイェミ（Wole Oyeyemi）145, 349, 352.
オイェバンジ（Banjo Oyebanji）93.
オイェミラン（Joshua Oyemiran）93, 96, 269.
オイェラミ（Muraina Oyelami）79, 84, 109, 230.
オウォジョリ（Alaba Owojori）89, 93, 118, 120-123, 170-171, 182, 193-195, 265, 267, 283.
オグンデレ、バヨ（Bayo Ogundele）85, 93, 168, 195, 203, 205-206, 228-231, 234-235, 350, 378-384.

オグンデレ、ルーファス（Rufus Ogundele）79, 81, 84-85, 205, 230, 350, 382.
オケケ（Uche Okeke）74.
オケディジ（Moyo Okediji）77, 101, 106.
オジョ（Akin Ojo）6, 93, 269.
オダラニレ（Fela Odaranile）80-81, 93, 110, 195, 203-205, 230.
オドゥンラデ（Tunde Odunlade）149, 179.
オナボル（Aina Onabolu）67-69, 102, 106-107, 200, 282.
オニボクタ（Tunlayo Onibokuta）149, 179.
オバダレ（Adeoba Obadare）93, 124.
オミディラン（Gbolade Omidiran）6, 48, 93, 135, 150-153, 170, 179, 182-184, 198-199, 222-223, 292, 302, 305, 310, 318.
オモトショ（Wale Omotoso）329, 343.
オラインカ（Kolawole Olayinka）6, 93, 165-168, 170, 208, 218-220, 223, 226-262, 264-267, 269-272, 274-275, 282-285, 292, 322, 368, 385, 400.
オラトゥンジ（Akinpelu Olatunji）93, 195, 203, 206-207, 212.
オルイェミ（Ben Oluyemi）6, 93, 130-132, 170, 176-177, 266-267.
川口幸也 33-34, 74-75, 81-82, 108-109, 398.
グリオール（Marcel Griaule）30.
クリフォード（James Clifford）31-32, 37-38.
グリロ（Yusuf Grillo）69, 72.
ゴーギャン（Paul Gauguin）28.
コラウォレ（Gbenga Kolawole）93, 158, 165, 180, 251-252, 254, 269.
ジェル（Alfred Gell）34-35, 38, 51.
ジャリ（Jacob Jari）76.
ジョンソン、サミュエル（Samuel Johnson）57, 59-60.
ダントー（Arthur Danto）31, 51.
ツインズ・セブン・セブン（Twins Seven-Seven）79, 81, 109, 351.
バイアー、ウリ（Ulli Beier）78-83, 85, 109, 142, 351.
バイアー（ベッツ）、ジョージーナ（Georgina Beier）79-80.
バスコム（William Bascom）57, 105, 173.
ピール（John Peel）58, 60, 263.
ピカソ（Pablo Picasso）28, 52, 68, 138.
ピクトン（John Picton）39, 48, 65, 67, 70, 105, 126, 175, 213, 224, 399.
ファケイェ（Lamidi Fakeye）93, 106, 214-215, 268.
ファッグ（William Fagg）64-65, 106.
フォラランミ（Stephen Folaranmi）93, 135-139, 141, 170, 177-178, 262, 400.
フォラリン（Agbo Folarin）48, 72.
ブライモ（Jimoh Buraimoh）79-80, 84, 109, 142, 351.
ブラック（Georges Braque）28.
フロベニウス（Leo Frobenius）63.
ベイナート（Julian Beinart）79.
ボアズ（Franz Boas）29, 34.
マウント（Paul Mount）72.
マティス（Henri Matisse）28, 68.
マヤキリ、タジュ（Taju Mayakiri）93, 208, 210-212, 221-222.
マヤキリ、ティジャニ（Tijani Mayakiri）79, 156, 210-211, 230.
マルタン（Jean-Hubert Martin）33.
マレー（Kenneth Murray）52, 69-70, 174, 176.
ムケレウウェム（Emmanuel Mkereuwem）251.
ルービン（William Rubin）32.
レリス（Michel Leiris）30.
ロティミ（Ola Rotimi）199, 224, 352.
ローレンス（Jacob Lawrence）79.
ワンボジェ（Solomon Wangboje）85.

Anthropology of African Arts

Arts, Practices, and Lives of Artists in Ile-Ife, Nigeria, 2003 to 2012

Table of Contents

Preface

Introduction

[0-1] Objective

[0-2] Review of Previous Studies

[0-2-1] Evolvement of Studies of Art in Anthropology and Related Fields

Colonialism and primitivism / The beginning of relativization of arts / critical examination of institutional aspect of arts / Discussion of politics of representation and exhibition / The ultimate relativization of arts / Beyond relativization of arts

[0-2-2] Methodology of this Book to Solve Problematic Aspects

Problematic aspects / Methodology of this research / Methodology of this book as an ethnography

[0-3] Brief summary of research

[0-3-1] General Description of Research Region

Ile-Ife, Osun State, Federal Republic of Nigeria

[0-3-2] Method of Fieldwork

Research period / Use of languages / Author as a researcher / How people reacted to the researcher/ Starting fieldwork / Main people researched

Chapter 1: Historical and Present Context of Arts in Ile-Ife

[1-1] Ile-Ife as a Cradle of Yoruba and its Arts

[1-1-1] Modern Identity of Yoruba and Ile-Ife

Yoruba myth and Ile-Ife / Advent of Christianity and The birth of Yoruba / Nigerian Independence and Ile-Ife as a symbol of Yoruba

[1-1-2] Yoruba and Arts of Ile-Ife

Ile-Ife and Studies of Yoruba art / Studies of arts of Ile-Ife

[1-2] Ile-Ife as a Provincial City and its Arts

[1-2-1] Beginning of History of Modern Art in Nigeria

Aina Onabolu and Western art education

[1-2-2] Formal Art Education at University

Higher art education in Nigeria / Instances of activism at fine arts departments

[1-2-3] Workshops

Oshogbo arts / Ori Olokun workshop

[1-3] Arts in Ile-Ife at the Present Day

[1-3-1] Those Who are Called or Call Themselves Artists: Self-Designations of Artists

Using ‘artist’ in English or specialized name in Yoruba / Using ‘artist’ in English alone

[1-3-2] Artist in Yoruba Language: ‘oníṣẹ́-ọnà’ and ‘oníṣẹ́-ọwọ́’

Meanings of ‘oníṣẹ́-ọnà’ and ‘oníṣẹ́-ọwọ́’ in dictionaries / Using ‘artist’ in English

[1-3] Discussion

Chapter 2: Various Aspects of Artists in Ile-Ife and Their Works: Examples of 15 people

[2-1] Based on ‘Classical’ Demand

[2-1-1] Bead-Work Makers

[2-1-2] Wood Carvers

[2-1-3] Brass-Sculpture Makers

[2-2] Based on ‘Appreciative’ Demand

[2-2-1] Academic Artists

[2-2-2] Oshogbo Artists and Abuja-Oriented Artists

[2-2-3] Studio Artists

[2-3] Based on ‘Everyday’ Demand

[2-3-1] Locally Well-Known Artists

[2-3-2] Potters (Ceramists)

[2-3-3] Artists Who Make a Variety of Works

[2-4] Discussion

Chapter 3: Between Artists and Markets
[3-1] Consistency in Production, Sales and The Market
[3-1-1] Artists Who Maintain Their Market
Studio artist 1 / Studio artist 2 /Abuja-oriented artist / Wood carver 1
[3-1-2] Artists Who Extend Their Market
Bead-work maker 1 / Bead-work maker 2
[3-2] Inconsistency in Production, Sales and The Market I
[3-2-1] Artists Who Conform to an Available Market
Locally well-known artists 1 / Locally well-known artist 2
[3-2-2] Artists with a Side Job
Oshogbo artists 1 to 4
[3-3] Inconsistency in Production, Sales and The Market II
[3-3-1] Artist Who Would not Conform to an Available Market
Oshogbo artist 5 / Oshogbo artist 6 / Wood carver 2 /Potter (ceramist)
[3-3-2] Artists Who Seek a Market
Artists who make a variety of works
[3-4] Discussion

Chapter 4: To Live as an Artist
[4-1] Becoming an Artist
[4-1-1] Self Teaching and Apprenticeship
Self Teaching / Becoming an apprentice to an Oshogbo artist
[4-1-2] Studying at The Fine Arts Department
[4-1-3] The Artist's Experience in Germany and following Years
Getting into the Western Artworld / Coming back to Nigeria
[4-2] Producing Artworks
[4-2-1] Self-Evaluation of The Artist
Imitating Paintings / Favorite artworks of Olayinka / Interests in creating
[4-2-2] Evaluation by Others
Obtaining commissions in the community / Views of friends, acquaintances and family

[4-3] Making a living

[4-3-1] Mutual Support

Olayinka's livelihood / Wife's support / Mutual support at church / Participation in money and banking in the community

[4-3-2] Networks of Professional Acquaintances

Cooperation of artists / artists' associations

[4-4] Discussion

Conclusion:

[5-1] Arts for The Artists and The multiple elements that make their arts possible

[5-1-1] Arts for those who are called / call themselves artists

[5-1-2] Engaging with the Western Art world

[5-1-3] Engaging with the local community

[5-2] Determinations of arts of a city in Africa

[5-3] Future Work and Recommendations

Bibliography

Appendix 1: Japanese Translation of Transcriptions of five interviews with artists

Appendix 2: Table of Contents and Summary in English

Afterword

Summary

Using examples of artists in the city of Ile-Ife, Southwestern Nigeria, this book examines the way arts are practiced in an African city through an ethnographic description focused on artists' works, their markets, and their lives.

This book is composed of four chapters plus an introduction and a conclusion. In the introduction, previous studies of anthropology of art as well as adjacent fields of studies are reviewed and it is proposed that previous studies have been making efforts to relativize Western conventions of art while exploring non-Western arts or items. Furthermore, two main problematic aspects are pointed out.

Firstly, despite the inability of artists as well as researchers to get away from the engagement with the 'Art-Culture System' that had already been pointed out by James Clifford in 1988, previous studies have mainly focused on artworks themselves or social relationships between artworks and people, leaving the institutional analysis of art behind. Secondly, linked with the first point, previous studies have tended to disregard viewpoints of those who produce artworks or those who buy or use them in the local society. It even might be said that early researchers and curators made choices of what they thought should be focused on based on their own interests and values, and those choices, although sometimes critiqued by later researchers and curators, were subsequently accepted as appropriate. Although they have been questioning the inequality between Western art and Non-Western art or those who exhibit and those who are exhibited, they have been bringing Non-Western art into the Western art world or Art-Culture System through their publications and exhibitions. To reveal how arts are practiced in a society, however, it would be more significant to examine the relationship of people with the system — rather than focus on artworks or artworks and the local society in separation from the system.

Therefore, this book first reveals what art means to those who are called or call themselves artist in Ile-Ife. It then describes artists and explores their artworks, markets and lives. Throughout, the focus is on artists' relationship with both the Western art world and the local community. It is the result of some twenty-three months of field research from 2003 to 2012 in the city of Ile-Ife, South-western Nigeria.

Chapter 1, based on literature research, is an overview of how arts of Ile-Ife as art of the Yoruba have been perceived within the discourse of Ile-Ife as a cradle of Yoruba. It is found that the focus has often been on workshops and the fine arts department of the main university.

In contrast, using field research results, self-designations of makers are examined (that is, in the English language, the actual a-r-t-i-s-t) to determine who the artists in contemporary Ile-Ife actually are. It is revealed that there is a discourse of art that can only be expressed in English, although Yoruba is the native language of Ile-Ife. It is also discovered that arts in Ile-Ife include creations for local demand, such as various types of graphic designs, which were not regarded as arts of Ile-Ife or Yoruba art in previous studies in which the focus had always been on Yoruba identity or Ile-Ife as a cradle of Yoruba. Consequently, in Chapter 1 it is suggested that the objects that have been defined as arts in previous studies may differ from those that are seen as arts by artists living in Ile-Ife.

In subsequent chapters details are discussed of artists in contemporary Ile-Ife as revealed by the field research.

Chapter 2 is a description of various aspects of artists in Ile-Ife. Dividing artists and their works into three groups based on three different demands, the account draws attention to the character of their works, production and sales, and their current lives. In Ile-Ife, demand for arts can be roughly divided into three categories: 1) 'Classical' demand has been there since the precolonial period and relates to traditional chieftaincy and traditional religion. Artworks such as bead works and wood carvings are produced based on this demand; 2) 'Appreciative' demand has been there since the colonial period and relates to formal art education, art museums and Western art markets. Artworks such as paintings and prints are produced based on this demand; 3) 'Everyday' demand closely relates to people's everyday life. Artworks such as sign paintings, award plaques, greeting cards, church decoration and portrait paintings and sculptures are produced based on this demand. It is crucial to note that this categorization is not recognized by artists themselves; the categories have been personally applied here specifically to give an overview of what kinds of artworks are produced in Ile-Ife.

In this chapter, descriptions are provided of 15 artists as examples of those who represent production based on the above three categories. It is shown that they follow specific artistic styles or invent new styles, that they work in busy downtown streets or quiet residential areas, and that they sell their artworks in the large cities outside Ile-Ife. To explain the diversity of works and lives of artists in Ile-Ife, brief accounts are given of how they become artists, such as if they were trained at schools, through apprenticeships, in workshops, or on their own. Through the descriptions, it is revealed that artists do not always depend on one demand but sometimes respond to two or three demands at the same time to make a living or for other reasons.

Focusing on the point that artists in Ile-Ife endeavor to make a living by selling their artworks, in Chapter 3 their markets are discussed in detail. Firstly, to understand the variety of financial aspects of the life of artists, their markets are explored. Taking examples of 18 artists, the following three categories are revealed: 1) Those who have ideal markets and are financially affluent; 2) Those who have markets that are less than ideal but are still financially relatively stable; 3) Those who have difficult market access and are consequently financially challenged but continue to produce artworks. By examining statements and intentions of individual artists, it becomes apparent that artists have their own values and standards, such as 'creativity', 'originality', 'gift / talent', 'qualifications / certificates', and 'training' (self teaching / apprenticeship / formal art education). Simultaneously, some face an unstable life while they adhere to their ideal of being artists.

Chapter 4 builds on the general discourse of Chapter 3 by examining in detail the life story of one artist. To enhance observations, this chapter considers relationships between artists, institutions and people that surround artists, as well as the relationship between markets and their values and standards as described in Chapter 3. Observing the artist Kolawole Olayinka, it becomes obvious that formal art education at secondary school and university, an apprenticeship, workshops, and the international art market, all play essential roles in turning a person into an artist. Furthermore, it is also determined that mutual support in the community is essential to live as an artist. Networks of professional acquaintances are also significant. Furthermore, it is found that the style, artwork and subject matter of paintings produced by Olayinka for his customers in Europe differ from those he produces for himself purely for enjoyment. This shows clearly that works of artists in Africa (often referred to as 'African Art') can be affected by outside influences — such as demands of foreign buyers — especially those of the Western art world.

In conclusion, the following two points were determined:

1) By focusing on artists' viewpoints, this book clarifies the legitimacy of arts in Ile-Ife that are considered as arts at least by those who are called or call themselves artists. Observing their arts, it is pointed out that African arts that are demanded by the Western art world and artworks that artists who live in Africa wish to produce may not always be the same. The arts of Ile-Ife that are revealed in this book have added another important facet that previous studies of Ife, Yoruba and African arts have missed.
2) This book reveals the arts of Ile-Ife through artists' lives and their relationships with the Western (international) art world and the local community. This clarifies that their arts and

lives are closely related to the Western art world in respect to formal art education and art markets. At the same time, their relationship with the local community too is essential for them to live as artists in respect to local demand for art and mutual support to make a living. The way this book reveals arts — by focusing on both the institutional aspect of art that straddles regions and nations and particularities of a city of Africa — proposes another approach to the anthropology of art.

* This book is based on the author's doctoral thesis "*An Ethnographic Study of 'Artists' in The City of Ile-Ife, Nigeria*" submitted to The Graduate University for Advanced Studies (National Museum of Ethnology, Osaka) in 2014. Regarding images printed in this book, every effort has been made by the author to trace and contact copyright holders as is written in the caption or footnotes of each image except photographs taken by the author. If any inadvertent omissions are found, please kindly contact the author [shirabeo@gmail.com] to have them corrected.

参照文献

阿久津昌三

2010「ケンテクロスとアジンクラ――アサンテにおける布の意味」『彫刻家エル・アナツイのアフリカ』川口幸也（編）、pp. 162-165、読売新聞社・美術館連絡協議会。

池谷和信

2012「民博のアフリカンビーズコレクション」『ビーズインアフリカ』朝木由香・鈴木智香子（編）、pp. 106-115、神奈川県立美術館。

大村敬一

2011「解説：人類史の万華鏡としての文化――ボアズにみる人類学的思考の可能性」『プリミティヴアート』フランツ・ボアズ著、大村敬一訳、pp. 455 - 546、言叢社。

緒方しらべ

2008「人々をめぐる肖像――現代ナイジェリア、イレ・イフェの肖像写真」『民族藝術』24: 113-120。

2013a「つくり手の自称についての考察――ナイジェリア、ヨルバ発祥の地方都市イレ・イフェにおける『アート』と『アーティスト』の事例より」『総研大文化科学研究』9: 143-176。

2013b「『アーティスト』の再考――ナイジェリア、ヨルバ発祥の地方都市イレ・イフェにおけるつくり手の事例から」『文化人類学研究』14: 69-88。

小川了

1998『可能性としての国家誌――現代アフリカ国家の人と宗教』世界思想社。

オラボデ、A. と 小森淳子

1996『ヨルバ語文法』東京外国語大学アジア・アフリカ言語文化研究所。

川口幸也

2011『アフリカの同時代美術――複数の「かたり」の共存は可能か』明石書店。

川口幸也（編）

1995『インサイド・ストーリー――同時代のアフリカ美術』（展覧会図録）読売新聞社・美術館連絡協議会。

2010 『彫刻家エル・アナツイのアフリカ』（展覧会図録）読売新聞社・美術館連絡協議会。
ギアツ、クリフォード
1991 (1983)『ローカル・ノレッジ』梶原景昭他訳、岩波書店。
クラパンザーノ、ヴィンセント
1991 (1980)『精霊と結婚した男』大塚和夫、渡部重行訳、紀伊国屋書店。
クリフォード、ジェイムズ
2003 (1988)『文化の窮状——二十世紀の民族誌、文学、芸術』太田好信他訳、人文書院。
クラウダー、マイケル と グダ・アブドゥライ
1983 (1979)『ナイジェリア——その人々の歴史』中村弘光、林晃史訳、帝国書院。
佐々木重洋
2008 「感性という領域への接近——ドイツ美学の問題定義から感性を扱う民族誌へ」『文化人類学』73(2): 200-220。
塩田勝彦
2009 『アフリカのことばと社会：多言語状況を生きるということ』梶茂樹と砂野幸稔編、pp. 65-96、三元社。
ショスタック、マジョーリー
1994 (1981)『ニサ——カラハリの女の物語』麻生九美訳、リブロポート。
スミス、マリアン（編）
1973 (1961)『部族社会の芸術家』木村重信・岡村和子訳、鹿島出版会。
西武美術館と朝日新聞社（編）
1989 『ナイジェリア・ベニン王国美術展』（展覧会図録）西武美術館、朝日新聞社。
高橋雅子と石井実生（編）
2003 『アフリカのストリートアート』（展覧会図録）Wonder Art Production。
竹沢尚一郎
2001 『表象の植民地帝国——近代フランスと人文諸科学』世界思想社。
2007 『人類学的思考の歴史』世界思想社。
2008 『サバンナの河の民——記憶と語りのエスノグラフィ』世界思想社。
床呂郁哉と河合香吏
2011 『ものの人類学』京都大学学術出版会。

戸田真紀子
2002 「アフリカの民主化とは？——ナイジェリアのシャリーア紛争の意味するもの」『現代アフリカの社会変動——ことばと文化の動態観察』宮本正興、松田素二（編）、pp. 115-132、人文書院。
名和克郎
1992 「民族論の発展のために——民族の記述と分析に関する理論的考察」『民族学研究』57(3): 297-317。
野元美佐
2005 『アフリカ都市の民族誌——カメルーンの「商人」バミレケのカネと故郷』明石書店。
バイアー、ウリ
1995「オショボ」『インサイド・ストーリー——同時代のアフリカ美術』川口幸也（編）、pp. 20-22、世田谷美術館。
古谷嘉章
1998 「芸術／文化をめぐる交渉——グァテマラのインディヘナ画家たち」『国立民族学博物館研究報告』23(1):35-93。
2008 「序——『芸術』辺りと人類学」『文化人類学』73(2): 155-157。
ボアズ、フランツ
2011 (1955)『プリミティヴアート』大村敬一訳、言叢社。
松本尚之
2008 『アフリカの王を生み出す人々：ポスト植民地時代の「首長位の復活」と非集権制社会』明石書店。
望月克哉（編）
2004 「アフリカにおける『人間の安全保障』の射程」『アジア経済研究所研究会中間成果報告（ナイジェリアにおける住民対立と「人間の安全保障」）』pp. 95-108、アジア経済研究所。
吉田憲司
1995 「『事件』としての展示と出版——『20世紀美術におけるプリミティミヴィズム』」（吉田憲司他日本語版監修）『20世紀美術におけるプリミティミヴィズム——「部族的」なるものと「モダン」なるものとの親縁性』補遺、pp. 4-7、淡交社。
1999 『文化の「発見」——驚異の部屋からヴァーチャル・ミュージアムまで』岩波書店。

吉田憲司 と ジョン・マック（編）
1997 『異文化へのまなざし――大英博物館と国立民族学博物館コレクションから』NHK サービスセンター。
吉田ゆか子
2016 『バリ島仮面舞踊劇の人類学――人とモノの織りなす芸能』風響社。
ラビノー、ポール
1980 (1977)『異文化の理解』井上順孝訳、岩波書店。
ルイス、オスカー
1969 (1961)『サンチェスの子供たち』1・2、柴田稔彦他訳、みすず書房。
ルービン、ウィリアム（編）
1995 『20 世紀美術におけるプリミティヴィズム――「部族的」なるものと「モダン」なるものとの親縁性』吉田憲司他日本語版監修、淡交社。
レーリス、ミッシェル とジャックリーヌ・ドランジュ
1968 (1967)『黒人アフリカの美術』人類の美術 9、岡谷公二訳、矢代幸雄他日本語版監修、新潮社。
渡辺　文
2014 『オセアニア芸術――レッドウェーヴの個と集合』京都大学学術出版会。
渡部重行
1983 「ヨルバ族の王国――森林地帯の都市国家と王権」『季刊民族学』7(4): 22-31。
1985 「ヨルバ都市の伝統的政治組織――エキティ＝ヨルバの事例と比較の試み」『アフリカ研究』26: 1-20。
和田正平
1994 『裸体人類学――裸族からみた西欧文化』中公新書。

Abiodun, Rowland
1974 Ifa Art Objects: An Interpretation Based on Oral Tradition. In *Yoruba Oral Tradition: Poetry in Music, Dance and Drama*. Abimbola, Wande (ed.), pp.421-469. Ibadan: University Press Limited.
Abraham, R. C.
1958 *Dictionary of Modern Yoruba*. London: University of London Press.

Adegbola, Adelegan

2009 *Ile-Ife: The Source of Yoruba Civilization*. Lagos: Oduduwa International Communications.

Adelowo, E. Dada

1992 Islam and Christianity in Ile-Ife. In *The Cradle of a Race: Ife from the Beginning to 1980*. Akinjogbin I. A. (ed.), pp. 333-349. Port Harcourt: Sunray Publications.

Adesokan, Kola

2002 *Creative Art for Primary Schools: Practical Book* (1 and 2). Ibadan: Vantage Publishers.

Adeyeni, Mathew

2000 *250 Objective Questions and Answers with Practicals on Fine Arts*. Ile-Ife: Originator Business Ventures.

Akinbogun, T.L. and Femi Kayode

2005 Artist-Teachers, Teacher-Artists and the Challenges of Higher Degrees in Nigerian University Education: A View from Within. In *Contemporary Issues in Nigerian Art: Its History and Education*. Aremu, P. S. O. and B. Ademuleya (et al.), pp. 182-193. Lagos: Portion Consult Publications.

Akinjogbion, I. A.

1967 Ife: The Home of a New University. *Nigeria Magazine* 92. Lagos: Cultural Division of the Ministry of Information.

Akintoye, S. A.

1973 *Ten Years of the University of Ife 1962-1972*. Ile-Ife: University of Ife Press.

Banjoko, Ibrahim

2009 *Cultural and Creative Art Made Easy Text Book: For Junior Sec. Schools*. Lagos: Movic Publishing Company Limited.

Bascom, William

1984 *The Yoruba of Southwestern Nigeria*. Illinois: Waveland Press.

Beier, Ulli

1968 *Contemporary Art in Nigeria*. London: Pall Mall Press.

1971 Signwriters Art in Nigeria. *Afircan Arts* 4(3): 22-27.

1980 *Yoruba Myths*. Cambridge and New York: Cambridge University Press.

1991 *Thirty Years of Oshogbo Art* (exh. cat.). Bayreuth: Iwalewa-Haus.

2001 A Moment of Hope: Cultural Developments in Nigeria Before the First Military Coup. *The Short Century: Independence and Liberation Movements in Africa 1945-1994* (exh. cat.). Enwezor, Okwui (ed.), pp. 45-49. Munich, London and New York: Prestel.

Beier, Ulli (ed.)

1999 *A Dreaming Life: An Autobiography of Chief Twins Seven-Seven.* Bayreuth: Bayreuth University.

Boas, Franz

1955 *Primitive Art.* New York: Dover Publications.

Bortei-Doke, Ellen and Ernest Aryeetey

1995 Mobilizing Cash for Business: Woman in Rotating Susu Clubs in Ghana. In *Money-Go-Rounds: The Importance of Rotating Savings and Credit Associations for Women.* Ardener, S. and S. Burman (eds.), pp. 79-94. Oxford and Herndon: Berg.

Bowen, T. J.

1858 *Grammar and Dictionary of Yoruba Language: With an Introductory Description of the Country and People of Yoruba.* Washington: Smithsonian Institution.

Brokensha, David

1969 Ori Olokun: A New Art Center. *African Arts* 2(3): 32-35.

Buraimoh, Jimoh

2000 *The Heritage: My Life and Arts.* Ibadan: Spectrum Books Limited.

Carroll, Kevin

1967 *Yoruba Religious Carving: Pagan and Christian Sculpture in Nigeria and Dahomey.* New York: Praeger.

Clifford, James

1988 *The Predicament of Culture: Twenty-Century Ethnography, Literature, and Art.* Cambridge (Mass): Harvard University Press.

Cole, Herbert

1982 *Mbari: Art and Life Among the Owerri Igbo.* Bloomington: Indiana University Press.

Coote, Jeremy and Anthony Shelton

1992 *Anthropology, Art and Aesthetics.* Oxford: Clarendon Press.

Court, Elsbeth

1995 Notes. In *Seven Stories: About Modern Art in Africa*. Deliss, C. (ed.), pp. 290-308. Paris and New York: Flammarion.

Danto, Arthur

1964 The Artworld. *The Journal of Philosophy* 61(19): 571-584.

1988 Artifact and Art. In *Art / Artifact: African Art in Anthropology Collections*. Danto, Arthur, Suzan Vogel (et al.), pp. 18-32. New York: Center for African Art.

Deliss, Clementine (ed.)

1995 *Seven Stories about Modern Art in Africa* (exh. cat.). Paris and New York: Flammarion.

Dickie, George

1974 *Art and the Aesthetic: An Institutional Analysis*. Ithaca and London: Cornell University Press.

Drewal, Henry J. and Margaret T. Drewal

1987 Composing Time and Space in Yoruba Art. *Word and Image* 1(1): 225-251.

Drewal, Henry John and Enid Schildkrout.

2010 *Kingdom of Ife: Sculptures from West Africa*. London: The British Museum Press.

Drewal, H. J., J. Pemperton III and R. Abiodun (eds.)

1989 *Yoruba: Nine Centuries of African Art and Thought*. New York: The Center for African Art.

Eades, Jeremy

1980 *The Yoruba Today*. Cambridge (Eng) and New York: Cambridge University Press.

Egonwa, Osa

1994 *African Art: A Contemporary Source Book*. Benin City: Osasu Publishers.

Eluyemi, Omotoso

1986 *This is Ile-Ife*. Ile-Ife: Adesanmi Printing Works.

Fadare, Michael Olusoji

2005 Art Education Curriculum Development Problems and Its Implementation in Nigeria. *Contemporary Issues in Nigerian Art: Its History and Education.* Aremu, P. S. O., B. Ademuleya (et al.), pp. 158-164. Lagos: Portion Consult Publications.

Fagg, William

1963 *Nigerian Images.* Lagos: National Commission for Museums and Monuments, and London: Lund Humphries.

Fakinlede, K. J.

2003 *Yoruba Modern Practical Dictionary.* New York: Hippocrene Books, Inc.

Firth, Raymond

1925 The Maori Carver. *Journal of the Polynesian Society* 34(4), pp. 277-291.

1973 Preface. In *Primitive Art and Society.* Forge (ed.), pp. v-vii. London: Oxford University Press.

Floor, Rob

2010 *African Signs.* Amsterdam: KIT Publishers.

Forge, Anthony (ed.)

1973 *Primitive Art and Society.* London: Oxford University Press.

Frobenius, Leo

1938 *African Genesis.* London: Faber and Faber.

1980 *The Voice of Africa: Being An Account of the Travels of the German Inner African Exploration Expedition in the Years 1910-1912.* New York: Arno Press.

Garlake, Peter

2002 *Early Art and Architecture of Africa.* Oxford: Oxford University Press.

Gell, Alfred

1992 The Technology of Enchantment and the Enchantment of Technology. In *Anthropology, Art and Aesthetics.* Coot, J and A. Shelton (eds.), pp. 40-63. Oxford: Clarendon Press.

1998 *Art and Agency: an Anthropological Theory.* Oxford: Clarendon Press.

1999 *The Art of Anthropology: Essays and Diagrams.* London: Athlone Press.

Hallen, Barry

1979 The Art Historian as Conceptual Analyst. *The Journal of Aesthetics and Art Criticism* 37(3): pp. 303-313.

Harris, Michael

1994 Beyond Aesthetics: Visual Activism in Ile-Ife. In *The Yoruba Artist: New Theoretical Perspectives on African Arts*. Abiodun, R., H. Drewal and J. Pemberton III (eds.), pp. 200-215. Washington, D. C.: Smithsonian Institution Press.

1997 Confluences: Ile-Ife Washington, D.C., TransAfrican Artist. *African Arts* 30(2): 34-45.

Houlberg, Marilyn H.

1973 Ibeji Images of the Yoruba. *African Arts* 7(1): 20-27.

Ikpakronyi, Simon Odey

2008 Modern Nigerian Art: Its Development and Characteristics. In *Modern Nigerian Art: Art Expo Las Vegas 2008*. National Gallery of Art, Nigeria, pp. 1-17. Abuja: National Gallery of Art, Nigeria.

Ikwemesi, Krydz and Emeka Agbayi (eds.)

2005 *The Rediscovery of Tradition: Uli and the Politics of Culture*. Lagos: Pendulum Art Gallery.

Institute of African Studies

1970 *University of Ifẹ: Institute of African Studies 1970-1971*. Ile-Ife: University of Ife Press.

Irivwieri, Godwin Ogheneruemu

2010 An Appreciation of the State of Visual Arts in Nigeria (1900-1970). *The Anthropologist: International Journal of Contemporary and Applied Studies of Man, Delhi Kamla-Raj* 12 (2): 113-11.

Jari, Jacob

1995 The Eye Manifesto: The Eye Society. In *Seven Stories about Modern Art in Africa*. Deliss, C. (ed.), pp. 212-214. Paris and New York: Flammarion.

Johnson, Samuel

1921 *The History of the Yorubas: From the Earliest Times to the Beginning of the British Protectorate*. London: Routledge and K. Paul.

Jonaitis, Aldona (ed.)

1995 *A Wealth of Thought: Franz Boas on Native American Art*. Seattle: University of Washington Press.

Jopling, Carol (ed.)

1971 *Art and Aesthetics in Primitive Societies*. New York: Dutton.

Kasfir, Sidney Littlefield

1999 *Contemporary African Art*. London: Thames and Hudson.

King, Catherine and Nicola Durbridge

1999 Modern Art in Nigeria: Independence and Innovation. In *Views of Difference: Different Views of Art*. King, C. (ed.), pp. 199-228. New Haven and London: Yale University Press, in association with The Open University.

Kristen, Christin

1980 Sign-painting in Ghana. *African Arts* 13(3): 38-41.

Layton, Robert

1981 *The Anthropology of Art*. London: Elek.

Majasan, J. A. and Michael Crowder

1969 *A Guide Map of Ile-Ife*. Ile-Ife: University of Ife Press.

Martin, Jean-Hubert and Centre Georges Pompidou

1989 *Magiciens de la terre* (exh. cat.). Paris: Editions du Centre Pompidou.

Makinde, M. A.

1970 *Ile-Ife: An Introduction*. Ibadan: Mosmak Enterprises.

McEvilley, Thomas

1984 Doctor, Lawyer, Indian Chief: "'Primitivism' in Twentieth-Century Art" at the Museum of Modern Art in 1984. *Artforum* 23(3): 54-61.

Morton-Williams, Peter

1960 Yoruba Responses to the Fear of Death. *Africa* 30(1): 34-40.

1964 An Outline of the Cosmology and Cult Organization of the Oyo Yoruba. *Africa* 34(3): 243-261.

Murray, Kenneth

1948 *Ife History and Antiquities, General Information* (Extract from file no. CAA800). Department of Antiquities, Nigeria (unpublished).

Nicodemus, Evelyn

1995 Inside. Outside. In *Seven Stories about Modern Art in Africa*. Deliss, C. (ed.), pp. 29-36. Paris and New York: Flammarion.

Nkom, Rose Ayaka

2005 Professional Competencies and Implementation of the Curriculum of Art Education. In *Contemporary Issues in Nigerian Art: Its History and Education*. Aremu, P.S.O., and Ademuleya, Babasehinde (et al.), pp. 176-181. Lagos: Portion Consult Publications.

Obioma, Godswill

2013 Implementing the Revised 9-Year Basic Education Curriculum and Senior Secondary Education Curriculum: Structures and Strategies. Unpublished Paper Presented at the Rivers State Education Summit held at the Banquet Hall, Government House Port-Harcourt, 25-26th March.

Odibo, Freeborn

2008 Contemplating Abayomi Barber School's Dance on Nigerian Art Space: Abayomi Barber, the Man, Artist and Teacher. In *An Introduction in Dance of the Mind Exhibition Catalogue of the School, Commemorating the 80th Birthday Anniversary of Abayomi Barber*. Mydrim Art Gallery, pp.5-12. Lagos: Mydrim Art Gallery.

Okediji, Moyo

1986 Yoruba Paintmaking Tradition. *Nigeria Magazine* 54(2): 19-26.

Okeke, Chika

1995 The Quest: from Zaria to Nsukka. In *Seven Stories About Modern Art in Africa*. Deliss, C. (ed.), pp. 41-75. Paris and New York: Flammarion.

Okunlola, Bayo

2005 *Art Workbook 2 for Junior Secondary Schools*. Ibadan: Sea Publishers.

Onobrakpeya, Bruce

1997 Excerpts. In *Image and Form: Prints, Drawings and Sculpture from Southern Africa and Nigeria*. Picton (ed.), pp. 21-32. London: School of Oriental and African Studies.

Oyediran, Oyeleye

1973 The Position of Ọọni in the Changing Political System of Ile Ifẹ. *Journal of the Historical Society of Nigeria* 6(4): 373-386.

Peel, John D. Y.

1989 The Cultural Work of Yoruba Ethnogenesis. In *History and Ethnicity (A.S.A. Monographs; 27)*. Tonkin (et al. eds.), pp. 198-215. London: New York: Routledge.

1968 *Aladura: A Religious Movement Among the Yoruba*. London: Oxford University Press.

2003 *Religious Encounter and the Making of the Yoruba*. Bloomington and Indianapolis: Indiana University Press.

Phillips, Tom (ed.)

1996 *Africa: The Art of a Continent* (exh. cat.). Munich: Prestel.

Picton, John

1992 Desperately Seeking Africa. *Oxford Art Journal* 15(2): pp. 104-112.

1994a Art, Identity and Identification. In *The Yoruba Artist: New Theoretical Perspectives on African Arts*. Abiodun, R., H. Drewal and J. Pemberton III (eds.), pp. 1-34. Washington, D.C.: Smithsonian Institution Press.

1994b Sculptors of Opin. *African Arts* 27(3): 46-59.

1995 The Horse and Rider in Yoruba Art: Images of Conquest and Possession. In *Cavalieri Dell'Africa: Storia, Iconografia, Simbolismo*. Pezzoli, Gigi (ed.), pp. 203-226. Milano: Centro Studi Archaeologia Africana, Milan.

1997 Tracing the Lines of Art: Prints, Drawings and Sculpture from Nigeria and Southern Africa. In *Image and Form: Prints, Drawings and Sculpture from Southern Africa and Nigeria*. Picton, John (ed.), pp. 11-20. London: The Brunei Gallery, School of Oriental and African Studies, University of London.

1999 In Vogue or the Flavour of the Month: The New Way to Wear Black. In *Reading the Contemporary: African Art from Theory to the Marketplace*. Oguibe, O. and O. Enwezor, O. (eds.), pp. 114-126. London: Institute of International Visual Arts.

2002 The Picasso Bar, Kumasi. *Kumasi Junction*. Oriel Mostyn Gallery, pp.8-12, Llandudno: Oriel Mostyn Gallery.

Picton, John (eds.)

1998 *El Anatsui: A Sculpted History of Africa*. London: Saffron and October Gallery.

Shaw, Thurstan

1978 *Nigeria: Its Archaeology and Early History*. London: Thames and Hudson.

1993 *The Archaeology of Africa: Food, Metals and Towns*. London and New York: Routledge.

Sheba, Eben

2005 Ife Art School in Retrospect: An Introduction. In *Ife Art School in Retrospect: A Traveling Exhibition* (exh. cat.). Ademuleya, B. and S. Folaranmi (eds.), p.3. Ile-Ife: Department of Fine Arts, Obafemi Awolowo University.

Smith, Marian (ed.)

1961 *The Artist in Tribal Society: Proceedings of a Symposium Held at the Royal Anthropological Institute*. London: Routledge and Kegan Paul.

Stanley, Janet (ed.)

1993 *Nigerian Artists: A Who's Who and Bibliography*. London and New York: Hanz Zell Publishers (Published for the National Museum of African Art Branch, Smithsonian Institution Libraries, Washington D.C.).

Thompson, Robert Farris

1971 Aesthetics in Traditional Africa. In *Art and Aesthetics in Primitive Societies*. Jopling Carol (ed.), pp. 374-381. New York: Dutton.

1974 *African Art in Motion: Icon and Act*. Los Angeles: University of California Press.

Vogel, Susan

1991 *Africa Explores: 20th Century African Art* (exh. cat.). New York: The Center for African Art and Prestel Publications.

Vogel, Suzan and Arthur Danto (et al.)

1988 *Art / Artifact: African Art in Anthropology Collections* (exh. cat.). New York: Center for African Studies.

Willett, Frank

1967 *Ife: in The History of West African Sculpture*. London: Thames and Hudson.

1971a Ife in Nigerian Art. In *Anthropology and Art: Readings in Cross-Cultural Aesthetics*. Otten, C., pp. 354-365. New York: The Natural History Press.

1971b *African Art: An Introduction*. London: Thames and Hudson.

2004 *The Art of Ife: A Descriptive Catalogue and Database*. Glasgow: The Hunterian Museum and Art Gallery, The University of Glasgow.

著者不明

2001　*A Dictionary of the Yoruba Language*. Ibadan: University Press.

2007　*Nigeria: Social Studies Atlas 2007*. Oxford: Macmillan.

参照 URL

グーグルマップ「イレ・イフェ、オシュン州、ナイジェリア」Google Maps ‘Ile-Ife, Osun State, Nigeria’

https://www.google.co.jp/maps/place/Ife,+Nigeria/@7.4828727,4.4698322,12z/data=!4m5!3m4!1s0x103837643f7c9463:0xdf9c1547fe8ff6d8!8m2!3d7.490462!4d4.5521274（2013 年 10 月 6 日アクセス）

グーグルマップ「ナイジェリア」Google Maps ‘Nigeria’

https://www.google.co.jp/maps/place/Nigeria/@8.9875299,4.0722389,6z/data=!4m5!3m4!1s0x104e0baf7da48d0d:0x99a8fe4168c50bc8!8m2!3d9.081999!4d8.675277（2013 年 3 月 13 日アクセス）

オバフェミ・アウォロウォ大学（公式ウェブサイト）

http://www.oauife.edu.ng/（2013 年 11 月 4 日アクセス）

ヤバ技術大学（公式ウェブサイト）

http://portal.yabatech.edu.ng/artindex.php（2016 年 7 月 21 日アクセス）

コラウォレ・オラインカ作、
画布・油彩、2016年。
Kolawole Olayinka
Oil on canvas, 2016

表紙「モモ夫妻の肖像」
オラインカ作、2010年
（本文 p.7, 242）
Cover 'Portrait of Mr and Mrs Momoh' Kolawole Olayinka, 2010 (p.7, 242)

緒方しらべ（おがた　しらべ）

1980年島根県生まれ、福岡県育ち。

2004年ロンドン大学東洋アフリカ学院（SOAS）卒業、2005年同学院修士課程修了。2014年総合研究大学院大学文化科学研究科博士後期課程修了。博士（文学）。専門は文化人類学、アフリカ美術研究、ナイジェリア地域研究。現在は日本学術振興会特別研究員（PD）。

主な業績

「『アーティスト』の再考——ナイジェリア、ヨルバ発祥の地方都市イレ・イフェにおけるつくり手の事例から」（『文化人類学研究』14: 69-88、2013年）、「アフリカ美術研究におけるつくり手へのアプローチの試み——ナイジェリア南西部の都市で生きる『アーティスト』の事例から」（『民族藝術』31: 125-131、2015年）、「絡み重なり合う複数のアートワールド：現代ナイジェリアの隔たる3つの場から考える」（『ムゼイオン』61: 15-30、2015年）、「『アーティスト』として生きていく——ナイジェリアの都市イレ・イフェにおける『アート』のあり方」（『国立民族学博物館研究報告』、40(4): 547-618、2016年）。

アフリカ美術の人類学
ナイジェリアで生きるアーティストとアートのありかた

発行　二〇一七年二月二八日
著者　緒方しらべ
発行所　株式会社清水弘文堂書房
発行者　礒貝日月
住所　東京都目黒区大橋一・三・七・二〇七
電話番号　〇三・三七七〇・一九二二
FAX　〇三・六六八〇・八四四六
Eメール　mail@shimizukobundo.com
ウェブ　http://shimizukobundo.com/
印刷所　モリモト印刷株式会社

ISBN978-4-87950-627-6 C3039
Printed in Japan.